Die extraterritoriale Kommunalwirtschaft

Europäische Hochschulschriften
Publications Universitaires Européennes
European University Studies

Reihe II
Rechtswissenschaft

Série II Series II
Droit
Law

Bd./Vol. 4589

PETER LANG
Frankfurt am Main · Berlin · Bern · Bruxelles · New York · Oxford · Wien

Katja Eisenblätter

Die extraterritoriale Kommunalwirtschaft

PETER LANG
Internationaler Verlag der Wissenschaften

Bibliografische Information der Deutschen Nationalbibliothek
Die Deutsche Nationalbibliothek verzeichnet diese Publikation in der Deutschen Nationalbibliografie; detaillierte bibliografische Daten sind im Internet über <http://www.d-nb.de> abrufbar.

Zugl.: Potsdam, Univ., Diss., 2007

517
ISSN 0531-7312
ISBN 978-3-631-56592-6

www.peterlang.de

Für Jean-Pierre

Vorwort

Das vorliegende Werk hat der Juristischen Fakultät der Universität Potsdam im Wintersemester 2006/2007 als Dissertation vorgelegen. Das Manuskript war im Juli 2006 abgeschlossen.

Ich danke meinem Doktorvater Prof. Dr. Michael Nierhaus für seine hilfreichen Anmerkungen zu der Dissertation, welche dieses Werk bereichert haben, sowie für die Erstellung des Erstgutachtens. Herrn HD Dr. Jochen Bley schulde ich Dank für die Erstellung des Zweitgutachtens.

Mein Dank gilt darüber hinaus Dr. Norbert Janz und Dr. Sonja Rademacher, die mich immer motiviert und mir mit wertvollen Tipps zur Seite gestanden haben.

Besonders danke ich meinen Eltern Natalja und Dr. Herbert Eisenblätter, meinem Bruder Andre Eisenblätter sowie Jean-Pierre Winter; sie haben mich während des gesamten Promotionsverfahrens stets und in jeglicher Hinsicht unterstützt.

Potsdam, im April 2007

Katja Eisenblätter

Inhaltsverzeichnis

Abkürzungsverzeichnis

a. A.	andere Ansicht
Abl.	Amtsblatt
Abs.	Absatz
a. F.	alte Fassung
AfK	Archiv für Kommunalwissenschaften
AG	Aktiengesellschaft
AktG	Aktiengesetz
AllgVerwR	Allgemeines Verwaltungsrecht
Alt.	Alternative
Altbd.	Altband
Anm.	Anmerkung
AnstG	Anstaltsgesetz
AöR	Archiv des öffentlichen Rechts
Art.	Artikel
Aufl.	Auflage
Ausg.	Ausgabe
BayVBl	Bayerische Verwaltungsblätter
BB	Der Betriebs-Berater
Bbg	Brandenburg
BbgVerfG	Brandenburgisches Verfassungsgericht
Bd.	Band
BesVerwR	Besonderes Verwaltungsrecht
BFH	Bundesfinanzhof
BGB	Bürgerliches Gesetzbuch
BGBl.	Bundesgesetzblatt
BGH	Bundesgerichtshof
BGHZE	amtliche Sammlung der Entscheidungen des Bundesgerichtshofes im Zivilrecht
BK	Kommentar zu Bonner Grundgesetz
BRKR	Richtlinie zur Koordinierung der Rechts- und Verwaltungsvorschriften über die Aufnahme und Ausübung der Tätigkeit der Kreditinstitute, kurz: Bankrechtskoordinierungsrichtlinie
BT-Drs.	Bundestagsdrucksache
BVerfG	Bundesverfassungsgericht
BVerfGE	amtliche Sammlung der Entscheidungen des Bundesverfassungsgerichtes
BVerfGG	Gesetz über das Bundesverfassungsgericht
BVerwG	Bundesverwaltungsgericht
BVerwGE..............	amtliche Sammlung der Entscheidungen des Bundesverwaltungsgerichtes
BW	Baden-Württemberg

BWVGH	Baden-Württembergischer Verwaltungsgerichtshof
BY	Bayern
BYVerfGH	Bayerischer Verfassungsgerichtshof
BYVGH	Bayerischer Verwaltungsgerichtshof
bzw.	beziehungsweise
DB	Der Betrieb
DDR	Deutsche Demokratische Republik
dems.	demselben
dens.	denselben
ders.	derselbe
DGO	Deutsche Gemeindeordnung
d. h.	das heißt
dies.	dieselben
DJT	Deutscher Juristentag
DÖV	Die öffentliche Verwaltung
DVBl	Deutsches Verwaltungsblatt
EAG	Europäische Atomgemeinschaft
EG	Europäische Gemeinschaft, Vertrag zur Gründung der Europäischen Gemeinschaft
EGV	Vertrag zur Gründung der Europäischen Gemeinschaft
Einl.	Einleitung
EnWG	Gesetz zur Neuregelung des Energiewirtschaftsrechts
EU	Europäische Union
EUV	Vertrag zur Gründung der Europäischen Union
EuGH	Europäischer Gerichtshof
EuR	Europarecht
EuZW	Europäische Zeitschrift für Wirtschaftsrecht
EWG	Europäische Wirtschaftsgemeinschaft
EWGV	Vertrag zur Gründung der Europäischen Wirtschaftsgemeinschaft
f.	folgende
ff.	fortfolgende
Festschr.	Festschrift
FG	Festgabe
Fn.	Fußnote
GemH	Der Gemeindehaushalt
GewArch	Gewerbearchiv
GG	Grundgesetz
GKG	Gesetz über kommunale Gemeinschaftsarbeit
GKZ	Gesetz über kommunale Zusammenarbeit
GmbH	Gesellschaft mit beschränkter Haftung
GmbHG	Gesetz betreffend die Gesellschaften mit beschränkter Haftung

GmbH & Co. KG ..	Kommanditgesellschaft, an der eine GmbH als persönlich haftender Gesellschafter beteiligt ist
GO	Gemeindeordnung
GRUR	Zeitschrift der Deutschen Vereinigung für gewerblichen Rechtsschutz und Urheberrecht
GVG	Gerichtsverfassungsgesetz
GWB	Gesetz gegen Wettbewerbsbeschränkungen
HKWP	Handbuch der kommunalen Wissenschaft und Praxis
He	Hessen
HeVGH	Hessischer Verwaltungsgerichtshof
h. M.	herrschende Meinung
Hrsg.	Herausgeber
HStR	Handbuch des Staatsrechts
i. d. R.	in der Regel
i. E.	im Ergebnis
i. e. S.	im engeren Sinne
i. S.	im Sinne
i. Ü.	im Übrigen
i. V. m.	in Verbindung mit
JA	Juristische Arbeitsblätter
Jura	Juristische Ausbildung
JuS	Juristische Schulung
JZ	Juristenzeitung
KGaA	Kommanditgesellschaft auf Aktien
KGG	Gesetz über die kommunale Gemeinschaftsarbeit
KO	Kommunalordnung
KomZG	Gesetz über die kommunale Zusammenarbeit
KommZG	Gesetz über kommunale Zusammenarbeit
KomZusStV	Staatsvertrag über die kommunale Zusammenarbeit
KSVG.....................	Kommunalselbstverwaltungsgesetz
KUVO	Landesverordnung über Kommunalunternehmen als Anstalt des öffentlichen Rechts
KV	Kommunalverfassung
LG	Landgericht
lit.	litera (= Buchstabe)
LK	Der Landkreis
LKV	Landes- und Kommunalverwaltung
LT-BW Drs.	Drucksache des Landes Baden-Württemberg
LT-BY Drs.	Drucksache des Landes Bayern
LT-NW Drs.	Drucksache des Landes Nordrhein-Westfalen
LT-SAnh Drs.	Drucksache des Landes Sachsen-Anhalt
LT-Th Drs.	Drucksache des Landes Thüringen
LVerf	Landesverfassung

LVerfGE	Entscheidungen der Verfassungsgerichte der Länder Berlin, Brandenburg, Mecklenburg-Vorpommern, Sachsen-Anhalt, Thüringen
m. a. W.	mit anderen Worten
m. Anm.	mit Anmerkung
m. krit. Anm.	mit kritischer Anmerkung
MV	Mecklenburg-Vorpommern
m. w. N.	mit weiteren Nachweisen
Nds	Niedersachsen
NdsVBl	Niedersächsische Verwaltungsblätter
NdsStGH	niedersächsischer Staatsgerichtshof
n. F.	neue Fassung
NJW	Neue Juristische Wochenschrift
NJW-RR	Neue Juristische Wochenschrift – Rechtsprechungsreport
Nr.	Nummer
NVwZ	Neue Zeitschrift für Verwaltungsrecht
NVwZ-RR	Neue Zeitschrift für Verwaltungsrecht – Rechtsprechungsreport
NW	Nordrhein-Westfalen
NWVBl	Nordrhein-Westfälische Verwaltungsblätter
ÖKWG	Gesetz über das öffentlich-rechtliche Kreditwesen
OLG	Oberlandesgericht
OVG	Oberverwaltungsgericht
OVGE	Entscheidungen der Oberverwaltungsgerichte für das Land Nordrhein-Westfalen in Münster sowie für die Länder Niedersachsen und Schleswig-Holstein in Lüneburg mit Entscheidungen des Verfassungsgerichtshofes Nordrhein-Westfalen und des Nieder-sächsischen Staatsgerichtshofes
PreußGS	Preußische Gesetzessammlung
Rdn.	Randnummer(n)
RGBl.	Reichsgesetzblatt
RGZE	amtliche Sammlung der Entscheidungen des Reichsgerichtes im Zivilrecht
RL	Richtlinie
RP	Rheinland-Pfalz
RPVerfGH	rheinland-pfälzischer Verfassungsgerichtshof
RWE	Rheinisch-Westfälische Elektrizitätswerk AG
S.	Seite
Sa	Sachsen
SAG Nds	Gesetz über die Auswirkungen der Verwaltungs- und Gebietsreform in Niedersachsen auf die Sparkassen
SaVerfGH	sächsischer Verfassungsgerichtshof
SächsVBl	Sächsische Verwaltungsblätter

SAnh	Sachsen-Anhalt
SchlHA	Schleswig-Holsteinische Anzeigen
SGB	Sozialgesetzbuch
SH	Schleswig-Holstein
SL	Saarland
Slg.	Sammlung
SpkG	Sparkassengesetz
StaatsR	Staatsrecht
StT	Der Städtetag
Th	Thüringen
ThürKO	Kommunalordnung Thüringen
ThürVBl	Thüringer Verwaltungsblätter
u. a.	unter anderem
usw.	und so weiter
u. U.	unter Umständen
UWG	Gesetz gegen den unlauteren Wettbewerb
v.	von
Var.	Variante
v. d.	von der
VerwArch	Verwaltungsarchiv
VerwR	Verwaltungsrecht
vgl.	vergleiche
VkU	Verband kommunaler Unternehmen
Vorbem.	Vorbemerkung
VR	Verwaltungsrundschau
VVDStRL	Veröffentlichungen der Vereinigung der Deutschen Staatsrechtslehrer
VwGO	Verwaltungsgerichtsordnung
VwVfG	Verwaltungsverfahrensgesetz
WiVerw	Wirtschaft und Verwaltung
WM	Zeitschrift für Wirtschafts- und Bankrecht
WRP	Wettbewerb in Recht und Praxis
z. B.	zum Beispiel
ZfK	Zeitschrift für das gesamte Kreditwesen
ZG	Zeitschrift für Gesetzgebung
ZHR	Zeitschrift für das gesamte Handelsrecht und Wirtschaftsrecht
ZIP	Zeitschrift für Wirtschaftsrecht
ZögU	Zeitschrift für öffentliche und gemeinwirtschaftliche Unternehmen
ZPO	Zivilprozessordnung
ZwVG	Zweckverbandsgesetz

1. Teil: Einführung

§ 1 Einleitung

A. *Problemüberblick*

Schon seit einigen Jahren ist zu beobachten, dass Gemeinden[1] ihre wirtschaftliche Betätigung nicht nur im Hinblick auf den Geschäftsumfang verstärkt erweitern, sondern und gerade auch in territorialer Hinsicht nicht selten über die eigenen Gebietsgrenzen hinaus, indem sie traditionelle Betätigungsfelder ausbauen und gänzlich neue erschließen. Zu diesem Verhalten sehen sich die Kommunen vor allem wegen ihrer schwerwiegenden Geldnöte gezwungen.
Diese resultieren zum einen aus sinkenden Steuereinnahmen bei gleichzeitig steigenden sozialen Leistungsansprüchen[2]. Gründe sind zum anderen auch bei einigen europarechtlich initiierten gesetzlichen Veränderungen zu finden. Durch das im April 1998 in Kraft getretene EnWG beispielsweise verloren die Gemeinden ihre bisherige Monopolstellung auf dem Gebiet der Strom- und Gasmärkte und mussten sich vorher nicht gekanntem Wettbewerb stellen. Auch die rechtliche Durchbrechung des Entsorgungsmonopols durch das im Oktober 1996 in Kraft getretene Kreislaufwirtschafts- und Abfallgesetz führte zu beträchtlichen Umsatzeinbußen und freien Kapazitäten bei den Gemeinden.[3]

Problematisch ist, dass bei diesen tatsächlichen und rechtlichen Veränderungen in der Wirtschaft und im Wettbewerb der rechtliche Handlungsspielraum für die Kommunen im Rahmen der wirtschaftlichen Betätigung, von den noch zu erläuternden so genannten Expansionsklauseln einmal abgesehen, unverändert geblieben ist. Somit stellt sich immer öfter die Frage, wie das veränderte Verhalten der Gemeinden im wirtschaftlichen Wettbewerb mit den einschlägigen europa- und verfassungsrechtlichen sowie einfachgesetzlichen Vorgaben noch zu vereinbaren ist.
Vor diesem Hintergrund mehren sich gerade in jüngerer Vergangenheit wissenschaftliche Veröffentlichungen zu dieser Problemkonstellation[4]. Ständig neue,

---

[1] Es soll in dieser Arbeit das Augenmerk nur auf die Gemeinden und nicht auf die Gemeindeverbände gerichtet werden. Die Gemeinde wird definiert als ein mitgliedschaftlich organisierter Verband auf einem bestimmten abgegrenzten Gebiet, dem die Eigenschaft einer juristischen Person des öffentlichen Rechts zukommt, kurz: eine (rechtsfähige) kommunale Gebietskörperschaft, vgl. *Stern*, in: BK, Art. 28 Rdn. 80; *Klüber*, Das Gemeinderecht in den Ländern der Bundesrepublik Deutschland, 1972, S. 11 ff. Siehe zu den historischen Ursprüngen dieses Begriffs *Gönnenwein*, Gemeinderecht, 1963, S. 1 ff.

[2] Siehe dazu *Henneke* NdsVBl 1998, 273 (274 f.); *Vogelgesang*, in: ders./Lübking/Ulbrich (Hrsg.), Kommunale Selbstverwaltung, 3. Aufl. 2005, Rdn. 394.

[3] Vgl. *Henneke* NdsVBl 1998, 273 (276); *Moraing* WiVerw 1998, 233 (235 ff.); *Cronauge* AfK 1999, 24 (28); *Dau*, in: Püttner (Hrsg.), Zur Reform des Gemeindewirtschaftsrechts, 2002, S. 205 (205 f.).

[4] So erschienen speziell zu diesem Thema bereits zwei Dissertationen, vgl. *Heilshorn*, Gebietsbezug der Kommunalwirtschaft, 2003; *Uhlenhut*, Wirtschaftliche Betätigung der Ge-

teilweise kontradiktorische Entwicklungen in Gesetzgebung und Rechtsprechung zeigen jedoch, dass der Prozess der Ermittlung der Grenzen der extraterritorialen Kommunalwirtschaft noch in vollem Gange ist. Zu dessen Klärung will die vorliegende Arbeit durch Auswertung des Schrifttums, der Rechtsprechung und der neueren Gesetzgebung sowie durch neue Ansätze und Lösungswege einen weiteren Beitrag leisten.

B. Gang der Untersuchung

Es soll im ersten Teil zunächst die kommunale Wirtschaftstätigkeit als solche vorgestellt werden. Dabei wird auf ihre historische Genese, Definitionen verschiedener Rechtsbereiche sowie mögliche Organisationsformen eingegangen. Sodann wird näher untersucht und dargestellt, was die Extraterritorialität der Kommunalwirtschaft im einzelnen ausmacht.

Der zweite Teil, das Herzstück dieser Arbeit, beschäftigt sich mit der rechtlichen Zulässigkeit der extraterritorialen Kommunalwirtschaft und deren Grenzen.
Für diese Untersuchung werden zunächst die sich aus dem Grundgesetz ergebenden Regelungen und Prinzipien analysiert. Kernrelevanz wird dabei Art. 28 Abs. 2 Satz 1 GG sowie dessen Ausstrahlungswirkung in andere Verfassungsnormen zukommen.
Nach knappen Bemerkungen zu den landesverfassungsrechtlichen kommunalen Selbstverwaltungsgarantien sollen im Anschluss die einfachrechtlichen Zulässigkeitsvorschriften auf ihre Reichweite in Bezug auf die extraterritoriale Kommunalwirtschaft hin überprüft werden. Das Augenmerk wird auch in diesem Zusammenhang bei den kommunalrechtlichen Vorschriften liegen, wobei der Auslegung und der Prüfung der Verfassungsmäßigkeit der Expansionsklauseln große Aufmerksamkeit zu widmen sein wird.
Nach Klärung der nationalen Rechtslage ist ferner der Frage nachzugehen, ob europarechtliche Einflüsse die nach deutschem Recht vorgegebenen Zulässigkeitsgrenzen zusätzlich beschränken oder von diesen ganz oder partiell befreien.

Im dritten Teil wird schließlich dargestellt, wer eine mögliche örtliche Begrenzung der kommunalen Wirtschafstätigkeit durchsetzen kann und mit welchen rechtlichen Mitteln dies geschieht. Dabei werden auch die Rechtsfolgen unzulässiger kommunalwirtschaftlicher Betätigung extra muros einer Betrachtung unterzogen.

In einem Exkurs werden die Besonderheiten des Regionalprinzips im Sparkassenrecht behandelt.

Die für den zukünftigen Umgang mit dem geschilderten Problem gewonnenen Erkenntnisse werden abschließend in einem Ausblick zusammengefasst.

---

meinden außerhalb ihres Gebietes, 2004. Siehe auch *Brosius-Gersdorf* AöR 130 (2005), 392 ff. mit umfangreichen Nachweisen.

§ 2 Kommunale Wirtschaftstätigkeit

A. Historische Entwicklung

Gegen Ende des 18. Jahrhunderts gewann die kommunale Selbstverwaltung[5] und in diesem Zusammenhang auch die wirtschaftliche Betätigung von Gemeinden auf Grund des aufkeimenden Liberalismus und die in dieser Zeit durchgeführten Reformen[6] durch zahlreiche Neugründungen kommunaler Betriebe erheblich an Bedeutung. Neben der Stärkung der kommunalen Wirtschaftstätigkeit hatte das liberale Denken jedoch auch eine gewisse Zurückhaltung der Kommunen zu Gunsten der Belebung privater Wirtschaftsfreiheit dergestalt zur Folge, dass der Wunsch nach einer angemessenen Versorgung der örtlichen Bevölkerung und Wirtschaft mit lebensnotwendigen Infrastrukturleistungen im Vordergrund stand.[7] Zu nennen sind in diesem Zusammenhang insbesondere die als Instrumente der Armenpflege zunächst gegründeten Leihämter und Sparkassen, die oft in einer Anstalt zusammengefasst wurden[8].

In den folgenden Jahrzehnten trat die gemeinwohlorientierte Zurückhaltung der Gemeinden zunehmend in den Hintergrund; ihr Interesse im Bereich reiner Erwerbswirtschaft nahm, insbesondere in Gestalt des Betriebs von Gas-, Wasser- und Elektrizitätswerken, stetig zu[9]. Die Ausweitung kommunaler Wirtschaftstätigkeit gerade in diesen Bereichen ist nicht verwunderlich, da sich zusätzlich zur Monopolkontrolle über diese Geschäftsbereiche, die ursprünglich durch diese Betriebe bezweckt war, lukrative Einnahmequellen auftaten[10].

Zu Beginn der Weimarer Republik waren die Gemeinden erheblichen finanziellen Problemen ausgesetzt. Ihre Finanznot resultierte zum einen aus dem Weltkrieg, zum anderen aus schwindenden Steuereinnahmen[11]. Die Kommunen suchten diese Probleme zu lösen, indem sie in zahlreiche neue Geschäftsfelder

---

[5] Siehe zur Wortgeschichte des Begriffs der Selbstverwaltung *Gönnenwein*, Gemeinderecht, 1963, S. 5 ff.

[6] Einen Überblick über die damaligen Reformen bietet *Gönnenwein*, Gemeinderecht, 1963, S. 12 ff.

[7] *Koch*, Die wirtschaftliche Betätigung der Gemeinden, 1992, S. 156 ff.; *Stern* AfK 1964, 81 (81 f.); *ders./Püttner*, Die Gemeindewirtschaft, 1965, S. 13; *Otting*, Neues Steuerungsmodell und rechtliche Betätigungsspielräume der Kommunen, 1997, S. 90.

[8] *Stern* AfK 1964, 81 (82); *ders./Püttner*, Die Gemeindewirtschaft, 1965, S. 13 f.; *Kluth*, Grenzen kommunaler Wettbewerbsteilnahme, 1988, S. 1; *Koch*, Die wirtschaftliche Betätigung der Gemeinden, 1992, S. 157.

[9] *Koch*, Die wirtschaftliche Betätigung der Gemeinden, 1992, S. 158; *Otting*, Neues Steuerungsmodell und rechtliche Betätigungsspielräume der Kommunen, 1997, S. 91.

[10] *Stern/Püttner*, Die Gemeindewirtschaft, 1965, S. 19 ff.; *Hellermann*, Örtliche Daseinsvorsorge und gemeindliche Selbstverwaltung, 2000, S. 21 ff.

[11] *Stern* AfK 1964, 81 (84 f.); *Otting*, Neues Steuerungsmodell und rechtliche Betätigungsspielräume der Kommunen, 1997, S. 91 f.; *Stern/Püttner*, Die Gemeindewirtschaft, 1965, S. 27; *Berg* WiVerw 2000, 141 (141); *Hellermann*, Örtliche Daseinsvorsorge und gemeindliche Selbstverwaltung, 2000, S. 32.

expandierten[12]. Sowohl für die bestehenden als auch für die neugegründeten kommunalen Unternehmen rückte die Absicht der Gewinnerzielung, die auf die Privatwirtschaft keine Rücksicht nahm, in den Vordergrund[13].
Mit dem Ende der Wiederaufbauzeit wurde an diesem wirtschaftlichen Expansionsdrang zunehmend Anstoß genommen. Ein Kritikpunkt, den *Popitz* damals herausstellte, war die aus der Sicht der Wirtschaft unerwünschte Tatsache, dass die ausschweifende Wirtschaftsbetätigung der Gemeinden kontraproduktiv für die öffentliche Wirtschaft sei, da sie der Privatwirtschaft Konkurrenz mache, die ihrerseits durch Steuern die öffentliche Wirtschaft tragen sollte[14].
Im Jahre 1931 wurde erstmals gesetzlich mit der Dritten Notverordnung des Reichspräsidenten[15] auf diese Missstände reagiert. Die gesetzliche Eindämmung kommunaler Wirtschaftsbetätigung entwickelte sich im Preußischen Gemeindefinanzgesetz von 1933[16] und in der Deutschen Gemeindeordnung von 1935[17] fort.[18] Die kommunalwirtschaftlichen Normen der Gemeindeordnungen der vorerst nur alten Bundesländer knüpften nach dem Zweiten Weltkrieg an die reichseinheitliche Regelung des § 67 DGO an[19]. Die neuen Bundesländer gestalteten ihre Gemeindeordnungen im Bereich der kommunalen Wirtschaftsbetätigung nach der deutschen Wiedervereinigung ebenfalls in Anlehnung an diese Vorschrift, indem sie sich an dem Vorbild der westdeutschen kommunalen Selbstverwaltung orientierten[20].
Im Zuge der oben beschriebenen Ausweitung der kommunalen Wirtschaftsbetätigung hat schon frühzeitig auch extraterritoriales Wirtschaften der Kommunen stattgefunden. An dem überregional tätigen Energieversorgungsunternehmen RWE beispielsweise sind im Zeitraum von 1905 bis 1999 die Beteiligungen von drei auf 64 kommunale Aktionäre aus Nordrhein-Westfalen, Rheinland-Pfalz,

---

[12] *Otting*, Neues Steuerungsmodell und rechtliche Betätigungsspielräume der Kommunen, 1997, S. 92.
[13] *Otting*, Neues Steuerungsmodell und rechtliche Betätigungsspielräume der Kommunen, 1997, S. 92 ff.; *Stern* AfK 1964, 81 (84 f.); *Hellermann*, Örtliche Daseinsvorsorge und gemeindliche Selbstverwaltung, 2000, S. 32 f.
[14] Siehe zu dieser und zwei weiteren kritischen Äußerungen *Popitz*, Der zukünftige Finanzausgleich zwischen Reich, Ländern und Gemeinden, 1932, S. 46.
[15] RGBl. I 1931, S. 537.
[16] PreußGS 1933, S. 442.
[17] RGBl. I 1935, S. 49.
[18] Vgl. zu dieser gesetzlichen Entwicklung die amtliche Begründung zur Deutschen Gemeindeordnung, zu § 67 Nr. 1, abgedruckt in: *Surén/Loschelder*, DGO vom 30. Januar 1935, Bd. II, S. 88; *Hellermann*, Örtliche Daseinsvorsorge und gemeindliche Selbstverwaltung, 2000, S. 35 f.; *Stern/Püttner*, Die Gemeindewirtschaft, 1965, S. 32; *Koch*, Die wirtschaftliche Betätigung der Gemeinden, 1992, S. 23 f.
[19] §§ 102 ff. GO BW, Art. 86 ff. GO BY, §§ 121 ff. GO He, 108 ff. GO Nds, 107 ff. GO NW, 85 ff. GO RP, 108 ff. KSVG SL, 101 ff. GO SH.
[20] §§ 100 ff. GO Bbg, 68 ff. KV MV, 95 ff. GO Sa, 116 ff. GO SAnh, 71 ff. KO Th. Siehe beispielsweise zur Entstehung der brandenburgischen Gemeindeordnung nach der deutschen Wiedervereinigung *Nierhaus* LKV 1995, 5 (6).

Niedersachsen und dem Saarland gestiegen[21]. Ein weiteres Beispiel sind die Stadtwerke Köln, die seit 1990 eine Beteiligung an den Dresdner Stadtwerken halten, weil sie sich auf Veranlassung des Landes Nordrhein-Westfalen zwecks Aufbauhilfe für die neuen Bundesländer nach der Wiedervereinigung finanzwirtschaftlich an den Dresdner Stadtwerken beteiligen sollten[22].
Anstoß zur jüngsten Entwicklung auf diesem Gebiet gab schließlich 1998 Bayern, indem es in seine Gemeindeordnung eine Expansionsklausel[23] aufnahm, die den Kommunen die extraterritoriale Wirtschaftstätigkeit unter bestimmten Voraussetzungen ausdrücklich erlaubte. Es folgten Nordrhein-Westfalen, Thüringen, Sachsen-Anhalt, Schleswig-Holstein, Hessen, Baden-Württemberg und das Saarland. Diese Regelungen werden noch ausführlich Gegenstand dieser Arbeit sein [vgl. unten § 4 D. I. 2)].

B. Definitionen

Die Definition der kommunalen Wirtschaftstätigkeit ist neben der begrifflichen Klarstellung vor allem wichtig für die Bestimmung der Reichweite von Zulässigkeitsvorschriften. Nicht zuletzt kann durch eine möglichst genaue Determination der Gefahr der Umgehung gesetzlicher Zulässigkeitsgrenzen begegnet werden.
Die Wirtschaftstätigkeit der Kommunen kann in den Anwendungsbereich unterschiedlicher Gesetze verschiedener Regelungsebenen fallen. Je nach betroffener Rechtsmaterie variieren die begrifflichen Vorgaben.

I. Kommunalwirtschaftsrecht

In dieser Arbeit soll unter Gliederungspunkt § 4 D. I. vorrangig die Zulässigkeit grenzüberschreitender kommunaler Wirtschaftstätigkeit nach kommunalrechtlichen Maßstäben untersucht werden. Auf die in diesem Zusammenhang verwendeten Termini ist deswegen zuvörderst einzugehen.

1) Wirtschaftliche Betätigung/Wirtschaftliches Unternehmen

Die Gemeindeordnungen der Bundesländer knüpfen ihre Vorschriften über die Gemeindewirtschaft entweder an den Begriff der wirtschaftlichen Betätigung oder an denjenigen des wirtschaftlichen Unternehmens.

a) Abgrenzung Betätigung/Unternehmen

Die Betätigung erfasst das Agieren der Kommune im Allgemeinen. Unter dem der Volks- und Betriebswirtschaft entlehnten Begriff des Unternehmens versteht man eine Betriebseinheit, die eine auf Dauer angelegte Zusammenfassung von persönlichen und sächlichen Mitteln mit eigenem Wirkungsziel in der Hand ei-

[21] *Wieland*, in: Henneke (Hrsg.), Optimale Aufgabenerfüllung im Kreisgebiet?, 1999, S. 193 (193).
[22] *Wieland*, in: Henneke (Hrsg.), Optimale Aufgabenerfüllung im Kreisgebiet?, 1999, S. 193 (193 f.); *Ehlers* DVBl 1998, 497 (505).
[23] Vgl. Art. 87 Abs. 2 GO BY.

nes Rechtsträgers darstellt; dabei ist zwar keine eigene Rechtspersönlichkeit, wohl aber ein Mindestmaß an Selbstständigkeit gegenüber der Gemeindeverwaltung erforderlich[24]. Einige Gemeindeordnungen präzisieren das kommunale Unternehmen, indem sie, ohne den Begriff legal zu definieren, bestimmte Organisationsformen vorschreiben[25]. Die Gemeinde kann als solche nicht Unternehmen sein; sie kommt nur als Rechtsträgerin desselben in Betracht[26]. Beide Begriffe sind weit zu verstehen und weisen nur, aber immerhin den formellen Unterschied auf, dass die Betätigung ein Handeln umschreibt, das Unternehmen hingegen die Organisation[27].

b) Wirtschaftlichkeit

Sowohl dem Terminus der Betätigung als auch demjenigen des Unternehmens ist das Kriterium der Wirtschaftlichkeit gemein. Eine einheitliche Definition bezüglich der Wirtschaftlichkeit kommunalen Handelns existiert weder im Schrifttum noch in den Gemeindeordnungen[28]. Der wohl entscheidende Grund dafür sind die Schwierigkeiten, die mit einer begrifflichen Bestimmung verbunden sind. Diese liegen darin begründet, dass die Gemeinden bei wirtschaftlicher Tätigkeit einerseits Teil des wirtschaftlichen Wettbewerbs sind, andererseits jedoch zur öffentlichen Verwaltung gehören und dementsprechend nicht ohne weiteres privaten Wirtschaftssubjekten gleichzusetzen sind[29].

Nach dem Begriffsverständnis der Urnorm des § 67 der DGO vom 30. Januar 1935 galten Unternehmen dann als wirtschaftliche, wenn sie auch von einem Privatanbieter mit Gewinnerzielungsabsicht betrieben werden konnten[30]. So verwundert die Ähnlichkeit der heutigen Legaldefinitionen zu den damaligen Definitionen nicht: Nach der Legaldefinition des § 100 Abs. 1 GO Bbg ist unter

---

[24] *Otting*, Neues Steuerungsmodell und rechtliche Betätigungsspielräume der Kommunen, 1997, S. 102 ff.; *Stern* AfK 1964, 81 (95 f.); *Ehlers*, Gutachten E für 64. DJT 2002, S. E 24 f.; *Erichsen*, Kommunalrecht NW, 1988, S. 238; *Gern*, Kommunalrecht, 3. Aufl. 2003, Rdn. 725.

[25] Vgl. Art. 86 GO BY, *Knemeyer*, Bayerisches Kommunalrecht, 10. Aufl. 2000, Rdn. 330, sieht hierin gar einen Ersatz für die Definition, nachdem in Bayern die Fiktion der nichtwirtschaftlichen Unternehmen entfiel. Weitere Regelungen dieser Art finden sich in §§ 101 Abs. 3 GO Bbg, 108 Abs. 2 GO Nds, 95 Abs. 1 GO Sa, 116 Abs. 1 GO SAnh.

[26] *Meininger*, in: Fabry/Augsten (Hrsg.), Handbuch Unternehmen der öffentlichen Hand, 2002, Teil 2 Rdn. 2; *Gern*, Kommunalrecht, 3. Aufl. 2003, Rdn. 725.

[27] Siehe zu der Diskussion, ob die spezielle Verwendung, die die Begriffe in den Gemeindeordnungen erfahren, als unterschiedliche Anknüpfungspunkte für die Zulässigkeitsprüfung der kommunalen Wirtschaftstätigkeit zu interpretieren sind unter § 4 D. I. 1) a) – Die Anknüpfungspunkte der Schrankentrias.

[28] Ausnahmen: §§ 100 Abs. 1 GO Bbg, 107 Abs. 1 Satz 3 GO NW.

[29] *Stern/Püttner*, Die Gemeindewirtschaft, 1965, S. 120; *Gerke* Jura 1985, 349 (350); *Stober*, Kommunalrecht, 3. Aufl. 1996, S. 335; *Knemeyer/Kempen*, in: Achterberg/Püttner/Würtenberger (Hrsg.), BesVerwR II, 2. Aufl. 2000, § 17 Rdn. 35.

[30] Vorläufige Ausführungsanweisung zu § 67 DGO abgedruckt in: *Surén/Loschelder*, DGO vom 30. Januar 1935, Bd. II, S. 87 f.; so später auch BVerwGE 39, 329 (333).

wirtschaftlicher Betätigung das Herstellen, Anbieten oder Verteilen von Gütern, Dienstleistungen oder vergleichbaren Leistungen, die ihrer Art nach auch mit der Absicht der Gewinnerzielung erbracht werden könnten, zu verstehen[31].

Die im Schrifttum vorzufindenden Bemühungen um eine Begriffsklärung kombinieren in der Regel mehrere typische Merkmale in jeweils unterschiedlicher Konstellation. Die wichtigsten in der Diskussion befindlichen Kriterien sollen hier aufgegriffen werden, um so herauszustellen, welche von ihnen für die Wirtschaftlichkeit kommunalen Handelns charakteristisch sind.

aa) Gewinnerzielungsabsicht

Der Großteil des Schrifttums ordnet das Merkmal der Gewinnerzielungsabsicht als nicht maßgeblich für kommunales Wirtschaften ein[32]. Das Streben nach Gewinn trete zwar oftmals hinzu, könne jedoch nicht zwingend sein[33].

Die Absicht, Gewinne zu erzielen, ist für Wirtschaftssubjekte der ausschlaggebende Grund, sich am Marktgeschehen wirtschaftlich zu beteiligen. Gemeinden können in diesem Rahmen allerdings nicht in gleicher Weise wie private Unternehmer behandelt werden. Sie müssen ihr Ertragsstreben stets noch mit dem ihnen obliegenden kommunalen Leistungsauftrag in Einklang bringen. Die Kommunalpraxis zeigt, dass Einnahmen aus kommunalen Unternehmen im Einzelfall aus sozialpolitischen Gründen auf ein Minimum reduziert werden müssen, was dazu führt, dass diese Unternehmen nicht einmal kostendeckend arbeiten, sondern sogar noch aus allgemeinen Steuermitteln bezuschusst werden müssen[34]. Auf Grund dieser Überlegungen bietet sich ein Grundsatz-Ausnahme-Verhältnis für die Erforderlichkeit einer Gewinnerzielungsabsicht an: Prinzipiell sollen nur solche Tätigkeiten der Gemeinden als wirtschaftlich angesehen werden, bei denen das Motiv der Gewinnerzielung zusammen mit der öffentlichen Zweckset-

---

[31] Ähnlich auch die Legaldefinition des § 107 Abs. 1 Satz 3 GO NW: "Als wirtschaftliche Betätigung ist der Betrieb von Unternehmen zu verstehen, die als Hersteller, Anbieter oder Verteiler von Gütern oder Dienstleistungen *am Markt* tätig werden, sofern die Leistung ihrer Art nach auch *von einem Privaten* mit der Absicht der Gewinnerzielung erbracht werden könnte." Die Unterschiede zu § 100 Abs. 1 GO Bbg wurden hervorgehoben.

[32] *Stern/Püttner*, Die Gemeindewirtschaft, 1965, S. 59 ff.; *Emmerich*, Das Wirtschaftsrecht der öffentlichen Unternehmen, 1969, S. 53 f.; *Schmidt-Jortzig*, in: Püttner (Hrsg.), HKWP V, 1984, S. 50 (54 f.); *Gerke* Jura 1985, 349 (350); *Knemeyer/Kempen*, in: Achterberg/Püttner/Würtenberger (Hrsg.), BesVerwR II, 2. Aufl. 2000, § 17 Rdn. 36, 39; *Nierhaus*, Kommunalrecht für Bbg, 2003, Rdn. 608; *Stern* AfK 1964, 81 (97).

[33] *Schmidt-Jortzig*, in: Püttner (Hrsg.), HKWP V, 1984, S. 50 (55); *Stober*, Kommunalrecht, 3. Aufl. 1996, S. 336.

[34] *Emmerich*, Das Wirtschaftsrecht der öffentlichen Unternehmen, 1969, S. 53 f.; *Gerke* Jura 1985, 349 (350); *Schnaudigel*, Der Betrieb nichtwirtschaftlicher kommunaler Unternehmen in Rechtsformen des Privatrechts, 1995, S. 129; *Knemeyer/Kempen*, in: Achterberg/Püttner/Würtenberger (Hrsg.), BesVerwR II, 2. Aufl. 2000, § 17 Rdn. 36.

zung im Vordergrund steht[35]. Ausnahmsweise kann das Ertragsstreben in den Hintergrund treten, wenn die Gemeinden wegen ihrer kommunalen Daseinsvorsorgepflicht zu unrentablem Verhalten gezwungen sind.
So sehen es überdies die in den meisten Gemeindeordnungen enthaltenen Sollvorschriften vor, die regeln, dass die kommunalen Unternehmen einen Ertrag für den Haushalt der Gemeinde abwerfen sollen[36] bzw. dass der Jahresgewinn dieser Unternehmen so hoch sein soll, dass [...] mindestens eine marktübliche Verzinsung des Eigenkapitals erwirtschaftet wird[37]. Eine Sollvorschrift zeichnet sich gerade dadurch aus, dass die öffentliche Hand grundsätzlich zur Erfüllung der dort genannten Kriterien verpflichtet ist und nur in Ausnahmefällen davon absehen kann[38].
Dieser Grundsatz schließt rein gemeinnützig tätige Unternehmen aus[39].

bb) Entgeltlichkeit der Leistungserbringung

Eng mit dem grundsätzlichen Erfordernis der Gewinnerzielungsabsicht ist die Notwendigkeit einer Entgeltlichkeit der Leistungserbringung durch die Kommune verbunden, denn ein Unternehmen kann nur Gewinne erwirtschaften, wenn es gegen Entgelt arbeitet. Ob die von der Gemeinde erbrachte Leistung entgeltlich erfolgen muss, um als wirtschaftlich zu gelten,[40] ist somit genauso wie die Frage nach dem Erfordernis der Gewinnerzielungsabsicht zu beantworten: Grundsätzlich ist es zur Bejahung von Wirtschaftlichkeit erforderlich, dass das gemeindliche Unternehmen eine pekuniäre Gegenleistung verlangt. Als Ergebnis der Abwägung zwischen Ertragsstreben und der der Gemeinde obliegen-

---

[35] Ebenso *Jarass* DVBl 2006, 1 (4 f.). In diese Richtung auch *Franz*, Gewinnerzielung durch kommunale Daseinsvorsorge, 2005, S. 198, der das Wesen des wirtschaftlichen Unternehmens gerade in der Kombination von öffentlichem Zweck und Gewinnorientierung bei Daseinsvorsorgeleistungen erblickt. Nach *Schink* NVwZ 2002, 129 (134), ist es gerade Kennzeichen kommunaler wirtschaftlicher Betätigung, dass sie auch auf die Erzielung von Gewinn gerichtet sein kann. *Erichsen*, Kommunalrecht NW, 1988, S. 238, bezeichnet die Gewinnerzielungsabsicht als Regelkriterium kommunaler wirtschaftlicher Betätigung; auch in jenen Tätigkeitsfeldern, in denen der öffentliche Zweck in den Vordergrund tritt.

[36] Vgl. §§ 102 Abs. 2 GO BW, 127 a Satz 2 GO He, 75 Abs. 1 Satz 2 KV MV, 114 Abs. 1 Satz 1 GO Nds, 109 Abs. 1 Satz 2 GO NW, 116 Satz 2 KSVG SL, 97 Abs. 3 GO Sa, 75 Abs. 1 KO TH. Diesen Gedanken bemüht auch *H. Klein*, Die Teilnahme des Staates am wirtschaftlichen Wettbewerb, 1968, S. 83; im Ergebnis hält er die Absicht der Gewinnerzielung jedoch unverständlicherweise für nicht wesensbestimmend, siehe ebenda, S. 80. Nach § 85 Abs. 2 Satz 1 GO RP sollen die wirtschaftlichen Unternehmen einen "Überschuss" für den Haushalt der Gemeinde abwerfen.

[37] Siehe § 107 Satz 2 GO Bbg.

[38] *Maurer*, AllgVerwR, 15. Aufl. 2004, § 7 Rdn. 11.

[39] *Knemeyer/Kempen*, in: Achterberg/Püttner/Würtenberger (Hrsg.), BesVerwR II, 2. Aufl. 2000, § 17 Rdn. 42, interpretieren dieses Erfordernis als explizites Negativmerkmal.

[40] Erforderlich nach *Popitz*, Der zukünftige Finanzausgleich zwischen Reich, Ländern und Gemeinden, 1932, S. 49. Nicht erforderlich nach *Schmidt-Jortzig*, in: Püttner (Hrsg.), HKWP V, 1984, S. 50 (54); *Stober*, Kommunalrecht, 3. Aufl. 1996, S. 336; *Knemeyer/Kempen*, in: Achterberg/Püttner/Würtenberger (Hrsg.), BesVerwR II, 2. Aufl. 2000, § 17 Rdn. 39.

den kommunalen Daseinsvorsorge kann auf Entgeltlichkeit jedoch auch ausnahmsweise verzichtet werden.

cc) Vergleich mit der Privatwirtschaft

Die Tätigkeit einer Gemeinde sollte nur dann als wirtschaftlich erachtet werden, wenn sie auch von Privaten erbracht werden kann[41]. Auf eine tatsächlich bestehende Konkurrenz durch die Privatwirtschaft kommt es dagegen nicht an. Da für verschiedene kommunale Wirtschaftszweige in der Realität keine private Konkurrenz besteht, ist dieser Teil der Definition im Konjunktiv zu formulieren[42].
Teilweise wird dieses Kriterium für nicht aussagekräftig genug gehalten, da in der Praxis oft private und öffentliche Einrichtungen nebeneinander existieren, so dass dieses Merkmal nur in wenigen Einzelfällen zur Verneinung von Wirtschaftlichkeit führe[43]. In die gleiche Richtung zielt das Argument, dass nahezu jedes Unternehmen außerhalb der kommunalen Hoheitsverwaltung auch von Privaten betrieben werden könnte[44].
Hiergegen ist einzuwenden, dass der Vergleich mit der Privatwirtschaft nicht die Aufgabe hat, eine große Anzahl an zu prüfenden Unternehmen im Vorfeld aus einer Untersuchung herauszufiltern. Dieses Merkmal hat vor allem die wichtige Funktion, rein hoheitliche Tätigkeiten der Gemeinden aus dem Wirtschaftlichkeitsbegriff auszuklammern. Dabei liegt es in der Natur der Sache, dass für die Privatwirtschaft ein großer wirtschaftlicher Betätigungsspielraum bleibt; es fallen für die Privatwirtschaft lediglich die Tätigkeiten heraus, die ihr aus rechtlichen Gründen verwehrt bleiben[45].
Für die Einordnung einer kommunalen Tätigkeit als wirtschaftlich ist demnach die generelle Möglichkeit der Aufgabenerfüllung auch durch Private ausschlaggebend.

dd) Wertschöpfung

Als maßgebliches Element der Wirtschaftlichkeit wird in der Literatur[46] zu Recht auch die Wertschöpfung angesehen. Darunter ist eine Tätigkeit zu verste-

[41] So auch die obigen Legaldefinitionen, abweichend § 100 Abs. 1 GO Bbg.

[42] *Stern* AfK 1964, 81 (97); bereits im Konjunktiv formuliert ist dieses Merkmal in § 107 Abs. 1 Satz 3 GO NW.

[43] *Scholler*, Grundzüge des Kommunalrechts, 4. Aufl. 1990, S. 217 f.; *Schnaudigel*, Der Betrieb nichtwirtschaftlicher kommunaler Unternehmen in Rechtsformen des Privatrechts, 1995, S. 136.

[44] Dieses Argument taucht stets auch im Zusammenhang mit der Erforderlichkeit von Gewinnerzielungsabsicht auf, vgl. *Schnaudigel*, Der Betrieb nichtwirtschaftlicher kommunaler Unternehmen in Rechtsformen des Privatrechts, 1995, S. 130, 136; *Schulz* BayVBl 1997, 518 (518).

[45] *Ehlers*, Gutachten E für 64. DJT 2002, S. E 29. So auch *Oebbecke*, in: Wallerath (Hrsg.), Kommunen im Wettbewerb, 2001, S. 13 (15 f.), für den eine de iure mögliche Wahrnehmung durch Private sogar alleiniges Kriterium ist.

[46] *Knemeyer/Kempen*, in: Achterberg/Püttner/Würtenberger (Hrsg.), BesVerwR II, 2. Aufl. 2000, § 17 Rdn. 37 f.; *Stern/Püttner*, Die Gemeindewirtschaft, 1965, S. 64; *Schmidt-Jortzig*,

hen, die in der Erzeugung, Bereitstellung oder dem Verkauf von Gütern und Dienstleistungen zur Befriedigung materieller Bedürfnisse besteht[47]. Die Wertschöpfung kann sowohl der Fremdbedarfs- als auch der reinen Eigenbedarfsdeckung dienen[48].

ee) Kaufmännische Arbeits- und Organisationsweise/Beteiligung am wirtschaftlichen Verkehr

Viele Meinungen im Schrifttum sehen schließlich berechtigterweise eine kaufmännische Arbeits- und Organisationsweise im Innenverhältnis sowie die Beteiligung am wirtschaftlichen Verkehr nach außen als ausschlaggebende Kriterien zur Bestimmung von Wirtschaftlichkeit an[49].

ff) Zusammenfassung

Zusammenfassend ist somit eine kommunale Tätigkeit dann als wirtschaftlich zu qualifizieren, wenn sie darin besteht, in kaufmännischer Weise als Hersteller, Verteiler oder Verkäufer von Gütern oder Dienstleistungen am wirtschaftlichen Verkehr teilzunehmen, sofern die Tätigkeit ihrer Art nach auch von einem Privaten mit der Absicht der Gewinnerzielung entgeltlich erbracht werden könnte. Die Absicht der Gewinnerzielung und die Entgeltlichkeit der kommunalen Leistung haben ausnahmsweise in den Hintergrund zu treten, soweit der den Gemeinden obliegende kommunale öffentliche Auftrag dies erfordert.

c) Ausnahmen

Einige kommunale Betätigungen bzw. Unternehmen lassen sich zwar unter die soeben herausgearbeitete Definition subsumieren; für sie gelten jedoch gleichwohl nicht die kommunalwirtschaftsrechtlichen Zulässigkeitsvorschriften.
Dazu gehören zum einen die gesetzlich bestimmten so genannten nichtwirtschaftlichen Betätigungen respektive Unternehmen und zum anderen Tätigkeiten, deren Zulässigkeit sich nach spezielleren Gesetzen richtet.

---

in: Püttner (Hrsg.), HKWP V, 1984, S. 50 (54); *Otting*, Neues Steuerungsmodell und rechtliche Betätigungsspielräume der Kommunen, 1997, S. 100; *Kluth* WiVerw 2000, 184 (187).

47 *Schmidt-Jortzig*, in: Püttner (Hrsg.), HKWP V, 1984, S. 50 (54).

48 Dies wird allerdings kontrovers diskutiert: Gegen die Reduzierung der Wertschöpfung auf die Fremdbedarfsdeckung argumentieren *Otting*, Neues Steuerungsmodell und rechtliche Betätigungsspielräume der Kommunen, 1997, S. 99 f.; *Koch*, Die wirtschaftliche Betätigung der Gemeinden, 1992, S. 30. Dafür plädieren *Schmidt-Jortzig*, in: Püttner (Hrsg.), HKWP V, 1984, S. 50 (54 ff.); *Gerke* Jura 1985, 349 (351); *Knemeyer/Kempen*, in: Achterberg/Püttner/Würtenberger (Hrsg.), BesVerwR II, 2. Aufl. 2000, § 17 Rdn. 38.

49 *Stern/Püttner*, Die Gemeindewirtschaft, 1965, S. 63 f.; *Stern* AfK 1964, 81 (97); *Schmidt-Jortzig*, in: Püttner (Hrsg.), HKWP V, 1984, S. 50 (55); *Gerke* Jura 1985, 349 (351). Nach *Emmerich*, Das Wirtschaftsrecht der öffentlichen Unternehmen, 1969, S. 53 f., ist der Wille zur Teilnahme am Markt als Definitionskriterium unabdingbar, allerdings bewertet er das objektive Kriterium der kaufmännischen Arbeits- und Organisationsweise kritisch.

aa) Nichtwirtschaftlichkeit

Kraft ausdrücklicher gesetzlicher Anordnung sind folgende kommunale Betriebe als nichtwirtschaftlich einzuordnen:

- Unternehmen, deren Zweck in der Erfüllung von Pflichtaufgaben besteht[50],
- Einrichtungen des Bildungs-, Gesundheits-, und Sozialwesens, der Kulturpflege, der körperlichen Ertüchtigung und der Erholung sowie Einrichtungen ähnlicher Art[51], zusätzlich in einigen Ländern noch Einrichtungen der Abfall- und Abwasserbeseitigung[52], der Straßenreinigung, Wirtschaftsförderung, Wohnraumversorgung, des Umweltschutzes und des Messe- und Ausstellungswesens[53],
- Hilfsbetriebe, die der Eigenbedarfsdeckung der Gemeinde dienen[54].

Da diese gemeindlichen Wirtschaftstätigkeiten qua legem als nichtwirtschaftlich einzustufen sind, müssen sie sich nicht an den strengen Zulässigkeitsvorschriften des Kommunalwirtschaftsrechts messen lassen, die Wirtschaftlichkeit voraussetzen. Die hieraus resultierende Privilegierung für die Gemeinden ist dadurch zu erklären, dass diesen Betrieben ein überwiegend gemeinnütziger Charakter zugesprochen wird, der typischerweise eine Gewinnerzielungsabsicht ausschließt[55].

---

[50] Vgl. §§ 102 Abs. 4 Nr. 1 GO BW, 121 Abs. 2 Nr. 1 GO He, 68 Abs. 2 Nr. 1 KV MV, 108 Abs. 3 Nr. 1 GO Nds, 107 Abs. 2 Nr. 1 GO NW, 97 Abs. 2 Nr. 1 GO Sa, 101 Abs. 4 Nr. 1 GO SH; 101 Abs. 2 Nr. 1 GO Bbg. § 101 Abs. 2 GO Bbg nimmt dabei insofern eine Sonderstellung ein, als außerhalb der Zulässigkeitsvoraussetzungen des § 100 GO Bbg *auch* an solchen Unternehmen die Arbeit aufgenommen werden darf, wobei hieraus nicht zu schlussfolgern ist, es handele sich grundsätzlich um nichtwirtschaftliche Unternehmen, vgl. *Plumbaum* in: Potsdamer Kommentar, § 100, 5.; keine solche Regelung in Bayern, Rheinland-Pfalz, Saarland, Sachsen-Anhalt (hier wird die Zulässigkeit in § 116 Abs. 2 Satz 1 GO SAnh für selektive (Pflicht-)Aufgaben fingiert), Thüringen.

[51] Vgl. §§ 102 Abs. 4 Nr. 2 GO BW, 121 Abs. 2 Nr. 2 GO He, 68 Abs. 2 Nr. 2 KV MV, 108 Abs. 3 Nr. 2 GO Nds, 107 Abs. 2 Nr. 2 GO NW, 85 Abs. 3 Nr. 1-4 GO RP, 108 Abs. 2 Nr. 1 KSVG SL, 101 Abs. 4 Nr. 2 GO SH; 101 Abs. 2 Nr. 2 GO Bbg. Zur Sonderstellung des § 101 Abs. 2 GO Bbg siehe Fn. 50; keine solche Regelung in Bayern, Sachsen, Sachsen-Anhalt, Thüringen.

[52] Vgl. §§ 121 Abs. 2 Nr. 2 GO He, 108 Abs. 2 Nr. 1 KSVG SL, 101 Abs. 4 Nr. 2 GO SH.

[53] Vgl. § 107 Abs. 2 Nr. 3-4 GO NW; nur den Umweltschutz einbeziehend: §§ 108 Abs. 3 Nr. 2 GO Nds, 85 Abs. 3 Nr. 5 GO RP; zusätzlich das Wohnungs- und Siedlungswesen einbeziehend: § 85 Abs. 3 Nr. 6 GO RP.

[54] Vgl. §§ 102 Abs. 4 Nr. 3 GO BW, 121 Abs. 2 Nr. 3 GO He, 68 Abs. 2 Nr. 3 KV MV, 108 Abs. 3 Nr. 3 GO Nds, 107 Abs. 2 Nr. 5 GO NW, 85 Abs. 3 Nr. 7 GO RP, 108 Abs. 2 Nr. 2 KSVG SL, 97 Abs. 2 Nr. 2 GO Sa, 101 Abs. 4 Nr. 3 GO SH; keine solche Regelung in Bayern, Brandenburg, Sachsen-Anhalt, Thüringen.

[55] *Otting* NWVBl 2000, 206 (208); *Popitz*, Der zukünftige Finanzausgleich zwischen Reich, Ländern und Gemeinden, 1932, S. 49. In dieser Einteilung wird vielerorts eine teilweise historisch überholte Betrachtungsweise gesehen, da sie heutzutage zu Ungereimtheiten führt, vgl. *Ehlers*, Gutachten E für 64. DJT 2002, S. E 30; *Gern*, Kommunalrecht, 3. Aufl. 2003, Rdn. 726; *Knemeyer/Kempen*, in: Achterberg/Püttner/Würtenberger (Hrsg.), BesVerwR II, 2. Aufl.

bb) Spezielle Vorschriften

Eine weitere Ausnahme bilden Tätigkeiten, deren Zulässigkeit sich nach spezielleren Gesetzen richtet. Da die Vorschriften des Kommunalwirtschaftsrechts nur "subsidiäre" Geltung haben, bedarf es keiner Abgrenzung nach den allgemeinen kommunalwirtschaftsrechtlichen Maßstäben mehr, sobald spezielle Gesetze Zulässigkeitsvorschriften für das Handeln der Gemeinde aufstellen. Als Beispiel sei an dieser Stelle das Betreiben von Sparkassen zu nennen; in allen Gemeindeordnungen ist ausdrücklich festgehalten, dass für die einzig erlaubten kommunalen Bankunternehmen die besonderen Vorschriften des öffentlichen Sparkassenwesens gelten[56].

2) Hauptgeschäfte, Hilfsbetriebe und ressourcennutzende sowie -unabhängige Nebengeschäfte

Insbesondere bei der Anwendung von Kommunalwirtschaftsrecht sind die kommunalen Hilfsbetriebe und Nebentätigkeiten von dem gemeindewirtschaftlichen Hauptgeschäft abzugrenzen.

Die gemeindewirtschaftlichen Hauptgeschäfte bilden den Unternehmensgegenstand eines jeden kommunalen Betriebs; ihretwegen wird das jeweilige gemeindliche Unternehmen überhaupt betrieben.

Hilfsbetriebe dienen ausschließlich der Erfüllung des internen Eigenbedarfs der (wirtschaftenden) Gemeinde. Sie gelten als nichtwirtschaftliche Unternehmen[57] und sind insofern für die weitere Untersuchung nicht relevant. In den meisten Gemeindeordnungen der Länder ist die Nichtwirtschaftlichkeit sogar ausdrücklich geregelt[58]. Hierunter fallen z. B. gemeindliche Buchdruckereien und Buchbindereien sowie Reparaturwerkstätten[59].

Bei den Nebengeschäften ist zwischen ressourcennutzenden und ressourcenunabhängigen Nebentätigkeiten zu unterscheiden.

Ressourcennutzende Nebengeschäfte sind solche Tätigkeiten, die von einem wirtschaftlichen Unternehmen "bei Gelegenheit" der Verwirklichung seiner Hauptgeschäfte betrieben werden, um sonst brachliegendes Betriebspotenzial

---

2000, § 17 Rdn. 41; zustimmend *Vogelgesang*, in: ders./Lübking/Ulbrich (Hrsg.), Kommunale Selbstverwaltung, 3. Aufl. 2005, Rdn. 414; *Schoch* DÖV 1993, 377 (379); *Schulz* BayVBl 1997, 518 (519); *Stober*, Kommunalrecht, 3. Aufl. 1996, S. 338.

[56] Vgl. § 102 Abs. 5 GO BW, Art. 87 Abs. 4 GO BY, §§ 101 Abs. 5 GO Bbg, 121 Abs. 9 GO He, 68 Abs. 3 KV MV, 108 Abs. 5 GO Nds, 107 Abs. 6 GO NW, 85 Abs. 4 GO RP, 108 Abs. 7 KSVG SL, 97 Abs. 4 GO Sa, 116 Abs. 5 GO SAnh, 101 Abs. 6 GO SH, 71 Abs. 3 KO Th; so bereits auch schon § 67 Abs. 3 der DGO.

[57] *Nierhaus*, Kommunalrecht für Bbg, 2003, Rdn. 611; *Schmidt-Jortzig*, in: Püttner (Hrsg.), HKWP V, 1984, S. 50 (62).

[58] Vgl. hierzu bereits Fn. 54.

[59] *Schmidt-Jortzig*, in: Püttner (Hrsg.), HKWP V, 1984, S. 50 (62); *Nierhaus*, Kommunalrecht für Bbg, 2003, Rdn. 611.

wirtschaftlich auszunutzen[60]. Ein Unterschied zu den Begriffen ressourcennutzende *Rand- bzw. Annexnutzung* besteht nicht. Vielmehr werden diese Begriffe stets mit der gleich lautenden bereits genannten Begriffsbestimmung definiert[61]. Beispiele für ressourcennutzende Randnutzungen sind die Erledigung gärtnerischer Arbeiten für Private neben dem Hauptgeschäft der Pflege öffentlicher Grünanlagen[62], Werbeanzeigen in Kundenzeitschriften kommunaler Versorgungsunternehmen[63] oder bei Gelegenheit der Versendung eines Kontoauszuges[64] und die Vermietung eines Parkdecks an ein Fitnessstudio, während die Haupttätigkeit in der Vermietung von Parkraum besteht[65].
Daneben gibt es ressourcenunabhängige Nebengeschäfte. Auch diese werden von einem kommunalen Unternehmen "bei Gelegenheit" der Verwirklichung seiner Hauptgeschäfte wahrgenommen; hierbei wird jedoch nicht auf vorhandene Ressourcen des kommunalen Betriebes zurückgegriffen[66]. Als Beispiel seien an dieser Stelle beratende Tätigkeiten einer Kommune bzw. ihres Unternehmens genannt, die zur Beratung der Kundschaft nicht auf vorhandenes Wissen zurückgreifen, sondern ein bestimmtes Wissen erst erarbeiten, um es anschließend zu vermarkten[67].

II. Unternehmensbegriff i. S. des Wettbewerbs- und Kartellrechts

Unter dem Gliederungspunkt § 4 D. II. ist die Zulässigkeit extraterritorialen kommunalen Wirtschaftens nach den Regelungen des Wettbewerbs- und Kartellrechts zu beleuchten. Insofern ist es erforderlich, auch den wettbewerbs- und kartellrechtlichen Unternehmensbegriff zu definieren.

---

[60] So *Leisner*, Werbefernsehen und Öffentliches Recht, 1967, S. 70; OVG NW DVBl 2004, 133 (136); *Schmidt-Jortzig*, in: Püttner (Hrsg.), HKWP V, 1984, S. 50 (63) m. w. N., jedoch ohne den Zusatz "ressourcennutzend".

[61] Stets jedoch ohne den Zusatz "ressourcennutzend". So zum Begriff der Randnutzung BVerwGE 82, 29 (34); *Guckelberger* BayVBl 2006, 293 (294); *Schmidt-Jortzig*, in: Püttner (Hrsg.), HKWP V, 1984, S. 50 (63), er verwendet die Begriffe Nebentätigkeit und Randnutzung als gleichbedeutende Begriffe. *Jarass* DVBl 2006, 1 (7 f.); *Franz*, Gewinnerzielung durch kommunale Daseinsvorsorge, 2005, S. 226, benutzen die Begriffe Rand- und Annexnutzung synonym. Zum Begriff der Annexnutzung *Ehlers*, Gutachten E für 64. DJT 2002, S. E 74. *Gern*, Kommunalrecht, 3. Aufl. 2003, Rdn. 770 verwendet die Begriffe Neben- bzw. Annexgeschäft synonym. *Scharpf* DÖV 2006, 23 (23 ff.); *Gottschalk* ThürVBl 2003, 25 (27), sprechen von "Ressourcennutzungen".

[62] OLG Hamm JZ 1998, 576 ff..

[63] *Schmidt-Jortzig*, in: Püttner (Hrsg.), HKWP V, 1984, S. 50 (63).

[64] BVerwGE 82, 29 ff.

[65] OVG NW DVBl 2004, 133 ff.

[66] *Scharpf* DÖV 2006, 23 (25 ff.), der diese Tätigkeiten schlicht "Annexnutzungen" nennt; *Jarass* DVBl 2006, 1 (7), wählt für diese kommunalen Nebentätigkeiten die Begriffe "Hilfstätigkeiten" bzw. "Hilfsgeschäfte", welche jedoch wegen der hohen Verwechslungsgefahr mit den oben genannten Hilfsbetrieben ungeeignet sind.

[67] Vgl. zu einer solchen Consultingtätigkeit *Scharpf* DÖV 2006, 23 (25).

Die das Wettbewerbs- und Kartellrecht regelnden UWG und GWB gehen vom Begriff des Unternehmens aus. Nach beiden Gesetzen sind die Begriffe weit zu verstehen.
So ist nach ständiger Rechtsprechung im Hinblick auf den Zweck des GWB, die Freiheit des Wettbewerbs sicherzustellen, davon auszugehen, dass "jedwede Tätigkeit im geschäftlichen Verkehr" den Unternehmensbegriff dieses Gesetzes erfüllt[68]. Die Gemeinden können sogar als solche Unternehmen i. S. dieses Gesetzes sein, da eine zum Zweck der Marktteilnahme geschaffene selbstständige Organisationseinheit nicht erforderlich ist[69].
Nach § 2 Abs. 2 UWG i. V. m. § 14 BGB[70] ist jede natürliche oder juristische Person oder rechtsfähige Personengesellschaft, die zu Zwecken handelt, die ihrer gewerblichen oder ihrer selbstständigen beruflichen Tätigkeit zugerechnet werden können, Unternehmer.[71] Der Unternehmer ist Träger des Unternehmens, welches die betriebliche Tätigkeit und Organisation umschreibt[72].

Nach beiden Termini ist es irrelevant, ob die jeweiligen Betätigungen in privatrechtliche oder öffentlichrechtliche Organisationsformen gekleidet sind, da sich die Gemeinden als Teil der öffentlichen Hand nicht durch entsprechende Wahl der Organisationsform den Regelungen des Wettbewerbs- und Kartellrechts entziehen sollen[73]. Darüber hinaus ist eine Gewinnerzielungsabsicht nach beiden Gesetzen nicht wesentlich[74], da es allein um die Möglichkeit der Wettbewerbsbeeinflussung geht.

III. Europäisches Gemeinschaftsrecht

Gegenstand des Gliederungspunktes § 5 wird die Zulässigkeit grenzüberschreitender kommunaler Wirtschaftsbetätigung im Lichte des europäischen Gemein-

---

[68] BGHZ 67, 81 (84); 110, 371 (380); BGH NJW-RR 1999, 1266 (1267 f.), welches die alte Rechtsprechung auch nach der 6. GWB-Novelle für die seit dem 1. Januar 1999 geltende Fassung bestätigt.

[69] *Zimmer*, in: Immenga/Mestmäcker, 3. Aufl. 2001, § 1 Rdn. 29, 59; *Emmerich*, Das Wirtschaftsrecht der öffentlichen Unternehmen, 1969, S. 257 f.; *ders.*, in: Immenga/Mestmäcker, 3. Aufl. 2001, § 130 Abs. 1 Rdn. 33, 36.

[70] Das UWG verweist zwar auf die bürgerlichrechtliche Legaldefinition, gleichwohl ist der Begriff des Unternehmers nach dem UWG erweiternd auszulegen. Siehe zur Begründung *Lettl*, Das neue UWG, 2004, Rdn. 20 f.

[71] *Lettl*, Das neue UWG, 2004, Rdn. 20 f.; *Köhler*, in: Baumbach/Hefermehl, 23. Aufl. 2004, § 2 Rdn. 88.

[72] *Köhler*, in: Baumbach/Hefermehl, 23. Aufl. 2004, § 2 Rdn. 7.

[73] Für den Unternehmensbegriff nach GWB BGHZ 110, 371 (380 f.); BGH NJW-RR 1999, 1266 (1267 f.); *Emmerich*, Das Wirtschaftsrecht der öffentlichen Unternehmen, 1969, S. 255; *Zimmer*, in: Immenga/Mestmäcker, 3. Aufl. 2001, § 1 Rdn. 28. Zum Terminus nach UWG *Köhler*, in: Baumbach/Hefermehl, 23. Aufl. 2004, § 2 Rdn. 9.

[74] So für das UWG *Köhler*, in: Baumbach/Hefermehl, 23. Aufl. 2004, § 2 Rdn. 8. In Bezug auf das GWB *Emmerich*, Das Wirtschaftsrecht der öffentlichen Unternehmen, 1969, S. 255; *Mestmäcker*, in: Immenga/Mestmäcker, 3. Aufl. 2001, Einl. Rdn. 26.

schaftsrechts sein, was zur Notwendigkeit einer für dieses Rechtsgebiet maßgeblichen Definition des Unternehmensbegriffs führt.

1) Unternehmen i. S. des EG im Allgemeinen

Der Begriff des Unternehmens im europäischen Wirtschaftsrecht ist funktional und weit zu verstehen. Nach mittlerweile gefestigter Rechtsprechung des EuGH[75] stellt jede eine wirtschaftliche Tätigkeit ausübende Einheit unabhängig von ihrer Rechtsform und der Art ihrer Finanzierung ein Unternehmen dar. Die Gemeinden als Teil der öffentlichen Hand können als solche Unternehmen nach dem EG sein[76].

Auf Grund dieses sehr weiten Begriffsverständnisses ist für die Abgrenzung zur kommunalen Verwaltungstätigkeit somit letztlich auch hier die Frage nach einer wirtschaftlichen Tätigkeit entscheidend. Sie versteht sich als Tätigkeit, die darin besteht, Güter oder Dienstleistungen auf einem bestimmten Markt anzubieten[77], wobei auch vorbereitende und abschließende Maßnahmen der Marktteilnahme erfasst sind[78]. Eine Gewinnerzielungsabsicht ist nicht erforderlich[79].
Lediglich zwei Bereiche werden für das Handeln der öffentlichen Hand aus dem Bereich der Wirtschaftlichkeit ausgeklammert. Zum einen darf das staatliche Handeln als solches nicht hoheitlicher Natur sein, d. h. Privaten müssen aus rechtlichen oder faktischen Gründen Betätigungen gleicher Art verwehrt sein[80]. Zum anderen sind Maßnahmen der öffentlichen Hand auszuklammern, die allein kulturellen und/oder sozialen Charakter haben, wobei diese Ausnahme sehr eng zu verstehen ist[81]. Nachfragen am Markt, die der Eigenbedarfsdeckung dienen, sind nicht vom Anwendungsbereich des EG auszuschließen, da auch sie durchaus geeignet sind, die gemeinschaftsrechtlichen Wettbewerbsverhältnisse nachhaltig zu beeinflussen[82].

---

[75] EuGH, Slg. 1991, I-1979 (Rdn. 21) – Höfner und Elser/Macrotron GmbH; Slg. 1993, I-637 (Rdn. 17) – Poucet/AGF und Camulrac sowie Pistre/Cancava; Slg. 1995, I-4013 (Rdn. 14) – Fédération française des sociétés d´assurance u. a./Ministère de l´Agriculture et de la Pêche.

[76] *Hochbaum/Klotz*, in: v. d. Groeben/Schwarze, Bd. 2, 6. Aufl. 2003, Art. 86 EG Rdn. 6, 13; *v. Wilmowsky* ZHR 155 (1991), 545 (548); *Dohms*, in: Ipsen (Hrsg.), Kommunalwirtschaft im Umbruch, 11. Bad Iburger Gespräche, 2001, S. 35 (35).

[77] EuGH, Slg. 2000, I-6451 (Rdn. 75) – Pavlov u. a./Stichting Pensionenfonds Medische Specialisten.

[78] *Schröter*, in: v. d. Groeben/Schwarze, Bd. 2, 6. Aufl. 2003, Vorbem. zu Art. 81-85 EG Rdn. 22 f.

[79] *Hochbaum/Klotz*, in: v. d. Groeben/Schwarze, Bd. 2, 6. Aufl. 2003, Art. 86 EG Rdn. 6, 18; *v. Wilmowsky* ZHR 155 (1991), 545 (548); *Dohms*, in: Ipsen (Hrsg.), Kommunalwirtschaft im Umbruch, 11. Bad Iburger Gespräche, 2001, S. 35 (35).

[80] *v. Wilmowsky* ZHR 155 (1991), 545 (548); *Ehlers*, Gutachten E für 64. DJT 2002, S. E 26.

[81] *Ehlers*, Gutachten E für 64. DJT 2002, S. E 26 f., an Beispielen illustriert. Für weitere Beispiele siehe auch: *v. Wilmowsky* ZHR 155 (1991), 545 (549); *Hochbaum/Klotz*, in: v. d. Groeben/Schwarze, Bd. 2, 6. Aufl. 2003, Art. 86 EG Rdn. 19.

[82] *Ehlers*, Gutachten E für 64. DJT 2002, S. E 27; *Schröter*, in: v. d. Groeben/Schwarze, Bd. 2, 6. Aufl. 2003, Vorbem. zu Art. 81-85 EG Rdn. 22. A. A. *v. Wilmowsky* ZHR 155 (1991),

2) Öffentliche Unternehmen i. S. von Art. 86 EG im Besonderen

Art. 86 EG bezieht trotz seiner systematischen Stellung im Wettbewerbskapitel ausdrücklich öffentliche Unternehmen in den Regelungsgehalt des gesamten EG mit ein. Diese zeichnen sich gegenüber privaten Unternehmen dadurch aus, dass die öffentliche Hand auf ihre Geschäftsführung Einfluss nehmen kann, ohne dabei mit hoheitlichem Zwang tätig werden zu müssen. Die bloße mittelbare oder unmittelbare Beeinflussungsmöglichkeit, die auf Grund Eigentums, entsprechender Kapitalbeteiligung, Vereinbarungen im Gesellschaftsvertrag oder auf andere Weise erreicht werden kann, ist dafür ausreichend[83].

C. Organisationsformen kommunaler Wirtschaftstätigkeit

Das Selbstverwaltungsrecht der Gemeinden nach Art. 28 Abs. 2 Satz 1 GG umfasst als Ausfluss der dort gewährleisteten Eigenverantwortlichkeit die Organisationshoheit, die ihrerseits die Freiheit der Rechtsformenwahl gemeindeeigener Unternehmen und Einrichtungen enthält[84]. Den Kommunen als Träger von Hoheitsgewalt steht dabei jedoch kein freies Ermessen zu. Ihre Wahlfreiheit ist begrenzt auf die vom allgemeinen Gesetzesrecht zur Verfügung gestellten Formen des öffentlichen und privaten Rechts. Zudem sehen alle Gemeindeordnungen für die jeweiligen Rechtsformen Organisationsdirektiven vor[85]. Die Wahlfreiheit besteht somit nur – aber immerhin – in einem Einschätzungs- und Abwägungsspielraum, in dessen Rahmen die Kommunen gehalten sind, sich für die Rechtsform zu entscheiden, die der konkreten wirtschaftlichen Aktivität am besten dient[86].

Die Gemeindeordnungen einiger Bundesländer enthalten Aufzählungen bezüglich möglicher Organisationsformen gemeindlicher Unternehmen. So sieht Art. 86 GO BY beispielsweise vor, dass eine Gemeinde Unternehmen in der Rechtsform des Eigenbetriebs, als selbstständiges kommunales Unternehmen

---

545 (548); *Pernice*, in: Grabitz/Hilf, Altbd. I, 1994, Art. 90 EG Rdn. 20; *Hochbaum/Klotz*, in: v. d. Groeben/Schwarze, Bd. 2, 6. Aufl. 2003, Art. 86 EG Rdn. 12.

[83] Art. 2 RL 80/723/EWG, Abl. EWG 1980 Nr. L 195/35, zuletzt geändert durch Art. 2 RL 2000/52/EG, Abl. EG 2000 Nr. L 193/75, wobei die Transparenzrichtlinie nach EuGH, Slg. 1992, I-2533 (Rdn. 24) – Cato/Kommission, nur im Rahmen und für die Zwecke dieser Richtlinie gelten soll. Das Schrifttum misst ihr auch Geltung für den Begriff des öffentlichen Unternehmens nach Art. 86 EG bei, vgl. *Hochbaum/Klotz*, in: v. d. Groeben/Schwarze, Bd. 2, 6. Aufl. 2003, Art. 86 EG Rdn. 8 ff.; *Ehlers*, Gutachten E für 64. DJT 2002, S. E 31; *Haratsch/Koenig/Pechstein*, Europarecht, 5. Aufl. 2006, Rdn. 1014.

[84] Näheres unter § 4 B. I. 1) b) – Die Gewährung von Eigenverantwortlichkeit der Kommunen im Rahmen von Art. 28 Abs. 2 Satz 1 GG.

[85] Vgl. zu der von vornherein nur relativ gewährleisteten Organisationshoheit BVerfGE 91, 228 (230).

[86] Nur in wenigen Ausnahmefällen, wie z. B. bei der Errichtung von Sparkassen, wird die Organisationsform vorgeschrieben. Vgl. i. Ü. *Ehlers*, Gutachten E für 64. DJT 2002, S. E 105 ff.; *Püttner*, in: ders. (Hrsg.), Zur Reform des Gemeindewirtschaftsrechts, 2002, S. 143 (145).

des öffentlichen Rechts oder in den Rechtsformen des Privatrechts betreiben darf[87].
Dieser Umstand stellt jedoch keinen Widerspruch zum oben Gesagten dar, denn keine dieser aufzählenden Vorschriften sagt, dass die dort aufgeführten Organisationsformen "nur" oder "ausschließlich" benutzt werden dürfen. Diese Aufzählungen haben also keinen abschließenden Charakter und beschränken somit die jeweiligen Gemeinden nicht auf diese Organisationsformen[88]. Auch eine Beschränkung bezüglich privatrechtlicher Organisationsformen besteht innerhalb dieser Aufzählungen nicht, da diese als solche in den jeweiligen Vorschriften aufgeführt sind[89].

I. Kommunale Eigenunternehmen

1) Öffentlich-rechtliche Organisationsformen

Zu den öffentlich-rechtlichen Organisationsformen kommunaler Eigenunternehmen gehören nach dem Grad ihrer Verselbstständigung der Regiebetrieb, der Eigenbetrieb, die kommunale Anstalt des öffentlichen Rechts sowie die Stiftung.

Der Regiebetrieb ist eine unselbstständige öffentlich-rechtliche Organisationsform, die organisatorisch und haushaltsmäßig voll in den allgemeinen kommunalen Verwaltungsaufbau integriert ist. Seit der Weimarer Zeit hat diese Organisationsform einen stetigen Bedeutungsverlust zu verzeichnen[90]. Dieser Umstand ist vor allem darauf zurückzuführen, dass ein flexibles unternehmerisches Handeln oftmals an der Schwerfälligkeit scheitert, die daraus entsteht, dass eine permanente Rückkopplung zur allgemeinen Kommunalverwaltung erforderlich ist.

Der Eigenbetrieb besitzt zwar keine eigene Rechtspersönlichkeit, er ist aber organisatorisch und finanzwirtschaftlich weitgehend verselbstständigt[91]. Dieser Umstand erlaubt schon eher als es beim Regiebetrieb der Fall ist eine Unternehmensführung nach betriebswirtschaftlichen Gesichtspunkten.

---

[87] Siehe zu den anderen ähnlichen Aufzählungen §§ 101 Abs. 3 GO Bbg, 108 Abs. 2 GO Nds, 95 Abs. 1 Nr. 2, 3 GO Sa, 116 Abs. 1 GO SAnh.

[88] So auch die Begründung des Bayerischen Landtages zum Entwurf des Art. 86 GO BY, vgl. LT-BY Drs. 13/10828, S. 18.

[89] Siehe Art. 86 Nr. 3 GO BY, §§ 95 Abs. 1 Nr. 3 GO Sa, 116 Abs. 1 GO SAnh. §§ 101 Abs. 3 Nr. 2 GO Bbg, 108 Abs. 2 Nr. 2 GO Nds sehen als mögliche Organisationsformen "Eigengesellschaften" vor, was jedoch der allgemein anerkannte Begriff für diejenigen privatrechtlichen Gesellschaften ist, deren alleinige Trägerinnen Kommunen sind, vgl. unten § 2 C. I. 2).

[90] *Püttner*, in: ders. (Hrsg.), HKWP V, 1984, S. 119 (121 f.); *Koch*, Die wirtschaftliche Betätigung der Gemeinden, 1992, S. 82. *Schmahl*, in: Reichard (Hrsg.), Kommunen am Markt, 2001, S. 91 (93), räumt ihm aber wegen der zu erwartenden Veränderungen im Rahmen des "Neuen Steuerungsmodells" neue Chancen ein.

[91] *Plumbaum* in: Potsdamer Kommentar, § 100, 7 a, b, § 101, 3 b; *Koch*, Die wirtschaftliche Betätigung der Gemeinden, 1992, S. 83.

Einige Bundesländer haben ihren Gemeinden wirtschaftliches Tätigwerden in Form einer kommunalen Anstalt des öffentlichen Rechts ermöglicht, indem sie die hierfür erforderliche Ermächtigungsgrundlage geschaffen haben[92]. Die Zielsetzung dieser relativ jungen Unternehmensform[93], auch Kommunalunternehmen genannt, ist die Kombination der Vorteile einer öffentlich-rechtlichen Organisationsform, namentlich der Vermeidung von Steuerungsdefiziten, mit denen einer privatrechtlichen, die wegen der rechtlichen Selbstständigkeit in der hohen unternehmerischen Flexibilität bestehen[94].
In Bayern, Nordrhein-Westfalen, Rheinland-Pfalz und Sachsen-Anhalt trifft die wirtschaftenden Gemeinden nach den jeweiligen Ermächtigungsgrundlagen die nach innen gerichtete Anstaltslast und die das Außenverhältnis betreffende Gewährträgerhaftung bzw. Gewährträgerschaft[95]. Diese Rechtsinstitute haben zu heftigen Diskussionen auf EU-Ebene geführt[96]. Im Hinblick auf die Erfahrung mit den Sparkassen, die sich wegen des Brüsseler Kompromisses als kommunale Anstalten des öffentlichen Rechts von diesen Rechtsinstituten trennen mussten[97], sind diese Haftungsformen auch im Hinblick auf die Kommunalunternehmen als nicht mehr EG-konform anzusehen. In Niedersachsen und Schleswig-Holstein trifft die jeweilige Trägerkommune keine solche Haftung; dies ist in § 113 d GO Nds sogar explizit ausgeschlossen.

Die Stiftungsform dient der Verwaltung eines von einem Stifter übergebenen Bestandes an Vermögenswerten, die Kapital oder Sachgüter beinhalten können

---

92 Art. 89 ff. GO BY, §§ 113 a ff. GO Nds, 114 a GO NW, 86 a f. GO RP, 116 Abs.1 GO SAnh i. V. m. AnstG SAnh, § 106 a GO SH.

93 Obschon die Idee eines auf die Bedürfnisse der kommunalen Wirtschaft zugeschnittenen Kommunalunternehmens in Form einer Anstalt des öffentlichen Rechts bereits in den 50er Jahren des letzten Jahrhunderts von Friedrich Zeiß entwickelt wurde, vgl. *Neusinger/Lindt* BayVBl 2002, 689 (689) m. w. N.; *Detig*, Die kommunale Anstalt des öffentlichen Rechts als Wirtschaftsförderungsinstitution, 2004, S. 84.

94 *Schmahl*, in: Reichard (Hrsg.), Kommunen am Markt, 2001, S. 91 (95); *Neusinger/Lindt* BayVBl 2002, 689 (690); *Erdmann* NdsVBl 2003, 261 (262); *Detig*, Die kommunale Anstalt des öffentlichen Rechts als Wirtschaftsförderungsinstitution, 2004, S. 74.

95 Art. 89 Abs. 4 GO BY, §§ 114 a Abs. 5 GO NW, 86 a Abs. 4 GO RP, 4 AnstG SAnh ordnen ausdrücklich zwar nur die Gewährträgerhaftung an, diese impliziert jedoch die Anstaltslast.

96 Siehe zur Diskussion um eine Wettbewerbsverzerrung des europäischen Binnenmarktes durch das Vorliegen einer verbotenen Beihilfe nach Art. 87 Abs. 1 EG: *Immenga/Rudo*, Die Beurteilung von Gewährträgerhaftung und Anstaltslast der Sparkassen und Landesbanken nach dem EU-Beihilferecht, 1997; *Nierhaus*, in: Reichard (Hrsg.), Kommunen am Markt, 2001, S. 129 ff.; *Püttner*, in: Wallerath (Hrsg.), Kommunen im Wettbewerb, 2001, S. 55 (61 f.); *dens.*, in: ders. (Hrsg.), Zur Reform des Gemeindewirtschaftsrechts, 2002, S. 143 (151); *Detig*, Die kommunale Anstalt des öffentlichen Rechts als Wirtschaftsförderungsinstitution, 2004, S. 103; *Siekmann*, in: Püttner (Hrsg.), Zur Reform des Gemeindewirtschaftsrechts, 2002, S. 159 (161).

97 Siehe hierzu unten § 8 A. I. 2) Fn. 773.

und deren Erträge dauerhaft einen bestimmten Zweck erfüllen sollen[98]. Wegen der grundsätzlichen Bindung an gemeinnützige Zwecke kommt sie als Organisationsform für kommunale Wirtschaftstätigkeit tatsächlich selten vor[99]. Als bemerkenswertes Beispiel seien an dieser Stelle die nach § 1 SpkG Bremen vorgesehenen Stiftungssparkassen zu nennen, die eine Stiftung des öffentlichen Rechts als Träger haben können.

2) *Privatrechtliche Organisationsformen*

Für diejenigen privatrechtlichen Gesellschaften, deren alleinige Trägerinnen Kommunen sind, hat sich der Begriff "Eigengesellschaften" eingebürgert[100].
Auf Grund des den Gemeinden zustehenden Einschätzungs- und Abwägungsspielraumes können diese zwar die Rechtsform ihrer Eigengesellschaft wählen. Einige Gemeindeordnungen beschränken jedoch bereits die Inanspruchnahme privatrechtlicher Gesellschaftsformen im Allgemeinen dergestalt, dass sie für diese eine Subsidiarität zu Gunsten öffentlich-rechtlicher Organisationsformen vorsehen[101]. Eine weitere relevante Schranke stellen die in allen Gemeindeordnungen vorhandenen Vorschriften dar, die die Verwendung einer privatrechtlichen Organisationsform nur gestatten, wenn die Haftung der Trägergemeinde auf einen ihrer Leistungsfähigkeit angemessenen Betrag begrenzt wird[102]. Durch diese Haftungsbegrenzung verengt sich der den Kommunen verbleibende Gestaltungsspielraum hinsichtlich privatrechtlicher Rechtsformen im Grunde auf die GmbH und die AG[103].

Die GmbH ist eine juristische Person des Privatrechts (vgl. § 13 GmbHG). Auf Grund der organisatorischen Unabhängigkeit von der Gemeindeverwaltung verspricht diese Organisationsform wirtschaftliche Effektivität und Beweglichkeit

---

98 *Gern*, Kommunalrecht, 3. Aufl. 2003, Rdn. 749; *Maurer*, AllgVerwR, 15. Aufl. 2004, § 23 Rdn. 55.

99 *Koch*, Die wirtschaftliche Betätigung der Gemeinden, 1992, S. 199.

100 *Nierhaus*, Kommunalrecht für Bbg, 2003, Rdn. 633; *Püttner*, in: ders. (Hrsg.), HKWP V, 1984, S. 119 (120).

101 So schreiben §§ 69 Abs. 1 Nr. 1 KV MV, 102 Abs. 1 Satz 1 Nr. 1 GO SH vor, dass das privatrechtlich organisierte Unternehmen der Kommune dauerhaft mindestens genauso gut wie öffentlich-rechtliche Organisationsformen die gemeindliche Aufgabe erfüllen muss. Nach § 117 Abs. 1 Nr. 1 GO SAnh muss das privatrechtliche Unternehmen den öffentlichen Zweck sogar besser erfüllen können als Eigenbetriebe oder Anstalten des öffentlichen Rechts; so sieht es auch § 73 Abs. 1 Satz 1 Nr. 2 KO Th zu Gunsten öffentlich-rechtlicher Unternehmensformen im Allgemeinen vor.

102 Vgl. § 103 Abs. 1 Nr. 4 GO BW, Art. 92 Abs. 1 Nr. 3 GO BY, §§ 102 Nr. 3 GO Bbg, 122 Abs. 1 Nr. 2 GO He, 69 Abs. 1 Nr. 4 KV MV, 110 Abs. 1 Nr. 2 KSVG SL, 96 Abs. 1 Nr. 3 GO Sa, 117 Abs. 1 Nr. 4 GO SAnh, 102 Abs. 1 Nr. 2 GO SH. §§ 108 Abs. 1 Nr. 3 GO NW, 109 Abs. 1 Nr. 2 GO Nds, 87 Abs. 1 Nr. 4 GO RP, 73 Abs. 1 Nr. 4 KO Th sehen eine Haftungsbegrenzung auf einen "bestimmten" Betrag vor.

103 Die theoretisch denkbare eingetragene Genossenschaft, eine GmbH & Co. KG sowie eine (Kommanditisten-) Aktienbeteiligung an einer KGaA sollen hier auf Grund nur geringer praktischer Bedeutung außer Betracht bleiben.

bei gleichzeitig relativ großem Einfluss auf das Schicksal der Gesellschaft. Sofern die Kommune Alleingesellschafterin ist, hat sie gemäß § 37 Abs. 1 GmbHG gegenüber dem oder den Geschäftsführer(n) sowohl nach Maßgabe der Bestimmungen im Gesellschaftsvertrag als auch durch die Beschlüsse der Gemeindevertretung uneingeschränkte Weisungsmacht[104]. Dies ist wohl auch der Grund dafür, dass die Rechtsform der GmbH in der Praxis große Relevanz besitzt[105].

Die AG ist auch eine juristische Person des Privatrechts (vgl. § 1 Abs. 1 Satz 1 AktG). Wesentlicher Unterschied zur GmbH ist allerdings, dass der Vorstand der AG grundsätzlich weder durch die Hauptversammlung der kommunalen Alleinaktionärin (vgl. § 119 Abs. 2 AktG noch durch den Aufsichtsrat (vgl. § 111 AktG) weisungsgebunden ist, was Potenzial für mehr wirtschaftliche Agilität bietet. Diese bei der Aktiengesellschaft sehr viel weiter als bei der GmbH vollzogene Herauslösung aus dem allgemeinen Verwaltungsaufbau der Gemeinde und die damit verbundene geringere politische Einflussnahme werden jedoch insbesondere wegen eines möglichen Verstoßes gegen das in Art. 28 Abs. 1 Satz 1 GG verankerte Demokratieprinzip nicht unkritisch beurteilt[106]. Dass die kommunale Praxis selbst Zweifel in Bezug auf die Recht- und/oder Zweckmäßigkeit der Verwendung dieser Organisationsform hegt, wird an der im Gegensatz zur GmbH sehr geringen Anzahl von bundesweit existierenden kommunalen Aktiengesellschaften deutlich[107].

II. Interkommunale Kooperation

Interkommunale Kooperation entsteht in der Regel aus der Erkenntnis einzelner Gemeinden, dass sie auf Grund administrativer und/oder finanzieller Überforderung bestimmte Aufgaben nur noch gemeinsam mit anderen (Gemeinden) wahrnehmen oder sie auf diese Weise jedenfalls effektiver und kostengünstiger ges-

---

[104] Dieser Umstand kann allerdings auch zu einer Einbuße an wirtschaftlicher Beweglichkeit führen. So bemerkt *Püttner* treffend: "Es kann Fälle geben, in denen ein GmbH-Geschäftsführer stärker gegängelt wird als der Werkleiter eines Eigenbetriebs.", vgl. *Püttner*, in: Wallerath (Hrsg.), Kommunen im Wettbewerb, 2001, S. 55 (58); *dens.*, in: ders. (Hrsg.), Zur Reform des Gemeindewirtschaftsrechts, 2002, S. 143 (147).

[105] Bis zum Jahre 2002 zählte man 568 kommunale Gesellschaften in der Rechtsform der GmbH bundesweit im Gegensatz zu 241 Eigenbetrieben in der gesamten Bundesrepublik Deutschland, vgl. die Aufstellung über die Mitgliedsunternehmen des VkU bei *Vogelgesang*, in: ders./Lübking/Ulbrich (Hrsg.), Kommunale Selbstverwaltung, 3. Aufl. 2005, S. 258.

[106] Mit zusätzlichen Hinweisen auf mögliche Verstöße gegen das Rechtsstaats-, und das Sozialstaatsprinzip: *Püttner*, in: ders. (Hrsg.), Zur Reform des Gemeindewirtschaftsrechts, 2002, S. 143 (155 f.); *Koch*, Die wirtschaftliche Betätigung der Gemeinden, 1992, S. 90. So bestehen in einigen Gemeindeordnungen sogar Regelungen, die bestimmen, dass die einflussunabhängige AG-Form nur gewählt werden darf, wenn der öffentliche Zweck nicht auch durch eine andere Rechtsform, insbesondere eine GmbH, erreicht werden kann, vgl. §§ 103 Abs. 2 GO BW, 108 Abs. 3 GO NW, 87 Abs. 2 GO RP, 95 Abs. 2 GO Sa.

[107] Bis 2002 existierten nur 54 kommunale Aktiengesellschaften, vgl. die Übersicht über die Mitgliedsunternehmen des VkU bei *Vogelgesang*, in: ders./Lübking/Ulbrich (Hrsg.), Kommunale Selbstverwaltung, 3. Aufl. 2005, S. 258.

talten können[108]. Neben diesem nach innen gerichteten Effekt versprechen sich Kommunen insbesondere in Zeiten zunehmender Europäisierung nach außen durch die Kooperation mit anderen Gemeinden eine Stärkung der Wettbewerbsfähigkeit gegenüber anderen Unternehmen, namentlich marktmächtigen Großunternehmen, mit denen sie im Wettbewerb oder im Leistungsvergleich stehen[109].

l) Öffentlich-rechtliche Formen

Die öffentlich - rechtlichen Formen interkommunaler Kooperation sind hauptsächlich durch die Landesgesetze über die kommunale Zusammen- bzw. Gemeinschaftsarbeit, in Rheinland-Pfalz durch das Zweckverbandsgesetz, in Mecklenburg-Vorpommern durch den vierten Teil der Kommunalverfassung festgelegt, so dass hier Typenzwang besteht[110].
In den meisten Gesetzen der Länder finden sich drei Grundtypen interkommunaler Gemeinschaftsarbeit, die für die wirtschaftliche Betätigung von Bedeutung sind. Nach dem Grad der organisatorischen Bindung aufgezählt ist zunächst die kommunale Arbeitsgemeinschaft als die loseste Form interkommunaler Zusammenarbeit zu nennen, gefolgt von der öffentlich-rechtlichen Vereinbarung bzw. der Zweckvereinbarung und schließlich dem Zweckverband. Einige Bundesländer sehen außerdem die gemeinsame kommunale Anstalt als Form interkommunaler Zusammenarbeit vor[111].

Die kommunale Arbeitsgemeinschaft ist eine auf (vertraglicher) Vereinbarung der Beteiligten beruhende Gemeinschaft. Sie besitzt keine eigene Rechtspersönlichkeit und ihre Tätigkeit entfaltet keine rechtsverbindliche Außenwirkung[112]. Die kommunale Arbeitsgemeinschaft bedarf nicht zwingend einer gesetzlichen Reglementierung[113], da die Gemeinden schließlich nicht daran gehindert sind, untereinander Vereinbarungen zu treffen, die der Erörterung, Planung und Koordination der sie gemeinsam berührenden Fragen dienen[114].

---

108 *Th. Schmidt*, Kommunale Kooperation, 2005, S. 9 f.; *Schauwecker*, in: Püttner (Hrsg.), HKWP V, 1984, S. 317 (331 ff.); *Schink*, in: Henneke (Hrsg.), Optimale Aufgabenerfüllung im Kreisgebiet?, 1999, S. 61 (62 ff.); *Nierhaus*, Kommunalrecht für Bbg, 2003, Rdn. 746; *Erichsen*, Kommunalrecht NW, 1988, S. 277 f.; *Rengeling*, in: Püttner (Hrsg.), HKWP II, 1982, S. 385 (386).

109 *Schink*, in: Henneke (Hrsg.), Optimale Aufgabenerfüllung im Kreisgebiet?, 1999, S. 61 (64, 77); *Dau*, in: Püttner (Hrsg.), Zur Reform des Gemeindewirtschaftsrechts, 2002, S. 205 (208).

110 *Nierhaus*, Kommunalrecht für Bbg, 2003, Rdn. 751; *Rengeling*, in: Püttner (Hrsg.), HKWP II, 1982, S. 385 (396).

111 Vgl. §§ 3 f. KomZG Nds, 19 b ff. KomZG SH, 14 a f. ZwVG RP, Art. 49 f. KomZG BY.

112 *Nierhaus*, Kommunalrecht für Bbg, 2003, Rdn. 753 f.; *Schink*, in: Henneke (Hrsg.), Optimale Aufgabenerfüllung im Kreisgebiet?, 1999, S. 61 (72 f.); *Rengeling*, in: Püttner (Hrsg.), HKWP II, 1982, S. 385 (398).

113 So fehlt eine entsprechende Regelung in BW, MV, Nds, Sa, SAnh, SH.

114 So sogar ausdrücklich die Regelung in SAnh: § 2 Abs. 3 GKG SAnh.

Die öffentlich-rechtliche Vereinbarung bzw. die Zweckvereinbarung ist der Rechtsnatur nach ein öffentlich-rechtlicher Vertrag in Form eines koordinationsrechtlichen Verwaltungsvertrages nach § 54 Satz 1 VwVfG, dessen Gegenstand die Aufgaben- und/oder Zuständigkeitsübertragung von einer Gemeinde auf eine andere Kommune ist[115]. Durch sie wird kein neuer Rechtsträger gebildet, gleichwohl entfalten ihre Rechtsakte Außenwirkung gegenüber jedermann[116]. Gerade im Hinblick auf wirtschaftliche Vorhaben hat die öffentlich-rechtliche Vereinbarung bzw. die Zweckvereinbarung den Vorteil, dass keine respektive nur wenige lähmende organisatorische Vorschriften bestehen und mangels Rechtsträgereigenschaft kein kostspieliger Verwaltungsapparat geschaffen werden muss[117]. Nachteilig wirkt sich allerdings aus, dass keine Abstimmungs- oder Entscheidungsgremien vorgesehen sind, was eine Einflussnahme des einzelnen kommunalen Vertragspartners erschwert[118].

Zweckverbände[119] sind als Körperschaften des öffentlichen Rechts mit eigener Rechtspersönlichkeit ausgestattet[120]. Wegen der für wirtschaftliche Vorgänge sehr nachteiligen starren gebietskörperschaftsähnlichen Organisationsstruktur von Zweckverbänden kommen diese in der Praxis als Organisationsform für den Betrieb eines kommunalen Unternehmens eher selten vor[121].

Für die interkommunale Kooperation existiert in Niedersachsen, Schleswig-Holstein, Rheinland-Pfalz und Bayern außerdem die Organisationsform der gemeinsamen kommunalen Anstalt bzw. des gemeinsamen Kommunalunternehmens, vgl. §§ 3 f. KomZG Nds, 19 b ff. KomZG SH, 14 a f. ZwVG RP, Art. 49 f. KomZG BY. Im Wesentlichen gelten für die gemeinsame kommunale Anstalt die gleichen Vorschriften wie für das Kommunalunternehmen, hinter

[115] Vgl. § 25 Abs. 1 GKZ BW, Art. 7 Abs. 1, 3 KommZG BY, §§ 23 Abs. 1 GKG Bbg, 24 Abs. 1 KGG He, 165 Abs. 1 KV MV, 5 Abs. 1 KomZG Nds, 23 Abs. 1 GkG NW, 12 Abs. 1 ZwVG RP, 17 Abs. 1 GkG SL, 71 f. KomZG Sa, 3 Abs. 1 Satz 1 GKG SAnh, 18 Abs. 1 Satz 1 GkZ SH, 7 Abs. 1, 2 KGG Th.

[116] *Rengeling*, in: Püttner (Hrsg.), HKWP II, 1982, S. 385 (401 f.), *Schink*, in: Henneke (Hrsg.), Optimale Aufgabenerfüllung im Kreisgebiet?, 1999, S. 61 (73); *Nierhaus*, Kommunalrecht für Bbg, 2003, Rdn. 761.

[117] *Nierhaus*, Kommunalrecht für Bbg, 2003, Rdn. 762; *Rengeling*, in: Püttner (Hrsg.), HKWP II, 1982, S. 385 (404).

[118] *Schink*, in: Henneke (Hrsg.), Optimale Aufgabenerfüllung im Kreisgebiet?, 1999, S. 61 (74).

[119] Siehe grundlegend zu Zweckverbänden *Th. Schmidt*, Kommunale Kooperation, 2005, S. 137 ff.

[120] § 3 Satz 1 GKZ BW, Art. 2 Abs. 3 Satz 1 KommZG BY, §§ 5 Abs. 1 Satz 1 GKG Bbg, 6 Satz 1 KGG He, 150 Abs. 1 KV MV, 8 Abs. 1 Satz 1 KomZG Nds, 5 Abs. 1 Satz 1 GkG NW, 2 Abs. 1 Satz 1 ZwVG RP, 3 Abs. 1 Satz 1 GkG SL, 45 Abs. 1 Satz 1 KomZG Sa, 7 Abs. 1 Satz 1 GKG SAnh, 4 GkZ SH, 2 Abs. 3 Satz 1 KGG Th.

[121] *Klüber*, Das Gemeinderecht in den Ländern der Bundesrepublik Deutschland, 1972, S. 242 f.; *Rengeling*, in: Püttner (Hrsg.), HKWP II, 1982, S. 385 (409 f.); *Braun* SächsVBl 1999, 25 (29).

dem nur eine Gemeinde als Anstaltsträger steht, vgl. §§ 3 Abs. 2 KomZG Nds, 19 d Abs. 1 KomZG SH, 14 b Abs. 1 ZwVG RP, Art. 50 Abs. 1 KommZG BY.

2) *Privatrechtliche Formen*

Fast alle Gesetze über die kommunale Gemeinschafts- bzw. Zusammenarbeit lassen das Recht der Gemeinden expressis verbis unberührt, sich auf privatrechtlicher Grundlage zusammenzuschließen[122]. Den Gemeinden der übrigen Bundesländer steht dieses Recht auf Grund des Entscheidungsspielraumes bei der Wahl der Organisationsform auch ohne ausdrückliche Erwähnung im Gesetz zu – freilich in einem Rahmen, der ihnen von den kommunalrechtlichen Vorschriften vorgegeben ist.

Von diesem Recht wird auch rege Gebrauch gemacht. In der Praxis sind privatrechtliche Kooperationsformen bei der kommunalwirtschaftlichen Betätigung beliebter als die öffentlich-rechtlichen, weil die privatrechtlichen Formen der Zusammenarbeit ein größeres Maß an Flexibilität aufweisen, welches daraus resultiert, dass keine haushaltsrechtlichen Bindungen bestehen und auch das öffentliche Dienstrecht außer Betracht bleiben kann[123].

Dabei besteht zum einen die Möglichkeit, sich in den Gesellschaftsrechtsformen des Zivilrechts als so genannte gemischt-öffentliche Unternehmung zusammenzuschließen. Die Gemeinden müssen sich bei der Wahl der Gesellschaftsrechtsform allerdings an die allgemeinen Anforderungen der Gemeindeordnungen halten. Bewährte Formen sind auch auf dem Gebiet der interkommunalen Zusammenarbeit die GmbH und die AG[124].

Zum anderen können Gemeinden untereinander durch privatrechtliche Einzelverträge kooperieren, wobei sich insbesondere Werkverträge in der Praxis häufen[125].

3) *Besonderheiten bundesländergrenzüberschreitender interkommunaler Zusammenarbeit*

Für die bundesländergrenzüberschreitende interkommunale Zusammenarbeit innerhalb Deutschlands sind grundsätzlich Staatsverträge oder Verwaltungsabkommen erforderlich[126], da die einzelnen Bundesländer aus Kompetenzgründen

---

[122] Vgl. Art. 1 Abs. 3 KommZG BY, §§ 1 Abs. 3 GKG Bbg, 2 Abs. 2 KGG He, 1 Abs. 2 KomZG Nds, 1 Abs. 3 GkG NW, 1 Abs. 2 GkG SL, 2 Abs. 2 KomZG Sa, 2 Abs. 2 GKG SAnh, 1 Abs. 3 Satz 1 KGG Th. Siehe zu den einzelnen Organisationsformen *Th. Schmidt*, Kommunale Kooperation, 2005, S. 21 ff.

[123] *Rengeling*, in: Püttner (Hrsg.), HKWP II, 1982, S. 385 (410 f.).

[124] *Rengeling*, in: Püttner (Hrsg.), HKWP II, 1982, S. 385 (411), *Schink*, in: Henneke (Hrsg.), Optimale Aufgabenerfüllung im Kreisgebiet?, 1999, S. 61 (78).

[125] *Schink*, in: Henneke (Hrsg.), Optimale Aufgabenerfüllung im Kreisgebiet?, 1999, S. 61 (79).

[126] *Erichsen*, Kommunalrecht NW, 1988, S. 296 f.; *Kluth*, in: Wolff/Bachof/Stober (Hrsg.), VerwR III, 2004, § 96 Rdn. 21. Kritisch zu diesem Umstand, da er Rechtsquellenvielfalt und Normenkollisionen hervorruft, *Grawert* DVBl 1971, 484 (485 f.); er plädiert deswegen für ein

nur Zuständigkeits- und Verfahrensregelungen in Bezug auf die interkommunale Kooperation der eigenen Gemeinden treffen können.

Im Zusammenhang mit der grenzüberschreitenden interkommunalen Zusammenarbeit innerhalb der EU ist die Vorschrift des Art. 32 Abs. 1 GG zu beachten, wonach der Bund vorrangig zur Pflege der Beziehungen zu auswärtigen Staaten zuständig ist. Obschon die Gemeinden staatsorganisationsrechtlich zu den Ländern gehören (vgl. Art. 106 Abs. 9 GG), trifft das auch für den hier untersuchten Kontext der interkommunalen grenzüberschreitenden Zusammenarbeit innerhalb der EU zu. In dieser Funktion wurde der Bund tätig, als er 1981 als Mitglied des Europarates das Europäische Rahmenübereinkommen über die grenzüberschreitende Zusammenarbeit zwischen Gebietskörperschaften in Madrid unterzeichnete[127]. Der hierdurch geschaffene Rahmen wurde beispielsweise durch das Karlsruher Übereinkommen vom 23. Januar 1996[128] ausgefüllt, das seinerseits als zwischenstaatliche Grundlage für die grenznachbarschaftliche Zusammenarbeit zwischen deutschen, französischen, schweizerischen und luxemburgischen Kommunen fungiert.

Im Rahmen der grenzüberschreitenden interkommunalen Zusammenarbeit innerhalb der EU ist zudem die EU-REGIO als Kooperation im Grenzgebiet zwischen der Bundesrepublik Deutschland, Belgien und den Niederlanden zu nennen. Sie stellt einen auf Art. 32 Abs. 3 GG beruhenden völkerrechtlichen Vertrag dar; ähnliche Formen der Zusammenarbeit existieren auch an der Grenze zu Polen[129]. Nach Art. 32 Abs. 3 GG haben die Bundesländer bei Materien, für die ihnen Gesetzgebungskompetenz zusteht, die Möglichkeit, mit Zustimmung der Bundesregierung völkerrechtliche Verträge abzuschließen.

III. Zusammenarbeit mit der Privatwirtschaft

Die wirtschaftliche Kooperation der Gemeinden mit der Privatwirtschaft vollzieht sich in den verschiedensten Formen. Die Zusammenarbeit der öffentlichen Hand mit Privaten außerhalb von Beleihung, formeller und materieller Privatisierung ist unter den weiten Oberbegriff Public-Private-Partnerships zu fassen[130].

---

aufeinander bezogenes "transterritoriales Interkommunalrecht" in Form von möglichst bundesweit abgestimmten unförmlichen Musternormen, die die Kommunen unter einheitlichen Bedingungen auf Landesebene zur bundesländergrenzüberschreitenden Kooperation ermächtigen, ohne zur Gleichschaltung des Landeskommunalrechts zu führen.

[127] BGBl. II 1981, S. 966.

[128] BGBl. II 1997, S. 1159.

[129] *Kluth*, in: Wolff/Bachof/Stober (Hrsg.), VerwR III, 2004, § 96 Rdn. 24. Näheres zur EU-REGIO auch bei *Heberlein* BayVBl 1992, 417 (418). Siehe auch *Th. Schmidt*, Kommunale Kooperation, 2005, S. 589 ff., mit weiteren Beispielen.

[130] *Stober*, in: Wolff/Bachof/ders. (Hrsg.), VerwR III, 2004, § 92 Rdn. 5.

Zum einen können Public-Private-Partnerships auf gesellschaftsrechtlichen Verträgen zwischen Gemeinden und Privaten beruhen. Dafür stehen, mit den gleichen Einschränkungen wie bei den Eigengesellschaften bereits dargestellt [vgl. § 2 C. I. 2)], die Gesellschaftsrechtsformen des Zivilrechts zur Verfügung. Derartige Gesellschaften sind unter dem Begriff gemischtwirtschaftliche Unternehmen bekannt.

Zum anderen besteht für private Unternehmer die Möglichkeit, sich direkt an den öffentlich-rechtlichen Kooperationsformen der kommunalen Arbeitsgemeinschaft[131] und des Zweckverbandes[132], teilweise auch an einer Zweckvereinbarung[133] zu beteiligen.

---

[131] Art. 4 Abs. 1 Satz 2 KommZG BY, §§ 2 Abs. 1 Satz 2 GKG Bbg, 3 Abs. 1 Satz 2 KGG He, 2 Abs. 1 Satz 2 GkG NW, 14 Abs. 1 Satz 2 ZwVG RP, 21 Abs. 1 Satz 2 GkG SL, 4 Abs. 1 Satz 2 KGG Th.

[132] § 2 Abs. 2 Satz 2 GKZ BW, Art. 17 Abs. 2 Satz 2 KommZG BY, §§ 4 Abs. 2 Satz 2 GKG Bbg, 5 Abs. 2 Satz 2 KGG He, 150 Abs. 2 Satz 2 KV MV, 7 Abs. 3 KomZG Nds, 4 Abs. 2 Satz 2 GkG NW, 2 Abs. 2 ZwVG RP, 2 Abs. 3 GkG SL, 44 Abs. 2 Satz 2 KomZG Sa, 6 Abs. 2 Satz 2 GKG SAnh, 2 Abs. 2 Satz 2 GkZ SH, 16 Abs. 2 Satz 2 KGG Th. Vgl. hierzu *Th. Schmidt*, Kommunale Kooperation, 2005, S. 163 ff.

[133] §§ 5 Abs. 2 KomZG Nds, 71 Satz 2 i. V. m. 44 Abs. 2 Satz 2 KomZG Sa.

§ 3 Die Extraterritorialität der Kommunalwirtschaft

Eine gesetzliche Definition dessen, was die Extraterritorialität der Kommunalwirtschaft ausmacht, existiert nicht. Auch das Schrifttum lässt größtenteils eine derartige, alle potenziell grenzüberschreitenden kommunalwirtschaftlichen Betätigungen umfassende Bestimmung vermissen[134]. Vielfach wird nur das Kriterium des Ortes der Wertschöpfung als ausschlaggebend empfunden[135], das aber insofern nicht eindeutig ist, als die Erfüllung eines Vertrages durch den jeweils anderen Teil für beide – nicht notwendigerweise aus der gleichen Gemeinde stammenden – Vertragspartner eine Wertschöpfung darstellt[136]. Es ist jedoch unabdingbar, vollständig und eindeutig zu bestimmen, welche kommunalwirtschaftlichen Tätigkeiten als grenzüberschreitend einzustufen sind, um die Zulässigkeitsvorschriften korrekt anwenden zu können und somit deren Umgehung zu verhindern.

Zwei Elemente der kommunalen Wirtschaftstätigkeit sind für ihren grenzüberschreitenden Charakter ausschlaggebend. Dies ist einerseits der Ort, an dem die wirtschaftliche Tätigkeit stattfindet; es sind Betätigungen auf dem eigenen (Träger-) Gemeindegebiet von solchen außerhalb der Gemeindegrenzen zu unterscheiden. Daneben ist der Kundenkreis der wirtschaftlichen Betätigung entscheidendes Kriterium, wobei Gemeindeeinwohner als Vertragspartner anders einzustufen sind als Gemeindefremde (so genannte Forensen)[137].
Eindeutig keinen extraterritorialen Bezug weist ein kommunalwirtschaftliches Tätigwerden innerhalb der Gemeindegrenzen zu Gunsten der Gemeindeeinwohner auf.

A. Aktive Grenzüberschreitung

Eine wirtschaftende Gemeinde überschreitet aktiv ihre Gebietsgrenzen, sobald sie ihre Leistungen ökonomischer Art nicht auf dem eigenen Terrain erbringt. Dabei ist jede einzelne von diesen Tätigkeiten von Bedeutung, unabhängig davon, ob sie Haupttätigkeitsschwerpunkt des gemeindlichen Unternehmens oder lediglich ein untergeordnetes ressourcennutzendes oder ressourcenunabhängiges Nebengeschäft darstellt[138]. Wird ein kommunales Unternehmen solcherart aktiv

---

[134] Lediglich eine Systematisierung ist zu finden bei *Oebbecke* ZHR 164 (2000), 375 (378 ff.); *dems.*, in: Wallerath (Hrsg.), Kommunen im Wettbewerb, 2001, S. 13 (23 ff.), der im Gegensatz zur vorliegenden Bearbeitung Fallgruppen nach inhaltlichen Aspekten der kommunalen Wirtschaftstätigkeit zusammenstellt.

[135] *Cronauge* GemH 1997, 265 (268); *Kühling* NJW 2001, 177 (178); *Rehn/Cronauge*, GO für NW, 2. Aufl. der Loseblatt-Ausg., Bd. II, § 107 (Stand: Oktober 2004) Anm. VIII. 2.

[136] Zutreffend *Ehlers*, Gutachten E für 64. DJT 2002, S. E 95.

[137] Auf diesen Gesichtspunkt stellt *Ehlers*, Gutachten E für 64. DJT 2002, S. E 95 f., entscheidend ab.

[138] *Kühling* NJW 2001, 177 (178); *Ehlers*, Gutachten E für 64. DJT 2002, S. E 96. A. A. OLG Düsseldorf NVwZ 2000, 714 (715). Vgl. zu diesen Begriffen bereits unter § 2 B. I. 2) – Hauptgeschäfte, Hilfsbetriebe und ressourcennutzende sowie -unabhängige Nebengeschäfte.

extraterritorial wirtschaftlich tätig, so kann dies den Gemeindeeinwohnern oder Gemeindefremden zum Nutzen gereichen.

I. Für die Gemeindeeinwohner

Eine Gemeinde wird i. d. R. aus zwei Gründen für ihre eigenen Einwohner extraterritorial wirtschaftlich aktiv.

Zunächst kann es der agierenden Gemeinde tatsächlich unmöglich sein, die Leistung auf ihrem eigenen Territorium zu erbringen. Das wird deutlich an Beispielen wie einem Schullandheim, das auf eine gewisse Distanz zur Heimatgemeinde angewiesen ist[139]. Zu denken ist auch an die Errichtung von Windkraftanlagen, Grundwasserwerken[140] oder Kläranlagen[141] auf fremdem Terrain, weil es im jeweiligen Gemeindegebiet an geeigneten Flächen mangelt. Das Bundesverwaltungsgericht hat sich bereits mit der Anlegung eines Friedhofs für die eigene Bevölkerung in dem zur Nachbargemeinde gehörenden Gebiet beschäftigt[142].

Des Weiteren überschreiten Gemeinden ihre territorialen Grenzen, wenn sie für ihre Gemeindeeinwohner Verbindungen mit dem geografischen Umfeld herstellen oder aufrechterhalten. Es ist dabei primär an verkehrstechnische Verbindungen wie Buslinien[143], Eisenbahnen[144] oder Fähren[145] zu denken. Weiterhin sind Telekommunikationsdienstleistungen, wie z. B. das Angebot von Ferngesprächen durch die Zusammenschaltung mit großflächigen Netzen oder die Bereitstellung eines Internetzugangs, zu nennen[146]. In diese Gruppe fallen zudem Präsentationen auf Messen als Ansiedlungs- oder Fremdenverkehrsstandort[147] oder Fremdenverkehrsbüros auf fremdem Gebiet, die den Fremdenverkehr auf das Terrain der jeweils agierenden Kommune leiten sollen[148].

II. Für Gemeindefremde

Eine Extraterritorialität sowohl im Hinblick auf den Ort als auch den Kundenkreis kommt in den vielfältigsten Branchen und Formen vor.

So entstand die mittelbare Beteiligung der Stadt Köln über ihr Eigenunternehmen an Gesellschaften, deren Unternehmensgegenstand in der Vermietung und Wartung von Messgeräten für den Wärme- und Wasserverbrauch besteht und

---

[139] *Ehlers* NWVBl 2000, 1 (6).

[140] *Heilshorn*, Gebietsbezug der Kommunalwirtschaft, 2003, S. 191.

[141] *Ehlers*, Gutachten E für 64. DJT 2002, S. E 96.

[142] BVerwG NVwZ 1990, 657 ff.

[143] *Klüber*, Das Gemeinderecht in den Ländern der Bundesrepublik Deutschland, 1972, S. 242; *Wieland*, in: Henneke (Hrsg.), Optimale Aufgabenerfüllung im Kreisgebiet?, 1999, S. 193 (193).

[144] *Ehlers* NWVBl 2000, 1 (6). So existiert beispielsweise zwischen Nürnberg und Würzburg eine Eisenbahnlinie, vgl. *Schulz* BayVBl 1998, 449 (449).

[145] *Heilshorn*, Gebietsbezug der Kommunalwirtschaft, 2003, S. 191.

[146] *Heilshorn*, Gebietsbezug der Kommunalwirtschaft, 2003, S. 187.

[147] *Oebbecke* ZHR 164 (2000), 375 (379).

[148] *Heintzen* NVwZ 2000, 743 (744).

die auch in Polen respektive Rumänien tätig sind[149]. Die Erbringung mechanisch-technischer Dienstleistungen steht ebenso bei den Stadtwerken Wuppertal im Rahmen der bundesweiten Wartung ungarischer Ikarus-Busse im Vordergrund[150]. Zu nennen ist hier überdies die seit der deutschen Wiedervereinigung bestehende Beteiligung vieler Kommunen aus den alten Bundesländern an Stadtwerken von Gemeinden der neuen Bundesländer[151]. Zur Auslastung freier Kapazitäten in Planungsabteilungen gründeten einige Städte überregional tätige Consulting-Firmen, auch mit Niederlassungen im Ausland[152]. Im Entsorgungsbereich wird das Einsammeln und der Abtransport von Abfällen auf fremdem Gebiet zur eigenverantwortlichen Entsorgung als weiteres hier einzustufendes Beispiel angeführt[153].

B. Passive Grenzüberschreitung

Kommunale Unternehmen überschreiten passiv die Grenzen des Areals ihres gemeindlichen Trägers, wenn sie ihre Leistung zwar im eigenen Gemeindegebiet erbringen, diese Tätigkeit jedoch wegen der von außerhalb des Gemeindegebiets stammenden Kundschaft einen extraterritorialen Bezug aufweist. Freilich kann hiervon nicht jede von einem gemeindlichen Betrieb für Gemeindefremde ausgeführte Tätigkeit erfasst sein; schließlich kann es Gemeindefremden nicht verwehrt werden, die Leistungen fremdkommunaler Unternehmen in Anspruch zu nehmen, wenn sie sich auf dem Territorium der jeweiligen Trägerkommunen aufhalten. Die notwendige Differenzierung ermöglicht hierbei die Beantwortung der Frage, welche Kundschaft *hauptsächlich* von dem jeweiligen Tätigwerden des kommunalen Unternehmens profitiert.

Wird der gemeindliche Betrieb schwerpunktmäßig zum Vorteil der eigenen Bevölkerung tätig, wobei Gemeindefremde nur dann von dem kommunalwirtschaftlichen Tätigwerden profitieren, wenn sie sich zeitweise auf dem Gemeindegebiet aufhalten, so ist ein solches Tätigwerden, nicht als extraterritorial i. S. dieser Fallgruppe einzustufen. Beispiele dafür sind die intrakommunale Personenbeförderung, Museen, Opernhäuser und andere Freizeit- und Kultureinrichtungen.

Die passive Extraterritorialität ist hingegen bei Betätigungen von gemeindlichen Betrieben zu bejahen, die sich ganz oder zum Teil bewusst auf gemeindefremdes Klientel ausgerichtet haben. Als Beispiele seien Müllverbrennungsanlagen, De-

---

[149] *Held* WiVerw 1998, 264 (275).

[150] *Hill* BB 1997, 425 (425); *Ehlers* DVBl 1998, 497 (504).

[151] Siehe bereits unter § 2 A. – Historische Entwicklung.

[152] *Schulz* BayVBl 1998, 449 (449). So bietet die Mannheimer Versorgungs- und Verkehrsgesellschaft Consulting-Dienste u. a. in Moldawien, Polen, Litauen und Lettland an, vgl. *Ehlers* DVBl 1998, 497 (504).

[153] *Kühling* NJW 2001, 177 (178); *Ehlers*, Gutachten E für 64. DJT 2002, S. E 96. OVG NW NWVBl 2005, 133 ff., geht jedoch in diesem Zusammenhang von einer nichtwirtschaftlichen Betätigung i. S. v. § 107 Abs. 2 Nr. 4 GO NW aus. OLG Düsseldorf NVwZ 2000, 714 (715), nimmt im Hinblick auf die Zulässigkeit gar nicht erst eine grenzüberschreitende Aktivität an.

ponien[154] und Auto-Recycling-Anlagen[155] zu nennen, die für die Kundschaft von außerhalb erhebliche Überkapazitäten bereithalten. In diesen Bereich gehören auch überregional tätige Consulting-Firmen, die im Gemeindegebiet speziell Kunden von außerhalb betreuen.
Tendenziell sind als passiv extraterritorial in diesem Sinne auch kommunale Stromversorgungs- und Telekommunikationsdienstleistungen mit einem nicht unerheblichen Anteil an gemeindefremden Abnehmern einzustufen[156]. Für diese Einordnung spricht, dass die eigentliche Vernetzungstätigkeit im Gemeindegebiet stattfindet, während gemeindefremde Kunden Nutznießer dieser Leistungen sind. Dass die derart tätige Kommune auswärtige Übertragungs- und/oder Verteileranlagen benötigt, um die Versorgung der von außerhalb des Gemeindeterritoriums stammenden Kundschaft sicherzustellen, streitet eher für die Subsumierung unter die Fallgruppe der aktiven Grenzüberschreitung zu Gunsten Gemeindefremder. Obgleich eine eindeutige Zuordnung zu einer bestimmten Fallgruppe nicht möglich ist, gilt ein solches kommunalwirtschaftliches Tätigwerden jedenfalls wegen seiner auswärtigen Kundschaft als extraterritorial[157].

C. *Fazit*

Die wirtschaftliche Betätigung einer Gemeinde ist zum einen grenzüberschreitend, wenn sie außerhalb ihrer Gemeindegrenzen aktiv Leistungen ökonomischer Natur erbringt, unabhängig davon, ob dies für die Gemeindeeinwohner oder für Gemeindefremde geschieht.
Zum anderen ist passive Extraterritorialität zu bejahen, wenn eine Kommune im eigenen Gemeindegebiet die Erbringung wirtschaftlicher Leistungen bewusst ganz oder teilweise auf den Nutzen für Gebietsfremde ausgerichtet hat.

---

[154] Vgl. dazu *Oebbecke* ZHR 164 (2000), 375 (379).

[155] Siehe zu diesem Beispiel OLG Düsseldorf NVwZ 2000, 111 ff.: Hier wies die verklagte kommunale Auto-Recycling-Anlage eine Kapazität von 13.000 PKW jährlich auf, der ein kommunaler Eigenbedarf von nur 7.000-8.000 PKW pro Jahr gegenüberstand. Tatsächlich wurde diese Überkapazität jedoch nicht von Auswärtigen ausgelastet.

[156] Als Beispiel aus der Praxis sei hierfür das Unternehmen Netcologne (64,9 Prozent GEW, deren Anteilseigner unmittelbar und mittelbar zu 100 Prozent die Stadt Köln ist, 35,1 Prozent Stadt- und Kreissparkasse Köln) genannt, dessen erklärtes Ziel das Angebot von Orts-, Fern- und Auslandsgesprächen im Stadtgebiet Köln und im gesamten Regierungsbezirk Köln ist, vgl. *Ehlers* DVBl 1998, 497 (504); *Müller-Terpitz* NWVBl 1999, 292 (293).

[157] So auch *Ehlers*, Gutachten E für 64. DJT 2002, S. E 95; *Schulz* BayVBl 1998, 449 (450). A. A. *Braun* SächsVBl 1999, 25 (30), der im Rahmen der Tätigkeit von Stromversorgungsunternehmen ohne Rücksicht auf den Kundenkreis allein auf die innerhalb des Gemeindegebietes stattfindende Bereitstellung von Energie abstellt.

2. Teil: Zulässigkeit extraterritorialer kommunaler Wirtschaftstätigkeit

§ 4 Die Zulässigkeit kommunaler Wirtschaftstätigkeit extra muros und deren Grenzen nach deutschem Recht

A. Einschlägige Vorschriften und ihre Geltung und Bindungswirkung für die Kommunalwirtschaft

Die im Rahmen der Zulässigkeit der Extraterritorialität kommunalwirtschaftlicher Betätigung besonders relevanten öffentlich-rechtlichen Vorschriften sind auf Verfassungsebene Art. 28 Abs. 2 Satz 1 GG (unten § 4 B. I.), Grundrechte der privaten Wettbewerber, die auf dem Gebiet der betroffenen Kommune tätig sind (unten § 4 B. II.), sowie verfassungsrechtliche Prinzipien wie das Demokratieprinzip (unten § 4 B. III.), ein möglicherweise in der Verfassung verankertes Subsidiaritätsprinzip zu Gunsten der Privatwirtschaft (unten § 4 B. IV.) und ein eventuell dem Grundgesetz innewohnendes Postulat an die Kommunalwirtschaft zur permanenten Verfolgung eines öffentlichen Zwecks (unten § 4 B. V.).
Es sind zudem die auf Landesverfassungsebene existierenden Selbstverwaltungsgarantien zu untersuchen (unten § 4 C.).
Auf einfachgesetzlichem Niveau spielen die wirtschaftsrechtlichen Regelungen der Gemeindeordnungen eine bedeutende Rolle (unten § 4 D. I.).

An privatwirtschaftsrechtlichen Normen kann das nationale Wettbewerbs- und Kartellrecht für die extraterritoriale Kommunalwirtschaft von Bedeutung sein (unten § 4 D. II.).

Es ist im Folgenden zunächst zu untersuchen, inwiefern die wirtschaftenden Kommunen und ihre Unternehmen überhaupt an diese Vorschriften gebunden sind, d. h. ob sich für sie vor allem Verpflichtungen aus diesen Regelungen ergeben.

I. Die Gesetzes- und Verfassungsbindung der Kommunalwirtschaft

Ob die Kommunalwirtschaft durch die eingangs aufgezählten öffentlich-rechtlichen Vorschriften verpflichtet ist, hängt davon ab, ob sie der Gesetzes- und Verfassungsbindung gemäß Art. 1 Abs. 3, 20 Abs. 3 GG unterliegt. Bei der Beantwortung dieser Frage kann die Kommunalwirtschaft nicht pauschal betrachtet werden. Deswegen wird das Augenmerk zunächst auf die Bindung der wirtschaftenden Gemeinde als solche gerichtet. Sodann sollen Aussagen über die Gesetzes- und Verfassungsbindung ihrer selbstständigen Unternehmen erfolgen. Schließlich müssen die gemischtwirtschaftlichen Unternehmen in diesem Zusammenhang gesondert untersucht werden.

1) Bindung der wirtschaftenden Gemeinde als solche

Die Gemeinden üben als Teil der vollziehenden Gewalt Staatsgewalt aus[158]; ihren entscheidenden und handelnden Organen wird gemäß Art. 20 Abs. 2, 28 Abs. 1 Satz 2 GG in allgemeinen, unmittelbaren, freien, gleichen und geheimen Wahlen vom Gemeindevolk demokratische Legitimation verliehen. Gemäß Art. 20 Abs. 2, Abs. 3 GG ist die vollziehende Gewalt bei der Ausübung von Staatsgewalt an Gesetz und Recht gebunden, somit insbesondere an die zu Beginn dieses Kapitels genannten öffentlich-rechtlichen Bestimmungen. Unter der Ausübung von Staatsgewalt wird in diesem Zusammenhang aber Unterschiedliches verstanden.

Einige Autoren wollen darunter nur die Anwendung hoheitlichen Zwangs durch die Gemeinde als Teil der vollziehenden Gewalt subsumieren. Wirtschaftliches Tätigwerden sei hingegen keine solche Entfaltung spezifisch hoheitlicher Macht und somit nicht gemäß Art. 20 Abs. 2, Abs. 3 GG an Gesetz und Recht gebunden[159]. Sinn und Zweck der Kommunalwirtschaft ist es jedoch nicht, in Anlehnung an die den Staat in zwei Rechtspersönlichkeiten spaltende Fiskustheorie[160] Doppelgänger zu fingieren, die neben den Trägern hoheitlicher Gewalt außerhalb der staatlichen Kompetenzordnung nach Belieben schalten und walten können[161].

Der Kritik bezüglich der Spaltung des Staates in zwei Rechtspersönlichkeiten entgeht die Theorie, die die wirtschaftende Gemeinde zwar inhaltlich (namentlich die Art der durch sie zu erfüllenden Aufgaben betreffend) an Kompetenznormen, denen die Verwaltung unterliegt, bindet, das Mittel der wirtschaftlichen Betätigung mangels öffentlich-rechtlichen Charakters allerdings von der Bindung an Gesetz und Recht befreit[162]. So verständlich wie das Ziel dieser Differenzierung, nämlich die Herstellung gleicher Wettbewerbschancen von Gemeinden und Privaten, auch sein mag, kann es jedenfalls nicht auf diesem Weg erreicht werden. Das Mittel der wirtschaftlichen Betätigung kann nämlich nicht losgelöst von den durch sie zu erfüllenden Inhalten betrachtet werden, die ihrer-

---

158 BVerfGE 83, 37 (54); *Schmidt-Aßmann/Röhl*, in: Schmidt-Aßmann (Hsrg.), BesVerwR, 13. Aufl. 2005, 1. Kapitel Rdn. 8; *Magen* JuS 2006, 404 (404).

159 *H. Klein*, Die Teilnahme des Staates am wirtschaftlichen Wettbewerb, 1968, S. 169 ff., bezüglich der Fiskalgeltung der Grundrechte.

160 Diese ist schon seit langem überwunden, vgl. *J. Burmeister* DÖV 1975, 695 ff.; *Bethge* AöR 104 (1979), 265 (270 ff.).

161 *Ehlers*, Die Lehre von der Teilrechtsfähigkeit juristischer Personen des öffentlichen Rechts und die Ultra-vires-Doktrin des öffentlichen Rechts, 2000, S. 20; *ders.*, in: Ipsen (Hrsg.), Kommunalwirtschaft im Umbruch, 11. Bad Iburger Gespräche, 2001, S. 10 (29); *Scharpf* GewArch 2005, 1 (4). Ähnlich auch *Averhaus*, Gemeinden in der Telekommunikation, 2001, S. 202. *Wallerath*, AllgVerwR, 4. Aufl. 1992, S. 38, von einer abzulehnenden "Doppelgesichtigkeit" des Staates sprechend.

162 Vgl. *Hellermann*, Örtliche Daseinsvorsorge und gemeindliche Selbstverwaltung, 2000, S. 157 f.; *dens./Wieland*, in: Püttner (Hrsg.), Zur Reform des Gemeindewirtschaftsrechts, 2002, S. 117 (126, 129, 136 f.).

seits unbestritten der Bindung an Gesetz und Recht unterliegen. Mittelbar wird das eher dem privatwirtschaftsrechtlichen Bereich zuzuordnende Medium der wirtschaftlichen Betätigung durch die kommunalen Aufgaben, die mit seiner Hilfe erledigt werden, im Rahmen des Art. 28 Abs. 2 Satz 1 GG geschützt – konsequenterweise aber auch begrenzt[163]. Anderenfalls wäre eine Umgehung der inhaltlichen Bindung gemeindlicher Aufgaben an Gesetz und Recht möglich.

Die Ausübung von Staatsgewalt impliziert mithin nicht nur die Anwendung hoheitlichen Zwangs, sondern jegliches der vollziehenden Gewalt zuzurechnendes Tätigwerden, somit auch wirtschaftliche Betätigung[164]. Die Gemeinden und ihre unselbstständigen Wirtschaftsbetriebe sind somit bei der grenzüberschreitenden wirtschaftlichen Betätigung an Gesetz und Recht, d. h. insbesondere an die eingangs aufgezählten öffentlich-rechtlichen Vorschriften, gebunden.

2) Bindung der selbstständigen kommunalen Unternehmen

Es wird im Anschluss an die soeben erfolgten Ausführungen nicht bezweifelt, dass selbstständige kommunale Unternehmen des öffentlichen Rechts genau so wie ihre Trägergemeinden der Bindungswirkung von Gesetz und Recht unterworfen sind, da sie ihre Existenzberechtigung von ihren Muttergemeinden ableiten[165].

Die Meinungen bezüglich der Bindung an Gesetz und Recht divergieren allerdings im Hinblick auf die selbstständigen Unternehmen der Gemeinden, für die eine privatrechtliche Organisationsform gewählt wurde.
Einer Ansicht im Schrifttum zufolge sollen die privatrechtlich organisierten selbstständigen Gemeindeunternehmen nicht der kompetenzbeschränkenden Gesetzes- und Verfassungsbindung unterworfen sein[166]. Es wird argumentiert, dass diese Unternehmen als Subjekte des Privatrechts Handlungsfreiheit in Form von

---

[163] Der Schutz der Kommunalwirtschaft durch Art. 28 Abs. 2 Satz 1 GG wird genau aus diesem Grund nach dieser Auffassung auch angenommen; nur für die Begrenzung soll dieser Zusammenhang nicht gelten, vgl. *Hellermann*, Örtliche Daseinsvorsorge und gemeindliche Selbstverwaltung, 2000, S. 157 f.; *dens./Wieland*, in: Püttner (Hrsg.), Zur Reform des Gemeindewirtschaftsrechts, 2002, S. 117 (129).

[164] *Ehlers* JZ 1990, 1089 (1095): "Es gibt nämlich kein Reservat staatlichen Wirkens, das außerhalb der Verfassung liegt." Vgl. auch u. a. *Erichsen*, Kommunalrecht NW, 1988, S. 242; *Gusy* JA 1995, 166 (171 f.); *Henneke* NdsVBl 1998, 273 (278); *Lux* NWVBl 2000, 7 (9); *Grawert*, in: Reichard (Hrsg.), Kommunen am Markt, 2001, S. 9 (12).

[165] *Erichsen*, Gemeinde und Private im wirtschaftlichen Wettbewerb, 1987, S. 24 f.

[166] *Stern/Püttner*, Die Gemeindewirtschaft, 1965, S. 127 f. Im Zusammenhang mit einer Bindung an Grundrechte: *Dickersbach* WiVerw 1983, 187 (206 f.), bezogen auf die fiskalische Erwerbswirtschaft, die er als unproblematisch einstuft; *Püttner*, Die öffentlichen Unternehmen, 1969, S. 153. Bezogen auf das in Art. 28 Abs. 2 Satz 1 GG verankerte Regionalprinzip: *Klüber*, Das Gemeinderecht in den Ländern der Bundesrepublik Deutschland, 1972, S. 243. Allerdings nur im Hinblick auf die wirtschaftsrechtlichen Vorschriften der Gemeindeordnungen: *Schulz* BayVBl 1998, 449 (450).

Privatautonomie genössen. Diese bedeutet "das Prinzip der Selbstgestaltung der Rechtsverhältnisse durch den einzelnen nach seinem Willen"[167] und eben die Freiheit von verpflichtenden Vorschriften, die aus der Bindung an Gesetz und Recht resultieren.[168] Zudem wird aus dem Begriff der vollziehenden Gewalt (Art. 1 Abs. 3, 20 Abs. 3 GG) geschlossen, dass eine Bindung an Gesetz und Recht nur bestehen kann, wenn die privatrechtlich organisierten kommunalen Unternehmen besondere Rechtsmacht im Sinne einer öffentlich-rechtlichen Sonderstellung innehätten[169].
Die Rechtsprechung und eine verbreitete Auffassung im Schrifttum hingegen unterwerfen die wirtschaftliche Betätigung der Gemeinden auch in Form von selbstständigen Gesellschaften des Privatrechts der Gesetzes- und Verfassungsbindung[170]. Gegen das Argument der Geltung der Privatautonomie auch für kommunale Unternehmen spricht, dass hinter diesen nicht individuelle Subjekte des Privatrechts stehen. Vielmehr nehmen die Gemeinden als Teil der vollziehenden Gewalt lediglich durch entsprechende Formenwahl den Bereich des Privatrechts für sich in Anspruch. Die wirtschaftliche Betätigung selbst sowie die Gestaltungsmacht darüber wiederum werden den Kommunen erst auf Grund dessen ermöglicht, dass sie als Teil der vollziehenden Gewalt über die Kompetenz zur Ausübung von (mittelbarer) Staatsgewalt verfügen, die unstreitig an Gesetz und Recht gebunden ist.[171] Die Gemeinden sollen sich nicht durch entsprechende Formenwahl der Gesetzes- und Verfassungsbindung entziehen können (keine Flucht in das Privatrecht).
So ist auch der Begriff der vollziehenden Gewalt in diesem Zusammenhang zu verstehen. Es geht nicht darum, ob das jeweilige Unternehmen im Einzelfall besondere Hoheitsbefugnisse ausüben kann, sondern darum, dass es seine Existenz einer Gemeinde, die ihrerseits zur vollziehenden Gewalt gehört, verdankt. Der privatrechtlich organisierte kommunale Betrieb ist dabei wie der verlängerte Arm der Kommune anzusehen. Betätigt sich die Kommune in eigener Person

[167] *Flume*, Allgemeiner Teil des Bürgerlichen Rechts II, 3. Aufl. 1979, S. 1.
[168] *Dickersbach* WiVerw 1983, 187 (206).
[169] *Franz*, Gewinnerzielung durch kommunale Daseinsvorsorge, 2005, S. 678 ff.
[170] Vgl. u. a. *Erichsen*, in: Erichsen/Martens (Hrsg.), AllgVerwR, 4. Aufl. 1979, § 32; *Gusy* JA 1995, 166 (171 f.). So auch BVerfGE 45, 63 (79 f.); 61, 82 (107); 68, 193 (212 f.); BGHZ 52, 325 (327 f.); RPVerfGH NVwZ 2000, 801 (801), allerdings nur, sofern ein derartiges Tätigwerden der unmittelbaren Verfolgung öffentlicher oder öffentlich-rechtlicher Verwaltungsaufgaben dient. Öffentliche oder öffentlich-rechtlich gesetzte Aufgaben sind als Differenzierungsmaßstab aber ungeeignet, da die Zugehörigkeit der Gemeinden zur vollziehenden Gewalt ausschlaggebendes Moment für die Bindung an Gesetz und Recht ist, siehe zur Kritik an dieser Differenzierung im Zusammenhang mit der Grundrechtsbindung *Cremer* DÖV 2003, 921 (925); *Erichsen*, Kommunalrecht NW, 1988, S. 38.
[171] Im Zusammenhang mit der Grundrechtsbindung kommunaler Wirtschaftstätigkeit so auch *Averhaus*, Gemeinden in der Telekommunikation, 2001, S. 143 f.; *Erichsen*, Gemeinde und Private im wirtschaftlichen Wettbewerb, 1987, S. 27. Dies äußert *Hill*, in: Bohne (Hrsg.), Kommunen im wirtschaftlichen Wettbewerb, 1999, S. 127 (137), im Rahmen von Art. 28 Abs. 2 Satz 1 GG. Vgl. zur Gegenüberstellung der wirtschaftlichen Betätigung von Privaten und den Gemeinden in diesem Zusammenhang auch *Hösch* WiVerw 2000, 159 (160 ff.).

wirtschaftlich, zweifelt man auch nicht an ihrer Bindung an Gesetz und Recht, unabhängig davon, ob sie im Einzelfall besondere öffentliche Befugnisse ausübt oder nicht.

Zwar besteht nicht die Gefahr der vollständigen Umgehung der Gesetzes- und Verfassungsbindung, da die hinter dem privatrechtlich organisierten Unternehmen stehende Gemeinde nach wie vor der Bindung an Gesetz und Recht unterliegt und dieser durch entsprechenden Einfluss in ihrem Betrieb, etwa durch Gesellschafterbeschlüsse, Geltung verschaffen muss[172]. Diese nur mittelbare Bindung ist allerdings weniger effektiv und kann in besonderen Fällen sogar ganz ins Leere gehen. Dies ist beispielsweise bei der Rechtsform der Aktiengesellschaft denkbar, da hier der Vorstand nicht an Weisungen des kommunalen Gesellschafters gebunden ist.
Auch die selbstständigen gemeindlichen Unternehmen in privatrechtlicher Form unterliegen mithin der Gesetzes- und Verfassungsbindung.

3) Bindung der gemischtwirtschaftlichen Unternehmen

Von Teilen der Literatur wird die unmittelbare Bindung gemischtwirtschaftlicher Unternehmen an Gesetz und Recht angenommen, soweit die Kommune beherrschenden Einfluss ausübt[173]. Begründet wird diese Ansicht u. a. damit, dass den privaten Unternehmern beim Eingehen einer Minderheitsbeteiligung bewusst ist, dass sie sich an einem Betrieb beteiligen, dessen Gesellschafter der Gesetzes- und Verfassungsbindung unterliegt. Daraus folge, dass die privaten Minderheitsgesellschafter nach dem Prinzip volenti non fit iniuria die für die kommunalen Mitgesellschafter bestehende unmittelbare Bindung an Gesetz und Recht übernehmen.[174]

Die Ausübung von Staatsgewalt als Teil der vollziehenden Gewalt ist gemäß Art. 20 Abs. 2, Abs. 3 GG der Grund dafür, eine Bindung von kommunalen Unternehmen an Gesetz und Recht anzunehmen. Sobald private Unternehmer an der Gesellschaft beteiligt sind, besteht aber keine ausschließliche Ausübung von Staatsgewalt mehr, da nicht nur Glieder der vollziehenden Gewalt agieren. Private Minderheitsgesellschafter gleichwohl durch die bloße Beteiligung an einem kommunal beherrschten Unternehmen der Gesetzes- und Verfassungsbindung

---

[172] So argumentieren etwa *Stern/Püttner*, Die Gemeindewirtschaft, 1965, S. 127; *Püttner*, Die öffentlichen Unternehmen, 1969, S. 153; *Franz*, Gewinnerzielung durch kommunale Daseinsvorsorge, 2005, S. 680.

[173] *Uhlenhut*, Wirtschaftliche Betätigung der Gemeinden außerhalb ihres Gebietes, 2004, S. 40 ff. (Feststellung für die Grundrechtsbindung), S. 129 f. (Übertragung der Erkenntnisse im Rahmen der Grundrechtsbindung auf die Bindung an die grundgesetzlichen Kompetenzen im Allgemeinen); *Kluth* WiVerw 2000, 184 (195), bezogen auf die Grundrechtsbindung solcher Unternehmen.

[174] *Kluth* WiVerw 2000, 184 (195); *Uhlenhut*, Wirtschaftliche Betätigung der Gemeinden außerhalb ihres Gebietes, 2004, S. 41.

zu unterwerfen, fügt sich nicht in das Prinzip ein, dass nur die Kompetenz zur Ausübung von Staatsgewalt wegen der Zugehörigkeit zur vollziehenden Gewalt eine Bindung an Gesetz und Recht nach sich zieht. Schließlich werden die privaten Minderheitsunternehmer allein durch die Beteiligung auch nicht zu Trägern von Hoheitsgewalt. Es geht somit weniger darum, die Rechtsposition der beteiligten privaten Unternehmer zu schützen[175], sondern darum, das Demokratieprinzip auch im kommunalwirtschaftlichen Bereich konsequent anzuwenden.[176] Da eine Trennung nach Anteilen der privaten und der kommunalen Gesellschafter in einem Betrieb in Bezug auf die Gesetzes- und Verfassungsbindung nicht zu realisieren ist, kann nicht von einer unmittelbaren Bindung dieser Unternehmen an Gesetz und Recht ausgegangen werden[177].

Diese Kritik soll jedoch nicht bedeuten, dass gemischtwirtschaftliche Unternehmungen von der Gesetzes- und Verfassungsbindung gänzlich losgelöst sind. Vielmehr besteht eine mittelbare Bindung in dem Sinne, dass der an Gesetz und Recht gebundene kommunale Gesellschafter gemäß seinen Möglichkeiten entsprechenden Einfluss im Unternehmen ausüben muss, sozusagen als interne Steuerungskraft[178]. Auch wenn eine Lösung über mittelbare Bindungen nicht immer gleich effektiv ist, so ist sie doch erforderlich, um der andersartigen – gesellschaftsrechtlich vermittelten – Machtverteilung in gemischtwirtschaftlichen Gesellschaften dogmatisch gerecht zu werden.

II. Die Bindung der Kommunalwirtschaft an privatwirtschaftsrechtliche Vorschriften

Die Kommunalwirtschaft ist neben der öffentlichen Verwaltung auch dem Privatwirtschaftsrecht zuzuordnen. In dieser Eigenschaft unterfällt sie allen Ver-

---

[175] So aber z. B. *Zacharias* VR 2000, 271 (273), im Zusammenhang mit der Bindung an § 107 GO NW.

[176] Bezüglich der Grundrechtsbindung solcher Unternehmen auch *Ehlers*, Verwaltung in Privatrechtsform, 1984, S. 248 ff.; *ders.* JZ 1990, 1089 (1096). Im Ergebnis auch *Averhaus*, Gemeinden in der Telekommunikation, 2001, S. 144 ff., zur Grundrechtsbindung gemischtwirtschaftlicher Betriebe. So auch *Püttner*, Die öffentlichen Unternehmen, 1969, S. 152 f., der dieses Resultat allerdings auf die eigenständige Rechtssubjektivität der privatrechtlich organisierten Gesellschaft stützt.

[177] Auch bezüglich der Grundrechts*berechtigung* der gemischtwirtschaftlichen Unternehmen herrscht Streit. Bei beherrschender Beteiligung der Kommune und Erfüllung von Daseinsvorsorgeaufgaben verneinend BVerfG JZ 1990, 335 f. – HEW – m. krit. Anm. *Kühne*; kritisch zu diesem Urteil auch *Zimmermann* JuS 1991, 294 ff.; *ders.*, Der grundrechtliche Schutzanspruch juristischer Personen des öffentlichen Rechts, 1993. Grundsätzlich bejahend *Püttner*, Die öffentlichen Unternehmen, 1969, S. 154; *Jarass* DÖV 2002, 489 (495 f.).

[178] So im Zusammenhang mit der Grundrechtsbindung gemischtwirtschaftlicher Unternehmen auch *Püttner*, Die öffentlichen Unternehmen, 1969, S. 153 f.; *Erichsen*, Gemeinde und Private im wirtschaftlichen Wettbewerb, 1987, S. 28 f.; *Ehlers*, Verwaltung in Privatrechtsform, 1984, S. 250; *ders.* JZ 1990, 1089 (1096); *Averhaus*, Gemeinden in der Telekommunikation, 2001, S. 145.

pflichtungen aus privatwirtschaftsrechtlichen Vorschriften, deren Anwendungsbereich durch die kommunale Wirtschaftstätigkeit eröffnet ist.[179]

III. Zwischenergebnis

Sowohl die Gemeinden als solche als auch ihre selbstständigen Unternehmen unterliegen mithin bei der extraterritorialen wirtschaftlichen Betätigung umfassend der Gesetzes- und Verfassungsbindung gemäß Art. 1 Abs. 3, 20 Abs. 3 GG und somit den Verpflichtungen, die aus den eingangs genannten öffentlich-rechtlichen Regelungen resultieren. Allein die gemischtwirtschaftlichen Unternehmen sind mangels der ausschließlichen Ausübung von Staatsgewalt bei gleichzeitiger Untrennbarkeit der gemeindlichen von den privaten Anteilen nicht gemäß Art. 1 Abs. 3, 20 Abs. 2, Abs. 3 GG an Gesetz und Recht gebunden. Es bleibt jedoch bei einer mittelbaren Bindung durch den kommunalen Gesellschafter.

Die Bindung an die kompetenzbeschränkenden privatrechtlichen Vorschriften, die sie mit ihren Handlungen tatbestandlich erfüllt, gilt für die gesamte Kommunalwirtschaft.

B. Verfassungsrechtliche Vorgaben

I. Art. 28 Abs. 2 Satz 1 GG

Zunächst soll erörtert werden, welche Möglichkeiten und Grenzen die in Art. 28 Abs. 2 Satz 1 GG geregelte kommunale Selbstverwaltungsgarantie in Bezug auf die extraterritoriale Kommunalwirtschaft in sich birgt [unten § 4 B. I. 1)]. Sodann wird untersucht, ob und gegebenenfalls in welchem Umfang das anderen Gemeinden ebenso zustehende Recht aus Art. 28 Abs. 2 Satz 1 GG im Hinblick auf die Wirtschaftstätigkeit der expansionswilligen Kommune beschränkende Wirkung entfaltet [unten § 4 B. I. 2)].

1) Der Garantiebereich

Nach Art. 28 Abs. 2 Satz 1 GG muss den Gemeinden das Recht gewährleistet sein, alle Angelegenheiten der örtlichen Gemeinschaft im Rahmen der Gesetze in eigener Verantwortung zu regeln. Hierdurch ist den Kommunen das Recht auf kommunale Selbstverwaltung garantiert. Diese Gewähr gliedert sich nach der von *Stern* entwickelten Systematik in drei Teilgarantien: die institutionelle Rechtssubjektsgarantie, die objektive Rechtsinstitutionsgarantie sowie die subjektive Rechtsstellungsgarantie[180].

---

[179] Ebenso *Püttner*, Die öffentlichen Unternehmen, 1969, S. 133; *Badura* DÖV 1998, 818 (822); *Wolff/Bachof/Stober*, VerwR I, 11. Aufl. 1999, § 23 Rdn. 19. A. A. *Brohm* NJW 1994, 281 (285 f.), für die Kompetenzausübung in öffentlich-rechtlicher Form. Es ist jedoch nicht einzusehen, warum sich kommunale Unternehmen nur auf Grund ihrer öffentlich-rechtlichen Organisationsform nicht an die für alle geltenden Regelungen halten sollen, obwohl sie wie die anderen am Markt teilnehmen.

[180] *Stern*, in: BK (1964), Art. 28 Rdn. 66; *ders.*, StaatsR I, 2. Aufl. 1984, S. 409 ff. Ihm u. a. folgend *Nierhaus*, in: Sachs (Hrsg.), 3. Aufl. 2003, Art. 28 Rdn. 34 ff.; *ders.*, Kommunalrecht

Die institutionelle Rechtssubjektsgarantie gewährleistet die Existenz und Rechtsfähigkeit der Gemeinden als solche[181]. Sie bietet keinen absoluten Schutz einzelner Gemeinden gegen Bestands- oder Statusänderungen. Sofern jedoch Kommunen aufgelöst, zusammengeschlossen oder im Zuge einer kommunalen Gebietsreform eingemeindet werden, darf dies nur aus Gründen des Gemeinwohls, nach Vorschaltung einer Freiwilligkeitsphase, danach nur nach vorheriger Anhörung, zutreffender und vollständiger Sachverhaltsermittlung, nachvollziehbarer Abwägung der Gemeinwohlgründe und Neugliederungsziele, einer Schaden-Nutzen-Analyse und unter Beachtung des rechtsstaatlichen Übermaß- und Willkürverbotes erfolgen[182]. Insofern ist die Wirkung nur – aber immerhin – beschränkt individuell.[183]

Die subjektive Rechtsstellungsgarantie vermittelt den Gemeinden den Rechtsschutz gegen Verletzungen der Rechtssubjekts- und der Rechtsinstitutionsgarantie[184]. Er wird in Form der kommunalen Verfassungsbeschwerde gemäß Art. 93 Abs. 1 Nr. 4 b GG, § 91 BVerfGG und als verwaltungsgerichtlicher Rechtsschutz, in dessen Rahmen die Klagebefugnis aus Art. 28 Abs. 2 Satz 1 GG abzuleiten ist, gewährt[185]. Von der institutionellen Selbstverwaltungsgarantie ist allerdings mangels Gesetzes- und Verfassungsbindung der privaten Wettbewerber gemäß Art. 20 Abs. 3 GG kein Rechtsschutz vor privater Konkurrenz im Wettbewerb erfasst[186].

---

für Bbg, 2003, Rdn. 78 ff.; *Schmidt-Aßmann/Röhl*, in: Schmidt-Aßmann (Hsrg.), BesVerwR, 13. Aufl. 2005, 1. Kapitel Rdn. 10 ff.; *Kluth*, in: Wolff/Bachof/Stober (Hrsg.), VerwR III, 2004, § 94 Rdn. 52 ff.; *Knemeyer*, FG v. Unruh, 1983, S. 209 (211).

[181] BVerfGE 76, 107 (119); 79, 127 (143), diese Gewährleistung Garantie der Einrichtung "Kommunale Selbstverwaltung" nennend. Siehe i. Ü. *Stern*, in: BK (1964), Art. 28 Rdn. 78; *dens.*, StaatsR I, 2. Aufl. 1984, S. 409 f.; *Nierhaus*, in: Sachs (Hrsg.), 3. Aufl. 2003, Art. 28 Rdn. 35; *dens.*, Kommunalrecht für Bbg, 2003, Rdn. 84; *Ipsen* ZG 1994, 194 (200); *Schmidt-Aßmann/Röhl*, in: Schmidt-Aßmann (Hsrg.), BesVerwR, 13. Aufl. 2005, 1. Kapitel Rdn. 10.

[182] *Nierhaus*, Kommunalrecht für Bbg, 2003, Rdn. 85; *Stern*, in: ders. (Hrsg.), StaatsR I, 2. Aufl. 1984, § 12, S. 410 f.

[183] BbgVerfG NVwZ-RR 2000, 129 (134); *Stern*, in: BK (1964), Art. 28 Rdn. 78; *ders.*, StaatsR I, 2. Aufl. 1984, S. 409 ff. m. w. N. Dieses Prinzip wird auch durch die Aussage des BVerfG zusammengefasst, dass die Gemeinde nicht individuell, sondern nur institutionell garantiert ist, vgl. BVerfGE 76, 107 (119); 86, 90 (107); wegen der Missverständlichkeit dieser Formel kritisch dazu: *Nierhaus*, in: Sachs (Hrsg.), 3. Aufl. 2003, Art. 28 Rdn. 36; *ders.*, Kommunalrecht für Bbg, 2003, Rdn. 85; *Magen* JuS 2006, 404 (405).

[184] *Stern*, in: BK (1964), Art. 28 Rdn. 66; *ders.*, StaatsR I, 2. Aufl. 1984, S. 409; *Nierhaus*, in: Sachs (Hrsg.), 3. Aufl. 2003, Art. 28 Rdn. 39; *ders.*, Kommunalrecht für Bbg, 2003, Rdn. 82.

[185] *Nierhaus*, in: Sachs (Hrsg.), 3. Aufl. 2003, Art. 28 Rdn. 39 m. w. N.; *Gern*, Kommunalrecht, 3. Aufl. 2003, Rdn. 50; *Kluth*, in: Wolff/Bachof/Stober (Hrsg.), VerwR III, 2004, § 94 Rdn. 57 ff. Zum Beitrag der Verfassungsgerichte zur Sicherung des kommunalen Selbstverwaltungsrechts: *Pestalozza*, FG v. Unruh, 1983, S. 1057 ff.; sowie zum gleichgerichteten Beitrag der Verwaltungsgerichte: *Bickel*, FG v. Unruh, 1983, S. 1035 ff.

[186] *Nierhaus*, in: Sachs (Hrsg.), 3. Aufl. 2003, Art. 28 Rdn. 42 b; *Hellermann*, Örtliche Daseinsvorsorge und gemeindliche Selbstverwaltung, 2000, S. 158; *ders./Wieland*, in: Püttner (Hrsg.), Zur Reform des Gemeindewirtschaftsrechts, 2002, S. 117 (129).

Das nicht nur im Zusammenhang mit der extraterritorialen Kommunalwirtschaft relevante Kernstück des Art. 28 Abs. 2 Satz 1 GG ist die objektive Rechtsinstitutionsgarantie. Sie umfasst das Recht der Kommunen, alle Angelegenheiten der örtlichen Gemeinschaft [a)] im Rahmen der Gesetze [c)] in eigener Verantwortung zu regeln [b)].

a) Angelegenheiten der örtlichen Gemeinschaft

Dieser Bestandteil der objektiven Rechtsinstitutionsgarantie, auch Allzuständigkeits- oder Universalitätsprinzip genannt[187], ist ausschlaggebend für die Reichweite des Garantiebereichs kommunaler Selbstverwaltung gemäß Art. 28 Abs. 2 Satz 1 GG.

Das Bundesverfassungsgericht definiert die Angelegenheiten der örtlichen Gemeinschaft als "diejenigen Bedürfnisse und Interessen, die in der örtlichen Gemeinschaft wurzeln oder auf sie einen spezifischen Bezug haben[188], die also den Gemeindeeinwohnern gerade als solchen gemeinsam sind, indem sie das Zusammenleben und -wohnen der Menschen in der (politischen) Gemeinde betreffen; auf die Verwaltungskraft der Gemeinde kommt es hierfür nicht an"[189]. Diesem Begriff wohnt eine doppelte Funktion inne: Zum einen legt er abstrakt ein den Gemeinden gesichertes Betätigungsfeld fest, zum anderen liegt hierin gleichzeitig die Begrenzung des Wirkungskreises der Gemeinden auf dieses Betätigungsfeld[190].

aa) Das kommunale Betätigungsfeld

Ein abschließend-enumerativer, allgemein feststehender Aufgabenkreis, der zu den Angelegenheiten der örtlichen Gemeinschaft aller Gemeinden zählt, lässt sich nicht bestimmen, da die kommunalen Aufgaben zeitlichen und strukturellen Wandlungen unterworfen sind und sich die Gemeinden zudem in Einwohnerzahl, flächenmäßiger Ausdehnung sowie Struktur unterscheiden[191]. Diesbezügliche Aufzählungen, wie sie einige Gemeindeordnungen[192] vornehmen, tragen deshalb immer den Makel der Unvollständigkeit[193] und der Versteinerungsgefahr.

---

[187] *Stern*, in: BK (1964), Art. 28 Rdn. 86.

[188] Vgl. die ältere Rechtsprechung dazu: BVerfGE 8, 122 (134); 50, 195 (201); 52, 95 (120).

[189] BVerfGE 79, 127 (151 f.) – Rastede; ebenso BVerfGE 110, 370 (400 f.); ihm folgend BVerwG NVwZ 2006, 595 (596).

[190] BVerfGE 79, 127 (151); *Nierhaus*, Kommunalrecht für Bbg, 2003, Rdn. 91 f.; *Schmidt-Aßmann/Röhl*, in: Schmidt-Aßmann (Hsrg.), BesVerwR, 13. Aufl. 2005, 1. Kapitel Rdn. 14 f.; *Britz* NVwZ 2001, 380 (386); *Heilshorn* VerwArch 96 (2005), 88 (91).

[191] BVerfGE 79, 127 (152); 110, 370 (401); BVerwG NVwZ 2006, 595 (596); *Gern*, Kommunalrecht, 3. Aufl. 2003, Rdn. 59 f.; *Nierhaus*, Kommunalrecht für Bbg, 2003, Rdn. 93.

[192] Art. 57 Abs. 1 GO BY; §§ 3 Abs. 2 GO Bbg; 2 Abs. 2 KV MV; 2 Abs. 2 KO Th. Zusätze wie "insbesondere" und "vor allem" zeigen aber, dass auch den Landesgesetzgebern die Unmöglichkeit einer abschließenden Aufzählung bewusst war, die im Übrigen verfassungswidrig wäre.

[193] *Stern*, in: BK (1964), Art. 28 Rdn. 86.

bb) Der gemeindliche Wirkungskreis

Der kommunale Wirkungskreis, auch Verbandskompetenz genannt[194], gesteht den Gemeinden das Recht zu, sich ohne besonderen Kompetenztitel aller kommunalen Aufgaben anzunehmen, die gesetzlich nicht bereits anderen Trägern öffentlicher Verwaltung übertragen sind[195]. Bei der Beurteilung dessen, was zu den Angelegenheiten der örtlichen Gemeinschaft zählt, ist ihnen eine von Kommunalaufsicht und Rechtsprechung zu respektierende Einschätzungsprärogative zuzubilligen[196]. Diesem gemeindlichen Zugriffsrecht wohnt das beschränkend wirkende Örtlichkeitsprinzip[197] inne.

(1) Das Örtlichkeitsprinzip

Im materiellen bzw. sachlichen Sinne beschränkt das Regionalprinzip die kommunale Aufgabenerfüllung dergestalt, dass die gemeindliche Verbandskompetenz gegenständlich nur die Aufgaben umfasst, die – in Abgrenzung zu den allgemeinpolitischen – zu den Angelegenheiten der örtlichen Gemeinschaft zählen[198].

Umfangreicher zu beantworten ist die Frage, ob Art. 28 Abs. 2 Satz 1 GG auch ein Örtlichkeitsprinzip im räumlichen Sinne innewohnt, das den gemeindlichen

---

194 *Nierhaus*, Kommunalrecht für Bbg, 2003, Rdn. 91.

195 So genanntes gemeindliches Zugriffsrecht, vgl. BVerfGE 79, 127 (146 f.); *Nierhaus*, in: Sachs (Hrsg.), 3. Aufl. 2003, Art. 28 Rdn. 42; *dens.*, Kommunalrecht für Bbg, 2003, Rdn. 95. *Magen* JuS 2006, 404 (406), nennt diese verfassungsrechtliche Gewährleistung auch Aufgabenzuweisungsgarantie.

196 *Cronauge* AfK 1999, 24 (31); *Schink* NVwZ 2002, 129 (133); *Scharpf* GewArch 2005, 1 (2).

197 Siehe zum Begriff ***Örtlichkeitsprinzip*** z. B. *Henneke* NdsVBl 1998, 273 (281); *Enkler* ZG 1998, 328 (335); *Ehlers* NWVBl 2000, 1 (6); *W. Meyer* WiVerw 2003, 57 (96 ff.). Synonyme Begriffe sind ***Regionalprinzip***: *Stern/Nierhaus*, Das Regionalprinzip im öffentlich-rechtlichen Sparkassenwesen, 1991; *Braun* SächsVBl 1999, 25 (29 ff.); ***Territorialprinzip***: BVerwGE 69, 11 (19) – Haspa; *Cronauge* GemH 1997, 265 (268); *Heintzen* NVwZ 2000, 743 (743 f.); ***Gebietsprinzip***: *Grawert*, in: Grupp/Ronellenfitsch (Hrsg.), Planung – Recht – Rechtsschutz, 1999, S. 119 (128). Die in diesem Prinzip ausgedrückte Kompetenznegierung wird auch als ***ne-ultra-vires-Regel*** bezeichnet, vgl. *Nierhaus*, in: Sachs (Hrsg.), 3. Aufl. 2003, Art. 28 Rdn. 32; *dens.*, Kommunalrecht für Bbg, 2003, Rdn. 91. *Schmidt-Aßmann/Röhl*, in: Schmidt-Aßmann (Hsrg.), BesVerwR, 13. Aufl. 2005, 1. Kapitel Rdn. 15, nennen sie kommunalrechtliche ultra-vires-Regel.

198 BVerfGE 8, 122 (134); 79, 127 (147); *Held* WiVerw 1998, 264 (266); *Hellermann/Wieland*, in: Püttner (Hrsg.), Zur Reform des Gemeindewirtschaftsrechts, 2002, S. 117 (129); *Gern*, Kommunalrecht, 3. Aufl. 2003, Rdn. 58. *Rennert* JZ 2003, 385 (390), spricht dabei von einer Kompetenzabgrenzung *"nach oben"* (zum Kreis, zum Land, zum Bund). Bei Abgrenzungsschwierigkeiten im Rahmen von gesellschaftsgrundsätzlichen, gesamtstaatlichen Angelegenheiten, die fast immer irgendeinen örtlichen Bezug aufweisen, sieht *Schmidt-Jortzig* DÖV 1989, 142 (146 f.), nur solche als vom kommunalen Wirkungskreis erfasst, die den jeweiligen Siedlungsraum in einer gerade ihn spezifisch treffenden Weise "dichter" berühren als die deutschen Kommunen im Allgemeinen.

Wirkungskreis auf die wirtschaftliche[199] Aufgabenerledigung innerhalb des Gemeindeterritoriums begrenzt.

(a) Striktes Örtlichkeitsprinzip im räumlichen Sinne

Einige Autoren gehen davon aus, dass für die kommunale Wirtschaftstätigkeit strikt das Örtlichkeitsprinzip im räumlichen Sinne gilt[200].

Eine Begründung für diese Auffassung ist, dass aus der kommunalen Selbstverwaltungsgarantie gemäß Art. 28 Abs. 2 Satz 1 GG die örtliche Begrenzung der Angelegenheiten auf das Gemeindegebiet folge[201]. Das Adjektiv örtlich hat durch seine Stellung in Art. 28 Abs. 2 Satz 1 GG die semantische Funktion, das Substantiv Gemeinschaft, auf deren Angelegenheiten das kommunale Handeln jedenfalls inhaltlich beschränkt ist, näher zu definieren. Danach ist das ausschlaggebende Kriterium, das die Einwohner einer Kommune zu einer Gemeinschaft im Sinne von Art. 28 Abs. 2 Satz 1 GG werden lässt, also das Gebiet, auf dem sie leben. Daraus eine generelle Begrenzung kommunaler Handlungslegitimation in räumlicher Hinsicht zu entwickeln, indem das Adjektiv örtlich auf das Substantiv Angelegenheiten bezogen wird, verfehlte folglich den Sinn dieser Formulierung.[202]

---

[199] Viele Literaturmeinungen trennen hier zwischen hoheitlicher und wirtschaftlicher Aufgabenwahrnehmung dergestalt, dass die hoheitliche Betätigung stets auf das Gemeindegebiet beschränkt ist, die wirtschaftliche hingegen nur bedingt, vgl. *Klüber*, Das Gemeinderecht in den Ländern der Bundesrepublik Deutschland, 1972, S. 23, 241 ff.; *Hellermann*, Örtliche Daseinsvorsorge und gemeindliche Selbstverwaltung, 2000, S. 155 f.; *dens./Wieland*, in: Püttner (Hrsg.), Zur Reform des Gemeindewirtschaftsrechts, 2002, S. 117 (126); *Uhlenhut*, Wirtschaftliche Betätigung der Gemeinden außerhalb ihres Gebietes, 2004, S. 139 f. Darauf ist hier nicht näher einzugehen, da die hoheitliche gemeindliche Aufgabenerfüllung nicht im Fokus dieser Arbeit steht. Klarzustellen ist jedoch, dass die kommunalwirtschaftliche Betätigung die schlicht-hoheitliche Wahrnehmung öffentlicher Aufgaben darstellt und sie in dem Umfang, wie er bereits unter § 4 A. dargestellt wurde, an das Örtlichkeitsprinzip in der Weise, wie es im weiteren unter § 4 B. I. zu erörtern sein wird, gebunden ist.

[200] *Klüber*, Das Gemeinderecht in den Ländern der Bundesrepublik Deutschland, 1972, S. 23 ff., 241 f.; *Grawert*, in: Reichard (Hrsg.), Kommunen am Markt, 2001, S. 9 (23 f.); *Stern/Nierhaus*, Das Regionalprinzip im öffentlich-rechtlichen Sparkassenwesen, 1991, S. 57, 156 ff.; *Nierhaus*, in: Sachs (Hrsg.), 3. Aufl. 2003, Art. 28 Rdn. 42 a; *J. Burmeister*, in: Püttner (Hrsg.), HKWP V, 1984, S. 3 (42); *Held*, in: Henneke (Hrsg.), Optimale Aufgabenerfüllung im Kreisgebiet?, 1999, S. 181 (189); *Rennert* JZ 2003, 385 (390 f.), der hierbei von der Kompetenzabgrenzung *"zur Seite hin"* (zur Nachbargemeinde) spricht. Eine bloße Ausstrahlung als unschädlich einstufend: *Gern* NJW 2002, 2593 (2594 f.); ähnlich auch *Cronauge* GemH 1997, 265 (268). *Averhaus*, Gemeinden in der Telekommunikation, 2001, S. 203, macht neben einer bloßen Ausstrahlungswirkung zusätzlich eine Ausnahme bei der nur der Eigenbedarfsdeckung dienenden extraterritorialen Wirtschaftstätigkeit.

[201] *Averhaus*, Gemeinden in der Telekommunikation, 2001, S. 201; *Gern* NJW 2002, 2593 (2594 f.); *ders.*, Kommunalrecht, 2003, Rdn. 58.

[202] So auch *Heberlein* DÖV 1990, 374 (377); *Schulz* BayVBl 1998, 449 (451); *Koehler* VR 2000, 44 (48); *Oebbecke* ZHR 164 (2000), 375 (386); *ders.*, in: Wallerath (Hrsg.), Kommunen im Wettbewerb, 2001, S. 13 (28); *Heilshorn*, Gebietsbezug der Kommunalwirtschaft,

Eine andere Ansicht in der Literatur argumentiert mit dem horizontalen Nebeneinander von Gemeinden. Da die expandierende Kommunalwirtschaft durch die aktive Grenzüberschreitung mit der Zuständigkeit der Zielgemeinde[203] in Konflikt gerate und es praktisch kaum noch gemeindefreie Flächen gebe, ende die Kompetenz der expansionswilligen Kommune an ihrer Gemeindegrenze[204]. Dieser Aspekt ist aber keine Frage der Reichweite der Selbstverwaltungsgarantie aus Art. 28 Abs. 2 Satz 1 GG an sich. So wird auch der Schutzbereich von Grundrechten nicht durch mögliche Kollisionen mit anderen Grundrechten eingeengt, sondern erst im Rahmen der Rechtfertigung bei Vorliegen eines Eingriffes unter Abwägung der individuellen Interessen und der Intensität des Eingriffs beachtet. Art. 28 Abs. 2 Satz 1 GG stellt zwar nach allgemeiner Auffassung keine grundrechtliche Verbürgung dar[205]; gleichwohl bietet es sich auch hier an, in Anlehnung an die Grundrechtsdogmatik zwischen dem Schutzbereich und dessen Reichweite sowie einem Eingriff in diesen zu unterscheiden. Dieses Vorgehen beinhaltet nämlich eine Abwägung der jeweils von den Gemeinden verfolgten Interessen mit der Intensität eines möglicherweise vorliegenden Eingriffs. Das ermöglicht es zumindest in Ansätzen, auf die im Problemüberblick dargestellten tatsächlichen und rechtlichen Veränderungen in der Wirtschaft und im Wettbewerb, mit denen die Kommunalwirtschaft sich konfrontiert sieht (oben § 1 A.), zu reagieren. Eine Güterabwägung ist nach der oben vorgestellten Argumentation aber gar nicht möglich. Aus den kollidierenden Selbstverwaltungsrechten kann somit nicht ein striktes Örtlichkeitsprinzip im räumlichen Sinne begründet werden. Diese werden als Beschränkung kommunaler Selbstverwaltung in einem gesonderten Punkt unter § 4 B. I. 2) zu erörtern sein.

2003, S. 100 f.; *Uhlenhut*, Wirtschaftliche Betätigung der Gemeinden außerhalb ihres Gebietes, 2004, S. 142.

203 Vgl. zum Begriff *Kühling* NJW 2001, 177 (179); gemeint ist die Gemeinde, auf deren Gebiet die fremde Kommunalwirtschaft stattfindet.

204 *Held* WiVerw 1998, 264 (266 f.); *Franz*, Gewinnerzielung durch kommunale Daseinsvorsorge, 2005, S. 85 f.; *Henneke* NdsVBl 1998, 273 (278); *Cronauge* GemH 1997, 265 (268); *Klüber*, Das Gemeinderecht in den Ländern der Bundesrepublik Deutschland, 1972, S. 23; *Averhaus*, Gemeinden in der Telekommunikation, 2001, S. 201. Grundsätzlich auch *Scharpf* NVwZ 2005, 148 (149 f.); *J. Burmeister*, in: Püttner (Hrsg.), HKWP V, 1984, S. 3 (42); *Schink* NVwZ 2002, 129 (136). So wohl auch *Erichsen*, Kommunalrecht NW, 1988, S. 242 ff., der auf die Einbindung der Kommunen in das Kompetenzgefüge der Bundesrepublik verweist.

205 Ganz h. M.: BVerfGE 48, 64 (79); BbgVerfG NVwZ-RR 2000, 129 (134); *Bethge*, FG v. Unruh, 1983, S. 149 (158 ff.); *Stern*, in: BK (1964), Art. 28 Rdn. 68 ff.; *Blümel*, FG v. Unruh, 1983, S. 265 (266 f.); *Nierhaus*, in: Sachs (Hrsg.), 3. Aufl. 2003, Art. 28 Rdn. 34; *ders.*, Kommunalrecht für Bbg, 2003, Rdn. 71; *Schmidt-Aßmann*, in: Badura/Dreier (Hrsg.), Festschr. 50 Jahre BVerfG II, 2001, S. 803 (806 f.); *Hösch* DÖV 2000, 393 (394). Abw. BY-VerfGH BayVBl 1976, 589 (592), der unabhängig von Art. 28 Abs. 2 Satz 1 GG in Art. 11 Abs. 2 LVerf BY ein grundrechtsähnliches Recht sieht; kritisch zu dieser Rechtsprechung *Lissack*, Das kommunale Selbstverwaltungsrecht nach bayerischem Verfassungs- und Verfassungsprozessrecht, 2000, S. 139 ff.

Kommunale Wirtschaftstätigkeit ist demnach nicht wegen eines strikten Örtlichkeitsprinzips auf ihr Gemeindegebiet beschränkt.

(b) Keine örtliche Begrenzung

Eine vereinzelt vertretene Meinung[206] unterwirft die Kommunalwirtschaft weder mittelbar noch unmittelbar einer aus Art. 28 Abs. 2 Satz 1 GG entwickelten geografischen Wirkung, weil die wirtschaftliche Betätigung der Kommunen losgelöst von der Aufgabe, die sie erfüllen soll, zu betrachten sei und als solche nicht den aus den Kompetenznormen der Verwaltung resultierenden Beschränkungen unterliegt. Eine solche Aufspaltung von zu erfüllender Aufgabe und ihrer Ausführungsmodalität ist jedoch inakzeptabel, da sie im Ergebnis die Flucht der Verwaltung ins Privatrecht ermöglicht[207].

Eine örtlich radizierende Wirkung des Art. 28 Abs. 2 Satz 1 GG wird darüber hinaus wegen des Vorrangs des Gesellschaftsrechts als Bundesrecht, dem keine solche territoriale Komponente innewohnt, abgelehnt. Das Gesellschaftsrecht konkretisiere dabei Art. 2 Abs. 1, 3 GG und stelle damit klar, dass öffentliche Unternehmen mit ihren privaten Konkurrenten bezüglich der Handlungsfreiheit gleichzustellen seien.[208] Dieser Auffassung ist nachdrücklich zu widersprechen. Dass die Kommunalwirtschaft anders zu behandeln ist als ihre privaten Mitbewerber zeigt bereits ihre Zwitterstellung zwischen öffentlicher Verwaltung und der Teilnahme am Wettbewerb. Da das Gesellschaftsrecht für die auf der Privatautonomie fußende Privatwirtschaft konzipiert ist, die ihrerseits keine territorialen Beschränkungen kennt, enthält es keine örtlich begrenzend wirkenden Vorschriften. Daraus kann kein Gebot geschlossen werden, Art. 28 Abs. 2 Satz 1 GG als beschränkungslose Ermächtigungsnorm zu interpretieren.

Mithin kann auch einer Barrierefreiheit für die extraterritoriale Kommunalwirtschaft nicht zugestimmt werden.

(c) Mittelbare örtliche Beschränkung

Viele Stimmen in der Literatur und auch die Rechtsprechung wollen die Kommunalwirtschaft durch Art. 28 Abs. 2 Satz 1 GG nur mittelbar auf das gemeindliche Terrain beschränken, indem sie einen materiellen Bezug zu den Angelegenheiten der örtlichen Gemeinschaft fordern[209], der auf Grund seiner inhaltlich

---

[206] *Hellermann*, Örtliche Daseinsvorsorge und gemeindliche Selbstverwaltung, 2000, S. 157 f.; *ders./Wieland*, in: Püttner (Hrsg.), Zur Reform des Gemeindewirtschaftsrechts, 2002, S. 117 (126, 129, 136 f.).

[207] Siehe dazu bereits § 4 A. I. 1) – Gesetzes- und Verfassungsbindung (Art. 1 Abs. 3, 20 Abs. 3 GG) der wirtschaftenden Gemeinde als solche.

[208] *Schwintowski* NVwZ 2001, 607 (609 f.).

[209] OLG Düsseldorf NVwZ 2000, 714 (715); *Guckelberger* BayVBl 2006, 293 (294); *Heberlein* DÖV 1990, 374 (377 ff.); *Oebbecke* ZHR 164 (2000), 375 (386); *Badura* DÖV 1998, 818 (822); *Braun* SächsVBl 1999, 25 (29 ff.); *Koehler* VR 2000, 44 (48); *Schmidt-Jortzig* DÖV

begrenzenden Wirkung natürlich auch geografische Auswirkungen hat. Eine Gebietsüberschreitung zieht demnach nicht generell das Verdikt der Unzulässigkeit nach sich, sondern ist immer abhängig von der inhaltlichen Legitimationsbeschränkung.
Diese Auffassung wird der Formulierung in Art. 28 Abs. 2 Satz 1 GG gerecht, indem sie das Adjektiv örtlich nicht auf das Substantiv Angelegenheiten bezieht und somit keiner unmittelbaren geografischen Beschränkung unterwirft. Sie setzt die aus dem Örtlichkeitsprinzip im sachlichen Sinne folgende inhaltliche Legitimationsbegrenzung konsequent in seine territoriale Auswirkung um und ist demnach vorzugswürdig.

Allerdings wird der Bezug zu den Angelegenheiten der örtlichen Gemeinschaft unterschiedlich weit gefasst. Maßgeblicher Bezugspunkt ist jedenfalls der Nutzen der wirtschaftlichen Tätigkeit für die Gemeindeeinwohner[210]. Es wird diskutiert, ob der dabei erzielte Vorteil immer unmittelbar den Einwohnern zugute kommen muss[211] oder ob auch eine indirekte Förderung der Angelegenheiten der örtlichen Gemeinschaft durch Nebentätigkeiten der gemeindlichen Unternehmen auf gemeindefremdem Territorium genügt[212].

1989, 142 (146); *Lux* NWVBl 2000, 7 (9); *Otting*, Neues Steuerungsmodell und rechtliche Betätigungsspielräume der Kommunen, 1997, S. 199; *Schulz* BayVBl 1998, 449 (451). *Heintzen* NVwZ 2000, 743 (744), fordert einen Bezug auf das Gemeindegebiet, diesem verleihen aber erst die Gemeindeeinwohner Gestalt. *Wieland* Stadt und Gemeinde, 7-8/1998, 4 ff., propagiert eigentlich das Nichtbestehen geografischer Grenzen aus Art. 28 Abs. 2 Satz 1 GG für die grenzüberschreitende Kommunalwirtschaft, entsagt ihr jedoch den Schutz dieser Vorschrift, wenn sie in keinem sachlichen Bezug zur Daseinsvorsorge im eigenen Gemeindegebiet steht.

[210] *Hill*, in: Bohne (Hrsg.), Kommunen im wirtschaftlichen Wettbewerb, 1999, S. 127 (138 f.). *Ehlers* fordert zwar expressis verbis auch eine strikte Beschränkung auf die Gemeindegrenzen, macht aber u. a. die entscheidende Ausnahme von diesem Prinzip, wenn die Leistungen den Gemeindeeinwohnern zugute kommen, die dann eher zu dieser Ansicht gehört, vgl. *Ehlers* DVBl 1998, 497 (504); *dens.*, Die Lehre von der Teilrechtsfähigkeit juristischer Personen des öffentlichen Rechts und die Ultra-vires-Doktrin des öffentlichen Rechts, 2000, S. 18. Siehe für diese so genannte *funktionsbezogene Betrachtungsweise* auch BVerwG NVwZ 2005, 958 (959), im Zusammenhang mit der kommunalen Fernwasserversorgung.

[211] So *Guckelberger* BayVBl 2006, 293 (294); *W. Meyer* WiVerw 2003, 57 (96 ff.); *Lux* NWVBl 2000, 7 (9 f.); *Hösch* GewArch 2001, 223 (230). Vgl. i. Ü. *Ehlers* NWVBl 2000, 1 (6), wobei er für annexweise wahrgenommene Tätigkeiten eine zweite Ausnahme vom strikten Örtlichkeitsprinzip macht; *dens.* DVBl 1998, 497 (504). Unklar bei *Jarass* DÖV 2002, 489 (497 f.), der zwar "wohl" einen unmittelbaren Bezug zum Gemeindegebiet fordert, die Rechtmäßigkeit der Annexnutzungen aber auch nicht ausschließt.

[212] So OLG Düsseldorf NVwZ 2000, 714 (715); *Püttner* DÖV 2002, 731 (735 f.); *Moraing* WiVerw 1998, 233 (245 f.); *Schulz* BayVBl 1998, 449 (451 f.); *Uhlenhut*, Wirtschaftliche Betätigung der Gemeinden außerhalb ihres Gebietes, 2004, S. 142 ff., 151 ff., 181; *Britz* NVwZ 2001, 380 (386); *Cronauge* AfK 1999, 24 (31); *Rennert* Die Verwaltung 35 (2002), 319 (339); *Hösch* DÖV 2000, 393 (403), später jedoch seine Meinung ändernd, vgl. die vorherige Fn. So auch *Otting*, Neues Steuerungsmodell und rechtliche Betätigungsspielräume der Kommunen, 1997, S. 168 ff., der allerdings sehr viel weiter geht, indem er den Gemeinden

Dem Wortlaut des Art. 28 Abs. 2 Satz 1 GG ist keine diesbezügliche Aussage zu entnehmen. Das mag daran liegen, dass es sich bei dem angesprochenen Streitpunkt im Grunde auch weniger um eine Frage der kommunalen Selbstverwaltungsgarantie, sondern um jene der Begriffsbestimmung des Gemeinwohls der Gemeindeeinwohner handelt[213]. Telos dieser Norm ist es vor allem, den Gemeinden als unterste Stufe des Verwaltungsaufbaus eine grundsätzliche Existenz- und Handlungslegitimation zu verschaffen. Es ist folglich auch nach Sinn und Zweck der Regelung nicht erforderlich, in diese Vorschrift tiefergehende Restriktionen hinein zu interpretieren. Der in Art. 28 Abs. 2 Satz 1 GG enthaltene Gesetzesvorbehalt sieht vielmehr explizit vor, dass es insbesondere Aufgabe des einfachen Bundes- bzw. Landesgesetzgebers ist, diese festzulegen.

(2) Aufhebung des Örtlichkeitsprinzips durch Zustimmung der betroffenen Gemeinde?

Zu untersuchen bleibt die Frage, ob die Zustimmung der Zielgemeinde diese mittelbar begrenzende Wirkung des sachlichen Regionalprinzips aufheben kann. Einige Autoren wollen dem Einvernehmen der Zielkommune eine das Örtlichkeitsprinzip aufhebende Wirkung beimessen[214]. Zu dieser Auffassung gelangen in der Regel die Vertreter der Ansicht, die aus kollidierenden Selbstverwaltungsrechten eine unmittelbare geografische Beschränkung der Kommunalwirtschaft auf das eigene Gemeindegebiet folgern[215]. Da auf der Grundlage dieser Ansicht aber schon keine Kompetenzbegrenzung angenommen werden kann (siehe zur Begründung § 4 B. I. 1) a) bb) (1) (a) – Striktes Örtlichkeitsprinzip im räumlichen Sinne), kommt auch ihre Aufhebung durch die Zustimmung nicht in Betracht.

Von anderen Teilen des Schrifttums wird der Zustimmung der Zielgemeinde eine das Regionalprinzip aufhebende Wirkung abgesprochen, da dies einer Kompetenzerweiterung gleich käme, die jedoch auf Grund des Gesetzesvorbehaltes in Art. 28 Abs. 2 Satz 1 GG nur qua legem möglich sei[216]. Diese Ansicht

---

ein generelles Recht zu erwerbswirtschaftlicher Betätigung zubilligt, sofern sie der Finanzierung örtlicher Aufgaben dient.

[213] Dementsprechend wird unter den Gliederungspunkten § 4 B. V. – Verfassungsrechtlich verankertes Postulat zur Verfolgung eines öffentlichen Zwecks – und dessen einfachrechtlichem Korrelat § 4 D. I. 1) b) aa) – das Erfordernis eines öffentlichen Zwecks im Rahmen der kommunalwirtschaftsrechtlichen Schranken – unter dem Stichwort "Erwerbswirtschaftliche Annex- bzw. Randnutzungen" auf dieses Problem einzugehen sein.

[214] *Klüber*, Das Gemeinderecht in den Ländern der Bundesrepublik Deutschland, 1972, S. 23, 241 f.; *Held* WiVerw 1998, 264 (266 f.); *Cronauge* GemH 1997, 265 (268); wohl auch *Jarass* DVBl 2006, 1 (3, 6). So auch noch *Nierhaus*, in: Sachs (Hrsg.), 3. Aufl. 2003, Art. 28 Rdn. 42 a.

[215] Hier: *Klüber*, Das Gemeinderecht in den Ländern der Bundesrepublik Deutschland, 1972, S. 23, 241 f.; *Held* WiVerw 1998, 264 (266 f.); *Cronauge* GemH 1997, 265 (268).

[216] Dies wird unabhängig davon vertreten, ob die Kommunalwirtschaft einer unmittelbaren (so als Verfechter dieser Auffassung: *Gern*, Kommunalrecht, 3. Aufl. 2003, Rdn. 731) oder nur mittelbaren (so als Vertreter dieser Meinung: *Heintzen* NVwZ 2000, 743 (745); *Uhlenhut*,

ist die überzeugendere, da auch der Umstand, dass der Eingriff in das Selbstverwaltungsrecht der Zielgemeinde durch ihr Einvernehmen gerechtfertigt ist (volenti non fit iniuria), rechtlich nichts daran zu ändern vermag, dass das expandierende kommunale Unternehmen die ihm durch Art. 28 Abs. 2 Satz 1 GG gewährleistete Kompetenz überschreitet.

(3) Resümee

Aus dem Wirkungskreis des Art. 28 Abs. 2 Satz 1 GG ergibt sich in örtlicher Hinsicht für die extraterritoriale Kommunalwirtschaft damit als zu beachtende Legitimationsgrenze der Bezug zu dem Wohl der eigenen Gemeindeeinwohner. Diese inhaltliche Legitimationsbeschränkung besteht sowohl bei der aktiven als auch bei der passiven Grenzüberschreitung zu Gunsten Gemeindefremder unabhängig davon, wie die betroffene Gemeinde zur fremdkommunalen Expansion steht.

b) Eigenverantwortlichkeit

Die Eigenverantwortlichkeit gewährt den Gemeinden die Freiheit, über Ob und Wie der Erfüllung ihrer örtlichen Aufgaben ohne staatliche Bevormundung eigenständig zu befinden[217]. Dieser Bestandteil der objektiven Rechtsinstitutionsgarantie äußert sich hauptsächlich in den den Kommunen gewährten Hoheitsrechten[218].

Von besonderer Relevanz für die kommunalwirtschaftliche Betätigung ist die Organisationshoheit. Darunter ist die gemeindliche Befugnis zur Ausgestaltung der inneren Verwaltungsorganisation nach eigenem kommunalpolitischem Ermessen zu verstehen[219]. Den Gemeinden steht es hiernach frei, sich zur Erledigung ihrer Aufgaben auch des Instrumentes der wirtschaftlichen Betätigung zu

---

Wirtschaftliche Betätigung der Gemeinden außerhalb ihres Gebietes, 2004, S. 147 f.) geografischen Beschränkung unterliegt.

[217] *Stern*, in: BK (1964), Art. 28 Rdn. 96; *ders./Püttner*, Die Gemeindewirtschaft, 1965, S. 178; *Maurer* DVBl 1995, 1037 (1043); *Nierhaus*, in: Sachs (Hrsg.), 3. Aufl. 2003, Art. 28 Rdn. 43; *ders.*, Kommunalrecht für Bbg, 2003, Rdn. 96; *Gern*, Kommunalrecht, 3. Aufl. 2003, Rdn. 75; *Schmidt-Aßmann/Röhl*, in: Schmidt-Aßmann (Hsrg.), BesVerwR, 13. Aufl. 2005, 1. Kapitel Rdn. 19.

[218] Vgl. zu diesen *Knemeyer/Wehr* VerwArch 2001 (92), 317 (334) m. w. N. insbesondere zu diesbezüglich ergangenen Urteilen des BVerfG; *Nierhaus*, in: Sachs (Hrsg.) 3. Aufl. 2003, Art. 28 Rdn. 44; *dens.*, Kommunalrecht für Bbg, 2003, Rdn. 97, auch die Sparkassenhoheit dazuzählend; *Stern*, in: BK (1964), Art. 28 Rdn. 97 ff.; *dens.*, StaatsR I, 2. Aufl. 1984, S. 413 f.; *Schmidt-Aßmann*, in: Badura/Dreier (Hrsg.), Festschr. 50 Jahre BVerfG II, 2001, S. 803 (821 ff.). Kritisch zu dieser Unterteilung wegen einer begrifflichen Verselbstständigung der "Hoheiten": *Ipsen* ZG 1994, 194 (202).

[219] Grundlegend zur Organisationshoheit *Schmidt-Jortzig*, Kommunale Organisationshoheit, 1979. Vgl. im Übrigen BVerfGE 91, 228 (236 ff.); *Stern*, in: BK (1964), Art. 28 Rdn. 102; *Nierhaus*, in: Sachs (Hrsg.), 3. Aufl. 2003, Art. 28 Rdn. 44.

bedienen[220]. Im Zusammenhang mit der wirtschaftlichen Betätigung verleiht die Organisationshoheit den Kommunen das Recht zum Einsatz aller zulässigen Handlungsformen des öffentlichen Rechts und des Privatrechts[221].

Die wirtschaftliche interkommunale Zusammenarbeit wird den Kommunen durch die (positive und negative) Kooperationshoheit, die ihrerseits aus der Organisationshoheit abgeleitet wird, ermöglicht. Durch sie sind die Gemeinden berechtigt, eigenständig zu entscheiden, ob sie die Aufgaben ihres Betätigungsfeldes allein oder zusammen mit anderen Kommunen in den unter § 2 C. II. genannten Formen wahrnehmen[222].
Die Kooperationshoheit steht nur in einem scheinbarem Widerspruch zum mittelbar wirkenden Örtlichkeitsprinzip[223], da die Gemeinden bei der kommunalen Zusammenarbeit zwangsläufig nicht mit der Erfüllung von Aufgaben ausschließlich des eigenen Wirkungskreises befasst sind. Es ist hier nämlich zwischen mehr-örtlicher und über-örtlicher Aufgabenerfüllung zu differenzieren: Sofern sich die kommunale Zusammenarbeit für jede beteiligte Gemeinde als Aufgabe des örtlichen Betätigungsfeldes darstellt, wird der sachliche Wirkungskreis einer jeden partizipierenden Kommune nicht überschritten; es handelt sich

---

[220] Die kommunale Wirtschaftsbetätigung auch als geschütztes Mittel zur Aufgabenwahrnehmung dem Bereich der Eigenverantwortlichkeit zuordnend: *Ehlers*, Gutachten E für 64. DJT 2002, S. E 68; *Hellermann*, Örtliche Daseinsvorsorge und gemeindliche Selbstverwaltung, 2000, S. 152 f.; *ders./Wieland*, in: Püttner (Hrsg.), Zur Reform des Gemeindewirtschaftsrechts, 2002, S. 117 (129); *Held* WiVerw 1998, 264 (265 f.); *Kluth*, Grenzen kommunaler Wettbewerbsteilnahme, 1988, S. 10 f.; *Grawert*, in: Reichard (Hrsg.), Kommunen am Markt, 2001, S. 9 (24); *Himmelmann*, FG v. Unruh, 1983, S. 763 (771); *Ruffert* NVwZ 2000, 763 (763). Eine ausdrückliche gesetzliche Ermächtigung für die wirtschaftliche Betätigung verlangt: *Löwer*, Energieversorgung zwischen Staat, Gemeinde und Wirtschaft, 1989, S. 217 ff.; *ders.* DVBl 1991, 132 (140 f.), da die Selbstverwaltungsgarantie nur für die selbstverwaltende Erledigung von Verwaltungsaufgaben mit örtlichem Bezug gilt, wozu die wirtschaftliche Betätigung grundsätzlich nicht gehören soll. Diese Differenzierung ist jedoch weder dem Wortlaut noch Sinn und Zweck des Art. 28 Abs. 2 Satz 1 GG als generelle Legitimationsnorm zu entnehmen.

[221] *Nierhaus*, in: Sachs (Hrsg.), 3. Aufl. 2003, Art. 28 Rdn. 45; *Gern*, Kommunalrecht, 3. Aufl. 2003, Rdn. 77, der dies unter dem gesonderten Stichwort der "Regelungskompetenz der Kommunen" feststellt. Vgl. zur gesetzlich begrenzten Wahlfreiheit der wirtschaftenden Gemeinden bereits § 2 C. – Organisationsformen kommunaler Wirtschaftstätigkeit.

[222] *Nierhaus*, in: Sachs (Hrsg.), 3. Aufl. 2003, Art. 28 Rdn. 44; *ders.*, Kommunalrecht für Bbg, 2003, Rdn. 97 ff., 748; *Th. Schmidt*, Kommunale Kooperation, 2005, S. 55 ff.

[223] Ein striktes Örtlichkeitsprinzip im räumlichen Sinne folgt für die kommunalwirtschaftliche Betätigung nach zutreffender Ansicht nicht aus Art. 28 Abs. 2 Satz 1 GG [siehe unter § 4 B. I. 1) a) bb)]. Allerdings sehen auch die Befürworter der Gegenansicht das Örtlichkeitsprinzip im materiellen Sinne nicht als Beschränkung für die (mehr-örtliche) interkommunale Zusammenarbeit an, vgl. u. a. *Franz*, Gewinnerzielung durch kommunale Daseinsvorsorge, 2005, S. 86; *Held* WiVerw 1998, 264 (266 f.); *Klüber*, Das Gemeinderecht in den Ländern der Bundesrepublik Deutschland, 1972, S. 24 ff.; *Nierhaus*, in: Sachs (Hrsg.), 3. Aufl. 2003, Art. 28 Rdn. 44, Fn. 205; *Gern*, Kommunalrecht, 3. Aufl. 2003, Rdn. 731; *Henneke* NdsVBl 1998, 273 (278); *Schink* NVwZ 2002, 129 (136).

hierbei um zulässige mehr-örtliche Aufgabenerledigung[224]. Nimmt jedoch einer der teilhabenden gemeindlichen Kooperationspartner durch die interkommunale Zusammenarbeit Belange wahr, die nicht seinen Gemeindeeinwohnern zu Gute kommen, so ist für ihn von über-örtlicher Aufgabenerfüllung auszugehen, die dem Örtlichkeitsprinzip im materiellen Sinne zuwiderläuft[225]. Danach verbietet sich auch im speziellen Rahmen der interkommunalen Kooperation sowohl die aktive als auch die passive Grenzüberschreitung zu Gunsten Gemeindefremder.

c) Gesetzesvorbehalt

Die eigenverantwortliche Erledigung aller Angelegenheiten der örtlichen Gemeinschaft steht unter einem Gesetzesvorbehalt, der sich trotz der sprachlich mittigen Stellung in Art. 28 Abs. 2 Satz 1 GG zwischen dem Allzuständigkeitsprinzip und der Eigenverantwortlichkeit auf beide Elemente bezieht[226]. Der Begriff des Gesetzes in Art. 28 Abs. 2 Satz 1 GG erfasst jede Rechtsnorm, d. h. förmliche Gesetze, untergesetzliche Normen wie z. B. Rechtsverordnungen und sogar Gewohnheitsrecht[227]. Die Gesetzgebungszuständigkeit liegt gemäß Art. 30, 70 ff. GG grundsätzlich bei den Ländern[228].

---

224 *Stern*, in: BK (1964), Art. 28 Rdn. 90; *ders./Püttner*, Die Gemeindewirtschaft, 1965, S. 168 f.; *Held*, in: Henneke (Hrsg.), Optimale Aufgabenerfüllung im Kreisgebiet?, 1999, S. 181 (185 f.); *Kühling* NJW 2001, 177 (178 f.); *Ehlers* NWVBl 2000, 1 (6); *Grawert*, in: Grupp/Ronellenfitsch (Hrsg.), Planung – Recht – Rechtsschutz, 1999, S. 119 (129); *Heintzen* NVwZ 2000, 743 (745). So auch *Heberlein* BayVBl 1992, 417 (419), bezüglich der interkommunalen Zusammenarbeit über die Staatsgrenzen. In Bezug auf eine internationale Städtepartnerschaft: BVerwGE 87, 237 (238).

225 Das wird für den Sonderfall der als Entwicklungshilfe gedachten Beteiligung von Gemeinden der alten Bundesländer an kommunalen Unternehmen der neuen Bundesländer unterschiedlich gesehen. Während *Heberlein* DÖV 1990, 374 (377 ff.); *Schmidt-Jortzig* DÖV 1989, 142 (148 ff.), im Rahmen so genannter Entwicklungszusammenarbeit eine solche Kooperation berechtigterweise wegen mangelnden Bezuges zu den Lebensinteressen der örtlichen Raumgemeinschaft der "helfenden" Gemeinde als unzulässig einstufen, hält *Gern*, Kommunalrecht, 3. Aufl. 2003, Rdn. 74, an ihrer Zulässigkeit mit der Begründung fest, dass die Aufgabe, Dritten in Notlagen zu helfen, wegen ihrer historischen Legitimation in die Verbandskompetenz einer Gemeinde fällt; dahingehend auch *Held*, in: Henneke (Hrsg.), Optimale Aufgabenerfüllung im Kreisgebiet?, 1999, S. 181 (183), "ungewöhnliche Zeiten – die deutsche Einheit – legitimieren ungewöhnliche Maßnahmen".

226 BVerfGE 79, 127 (143); *Stern*, in: BK (1964), Art. 28 Rdn. 114 m. w. N.; *Nierhaus*, in: Sachs (Hrsg.), 3. Aufl. 2003, Art. 28 Rdn. 46; *ders.*, Kommunalrecht für Bbg, 2003, Rdn. 100; *Schmidt-Aßmann*, in: Badura/Dreier (Hrsg.), Festschr. 50 Jahre BVerfG II, 2001, S. 803 (817 f.); *Blümel*, FG v. Unruh, 1983, S. 265 (299).

227 BVerfGE 26, 228 (237); 56, 298 (309); 76, 107 (117); *Nierhaus*, in: Sachs (Hrsg.), 3. Aufl. 2003, Art. 28 Rdn. 48 b; *Stern*, StaatsR I, 2. Aufl. 1984, S. 415; *Gern* NJW 2002, 2593 (2595 f.); *Blümel*, FG v. Unruh, 1983, S. 265 (299). *Klüber*, Das Gemeinderecht in den Ländern der Bundesrepublik Deutschland, 1972, S. 22, will unter diesen Begriff nur Gesetze im formellen Sinne fassen.

228 Über das generelle Bestehen und die Reichweite einer Bundesgesetzgebungskompetenz im kommunalen Bereich besteht Streit, vgl. *Stern*, in: BK (1964), Art. 28 Rdn. 117 ff. m. w. N.

Diesem Gesetzesvorbehalt kommt eine ambivalente Doppelfunktion zu. Einerseits ist er Ausgestaltungsauftrag für den Gesetzgeber[229]. Diesem sind die Landesgesetzgeber bezüglich der extraterritorialen Kommunalwirtschaft insbesondere durch die kommunalwirtschaftsrechtlichen Normen in den Gemeindeordnungen gerecht geworden. Zudem sind landesrechtliche Sonderregelungen, wie z. B. das im Sparkassenrecht zu findende Regionalprinzip Ausdruck der Erfüllung des im Gesetzesvorbehalt enthaltenen Ausgestaltungsauftrages.
Bei der Ausgestaltung der kommunalen Selbstverwaltung muss der Gesetzgeber sich an ein bestimmtes Stufenkonzept halten. Hiernach ist zwischen dem Kernbereich – dem Wesensgehalt – der kommunalen Selbstverwaltung und deren Randbereich zu unterscheiden. Beiden Garantieelementen wohnt ein Regel-Ausnahme-Verhältnis zu Gunsten der örtlich vorrangig zuständigen Gemeinden inne, das nicht bloße Rechtstechnik, sondern auch Ausdruck eines materiell verstandenen Prinzips dezentraler Aufgabenansiedlung im Bereich der Angelegenheiten der örtlichen Gemeinschaft ist[230]. Dieses hat der Gesetzgeber bei der Einschätzung der örtlichen Bezüge einer Aufgabe im Rahmen seines Einschätzungs- und Beurteilungsspielraumes zu beachten[231]. Allerdings muss eine solche vom Gesetzgeber zugewiesene Aufgabe nicht hinsichtlich aller ihrer Teilaspekte eine Angelegenheit der örtlichen Gemeinschaft sein. Sie kann auch nur teilweise als örtlich anzusehen sein, sich im Übrigen aber als überörtlich darstellen.[232]

Andererseits fungiert der Gesetzesvorbehalt als Eingriffsvorbehalt und schützt somit die kommunale Selbstverwaltung vor Eingriffen, die nicht durch eine

---

Jedenfalls besitzt der Bund materielle Kompetenzen bezüglich allgemeiner Gesetze, die auch die Rechtsverhältnisse von Kommunen regeln, soweit diese tatbestandlich erfasst sind.

[229] BVerfGE 79, 127 (143); *Nierhaus*, in: Sachs (Hrsg.), 3. Aufl. 2003, Art. 28 Rdn. 47 f.; *ders.*, Kommunalrecht für Bbg, 2003, Rdn. 101, wobei er zu Recht eine strukturelle Parallele zu Art. 14 Abs. 1 Satz 2 GG ablehnt; *Schmidt-Aßmann*, in: Badura/Dreier (Hrsg.), Festschr. 50 Jahre BVerfG II, 2001, S. 803 (818); *ders./Röhl*, in: Schmidt-Aßmann (Hsrg.), BesVerwR, 13. Aufl. 2005, 1. Kapitel Rdn. 20; *Brosius-Gersdorf* AöR 130 (2005), 392 (413).

[230] BVerfGE 79, 127 (149 f.); *Nierhaus*, Kommunalrecht für Bbg, 2003, Rdn. 115 ff.; *Magen* JuS 2006, 404 (407 f.); *Hellermann/Wieland*, in: Püttner (Hrsg.), Zur Reform des Gemeindewirtschaftsrechts, 2002, S. 117 (131 f.); *Kluth*, in: Wolff/Bachof/Stober (Hrsg.), VerwR III, 2004, § 94 Rdn. 65. Vgl. zum Vorrang gemeindlicher Aufgabenerfüllung auch BVerfGE 110, 370 (400).

[231] BVerfGE 79, 127 (153); 107, 1 (12 ff.); BVerfGE 110, 370 (400 f.); *Hellermann*, Örtliche Daseinsvorsorge und gemeindliche Selbstverwaltung, 2000, S. 143 f.; *Nierhaus*, Kommunalrecht für Bbg, 2003, Rdn. 117; *Kluth*, in: Wolff/Bachof/Stober (Hrsg.), VerwR III, 2004, § 94 Rdn. 67. Das brandenburgische Landesverfassungsgericht hat dabei im Zusammenhang mit dem Entzug von Aufgaben zu Gunsten von Landkreisen sehr enge Voraussetzungen festgelegt, vgl. BbgVerfG LKV 1997, 449 ff.; jedoch hat es weniger enge Voraussetzungen bei der Aufgabenverlagerung auf Ämter angenommen, vgl. BbgVerfG LVerfGE 5, 79 (91 ff.); BbgVerfG LKV 2002, 516 (518), mit Besprechung *Rademacher/Janz* LKV 2002, 506 ff.

[232] BVerfGE 110, 370 (401); BVerwG NVwZ 2006, 595 (596).

(verfassungsgemäße) gesetzliche Ermächtigungslage gedeckt sind[233]. Welche Auswirkungen dieser Aspekt des Gesetzesvorbehaltes bei einem Eingriff durch die wirtschaftliche Betätigung anderer Gemeinden hat wird im folgenden Kapitel § 4 B. I. 2) unter dem Punkt der Rechtfertigung mit aus dem Verfassungsrecht folgenden Rechtfertigungsmöglichkeiten [bb) (1)] behandelt.

2) Aus der kommunalen Selbstverwaltungsgarantie anderer Gemeinden folgende Schrankenwirkung

Örtlich begrenzend wirkende Schranken für eine wirtschaftlich expandierende Kommune sind nicht nur aus der ihr selbst garantierten kommunalen Selbstverwaltungsgarantie denkbar. So könnten die Gemeinden, die von einem aktiv grenzüberschreitenden fremdkommunalen Unternehmen betroffen sind, zur Abwehr der extraterritorialen Wirtschaftstätigkeit von der schützenden Funktion des ihnen gleichermaßen garantierten Art. 28 Abs. 2 Satz 1 GG profitieren.
Die zu einer Schrankenwirkung führende Beeinträchtigung des Selbstverwaltungsrechts der betroffenen Gemeinde ist hingegen von vornherein nicht bei einer passiven Grenzüberschreitung zu Gunsten Gemeindefremder denkbar. Denn das kommunale Zugriffsrecht der Zielgemeinde im Rahmen der Wahrnehmung ihrer Angelegenheiten der örtlichen Gemeinschaft erstreckt sich nicht auf Wirtschaftsaktivitäten anderer Kommunen, die auf deren fremdem Gemeindegebiet stattfinden und auf die Zielgemeinde lediglich ausstrahlende Wirkung haben.

Der Aufbau dieses Gliederungspunktes ist der Systematik einer Grundrechtsprüfung entlehnt. Hiergegen spricht nicht die nahezu einhellige Auffassung, dass Art. 28 Abs. 2 Satz 1 GG kein Grundrecht ist[234], denn es soll an dieser Stelle lediglich die Grundstruktur des Prüfungsaufbaus zur systematischen Einordnung der Problempunkte übernommen werden. Dadurch wird aus der zu prüfenden Vorschrift noch kein Grundrecht oder grundrechtsähnliches Recht[235].

---

[233] *Stern*, in: BK (1964), Art. 28 Rdn. 115; *ders.*, StaatsR I, 2. Aufl. 1984, S. 415; *Nierhaus*, in: Sachs (Hrsg.), 3. Aufl. 2003, Art. 28 Rdn. 48; *ders.*, Kommunalrecht für Bbg, 2003, Rdn. 102; *Schmidt-Aßmann*, in: Badura/Dreier (Hrsg.), Festschr. 50 Jahre BVerfG II, 2001, S. 803 (818). Der Schutz umfasst jedoch nicht Eingriffe jeglicher Art; so bedarf private Konkurrenz keiner Ermächtigungsgrundlage.

[234] Ganz h. M.: BbgVerfG NVwZ-RR 2000, 129 (134); *Stern*, in: BK (1964), Art. 28 Rdn. 68 ff.; *Bethge*, FG v. Unruh, 1983, S. 149 (158 ff.); *Hösch* DÖV 2000, 393 (394); *Schmidt-Aßmann*, in: Badura/Dreier (Hrsg.), Festschr. 50 Jahre BVerfG II, 2001, S. 803 (806 f.); *Nierhaus*, in: Sachs (Hrsg.), 3. Aufl. 2003, Art. 28 Rdn. 34. Abw. BYVerfGH BayVBl 1976, 589 (592), der unabhängig von Art. 28 Abs. 2 Satz 1 GG in Art. 11 Abs. 2 LVerf BY ein grundrechtsähnliches Recht sieht; kritisch zu dieser Rechtsprechung *Lissack*, Das kommunale Selbstverwaltungsrecht nach bayerischem Verfassungs- und Verfassungsprozessrecht, 2000, S. 139 ff.

[235] So auch BbgVerfG NVwZ-RR 2000, 129 (134); *Ipsen* ZG 1994, 194 (199, 201, 211); *Maurer* DVBl 1995, 1037 (1041 f.); *Blümel*, FG v. Unruh, 1983, S. 265 (268). Vgl. auch *Uhlenhut*, Wirtschaftliche Betätigung der Gemeinden außerhalb ihres Gebietes, 2004, S. 169 ff., der diese Prüfung in einen Eingriff in den "Schutzbereich" des Art. 28 Abs. 2 Satz 1 GG und einen Interessenausgleich nach dem interkommunalen Abwägungsgebot einteilt. RPVerfGH

a) Eingriff in die Selbstverwaltungsgarantie

aa) Eröffnung des Schutzbereiches der Selbstverwaltungsgarantie

Kernfrage im Rahmen der Eröffnung des Schutzbereiches der Selbstverwaltungsgarantie einer Gemeinde gegenüber einer anderen expansionswilligen Kommune ist, ob Art. 28 Abs. 2 Satz 1 GG interkommunale, d. h. horizontale Schutzwirkung zwischen den Gemeinden entfaltet.

Unter Hinweis darauf, dass Art. 28 Abs. 2 Satz 1 GG neben der Garantie- und Legitimationsfunktion auch Staatsorganisationsnorm sei und als solche die Aufgabe habe, Hoheitsbefugnisse der Gemeinden untereinander abzugrenzen, wird die interkommunale Schutzwirkung jedenfalls für den Bereich der Hoheitsverwaltung angenommen[236]. Einige Autoren wollen dieses Prinzip gleichermaßen auf die wirtschaftliche Betätigung von Gemeinden anwenden[237].

Gegen diese Übertragung wird argumentiert, dass bei der kommunalen Wirtschaftstätigkeit keine hoheitlichen Befugnisse kollidieren[238]. Dem kann so allerdings nicht zugestimmt werden, da bei einem aktiven wirtschaftlichen Grenzübertritt einer fremden Kommune das Selbstverwaltungsrecht der betroffenen Gemeinde in der Form berührt sein kann, dass ihr die Erfüllung der eigenen Angelegenheiten der örtlichen Gemeinschaft mittels wirtschaftlicher Betätigung wegen der kommunalen Konkurrenz auf eigenem Boden verwehrt oder erschwert wird, weil ihre eigenen Betriebe Umsatz- und Marktanteilseinbußen zu beklagen haben.

Zu denken ist im Zusammenhang mit einer aktiven kommunalwirtschaftlichen Grenzüberschreitung auch an die Konstellation, dass die Zielgemeinde bewusst darauf verzichtet, auf ihrem Territorium in einem bestimmten Wirtschaftszweig tätig zu werden, um die örtlich ansässige Privatwirtschaft vor zusätzlicher Konkurrenz zu bewahren und sie dadurch zu fördern[239]. Übernähmen andere Gemeinden die Bewirtschaftung gerade dieser Marktsegmente auf dem für sie fremden Gemeindegebiet, bedeutete das eine Kollision mit dem Allzuständig-

---

NVwZ 2000, 801 ff., hat diesen Prüfungsaufbau im Rahmen der Prüfung einer Vorschrift der rheinland-pfälzischen Gemeindeordnung anhand der landesverfassungsrechtlichen kommunalen Selbstverwaltungsgarantie gewählt, ohne dieser dabei Grundrechtscharakter zuzusprechen. Kritisch in Bezug auf "Eingriffe" durch den Gesetzgeber *Schmidt-Aßmann*, in: Badura/Dreier (Hrsg.), Festschr. 50 Jahre BVerfG II, 2001, S. 803 (807 f., 817 f.).

236 BVerwGE 40, 323 (329), bezüglich der auf die Selbstverwaltungsgarantie des Art. 28 Abs. 2 Satz 1 GG zurückzuführenden Planungshoheit.

237 *Uhlenhut*, Wirtschaftliche Betätigung der Gemeinden außerhalb ihres Gebietes, 2004, S. 160 ff.; *Kühling* NJW 2001, 177 (179). In diese Richtung tendiert auch *Koehler* VR 2000, 44 (48).

238 *Moraing* WiVerw 1998, 233 (246); *Schulz* BayVBl 1998, 449 (452).

239 Die Förderung von Wirtschaft und Gewerbe ist in § 3 Abs. 2 GO Bbg sogar explizit als kommunale Aufgabe vorgesehen. §§ 1 Abs. 2 KV MV, 2 Abs. 2 KO Th zählen die harmonische Gestaltung der Gemeindeentwicklung unter Beachtung der Belange von Wirtschaft und Gewerbe zur Aufgabe des eigenen Wirkungskreises.

keitsprinzip der betroffenen Kommune in der Ausprägung, dass ihr das Recht zusteht zu entscheiden, ob sie überhaupt eine bestimmte Angelegenheit der örtlichen Gemeinschaft wahrnimmt.

Andere Gegenstimmen in der Literatur wollen Gemeinden aus Art. 28 Abs. 2 Satz 1 GG keinen Schutz vor der wirtschaftlichen Konkurrenz anderer Kommunen zuteil werden lassen, da sie auch nicht vor dem Wettbewerb mit privaten Unternehmern geschützt seien[240]. Verkannt wird hier aber, dass der mangelnde Schutz vor privater Konkurrenz nicht der Eigenart der kommunalen Selbstverwaltungsgarantie aus Art. 28 Abs. 2 Satz 1 GG zuzuschreiben ist. Dieser ist vielmehr auf den Umstand zurückzuführen, dass privaten Unternehmern Privatautonomie zusteht und sie dadurch im Gegensatz zu wirtschaftenden Kommunen grundsätzlich nicht gemäß Art. 1 Abs. 3, 20 Abs. 3 GG der Gesetzes- und Verfassungsbindung unterliegen und somit auch nicht an Art. 28 Abs. 2 Satz 1 GG gebunden sind[241].
Es ist vielmehr sinnwidrig, Kommunen gegenüber übergeordneten Verwaltungsträgern zu schützen, gegenüber gleichgeordneten Gemeinden jedoch nicht[242].

Um den Gemeinden das Recht zu gewährleisten, alle Angelegenheiten der örtlichen Gemeinschaft in eigener Verantwortung wahrzunehmen, muss folglich ein Schutz gegenüber allen Untergliederungen der vollziehenden Gewalt, die gemäß Art. 20 Abs. 2, 3 GG Staatsgewalt ausüben, im Sinne eines "Rundumschutzes" angenommen werden[243]. Diese Lösung schränkt zwar alle aktiv grenzüberschreitenden gemeindlichen Unternehmen ein, was in Zeiten immer härter werdenden Wettbewerbs und des Verlustes von ehemals gesetzlich vorgesehenen Monopolstellungen (vgl. hierzu die bereits im Problemüberblick unter § 1 A. genannten diesbezüglichen Änderungen im Energie- und Entsorgungsbereich) für die kommunalen Unternehmen eine arge Belastung bedeutet[244]. Gleichwohl kann

[240] *Schulz* BayVBl 1998, 449 (452); *Britz* NVwZ 2001, 380 (386).

[241] Fehlenden interkommunalen Schutz nehmen allerdings an dieser Stelle konsequent die Vertreter der Meinung an, die davon ausgehen, dass die Kommunalwirtschaft, wie die private Wirtschaft auch, nicht an die Kompetenzgrenzen des Art. 28 Abs. 2 Satz 1 GG gebunden ist, vgl. *Hellermann*, Örtliche Daseinsvorsorge und gemeindliche Selbstverwaltung, 2000, S. 158.

[242] So auch *Kühling* NJW 2001, 177 (179); ebenso *Guckelberger* BayVBl 2006, 293 (295).

[243] Den Begriff des "Rundumschutzes" in diesem Zusammenhang prägend: *Nierhaus*, in: Sachs (Hrsg.), 3. Aufl. 2003, Art. 28 Rdn. 34; *ders.*, in: Knippel (Hrsg.), Verfassungsgerichtsbarkeit im Land Brandenburg, 2003, S. 75 (77). Vgl. im Übrigen u. a. *Erichsen*, Kommunalrecht NW, 1988, S. 335; *Brosius-Gersdorf* AöR 130 (2005), 392 (410 f.); *Cronauge* GemH 1997, 265 (268); *Held* WiVerw 1998, 264 (266 f.); *Ehlers* NWVBl 2000, 1 (6); *Oebbecke* ZHR 164 (2000), 375 (385); *Koehler* VR 2000, 44 (48 f.); *F. Becker* DÖV 2000, 1032 (1036); *Lux* NWVBl 2000, 7 (10); *Grawert*, in: Reichard (Hrsg.), Kommunen am Markt, 2001, S. 9 (25); *Gern* NJW 2002, 2593 (2595); *Franz*, Gewinnerzielung durch kommunale Daseinsvorsorge, 2005, S. 85.

[244] Die Wettbewerbssituation kommunaler Unternehmen an die privater Unternehmer anzugleichen, ist erklärtes Ziel der Gegenmeinung, vgl. *Moraing* WiVerw 1998, 233 (246 f.); *Hellermann*, Örtliche Daseinsvorsorge und gemeindliche Selbstverwaltung, 2000, S. 158.

der Schutzbereich der kommunalen Selbstverwaltungsgarantie nicht derart ergebnisorientiert festgelegt werden. Vielmehr können diese Gesichtspunkte bei der späteren Rechtfertigung dogmatisch sauberer berücksichtigt werden.
Die von der bundesverwaltungsgerichtlichen Rechtsprechung im Rahmen der Planungshoheit festgestellte horizontale Schutzwirkung des Art. 28 Abs. 2 Satz 1 GG[245] ist demnach auf die Kommunalwirtschaft zu übertragen. Sie schützt das den Kommunen gewährleistete Zugriffsrecht im Rahmen der Wahrnehmung der Angelegenheiten der örtlichen Gemeinschaft vor einem aktiven wirtschaftlichen Grenzübertritt fremder Gemeinden auf ihr Terrain.

bb) Eingriff durch wirtschaftliche Betätigung

Ein Eingriff in die kommunale Selbstverwaltungsgarantie der Zielgemeinde durch die aktive grenzüberschreitende Wirtschaftstätigkeit der expansionswilligen Kommune liegt vor, sobald es der Zielgemeinde erschwert oder gar verwehrt wird, auf ihrem eigenen Gemeindegebiet über die wirtschaftliche Wahrnehmung ihrer Angelegenheiten der örtlichen Gemeinschaft zu entscheiden. Diese Qualifizierung ist für einen effektiven Schutz des der Zielgemeinde durch die Selbstverwaltungsgarantie gewährleisteten Aufgabenzugriffsrechts bewusst weit formuliert, da Beeinträchtigungen in den verschiedensten Formen und in jeweils unterschiedlicher Intensität denkbar sind[246].

b) Rechtfertigung

Zunächst ist die Frage zu beantworten, inwieweit das Einverständnis der betroffenen Gemeinde rechtfertigende Wirkung entfaltet. Die verfassungsrechtliche Rechtfertigung des hier relevanten aktiven Grenzübertrittes durch kommunale Wirtschaftstätigkeit kann sich weiterhin wegen des in Art. 28 Abs. 2 Satz 1 GG enthaltenen Gesetzesvorbehaltes aus einer entsprechenden einfachgesetzlichen Erlaubnisnorm ergeben. Zudem ist eine Rechtfertigung aus dem der expandierenden Gemeinde zustehenden kollidierenden Recht auf Selbstverwaltung aus Art. 28 Abs. 2 Satz 1 GG denkbar.

aa) Einverständnis der betroffenen Gemeinde

(1) Rechtfertigungswirkung des Einverständnisses der betroffenen Gemeinde

Die Selbstverwaltungsgarantie dient vor allem dem Schutz der Gemeinden. Es ist nicht ersichtlich, warum eine Kommune auf diese Protektion – zumindest auf

---

[245] BVerwGE 40, 323 (329).

[246] Auch einen weiten Eingriffsbegriff voraussetzend: *Lux* NWVBl 2000, 7 (10); *Averhaus*, Gemeinden in der Telekommunikation, 2001, S. 203; *Uhlenhut*, Wirtschaftliche Betätigung der Gemeinden außerhalb ihres Gebietes, 2004, S. 167. A. A. *Heilshorn*, Gebietsbezug der Kommunalwirtschaft, 2003, S. 142 ff., der weitaus engere Maßstäbe setzt, dabei jedoch auch schon mögliche Fallkonstellationen und Interessen abwägt, dabei selbst auch von einem unzulässigen Eingriff sprechend, was einen Vorgriff auf die verfassungsrechtliche Rechtfertigungsprüfung bedeutet.

den dispositiven Teil – nicht auch verzichten können soll[247]. Wenn ihr verwehrt wird, einer anderen Gemeinde die wirtschaftliche Betätigung auf ihrem Gebiet zu erlauben, obwohl sie womöglich ein erhebliches Interesse daran hat, wäre sogar ein Eingriff in die Selbstverwaltungsgarantie der Zielgemeinde denkbar.
Zu beachten ist jedoch, dass es sich bei der zu genehmigenden aktiven extraterritorialen Wirtschaftstätigkeit um eine solche handeln muss, die sich in den Kompetenzgrenzen des Art. 28 Abs. 2 Satz 1 GG bewegt. Andernfalls ist es der Zielgemeinde nicht möglich, durch ihr Einverständnis das Handeln der expandierenden Kommune zu legitimieren[248].

(2) Sonderproblem: spätere Rücknahme des einmal erteilten Einverständnisses

Da die wirtschaftliche Betätigung einer fremden Kommune i. d. R. von Dauerhaftigkeit gekennzeichnet ist, erscheint auch das Problem der Rücknahme eines einst erteilten Einverständnisses seitens der Zielgemeinde nicht als unwahrscheinlich. Diese ist denkbar, etwa wenn die betroffene Kommune selbst auf dem fremdkommunalbewirtschafteten Geschäftszweig tätig werden möchte oder zum Schutz der örtlich ansässigen privaten Wirtschaft eine gänzliche Unterlassung wünscht.
Jedoch stellt sich dieses Problem erst, wenn der wirtschaftlich expandierenden Kommune keine anderen Rechtfertigungsgründe zur Seite stehen, sie also tatsächlich auf das Einverständnis der Zielgemeinde angewiesen ist.

Hierbei müssen zunächst die Interessen der Zielgemeinde berücksichtigt werden, da es um die Wirtschaftstätigkeit auf ihrem Gebiet geht. Die Rücknahme des einmal erteilten Einverständnisses muss ihr grundsätzlich möglich sein, da es die Selbstverwaltungsgarantie der betroffenen Kommune unverhältnismäßig einschränken würde, wenn sie an die einmal erteilte Zustimmung bis zum Ende der Amtszeit der gegenwärtigen Gemeindevertretung gebunden wäre. Ausgehend vom Demokratieprinzip gemäß Art. 28 Abs. 1 Satz 2 GG ist von einer Bindung der neu gewählten Gemeindevertretung an das vormals erteilte Einverständnis hingegen nicht auszugehen.
Allerdings muss auch die Situation der expandierenden Gemeinde berücksichtigt werden. Sie bedarf Übergangszeiten, in denen sie sich wirtschaftlich darauf einstellen kann, sich aus dem fremden Gebiet zurückzuziehen.
Kritisch ist der Fall zu beurteilen, in dem ein Rückzug aus fremdem Gebiet für die expandierende Kommune den Verlust investierten Kapitals bedeutet. Hierbei liegt es einerseits nahe, zumindest einen Teil des entstandenen Kapitalschadens, von der Zielgemeinde zurückzufordern, wofür sich aber keine Anspruchsgrundlage findet. Aus dem Mangel einer Anspruchsgrundlage für eine Schadenser-

[247] So auch OLG Düsseldorf NVwZ 2000, 714 (715); *Koehler* VR 2000, 44 (48); *Heilshorn*, Gebietsbezug der Kommunalwirtschaft, 2003, S. 142.
[248] Vgl. dazu bereits § 4 B. I. 1) a) bb) (2) – Aufhebung des Territorialitätsprinzipes durch Zustimmung der betroffenen Gemeinde?

satzforderung kann jedoch andererseits nicht gefolgert werden, dass dann das fremde gemeindliche Unternehmen vor Ort bleiben darf, da dann dem Einverständnis der Zielgemeinde wiederum die gerade abzulehnenende bindende Wirkung beigemessen würde. Dem expandierenden kommunalen Unternehmen bleibt folglich nur das aus dem rechtsstaatlichen Vertrauensschutz abzuleitende Recht auf eine Übergangsfrist. Diesem für die expandierende Kommune recht unbefriedigendem Ergebnis ist hinzuzufügen, dass diese nicht gezwungen ist, ihre Gebietsgrenzen aktiv zu überschreiten, und mit der Möglichkeit der Rücknahme eines einmal erteilten Einverständnisses rechnen muss.

bb) Aus dem Verfassungsrecht folgende Rechtfertigungsmöglichkeiten

(1) Der in Art. 28 Abs. 2 Satz 1 GG verankerte Gesetzesvorbehalt

Das kommunale Selbstverwaltungsrecht gemäß Art. 28 Abs. 2 Satz 1 GG steht unter einem Gesetzesvorbehalt. Hier kommt die neben dem Ausgestaltungsauftrag an den Gesetzgeber existierende andere Funktion des Gesetzesvorbehaltes, nämlich jene des Eingriffsvorbehaltes, der die kommunale Selbstverwaltung vor Eingriffen, die nicht durch eine verfassungsgemäße gesetzliche Ermächtigungslage gedeckt sind, schützt, zum Tragen[249]. Aktive wirtschaftliche Grenzüberschreitungen anderer Kommunen sind folglich verfassungsrechtlich gerechtfertigt, sofern sie sich im Rahmen entsprechender verfassungsgemäßer einfachgesetzlicher Ermächtigungsgrundlagen bewegen.
Die allgemeinen kommunalen Schrankentrias der Gemeindeordnungen kommen als einfachgesetzliche Ermächtigungsgrundlagen in dem Sinne nicht in Betracht, da sie nur Ausgestaltungen der grundsätzlichen Legitimation des Art. 28 Abs. 2 Satz 1 GG darstellen.
Mögliche Handlungsgrundlagen für den kommunalwirtschaftlichen Grenzübertritt sind hingegen die in einigen Gemeindeordnungen enthaltenen Expansionsklauseln, die den Kommunen unter bestimmten Voraussetzungen einen aktiven Grenzübertritt in wirtschaftlicher Form explizit erlauben. Die einfachgesetzlichen Legitimationen können allerdings nur dann rechtfertigende Wirkung entfalten, wenn sie ihrerseits verfassungsgemäß sind. Die noch recht jungen Expansionsklauseln sind diesbezüglich stark in die Kritik geraten. Die Untersuchung ihrer Verfassungsmäßigkeit soll jedoch Thema eines gesonderten Prüfungspunktes sein, vgl. § 4 D. I. 2) c) – Verfassungsmäßigkeit der Gebietsklauseln.

(2) Kollidierendes Recht von Verfassungsrang: Selbstverwaltungsrecht der expandierenden Gemeinde

(a) Kollidierendes Recht von Verfassungsrang trotz des Gesetzesvorbehalts?

Die aktiv grenzüberschreitende kommunalwirtschaftliche Betätigung findet in den unter § 4 B. I. 1) a) bb) – Der gemeindliche Wirkungskreis – beschriebenen Grenzen ihre Ermächtigungsgrundlage. Sofern diese Ausübung des Rechts auf

[249] Siehe zu den zwei ambivalenten Funktionen dieses Gesetzesvorbehaltes bereits unter § 4 B. I. 1) c) – Der Gesetzesvorbehalt des Art. 28 Abs. 2 Satz 1 GG.

wirtschaftliche Betätigung als Eingriff in die Selbstverwaltungsgarantie der Gemeinde, auf deren Terrain sich die expansionswillige Kommune wirtschaftlich betätigen möchte bzw. bereits betätigt, zu qualifizieren ist, kann das Selbstverwaltungsrecht der expandierenden Gemeinde als kollidierendes Recht von Verfassungsrang gegenüber dem Eingriff in die Verbandskompetenz der Zielkommune rechtfertigende Wirkung entfalten.
Dagegen spricht nicht der in Art. 28 Abs. 2 Satz 1 GG enthaltene Gesetzesvorbehalt, da die Gefahr dessen Umgehung nicht besteht. Zwar fordert der Gesetzesvorbehalt des Art. 28 Abs. 2 Satz 1 GG eine verfassungsgemäße einfachgesetzliche Ermächtigungsgrundlage für Eingriffe in die Selbstverwaltungsgarantie nach Art. 28 Abs. 2 Satz 1 GG. Eine einfachgesetzliche Ermächtigungsgrundlage kann diesbezüglich aber gar nicht existieren, da Art. 28 Abs. 2 Satz 1 GG selbst bereits die Ermächtigungsgrundlage für kommunalwirtschaftliches Tätigwerden auch über die eigenen Gebietsgrenzen hinaus ist, solange es den eigenen Gemeindeeinwohnern nutzt[250]. So stellen die auf Art. 28 Abs. 2 Satz 1 GG basierenden allgemeinen kommunalrechtlichen Schrankentrias der Gemeindeordnungen auch selbst keine Ermächtigungsgrundlagen dar. Sie sind lediglich Ausgestaltungen des Art. 28 Abs. 2 Satz 1 GG.
In der hier beschrieben Konstellation der aktiv grenzüberschreitenden kommunalwirtschaftlichen Betätigung besteht somit gerade nicht die für Grundrechte typische Umgehungsgefahr, dass neben der grundsätzlichen Legitimationsmöglichkeit durch einfaches Gesetz noch eine zusätzliche Ermächtigung über kollidierende Rechte von Verfassungsrang geschaffen werden soll[251]. Ein eventuelles Regelungsvorrecht des Gesetzgebers kann demnach in diesem Kontext gar nicht umgangen werden.

(b) Güterabwägung

Die Lösung des Konfliktes, der entsteht, wenn zwei kommunale Selbstverwaltungsgarantien sich gegenüberstehen, bietet eine Güterabwägung nach dem Prinzip der praktischen Konkordanz[252], die auf den optimalen Ausgleich der konfligierenden Selbstverwaltungsrechte ausgerichtet ist[253].

Zu den hierbei zu beachtenden Parametern gehören in erster Linie die Intensität der aus der fremdkommunalwirtschaftlichen Tätigkeit resultierenden Beeinträchtigung und demgegenüber der Nutzen, den die aktiv extraterritorial tätige

[250] Vgl. hierzu bereits die unter § 4 B. I. 1) a) bb) – Der gemeindliche Wirkungskreis – dargelegte, in dieser Arbeit vertretene Ansicht.

[251] So die Problemdarstellung im Zusammenhang mit Grundrechten, die nur unter Gesetzesvorbehalt gewährleistet sind *Pieroth/Schlink*, Grundrechte, 21. Aufl. 2005, Rdn. 331, 333; *Schoch* DVBl 1991, 667 (671 ff.); *Storr*, Der Staat als Unternehmer, 2001, S. 417. Grundsätzlich auch *Sachs*, in: Stern (Hrsg.), StaatsR III/2, 1994, § 81, S. 515 ff.

[252] Siehe zu diesem Grundsatz grundlegend *Hesse*, Grundzüge des Verfassungsrechts der Bundesrepublik Deutschland, 20 Aufl. 1995, § 10 Rdn. 317 ff.

[253] Zutreffend *Gern* NJW 2002, 2593 (2595).

Kommune aus dem Grenzübertritt zieht[254]. Beides ist im jeweiligen Einzelfall von der Größe und Wirtschaftsstruktur der Kommunen abhängig. So wird es beispielsweise eine große kreisfreie Stadt nicht erheblich beeinträchtigen, wenn sich eine kleine Nachbargemeinde zum umso größeren Nutzen ihrer Einwohner auf deren Gebiet im Rahmen ihrer Legitimationsgrenzen wirtschaftlich betätigt. Anders gestaltet sich der Fall hingegen in umgekehrter Konstellation: Eine kleine Kommune ist zur Bewirtschaftung des eigenen Territoriums tendenziell weniger erfolgreich in der Lage, wenn eine sehr große Nachbargemeinde sich auf deren Areal wirtschaftlich betätigt.

Hinzu kommen aktuelle wirtschaftspolitische Entwicklungen, wie z. B. die allgemeine schlechte Situation der örtlichen Wirtschaft sowie die Aufhebung der Monopolstellung kommunaler Betriebe bei der Elektrizitätsversorgung im Besonderen, die die Situation der kommunalen Betriebe nachhaltig verschlechtern und sie somit zu alternativen Einnahmeerzielungsmethoden über ihr Gemeindegebiet hinaus zwingen. Um die durch die Bindung an zahlreiche Vorschriften insbesondere des öffentlichen Rechts entstandene ungünstigere Wettbewerbsposition der gemeindlichen Unternehmen gegenüber der Privatwirtschaft abzumildern, müssen den kommunalen Betrieben zumindest im Rahmen ihrer Legitimationsgrenzen möglichst weitgehende Freiheiten eingeräumt werden. Dies muss sich im Rahmen der hier zu prüfenden Güterabwägung dahingehend auswirken, dass die mit der aktiven Grenzüberschreitung verbundene Verbesserung der Wettbewerbssituation des expandierenden kommunalen Unternehmens als relativ hochwertiges Gut einzustufen ist, deren Verbot gewichtige Gründe gegenüberstehen müssen.
Solche gewichtigen Gründe liegen bei den bereits unter § 4 B. I. 2) a) aa) – Eröffnung des Schutzbereichs der Selbstverwaltungsgarantie – genannten Konstellationen vor, da die dort dargestellten grenzüberschreitenden kommunalwirtschaftlichen Betätigungen jeweils als Eingriffe in die Verbandskompetenz der betroffenen Gemeinde zu werten sind. Der Zielgemeinde darf demnach zumindest auf ihrem Terrain die wirtschaftliche Betätigung in dem in Rede stehenden Geschäftszweig nicht erschwert oder gänzlich verwehrt werden, denn sie ist genauso wie die expandierende Gemeinde den oben genannten ungünstigen wirtschaftspolitischen Entwicklungen ausgesetzt[255]. Der Anknüpfungspunkt der Gü-

---

[254] Ähnlich urteilte auch das OVG NW DÖV 1988, 843 (844 f.), im Rahmen des baurechtlichen Abstimmungsgebotes, wonach eine Gemeinde umso eher Einschränkungen hinnehmen müsse, je weiter sie ihren Wirkungskreis verlässt und je nachhaltiger sie in einen fremden Wirkungskreis eindringt. *Uhlenhut*, Wirtschaftliche Betätigung der Gemeinden außerhalb ihres Gebietes, 2004, S. 184 f., differenziert zudem zwischen (höherwertigen) unmittelbaren Angelegenheiten der örtlichen betroffenen Gemeinde und (weniger schützenswerten) Randnutzungen der expandierenden Kommune.

[255] So auch *Koehler* VR 2000, 44 (49), der eine Rechtfertigung der Grenzüberschreitung ablehnt, wenn die Konkurrenz des expandierenden kommunalen Unternehmens die wirtschaftliche Grundlage des örtlichen gemeindlichen Betriebes zerstören würde. Ähnlich *Guckelberger* BayVBl 2006, 293 (296).

terabwägung muss hier die Intensität der Auswirkungen sein. Nur geringfügige Beeinträchtigungen der wirtschaftlichen Betätigung der betroffenen Gemeinde müssen hinter der als hochwertiges Gut einzustufenden Verbesserung der Wettbewerbssituation des expandierenden kommunalen Unternehmens hingenommen werden[256].

Gleichermaßen schutzwürdig ist das Interesse der betroffenen Gemeinde, die örtlich ansässige private Wirtschaft vor kommunaler Konkurrenz zu bewahren und dadurch die eigene Wirtschaft zu fördern.

c) Ergebnis zu 2)

Das Selbstverwaltungsrecht betroffener Gemeinden setzt lediglich der aktiven Grenzüberschreitung fremdkommunaler Unternehmen Schranken. Die Eingriffsschwelle ist niedrig anzusetzen. Neben dem Einverständnis der Zielgemeinde und den noch zu erörternden Expansionsklauseln einiger Gemeindeordnungen kann das der expandierenden Kommunalwirtschaft zustehende Selbstverwaltungsrecht aus Art. 28 Abs. 2 Satz 1 GG im Rahmen der Güterabwägung rechtfertigende Wirkung entfalten. Fällt diese Güterabwägung hingegen zu Gunsten der von der fremdkommunalen Kommunalwirtschaft auf ihrem Gebiet betroffenen Gemeinde aus, so muss das Selbstverwaltungsrecht der aktiv grenzüberschreitenden Kommune zurückstehen, auch wenn sie dabei zum Wohl ihrer Einwohner handelt.

II. Grundrechte der auf dem Gebiet der Zielgemeinde tätigen privaten Wettbewerber

Für die Zulässigkeit sowohl aktiver als auch passiver grenzüberschreitender kommunaler Wirtschaftstätigkeit können Grundrechte privater Konkurrenten von Bedeutung sein.

Im Rahmen extraterritorialer Kommunalwirtschaft können private Wettbewerber sich einerseits dadurch beeinträchtigt fühlen, dass eine fremde Kommunalwirtschaft aktiv die Grenzen zu der Gemeinde überschreitet, auf deren Gebiet sie tätig sind.

Andererseits ist die Beeinträchtigung privater Wettbewerber möglich, wenn fremdkommunale Unternehmen durch passive Grenzüberschreitung die Kundschaft aus dem Gemeindegebiet locken, in dem die jeweiligen privaten Konkurrenten tätig sind.

Näher zu untersuchen sind in diesem Zusammenhang eine mögliche Verletzung der in Art. 12 Abs. 1 GG gewährleisteten Berufsfreiheit [unten § 4 B. II. 1)], der Eigentumsfreiheit aus Art. 14 GG [unten § 4 B. II. 2)] sowie des Gleichbehandlungsgrundsatzes aus Art. 3 Abs. 1 GG [unten § 4 B. II. 3)].

---

[256] Auch *Guckelberger* BayVBl 2006, 293 (296), hält eine Bagatellgrenze für erforderlich.

1) Art. 12 Abs. 1 GG

a) Eingriff in Schutzbereich

aa) Schutzbereich

Nach nahezu einhelliger Auffassung schützt Art. 12 Abs. 1 GG, anders als der Wortlaut vermuten lässt, der die Berufswahl in Satz 1 und die Berufausübung in Satz 2 getrennt nennt, die Berufsfreiheit als einheitliches Grundrecht[257]. Nach dem weit zu verstehenden Berufsbegriff zählt darunter jede auf gewisse Dauer angelegte Tätigkeit, die der Schaffung und Erhaltung einer Lebensgrundlage zu dienen bestimmt ist[258]. Darin notwendig inbegriffen ist die Wettbewerbsfreiheit[259].

bb) Eingriff

Eine komplexe Antwort erfordert die Frage, ob und gegebenenfalls inwieweit aktiv bzw. passiv tätige fremdkommunale Konkurrenz als Eingriff in die Berufsfreiheit der privaten Wettbewerber auf dem Gebiet der Zielgemeinde qualifiziert werden kann.

(1) Generelle Einordnung kommunaler Konkurrenz in die Eingriffsdogmatik

Die gemeindliche Konkurrenz lässt sich nicht unter den klassischen Eingriffsbegriff subsumieren. Dieser setzt nämlich voraus, dass ein Eingriff final ist, unmittelbar beim Betroffenen Folgen zeigt, einen Rechtsakt darstellt und mit Befehl und Zwang angeordnet bzw. durchgesetzt wird[260]. Konkurrenz durch kommunale Unternehmen ist i. d. R. weder darauf ausgerichtet, privaten Wettbewerbern Nachteile zuzufügen noch kann sie als Rechtsakt eingestuft werden. Sie wirkt beim privaten Konkurrenten auch nur mittelbar dadurch, dass ihm potenzielle Kunden durch das Angebot des gemeindlichen Wettbewerbers entgehen. Überdies wird sie gegenüber der privaten Konkurrenz nicht mit Befehl und hoheitlichen Zwangsmitteln angeordnet oder gar durchgesetzt.

Die Charakteristika kommunaler Konkurrenz können demnach allenfalls als faktisch-mittelbare Beeinträchtigungen den modernen Eingriffsbegriff erfüllen, wonach ein Eingriff jedes staatliche bzw. dem Staat zurechenbare Handeln darstellt, das dem einzelnen (Privaten) ein durch ein Grundrecht geschütztes Verhalten ganz oder teilweise unmöglich macht, gleichgültig, ob diese Wirkung fi-

---

[257] BVerfGE 7, 377 (401 f.); *Manssen*, in: v. Mangoldt/Klein/Starck, 4. Aufl. 1999, Art. 12 Abs. 1 Rdn. 2; *Ipsen*, StaatsR II, 7. Aufl. 2004, Rdn. 595; *Pieroth/Schlink*, Grundrechte, 21. Aufl. 2005, Rdn. 808.

[258] BVerfGE 7, 377 (397); *Manssen*, in: v. Mangoldt/Klein/Starck, 4. Aufl. 1999, Art. 12 Abs. 1 Rdn. 33 ff.; *Ipsen*, StaatsR II, 7. Aufl. 2004, Rdn. 596 ff.; *Pieroth/Schlink*, Grundrechte, 21. Aufl. 2005, Rdn. 810 ff. Durch BVerfG NJW 2006, 1261 (1262), muss die Tätigkeit nicht mehr erlaubt sein; sie darf jedoch nicht schlechthin sozialschädlich sein.

[259] BVerfGE 32, 311 (317); 46, 120 (137); BVerwGE 87, 37 (39); *Manssen*, in: v. Mangoldt/Klein/Starck, 4. Aufl. 1999, Art. 12 Abs. 1 Rdn. 67; *Schliesky*, Öffentliches Wirtschaftsrecht, 2. Aufl. 2003, S. 158; *Pieroth/Schlink*, Grundrechte, 21. Aufl. 2005, Rdn. 814.

[260] *Hösch* DÖV 2000, 393 (397); *Pieroth/Schlink*, Grundrechte, 21. Aufl. 2005, Rdn. 238.

nal oder unbeabsichtigt, unmittelbar oder mittelbar, rechtlich oder faktisch, mit oder ohne Befehl und Zwang erfolgt[261].

(2) Zur Bejahung des Eingriffscharakters führende Kriterien

Inwiefern die Konkurrenz durch gemeindliche Unternehmen einen faktisch-mittelbaren Eingriff in die Berufs- bzw. Wettbewerbsfreiheit der privaten Konkurrenten darstellt, ist Gegenstand eines schon seit längerer Zeit geführten Streites.

(a) Schutzbereichslösung[262]

Ausgehend von dem unbestrittenen Umstand, dass die in Art. 12 Abs. 1 GG verbürgte Wettbewerbsfreiheit keinen Schutz vor privater Konkurrenz bietet[263], wollen Rechtsprechung und Teile des Schrifttums den der Privatwirtschaft durch die Wettbewerbsfreiheit zukommenden Schutz auch nicht vorbehaltlos auf einen solchen vor der Konkurrenz durch die öffentliche Hand ausweiten. Kommunale Konkurrenz sei demnach nur eine systemimmanente Verschärfung des Wettbewerbs und somit letztlich nicht anders zu behandeln als die Konkurrenz anderer privater Unternehmer. Ausnahmsweise wird das Vorliegen eines Eingriffes nach dieser Auffassung bejaht, wenn die Grenze des Auszehrungs- und Verdrängungswettbewerbes erreicht ist. Zu diesem kann es beispielsweise kommen, wenn eine Bevorzugung kommunaler Unternehmen durch besondere Vergünstigungen und Vorteile zu einem faktischen Monopol kommunaler Unternehmen führt. Auch ein Angebot unterhalb des üblichen Marktpreises kann langfristig in die Verdrängung der privaten Konkurrenz münden.[264]

---

[261] Der moderne Eingriffsbegriff ist heute allgemein anerkannt, vgl. BVerfGE 46, 120 (137 f.); BVerwGE 87, 37 (42); *Storr*, Der Staat als Unternehmer, 2001, S. 167 ff.; *Ehlers*, Verwaltung in Privatrechtsform, 1984, S. 100 f.; *Hösch* DÖV 2000, 393 (397 f.); *Pieroth/Schlink*, Grundrechte, 21. Aufl. 2005, Rdn. 240.

[262] Vgl. zu diesem Begriff sowie dem diesen gegenüberstehenden Terminus der ***Rechtfertigungslösung***, zu dem die beiden folgenden Meinungen gehören *Pieroth/Hartmann* DVBl 2002, 421 ff.

[263] BVerwGE 39, 329 (336); *Manssen*, in: v. Mangoldt/Klein/Starck, 4. Aufl. 1999, Art. 12 Abs. 1 Rdn. 67; *Kluth* WiVerw 2000, 184 (199). *Püttner*, Die öffentlichen Unternehmen, 1969, S. 156 f., weist darauf hin, dass die privaten Konkurrenten ihrerseits den Schutz von Art. 12 Abs. 1 GG genießen. *Heintzen*, Rechtliche Grenzen und Vorgaben für eine wirtschaftliche Betätigung von Kommunen im Bereich der gewerblichen Gebäudereinigung, 1999, S. 22, der dies damit begründet, dass die Grundrechte keine Drittwirkung unter Privaten entfalten.

[264] Vgl. u. a. BVerfGE 24, 236 (251); BVerwGE 39, 329 (336 f.); BVerwG NJW 1995, 2938 (2939); RPVerfGH NVwZ 2000, 801 (802); OVG NW DVBl 2004, 133 (137 f.) m. krit. Anm. *Schliesky*; Beschluss des OVG NW, GewArch 2006, 122; *Püttner*, Die öffentlichen Unternehmen, 1969, S. 156 ff.; *Gerke* Jura 1985, 349 (356 f.); *Gusy* JA 1995, 253 (253); *Schmahl* LKV 2000, 47 (51 f.); *Pieroth/Hartmann* DVBl 2002, 421 (425 ff.), wobei sie von einer Schutzumfangsbegrenzung der Berufsfreiheit ausgehen. Gar keinen Schutz der Privatwirtschaft aus Art. 12 Abs. 1 GG vor der kommunalen Konkurrenz will *Stern* AfK 1964, 81 (93); *ders.*, in: BK (1964), Art. 28 Rdn. 72, auf Grund eines allgemeinen Verfassungsvorbe-

Bei dieser sehr hohen Eingriffsschwelle kann es jedoch zu Gunsten eines effektiven Schutzes namentlich der Berufsausübung nicht bleiben[265]. Dass auch als Eingriffe zu qualifizierende weniger intensive Beeinträchtigungen gerechtfertigt werden müssen, kann nicht insgeheim das Entscheidungskriterium für die Beurteilung über das Vorliegen eines Eingriffs in ein Grundrecht sein.

(b) Berufsregelnde Tendenz

Es wird darüber hinaus gefordert, dass Beeinträchtigungen der Berufsfreiheit der privaten Wettbewerber durch kommunale Konkurrenz dann als Eingriff in Art. 12 Abs. 1 GG zu werten seien, wenn diese eine berufsregelnde Tendenz aufweisen[266]. Darunter sei kommunale Wettbewerbsteilnahme, die spezifische Lenkungs- oder Gestaltungszwecke in Bezug auf den Markt verfolgt, zu verstehen[267].

Es kann jedoch für einen Eingriff in Art. 12 Abs. 1 GG nicht von Bedeutung sein, ob die Kommunalwirtschaft derartige Zwecke anstrebt. Die Privatwirtschaft wird eingeschränkt. Ob dies zu den genannten Zwecken geschieht, ändert nichts an der beeinträchtigten Wettbewerbssituation im Hinblick auf die Privatwirtschaft. Der Grundrechtsschutz für die Privatwirtschaft aus Art. 12 Abs. 1 GG verlöre gegenüber der Konkurrenz von kommunalen Unternehmen an Effektivität, wenn ein Eingriff zumindest eine berufsregelnde Tendenz aufweisen müsste.[268]

---

haltes der verfassungsmäßigen Ordnung zugestehen, soweit die Wesensgehaltgarantie des Art. 28 Abs. 2 Satz 1 GG reicht. Diese Grenze dürfte jedoch insbesondere im grenzüberschreitenden Kontext der Kommunalwirtschaft praktisch nie erreicht werden.

265 So auch *Ehlers* JZ 1990, 1089 (1096); *ders.* DVBl 1998, 497 (502). *Cremer* DÖV 2003, 921 (927 f.), stellt für alle Grundrechte zu Recht fest, dass die Intensität der Beeinträchtigung kein Merkmal des Eingriffsbegriffs darstellen kann.

266 *Jarass* DÖV 2002, 489 (492 ff.), der das Vorliegen eines Eingriffes in diesem Sinne davon abhängig macht, ob die hinter dem Unternehmen stehende öffentliche Hand die fraglichen Aktivitäten begünstigt. Vgl. i. Ü. *Tettinger* NJW 1998, 3473 (3474); *dens.* DVBl 1999, 679 (686); *Kluth* WiVerw 2000, 184 (200 f.).

267 *Kluth* WiVerw 2000, 184 (200 f.). Siehe auch BVerfGE 95, 267 (302), das eine berufsregelnde Tendenz verlangt und sie bejaht, wenn eine (normative) Beeinträchtigung gerade auf die berufliche Betätigung bezogen ist, d. h. stets Rückwirkungen auf die Berufsfreiheit entfaltet.

268 Vgl. dazu auch die Entscheidung zum "Glykolweinfall", BVerwGE 87, 37 (43 f.), die auf eine berufsregelnde Tendenz verzichtet, wenn eine schwerwiegende Beeinträchtigung der beruflichen Betätigungsfreiheit vorliegt. Es ist jedoch nicht ersichtlich, warum die Beeinträchtigung schwerwiegend sein muss. Der Freiheitscharakter der Grundrechte gebietet zunächst die Annahme einer niedrigen Eingriffsschwelle. Bei der Rechtfertigungsintensität kann sodann einzelfallorientiert variiert werden. So stellt BVerfGE 61, 291 (308), bezüglich eines normativen Eingriffs nur die beeinträchtigende Wirkung als solche heraus; i. E. ebenso *Hösch* DÖV 2000, 393 (397 f.). Auch auf das Merkmal der berufsregelnden Tendenz als eigenständige Voraussetzung verzichtend: *Uhlenhut*, Wirtschaftliche Betätigung der Gemeinden außerhalb ihres Gebietes, 2004, S. 49 ff.; *Storr*, Der Staat als Unternehmer, 2001, S. 174 f.; *Cremer* DÖV 2003, 921 (928).

(c) Eingriff durch bloße kommunale Konkurrenz

Eine noch weiter gehende Auffassung lehnt die grundsätzliche Übertragung der rechtlichen Kategorisierung privater Konkurrenten auf kommunale Wettbewerber ab und stuft bereits die bloße konkurrierende Wirtschaftstätigkeit kommunaler Unternehmen am Markt als Eingriff in die Berufsfreiheit zu Lasten der privaten Konkurrenz ein[269]. Wirtschaftliches Handeln durch Glieder der vollziehenden Gewalt unterscheide sich grundrechtsqualitativ von privatwirtschaftlicher Unternehmertätigkeit, demnach liege kein freier Wettbewerb wie unter Privaten vor. Die Begründungen für diese Unterscheidung divergieren.

Hösch sieht die Kommunen, die als Teil der vollziehenden Gewalt gemäß Art. 20 Abs. 2, 3 GG Staatsgewalt ausüben, grundsätzlich als Marktveranstalter und nicht als Marktteilnehmer, was dazu führe, dass sich kommunalwirtschaftliches Handeln grundrechtsqualitativ von privatwirtschaftlicher Unternehmertätigkeit unterscheide[270]. Diese Begründung ist insofern nicht überzeugend, als der Staat in vielen Formen auftreten kann und sich beide Rollen somit nicht ausschließen.

Für einige Autoren ist die grundrechtsqualitative Unterscheidung zwischen kommunalwirtschaftlichem Handeln und privatwirtschaftlicher Unternehmertätigkeit die Konsequenz aus der Grundrechtsbindung der Kommunalwirtschaft[271]. Die Grundrechtsgebundenheit der Kommunalwirtschaft führt jedoch zunächst nur dazu, dass den Anforderungen genügt werden muss, die sich aus den jeweiligen Grundrechten für die Kommunalwirtschaft ergeben. Sie allein kann keine Rückschlüsse darauf zulassen, unter welchen Voraussetzungen ein Eingriff vorliegt[272].

Die Sonderbehandlung der kommunalen Unternehmen wird auch deswegen vorgenommen, weil die gemeindlichen Betriebe bei der Teilnahme am Wettbewerb stets Vorteile der öffentlichen Hand genießen. Der Wettbewerbsvorsprung der Kommunalwirtschaft gegenüber privaten Konkurrenten liegt zum Beispiel in

---

[269] Siehe u. a. *Storr*, Der Staat als Unternehmer, 2001, S. 160 ff.; *Ehlers*, Verwaltung in Privatrechtsform, 1984, S. 103; *Frenz*, Verwaltungsgerichtlicher Rechtsschutz in Konkurrenzsituationen, 1999, S. 99 ff.; *Erichsen*, Kommunalrecht NW, 1988, S. 247 f.; *Oebbecke*, in: Wallerath (Hrsg.), Kommunen im Wettbewerb, 2001, S. 13 (20); *Cremer* DÖV 2003, 921 (929). *Selmer*, in: Stober/Vogel (Hrsg.), Wirtschaftliche Betätigung der öffentlichen Hand, 2000, S. 75 (83 f.), qualifiziert bereits die Zulassung kommunaler Unternehmen als Eingriff, sofern die Auswirkungen als naheliegende und voraussehbare Folge der Zulassung erscheinen.

[270] *Hösch* DÖV 2000, 393 (398 f.); *ders.* WiVerw 2000, 159 (163 f., 177 f.).

[271] *Heintzen*, Rechtliche Grenzen und Vorgaben für eine wirtschaftliche Betätigung von Kommunen im Bereich der gewerblichen Gebäudereinigung, 1999, S. 23 ff.; *Ehlers*, in: Ipsen (Hrsg.), Kommunalwirtschaft im Umbruch, 11. Bad Iburger Gespräche, 2001, S. 10 (25); *Uhlenhut*, Wirtschaftliche Betätigung der Gemeinden außerhalb ihres Gebietes, 2004, S. 47, zusätzlich noch aufführend, dass kommunale Unternehmen sich nicht auf den Schutz von Art. 12 Abs. 1 GG berufen können.

[272] *Erichsen*, Gemeinde und Private im wirtschaftlichen Wettbewerb, 1987, S. 30.

dem nicht bestehenden Insolvenzrisiko der Kommunen sowie der daraus resultierenden besseren Kreditwürdigkeit. Diese stehen Privaten nicht zur Verfügung, sondern nur den gemeindlichen Betrieben auf Grund ihrer besonderen Beziehung zum kommunalen Gesellschafter[273].
Die desolate Finanzsituation der Kommunen ist kein Geheimnis. Diese Tatsache beschränkt die Möglichkeit der Gemeinden, ihre Unternehmen durch unbegrenzte finanzielle Zuwendungen zu unterstützen. Gleichwohl ist die zumindest latent immer vorhandene bessere Bonität, die auf die Konkursunfähigkeit des kommunalen Gesellschafters zurückzuführen ist[274], nicht von der Hand zu weisen. Eine grundrechtsqualitative Unterscheidung zwischen kommunalwirtschaftlichem Handeln und privatwirtschaftlicher Unternehmertätigkeit ist aus diesem Grund überzeugend, da kommunaler Wettbewerb tatsächlich kein systemimmanenter Konkurrenzdruck in einer freien Marktwirtschaft ist[275].

(d) Fazit

Die überzeugenderen Argumente streiten dafür, die kommunale Konkurrenz als Eingriff in Art. 12 Abs. 1 GG zu qualifizieren, sobald Unternehmen fremder Gemeinden private Marktteilnehmer durch Wettbewerb beeinträchtigen. Freilich muss eine Bagatellgrenze beachtet werden, um den Grundrechtsschutz nicht zu überdehnen[276].
Ein Eingriff in die Berufsfreiheit der privaten Unternehmer, die in einer fremden Gemeinde ansässig sind, ist somit bei der aktiven und der passiven grenzüberschreitenden kommunalen Wirtschaftstätigkeit zu bejahen, sobald kommunale Unternehmen der Privatwirtschaft oberhalb einer Bagatellgrenze Konkurrenz machen.

b) Verfassungsrechtliche Rechtfertigung

aa) Gesetzesvorbehalt des Art. 12 Abs. 1 Satz 2 GG

Gemäß Art. 12 Abs. 1 Satz 2 GG kann die Berufsausübung durch oder auf Grund eines Gesetzes geregelt werden. Von diesem einfachen Gesetzesvorbehalt sind sowohl Eingriffe, die direkt durch ein Gesetz verursacht werden, als auch ein Tätigwerden der öffentlichen Hand, das auf einem solchen Gesetz beruht, erfasst[277]. Da die die Berufswahl und die Berufsausübung umfassende Berufs-

---

[273] *Pielow* NWVBl 1999, 369 (375 f.); *Scharpf* GewArch 2005, 1 (5).

[274] Vgl. dazu *Nierhaus/Gebhardt*, Zur Ausfallhaftung des Staates für zahlungsunfähige Kommunen, 1999, S. 16 ff.; *Siekmann*, in: Püttner (Hrsg.), Zur Reform des Gemeindewirtschaftsrechts, 2002, S. 159 ff.

[275] Siehe zur Wettbewerbsungleichheit kommunaler und privater Unternehmen i. Ü. *Berg* WiVerw 2000, 141 (151 ff.).

[276] *Pielow* NWVBl 1999, 369 (376); *Storr*, Der Staat als Unternehmer, 2001, S. 176, bejahen eine hinreichende Intensität bei einer (deutlich) spürbaren Positionsveränderung bezogen auf den Grundrechtsschutz. *Ehlers* JZ 1990, 1089 (1096); *ders.* DVBl 1998, 497 (502), setzt diese Grenze bei erheblichen Beeinträchtigungen der Wirtschaftstätigkeit privater Unternehmer an.

[277] *Manssen*, in: v. Mangoldt/Klein/Starck, 4. Aufl. 1999, Art. 12 Abs. 1 Rdn. 98, versteht unter dem Begriff "regeln" im Ergebnis nichts anderes als "eingreifen". A. A. *Emmerich*, Das

freiheit als einheitliches Grundrecht verstanden wird, steht sie auch – entgegen dem Wortlaut – unter einem einheitlichen Gesetzesvorbehalt[278].

Ein Eingriff in die Berufsfreiheit privater Konkurrenten durch die wirtschaftliche Betätigung von fremden Kommunen ist folglich verfassungsrechtlich gerechtfertigt, sofern er auf einer verfassungsgemäßen Ermächtigungsgrundlage beruht und im Übrigen verhältnismäßig ist[279].

(1) Die kommunalen Schrankentrias als Ermächtigungsgrundlage

(a) Rechtfertigende Wirkung

Eine solche gesetzliche Ermächtigungsgrundlage für die extraterritoriale kommunale Wirtschaftstätigkeit wird in den allgemeinen kommunalwirtschaftlichen Vorschriften der Gemeindeordnungen gesehen[280]. Zu diesen kommunalrechtlichen Schrankentrias der Gemeindeordnungen gehört zum einen die Notwendigkeit, dass ein öffentlicher Zweck die kommunale Wirtschaftsaktivität erfordern oder rechtfertigen muss, zum zweiten, dass die jeweilige kommunalwirtschaftliche Betätigung nach Art und Umfang in einem angemessenen Verhältnis zur Leistungsfähigkeit der Gemeinde und zum voraussichtlichen Bedarf stehen muss und zum dritten, dass die Privatwirtschaft Vorrang genießt, wenn sie den öffentlichen Zweck besser und wirtschaftlicher bzw. ebenso gut und wirtschaftlich erfüllt[281].

Die Eigenschaft einer Ermächtigungsrundlage kann den kommunalwirtschaftlichen Schrankentrias der Gemeindeordnungen jedoch nur im Hinblick auf die

---

Wirtschaftsrecht der öffentlichen Unternehmen, 1969, S. 114, demzufolge sich der Gesetzesvorbehalt ausdrücklich allein auf normative Eingriffe bezieht, woraus er im Übrigen Bedenken dahingehend äußert, dass das Grundrecht der Berufsfreiheit gar keine bindende Wirkung für öffentliche Unternehmen hat.

[278] BVerfGE 7, 377 (401 f.); *Manssen*, in: v. Mangoldt/Klein/Starck, 4. Aufl. 1999, Art. 12 Abs. 1 Rdn. 99; *Pieroth/Schlink*, Grundrechte, 21. Aufl. 2005, Rdn. 808; *Hofmann*, in: Schmidt-Bleibtreu/Klein, 10. Aufl. 2004, Art. 12 Rdn. 7. Nur die Berufsausübung unter den Gesetzesvorbehalt des Art. 12 Abs. 1 Satz 2 GG subsumierend: *Maurer*, StaatsR I, 4. Aufl. 2005, § 9 Rdn. 49, 58.

[279] Ständige Rechtsprechung des BVerfG; siehe zuletzt BVerfG NJW 2006, 1261 (1263).

[280] *Erichsen*, Gemeinde und Private im wirtschaftlichen Wettbewerb, 1987, S. 30 f.; *ders.*, Kommunalrecht NW, 1988, S. 248 f.; *Löwer*, Energieversorgung zwischen Staat, Gemeinde und Wirtschaft, 1989, S. 223 ff.; *ders.* DVBl 1991, 132 (140 f.); *Pielow* NWVBl 1999, 369 (376); *Hösch* WiVerw 2000, 159 (180); *Storr*, Der Staat als Unternehmer, 2001, S. 421 f.; *Jarass* DÖV 2002, 489 (495); *Schliesky*, Öffentliches Wirtschaftsrecht, 2. Aufl. 2003, S. 157; *Uhlenhut*, Wirtschaftliche Betätigung der Gemeinden außerhalb ihres Gebietes, 2004, S. 57; *Franz*, Gewinnerzielung durch kommunale Daseinsvorsorge, 2005, S. 225; *Scharpf* GewArch 2005, 1 (7). *Kluth*, Grenzen kommunaler Wettbewerbsteilnahme, 1988, S. 69, billigt nur der allgemeinen Aufgabenbestimmung in einer jeden Gemeindeordnung Legitimationswirkung zu; *Rennert* JZ 2003, 385 (396), schreibt diese Wirkung hingegen nur der kommunalrechtlichen Subsidiaritätsklausel zu. A. A. *Hellermann*, Örtliche Daseinsvorsorge und gemeindliche Selbstverwaltung, 2000, S. 168 ff., 205.

[281] Die einzelnen Voraussetzungen der kommunalen Schrankentrias der Gemeindeordnungen werden Gegenstand des Kapitels § 4 D. I. 1) – Allgemeine Vorschriften für die kommunale Wirtschaftsbetätigung – sein.

Rechtfertigung eines Eingriffes in Art. 12 Abs. 1 GG bzw. in Grundrechte im Allgemeinen zukommen, da bereits Art. 28 Abs. 2 Satz 1 GG die Gemeinden ermächtigt, sich wirtschaftlich zu betätigen[282]. Die die Kommunalwirtschaft regelnden Normen der Gemeindeordnungen haben neben der Ausformung des durch Art. 28 Abs. 2 Satz 1 GG nur sehr rudimentär gezogenen Rahmens auch die Aufgabe, den gemeindlichen Unternehmen die Befähigung zu verleihen, gegenüber allen Rechtssubjekten rechtmäßig zu handeln. Das wird insbesondere im Verhältnis zu Subjekten des Privatrechts deutlich, da Art. 28 Abs. 2 Satz 1 GG nach überwiegender Ansicht im Verhältnis zur privatrechtlichen Ebene keine Ermächtigungsgrundlage für die Gemeinden und ihre Unternehmen darstellt[283].

(b) Voraussetzungen nach der Wesentlichkeitslehre

Zu beachten ist allerdings die aus der Lehre vom Vorbehalt des Gesetzes resultierende Wesentlichkeitstheorie. Nach dieser muss mit zunehmender Schwere des Eingriffs in das Grundrecht der Konkretheitsgrad der ermächtigenden Regelung bezüglich Voraussetzungen, Grenzen und Folgen von Eingriffen zunehmen[284].

Für die Kategorisierung der Schwere der Eingriffe durch fremdkommunale Konkurrenz bietet sich die Grenze des Auszehrungs- bzw. Verdrängungswettbewerbs an. So bedürfen Regelungen, die Eingriffe unterhalb dieser Schwelle rechtfertigen sollen, einer geringeren Regelungsdichte als solche, die die schwereren Eingriffe oberhalb dieser Grenze zu legitimieren haben.

Die Vorgaben, die der grenzüberschreitenden Kommunalwirtschaft in den allgemeinen kommunalen Schrankentrias der Gemeindeordnungen gemacht wer-

---

[282] So auch RPVerfGH NVwZ 2000, 801 (802); *Uhlenhut*, Wirtschaftliche Betätigung der Gemeinden außerhalb ihres Gebietes, 2004, S. 56 f. A. A. *Löwer*, Energieversorgung zwischen Staat, Gemeinde und Wirtschaft, 1989, S. 223 ff.; *ders.* DVBl 1991, 132 (140 f.), der davon ausgeht, dass diese Ermächtigungsgrundlage im Verhältnis zum Bürger immer – unabhängig von einem Grundrechtseingriff – erforderlich ist. Diese Ansicht wurde im Hinblick auf die Legitimationskraft des Art. 28 Abs. 2 Satz 1 GG (vgl. unter § 4 B. I. 1) b) – Die den Gemeinden gewährte Eigenverantwortlichkeit) bereits widerlegt.

[283] *Löwer*, Energieversorgung zwischen Staat, Gemeinde und Wirtschaft, 1989, S. 218; *ders.* DVBl 1991, 132 (140); *Wolff/Bachof/Stober*, VerwR I, 11. Aufl. 1999, § 23 Rdn. 15; *Schmidt-Aßmann*, in: Badura/Dreier (Hrsg.), Festschr. 50 Jahre BVerfG II, 2001, S. 803 (809); *Nierhaus*, in: Sachs (Hrsg.), 3. Aufl. 2003, Art. 28 Rdn. 34; *Schmidt-Aßmann*, in: Habersack / Hommelhoff / Hüffer / Schmidt (Hrsg.), Festschr. für Ulmer, 2003, 1015 (1021); a. A. *Hellermann*, Örtliche Daseinsvorsorge und gemeindliche Selbstverwaltung, 2000, S. 140 ff. *Kluth* WiVerw 2000, 184 (203), entnimmt Art. 28 Abs. 2 Satz 1 GG in dogmatisch fragwürdiger Weise eine qualifizierte Rechtsetzungsbefugnis, wonach Kommunen bis zur Grenze des Verdrängungs- und Auszehrungswettbewerbes marktinkonforme Verhaltensweisen beschließen dürfen.

[284] BVerfGE 49, 89 (127); 49, 168 (181); 59, 104 (114); 86, 288 (311); *Pieroth/Schlink*, Grundrechte, 21. Aufl. 2005, Rdn. 266 f.; *Maurer*, StaatsR I, 4. Aufl. 2005, § 8 Rdn. 21 f.

den, sind für Eingriffe, die unterhalb der Grenze des Auszehrungs- und Verdrängungswettbewerbes liegen, nach der Wesentlichkeitslehre konkret genug, da die aus ihnen resultierenden Ver- und Gebote den der Gemeindewirtschaft gezogenen Handlungsrahmen hinreichend deutlich machen[285]. Sofern sich also die Kommunalwirtschaft bei der grenzüberschreitenden Tätigkeit in dem von den allgemeinen Schrankentrias der Gemeindeordnungen vorgesehenen Rechtmäßigkeitsrahmen bewegt, sind durch sie verwirklichte Eingriffe in die Berufsfreiheit der privaten Konkurrenten in der betroffenen Kommune, die unterhalb der Schwelle des Auszehrungs- und Verdrängungswettbewerbs liegen, gerechtfertigt.

Anders ist dies für die Eingriffe in Art. 12 Abs. 1 GG zu beurteilen, die die Schwelle des Auszehrungs- und Verdrängungswettbewerbes erreichen. Auf Grund der beachtlichen Schwere des Eingriffes ist von der ermächtigenden Vorschrift eine erhöhte Regelungsdichte zu verlangen. Die danach erforderliche Bestimmtheit weisen aber die Vorschriften der kommunalen Schrankentrias der Gemeindeordnungen nicht auf, denen zufolge ein öffentlicher Zweck die kommunale Wirtschaftsaktivität erfordern oder rechtfertigen muss[286]. Um einen Auszehrungs- und Verdrängungswettbewerb zu legitimieren, ist die explizite Nennung des öffentlichen Zwecks, der das kommunale Wirtschaften rechtfertigen soll, unabdingbar. Hierfür kommen nur überragende Gründe des Gemeinwohls in Frage.

(2) Die Expansionsklauseln als Ermächtigungsgrundlage

Als spezielle Ermächtigung für Eingriffe in die Berufsfreiheit der in der betroffenen Gemeinde tätigen Privatkonkurrenz, die durch die *aktive* grenzüberschreitende kommunale Wirtschaftstätigkeit verursacht wurden, kommen die in einigen Gemeindeordnungen inzwischen eingeführten Expansionsklauseln[287] in Betracht. Sie sollen der expandierenden Kommunalwirtschaft als Ergänzung zu den allgemeinen kommunalen Schrankentrias der Gemeindeordnungen außerhalb des Gemeindegebietes zusätzlich Handlungsfähigkeit verleihen.

Diese Vorschriften hätten für die aktiv grenzüberschreitend tätige Kommunalwirtschaft keinen Wert, wenn sie nicht auch nach ihrem Regelungscharakter gegenüber den in der Zielgemeinde tätigen privaten Wettbewerbern legitimierende Wirkung entfalten würden. Das Fehlen einer solchen Rechtfertigungsfunktion würde zu einem widersinnigen Ergebnis führen: Zwar wird die Grenzüberschreitung gesetzlich gestattet. Wegen der niedrigen Eingriffsschwelle bei Art. 12

[285] Siehe dazu näher unten § 4 D. I. 1) – Die allgemeinen Vorschriften des Kommunalwirtschaftsrechts.

[286] In diese Richtung tendiert auch *Kluth*, Grenzen kommunaler Wettbewerbsteilnahme, 1988, S. 71, 73, der für marktinkonforme Maßnahmen eine spezialgesetzliche Ermächtigung verlangt, ohne aber von Auszehrungs- oder Verdrängungswettbwerb zu sprechen.

[287] § 102 Abs. 7 GO BW, Art. 87 Abs. 2 GO BY, §§ 121 Abs. 5 GO He, 107 Abs. 3 GO NW, 116 Abs. 3 GO SAnh, 108 Abs. 4 KSVG SL, 101 Abs. 2 GO SH, 71 Abs. 4 KO Th.

Abs. 1 GG in diesem Kontext (vgl. oben § 4 B. II. 1) a) bb) – Eingriff in Art. 12 Abs. 1 GG) ist ein durch die extraterritoriale Kommunalwirtschaft verursachter Grundrechtseingriff jedoch relativ schnell anzunehmen. Verneinte man die Legitimationswirkung der Expansionsklauseln gegenüber Grundrechtseingriffen, dürfte das jeweils handelnde kommunale Unternehmen nicht über den dann nur noch verbleibenden rechtfertigenden Rahmen hinausgehen, den die kommunalrechtlichen Schrankentrias der Gemeindeordnungen ihm ziehen. Dies aber käme der rechtlichen Situation ohne Expansionsklauseln gleich.

Erhebliche Zweifel an der Verfassungsmäßigkeit lassen diese Rechtfertigungsmöglichkeit aber zunächst in den Hintergrund treten. Sofern die Expansionsklauseln verfassungswidrig sind[288], kommen sie als Ermächtigungsgrundlage für die extraterritoriale Kommunalwirtschaft ohnehin nicht in Betracht.

bb) Kollidierendes Verfassungsrecht

Da die kommunalrechtlichen Schrankentrias der Gemeindeordnungen Eingriffe in Art. 12 Abs. 1 GG, die die Schwelle des Auszehrungs- und Verdrängungswettbewerbes überschreiten, nicht rechtfertigen können, ist insofern nur noch an eine Legitimation über kollidierendes Verfassungsrecht zu denken. Nach allgemeiner Auffassung kann unter dem Gesichtspunkt der Einheit der Verfassung als verfassungsimmanente Schranke auch kollidierendes Verfassungsrecht (Grundrechte und Verfassungsgüter) rechtfertigenden Effekt haben, wobei diskutiert wird, ob diese Schranke nur für vorbehaltlos gewährleistete Grundrechte besteht[289] oder auch auf Grundrechte mit Gesetzesvorbehalten auszudehnen ist[290].

Ein Streitentscheid ist im Hinblick auf Art. 28 Abs. 2 Satz 1 GG als mögliches kollidierendes Recht von Verfassungsrang zu Gunsten der Gemeinde nicht erforderlich, da die kommunale Selbstverwaltungsgarantie keine materielle Legitimation gegenüber dem privaten Sektor enthält[291].

---

[288] Vgl. zur diesbezüglichen Prüfung unten § 4 D. I. 2) c) – Verfassungsmäßigkeit der Expansionsklauseln.

[289] Vertreten von *Schoch* DVBl 1991, 667 (671 ff.); *Storr*, Der Staat als Unternehmer, 2001, S. 417; *Pieroth/Schlink*, Grundrechte, 21. Aufl. 2005, Rdn. 331 ff. So grundsätzlich auch *Sachs*, in: Stern (Hrsg.), StaatsR III/2, 1994, § 81, S. 515 ff.

[290] So BVerwGE 87, 37 (45 f.); *Lerche*, in: Isensee/Kirchhof (Hrsg.), HStR V, 1992, § 122 Rdn. 14 f., 23.

[291] *Löwer*, Energieversorgung zwischen Staat, Gemeinde und Wirtschaft, 1989, S. 218; *ders.* DVBl 1991, 132 (140); *Wolff/Bachof/Stober*, VerwR I, 11. Aufl. 1999, § 23 Rdn. 15; *Berg* WiVerw 2000, 141 (146); *Rennert* Die Verwaltung 35 (2002), 319 (346 ff.); *Nierhaus*, in: Sachs (Hrsg.), 3. Aufl. 2003, Art. 28 Rdn. 34; abweichend: *Kluth* WiVerw 2000, 184 (203); *Schmidt-Aßmann*, in: Habersack / Hommelhoff / Hüffer / Schmidt (Hrsg.), Festschr. für Ulmer, 2003, 1015 (1021), vgl. bereits Fn. 283. A. A. *Hellermann*, Örtliche Daseinsvorsorge und gemeindliche Selbstverwaltung, 2000, S. 140 ff.; *Oebbecke* ZHR 164 (2000), 375 (391); *ders.*, in: Wallerath (Hrsg.), Kommunen im Wettbewerb, 2001, S. 13 (20 f.).

Auch ein Recht aus Art. 12 Abs. 1 GG für die Gemeinden und ihre Unternehmen scheidet mangels grundsätzlicher Grundrechtssubjektivität nach der Rechtsprechung des Bundesverfassungsgerichts und der herrschenden Meinung im Schrifttum aus[292]. Dies gilt unabhängig davon, ob eine öffentlich-rechtliche oder eine privatrechtliche Rechtsform für die Unternehmen gewählt wurde[293]. Diese Frage stellt sich für gemischt-wirtschaftliche Unternehmen in diesem Zusammenhang von vornherein nicht, da diese nach vorzugswürdiger Ansicht schon gar nicht der Grundrechtsbindung unterliegen[294].

Teile des Schrifttums sehen das Gemeinwohl unter Anwendung des Übermaßverbotes im Allgemeinen und der Stufentheorie im Besonderen auch für faktische Beeinträchtigungen des Art. 12 Abs. 1 GG als rechtfertigendes kollidierendes Gut von Verfassungsrang an[295]. An dieser Stelle ist das eingangs angedeutete Problem zu beachten, das damit verbunden ist, dass Art. 12 Abs. 1 GG ein Grundrecht mit Gesetzesvorbehalt ist. Dem Gemeinwohl als kollidierendem

---

[292] Vgl. zur grundsätzlich fehlenden Grundrechtssubjektivität von Gemeinden und öffentlicher (kommunaler) Unternehmen, jedenfalls, soweit sie öffentliche Aufgaben erfüllen BVerfGE 45, 63 (78); 61, 82 (100 ff.) – Sasbach, mit besonderem Bezug auf Art. 14 Abs. 1 GG auch außerhalb des Bereichs der Wahrnehmung öffentlicher Aufgaben verneint; BVerfGE 68, 193 (206). Für den Bereich des öffentlich-rechtlichen Sparkassenwesens BVerfGE 75, 192 ff. Siehe im Übrigen z. B. *Bethge* AöR 104 (1979), 54 (86 ff.); *Isensee*, Subsidiaritätsprinzip und Verfassungsrecht, 2. Aufl. 2001, S. 210 ff.; *Ehlers* JZ 1990, 1089 (1096); *Heintzen* NVwZ 2000, 743 (743 f.); *Hösch* DÖV 2000, 393 (393 f., 397). So auch *Stern/Püttner*, Die Gemeindewirtschaft, 1965, S. 130 ff., jedenfalls sofern Gemeinden die Grundrechte zum Nachteil der Bürger geltend machen wollen; inkonsequent wird das nur für die kommunalen selbstständigen Unternehmen des öffentlichen Rechts anders gesehen, vgl. ebenda S. 139.

[293] BVerfGE 45, 63 (80); *Bethge* AöR 104 (1979), 265 (269 ff.); *Ehlers* JZ 1990, 1089 (1096); *Gusy* JA 1995, 166 (171). A. A. *Püttner*, Die öffentlichen Unternehmen, 1969, S. 149 f., 154; *Stern/Püttner*, Die Gemeindewirtschaft, 1965, S. 140, die Grundrechtsschutz für privatrechtlich organisierte Gesellschaften der öffentlichen Hand (namentlich der Kommunen) annehmen. Diese Meinung ist abzulehnen, da der Grundrechtsschutz nicht an die privatrechtliche Organisationsform anknüpft, sondern an die hinter der Gesellschaft stehenden natürlichen Personen, die bei ausschließlich kommunalen privatrechtlichen Gesellschaften nicht vorhanden sind.

[294] Vgl. dazu die Ausführungen unter § 4 A. I. 3) – Gesetzes- und Verfassungsbindung der gemischtwirtschaftlichen Unternehme. Bezüglich der Grundrechtsberechtigung der gemischtwirtschaftlichen Unternehmen herrscht ansonsten Streit. Bei beherrschender Beteiligung der Kommune und Erfüllung von Daseinsvorsorgeaufgaben verneinend BVerfG JZ 1990, 335 f. m. krit. Anm. *Kühne*; kritisch zu diesem Urteil auch *Zimmermann* JuS 1991, 294 ff.; *Zimmermann*, Der grundrechtliche Schutzanspruch juristischer Personen des öffentlichen Rechts, 1993. Grundsätzlich bejahend *Püttner*, Die öffentlichen Unternehmen, 1969, S. 154; *Jarass* DÖV 2002, 489 (495 f.).

[295] *Ehlers*, Verwaltung in Privatrechtsform, 1984, S. 103 f.; *Püttner*, Die öffentlichen Unternehmen, 1969, S. 167. *Cremer* DÖV 2003, 921 (929 ff.), sieht auch in bloßem Gewinnstreben einen solchen Rechtfertigungsgrund, da es der Finanzierung öffentlicher Zwecke dient. Vgl. zum Gewinnstreben als mittelbarem öffentlichen Zweck § 4 B. V. 2) a) – Verbot der rein erwerbswirtschaftlichen Betätigung im Rahmen des verfassungsrechtlichen Postulats zur Verfolgung eines öffentlichen Zwecks.

Verfassungsrecht in diesem Zusammenhang rechtfertigenden Effekt zuzubilligen, ist insofern bedenklich, als nach der Wesentlichkeitslehre alle für die Allgemeinheit, insbesondere die Grundrechtsausübung des einzelnen Bürgers, wesentlichen Entscheidungen vom Gesetzgeber getroffen werden müssen und nicht der Verwaltung überlassen werden dürfen[296]. Um einen effektiven Grundrechtsschutz zu gewährleisten, muss das auch für faktische vorhersehbare Eingriffe gelten[297].
Spräche man der Verwaltung in Form der Kommunalwirtschaft neben dem grundrechtlichen Gesetzesvorbehalt eine prinzipielle Rechtfertigungsmöglichkeit über das Gemeinwohl als kollidierendes Verfassungsgut zu, könnte jene den Vorbehalt des Gesetzes umgehen; der Gesetzgeber wäre von seiner Pflicht, grundrechtsrelevante Bereiche abzugrenzen, entbunden[298]. Die Verfolgung eines dem Gemeinwohl dienenden Zweckes ist zwar entscheidend für die Frage der Rechtfertigung eines Eingriffs in Art. 12 Abs. 1 GG, jedoch muss dieser grundsätzlich in einem entsprechend ermächtigenden Gesetz festgelegt werden[299].
Nur bei überraschend auftretenden Notfällen, etwa Naturkatastrophen, ist daran zu denken, dass das Gemeinwohl an sich als kollidierendes Verfassungsgut Eingriffe in Art. 12 Abs. 1 GG, die die Schwelle des Auszehrungs- und Verdrängungswettbewerbs überschreiten, rechtfertigen kann[300].

cc) Ergebnis zu b)

Eingriffe in die Berufsfreiheit der Privatkonkurrenz durch die aktiv bzw. passiv grenzüberschreitende wirtschaftliche Betätigung fremder Kommunen können demnach gerechtfertigt sein, wenn sie den Anforderungen der kommunalwirtschaftlichen Regeln der Gemeindeordnungen gerecht werden und unterhalb der Schwelle des Auszehrungs- und Verdrängungswettbewerbes liegen.
Die Rechtfertigung eines Eingriffes durch aktiv bzw. passiv extraterritorial tätige kommunale Unternehmen in Form des Auszehrungs- und Verdrängungswettbewerbs ist hingegen grundsätzlich weder im Rahmen des Gesetzesvorbehalts noch über kollidierendes Verfassungsrecht möglich. Nur in seltenen, unvorhersehbaren Ausnahmefällen, wie etwa Naturkatastrophen, ist die Legitimation ei-

---

296 "Der Gesetzgeber ist verpflichtet, in grundlegenden normativen Bereichen, zumal im Bereich der Grundrechtsausübung, (soweit diese staatlicher Regelung zugänglich ist,) alle wesentlichen Entscheidungen selbst zu treffen.": BVerfGE 49, 89 (126 f.); 61, 260 (275); 88, 103 (116). *Pieroth/Schlink*, Grundrechte, 21. Aufl. 2005, Rdn. 264; *Maurer*, AllgVerwR, 15. Aufl. 2004, § 6 Rdn. 11 ff.; *ders.*, StaatsR I, 4. Aufl. 2005, § 8 Rdn. 21.

297 *Manssen*, in: v. Mangoldt/Klein/Starck, 4. Aufl. 1999, Art. 12 Abs. 1 Rdn. 104; *Storr*, Der Staat als Unternehmer, 2001, S. 416. Abweichend *Ehlers*, Verwaltung in Privatrechtsform, 1984, S. 104, der dahin tendiert, den Gesetzesvorbehalt auf klassische Eingriffe zu beschränken.

298 *Storr*, Der Staat als Unternehmer, 2001, S. 417.

299 So auch *Selmer*, in: Stober/Vogel (Hrsg.), Wirtschaftliche Betätigung der öffentlichen Hand, 2000, S. 75 (84 ff.).

300 Ebenso *Sachs*, in: Stern (Hrsg.), StaatsR III/2, 1994, § 81, S. 525; *Storr*, Der Staat als Unternehmer, 2001, S. 416 ff.; *Maurer*, AllgVerwR, 15. Aufl. 2004, § 6 Rdn. 15.

nes solchen Eingriffs denkbar, sofern es unter Berücksichtigung des Übermaßverbotes um die Verfolgung eines überragend wichtigen Zweckes des Gemeinwohls geht.

2) Art. 14 GG

Eine feststehende Definition des Begriffes Eigentum existiert nicht. Art. 14 Abs. 1 Satz 1 GG umfasst alles, was die Vorschriften des einfachen Privat- oder öffentlichen Rechts zu einem bestimmten Zeitpunkt als Eigentum bestimmen[301].

Nach verbreiteter Auffassung in der Literatur und der Rechtsprechung des BGH sowie des BVerwG umfasst Art. 14 Abs. 1 Satz 1 GG das Recht am eingerichteten und ausgeübten Gewerbebetrieb[302]. Das BVerfG ist dagegen skeptisch: Ihm zufolge ist das Unternehmen eigentumsrechtlich gesehen "die tatsächliche – nicht aber rechtliche – Zusammenfassung der zu seinem Vermögen gehörenden Sachen und Rechte, die an sich schon vor verfassungswidrigen Eingriffen geschützt sind"[303]. Nicht geschützt sind in diesem Zusammenhang jedenfalls tatsächliche Gegebenheiten wie "die bestehenden Geschäftsverbindungen, der erworbene Kundenstamm oder die Marktstellung"[304]. Bloße Umsatz- und Gewinnchancen, Hoffnungen, Erwartungen und Aussichten gehören nicht zum Umfang der grundrechtlichen Eigentumsfreiheit[305]. Art. 14 GG schützt das Erworbene,

---

[301] BVerfGE 58, 300 (335 f.); 74, 129 (148). Vgl. dazu auch Art. 14 Abs. 1 Satz 2 GG, der bestimmt, dass der Inhalt des Eigentums neben dessen Schranken durch die Gesetze bestimmt wird.

[302] Vgl. BGHZ 23, 157 (161 ff.); 92, 34 (37); BVerwGE 62, 224 (226); *Depenheuer*, in: v. Mangoldt/Klein/Starck, 4. Aufl. 1999, Art. 14 Rdn. 135, verwendet auch den Begriff "Betriebseigentum"; *Papier*, in: Maunz/Dürig, Art. 14 Rdn. 95; *Hofmann*, in: Schmidt-Bleibtreu/Klein, 10. Aufl. 2004, Art. 14 Rdn. 14.

[303] BVerfGE 51, 193 (221 f.); BVerfG NVwZ 2002, 1232 (1232). Vgl. auch *Kluth*, Grenzen kommunaler Wettbewerbsteilnahme, 1988, S. 79 ff.; *Averhaus*, Gemeinden in der Telekommunikation, 2001, S. 160 f., die nur die Nutzung und Verwendung konkreter Eigentumspositionen, wie z. B. Maschinen, Anlagen, Fahrzeuge aber auch Rechte, wie Patente oder Gebrauchsmuster vom Schutz des Art. 14 Abs. 1 GG erfasst sehen wollen.

[304] BVerfGE 77, 84 (118). In diesem Sinne auch *Depenheuer*, in: v. Mangoldt/Klein/Starck, 4. Aufl. 1999, Art. 14 Rdn. 138. A. A. BGHZ 23, 157 (162 f.); BVerwGE 62, 224 (226); *Ehlers*, Verwaltung in Privatrechtsform, 1984, S. 105, für den erworbenen Kundenstamm. *Papier*, in: Maunz/Dürig, Art. 14 Rdn. 95, 101, sieht geschäftliche Verbindungen und Beziehungen sowie den Kundenstamm vom Schutz des Art. 14 Abs. 1 GG erfasst, will aber (situationsbedingte) Erwerbschancen und -vorteile nicht als geschützt ansehen. Diese Einschätzung führt zu Abgrenzungsschwierigkeiten und somit zu Rechtsunsicherheit.

[305] BVerfGE 68, 193 (222 f.); 74, 129 (148); 77, 84 (118); *Püttner*, Die öffentlichen Unternehmen, 1969, S. 157; *Henneke* NdsVBl 1998, 273 (277); *Ipsen*, StaatsR II, 7. Aufl. 2004, Rdn. 683. Ähnlich *Kluth*, Grenzen kommunaler Wettbewerbsteilnahme, 1988, S. 80 f., der diesen Ausschluss dahingehend interpretiert, dass Art. 14 Abs. 1 GG keine Garantie auf einen bestimmten Geschäftserfolg enthält.

das Ergebnis einer Betätigung, Art. 12 Abs. 1 GG dagegen den Erwerb, die Betätigung selbst[306].

Aktiv bzw. passiv grenzüberschreitende kommunale Wirtschaftstätigkeit hat demnach keine eigentumsrechtliche Relevanz für die Tätigkeit der auf dem fremden Gemeindeterrain ansässigen privaten Konkurrenten. Der Schutz jeglicher wirtschaftlich sinnvoller Nutzung von Gegenständen und Rechten, die zum Gewerbebetrieb gehören, liefe auf einen Betätigungsschutz des Unternehmens gegenüber kommunaler Konkurrenz hinaus, das aber gerade nicht durch Art. 14 Abs. 1 Satz 1 GG geschützt sein soll, sondern bereits durch die Berufsfreiheit des Unternehmers berücksichtigt wird[307].

Die auf dem fremden Gemeindegebiet tätige Privatwirtschaft muss folglich die aktiv und passiv grenzüberschreitende kommunale Konkurrenz hinnehmen, ohne überhaupt die Eröffnung des Schutzbereichs des Art. 14 Abs. 1 Satz 1 GG geltend machen zu können.

3) Art. 3 Abs. 1 GG

Nach Art. 3 Abs. 1 GG darf wesentlich Gleiches nicht willkürlich[308] ungleich behandelt werden[309]. Sofern man bezüglich der Privatwirtschaft und der Kommunalwirtschaft überhaupt von geeigneten Vergleichsgruppen ausgehen kann, muss dies auch für die grenzüberschreitende Kommunalwirtschaft gelten.
Eine nach Art. 3 Abs. 1 GG relevante Ungleichbehandlung der Privatwirtschaft gegenüber dem Marktzutritt der aktiv bzw. passiv grenzüberschreitenden Kommunalwirtschaft kann nicht mit dem Argument geltend gemacht werden, dass hinter einem kommunalen Unternehmen eine insolvenzunfähige Kommune stehe, da ein diese Begründung stützender genereller Anspruch auf wirtschaftliche Chancengleichheit im Allgemeinen abgelehnt wird[310]. Die Bedeutung des Art. 3 Abs. 1 GG erschöpft sich in diesem Zusammenhang vielmehr in dem Verbot willkürlicher Differenzierungen zwischen kommunalen und privaten Unternehmen zum Vorteil der Kommunalwirtschaft[311].

---

306 Vgl. zu dieser Faustformel BVerfGE 88, 366 (377); *Depenheuer*, in: v. Mangoldt/Klein/Starck, 4. Aufl. 1999, Art. 14 Rdn. 99.

307 I. E. auch *Uhlenhut*, Wirtschaftliche Betätigung der Gemeinden außerhalb ihres Gebietes, 2004, S. 45. A. A. *Kluth*, Grenzen kommunaler Wettbewerbsteilnahme, 1988, S. 82 ff.

308 Die Willkürlichkeit entfällt nach der "neuen" Formel des BVerfG, wenn "Unterschiede von solcher Art und/oder solchem Gewicht bestehen, dass sie die ungleiche Behandlung rechtfertigen könn[t]en", vgl. BVerfGE 55, 72 (88); 98, 1 (12).

309 BVerfGE 49, 148 (165); *Pieroth/Schlink*, Grundrechte, 21. Aufl. 2005, Rdn. 431.

310 BVerfGE 4, 7 (24); BVerwGE 17, 306 (311 f.); 39, 329 (337); *Gerke* Jura 1985, 349 (357); *Averhaus*, Gemeinden in der Telekommunikation, 2001, S. 165. A. A. *Frenz*, Verwaltungsgerichtlicher Rechtsschutz in Konkurrenzsituationen, 1999, S. 101 ff.

311 BVerwGE 39, 329 (337); *Emmerich*, Das Wirtschaftsrecht der öffentlichen Unternehmen, 1969, S. 113; *Gerke* Jura 1985, 349 (357).

III. Das Demokratieprinzip

1) Erfordernis und Reichweite demokratischer Legitimation

Jede Ausübung von Kommunalgewalt[312], wozu auch die wirtschaftliche Betätigung zählt, muss gemäß Art. 28 Abs. 1 Satz 2, 20 Abs. 2 GG demokratisch legitimiert sein. Legitimationsbedürftig sind dabei sowohl die Entscheidung der Gemeinde bzw. ihrer Unternehmen, ob überhaupt eine bestimmte Aufgabe wahrgenommen werden soll, als auch der konkrete Vollzug der Aufgabe.[313] Dieses Erfordernis besteht insbesondere auch bei einer extraterritorialen kommunalwirtschaftlichen Betätigung. Durch die Kommunalwahlen werden die Kommunen und durch die Gemeindevertretungen ihre Unternehmen ermächtigt, in dem Zulässigkeitsrahmen, den Art. 28 Abs. 2 Satz 1 GG vorsieht, zu handeln. Diese vom Gemeindevolk verliehene Ermächtigung endet dementsprechend auch an den Grenzen der Verbandskompetenz des Art. 28 Abs. 2 Satz 1 GG[314]. Insofern ergeben sich in örtlicher Hinsicht aus dem Erfordernis demokratischer Legitimation für die aktiv und die passiv grenzüberschreitende kommunalwirtschaftliche Betätigung zunächst die gleichen Zulässigkeitsgrenzen wie aus der Verbandskompetenz des Art. 28 Abs. 2 Satz 1 GG (siehe oben § 4 B. I. 1) a) bb) – Der gemeindliche Wirkungskreis).

2) Fremdbestimmung der Einwohner der betroffenen Gemeinde

Aus dem Demokratieprinzip wird darüber hinaus gefolgert, dass die Einwohner einer Gemeinde auf ihrem Gebiet auch nur mit der hoheitlichen Gewalt konfrontiert werden dürfen, die sie durch Kommunalwahlen gemäß Art. 20 Abs. 2, 28 Abs. 1 Sätze 1, 2 GG demokratisch legitimiert haben. Die wirtschaftliche Betätigung einer Kommune außerhalb ihres Gemeindegebietes sei eine Fremdbestimmung durch die Bürger der wirtschaftlich expandierenden Gemeinde über jene der betroffenen Kommune.[315] Im Fokus dieses Kritikpunktes steht folglich die aktive grenzüberschreitende kommunalwirtschaftliche Betätigung.

Eine unmittelbare Bestimmung über die Einwohner der betroffenen Gemeinde liegt zwar nicht vor, da diese nicht gezwungen sind, die Leistungen des auswärtigen kommunalen Unternehmens in Anspruch zu nehmen. Allerdings ist eine mittelbare Fremdbestimmung in der Form denkbar, dass die Gemeindevertretung der betroffenen Kommune, die gemäß Art. 20 Abs. 2, Art. 28 Abs. 1 Satz 2 GG zur Vertretung des Gemeindevolks der Zielgemeinde gewählt wurde, durch die fremdkommunale wirtschaftliche Tätigkeit in ihrer Entscheidung bezüglich

---

[312] Vgl. zu diesem Begriff *Brosius-Gersdorf* AöR 130 (2005), 392 (423 f.).

[313] *Brosius-Gersdorf* AöR 130 (2005), 392 (423 ff.). Nach BVerfGE 107, 59 (87), muss für die kommunale Selbstverwaltung eine "ununterbrochene Legitimationskette vom Volk zu den mit staatlichen Aufgaben betrauten Organen und Amtswaltern" gegeben sein.

[314] So auch *Guckelberger* BayVBl 2006, 293 (295); *Oebbecke* ZHR 164 (2000), 375 (389).

[315] *Heilshorn*, Gebietsbezug der Kommunalwirtschaft, 2003, S. 110 ff.; *Löwer* NWVBl 2000, 241 (244); *Rennert* Die Verwaltung 35 (2002), 319 (341). Nach *Ehlers*, in: Ipsen (Hrsg.), Kommunalwirtschaft im Umbruch, 11. Bad Iburger Gespräche, 2001, S. 10 (31), "gestattet das Demokratieprinzip [aber] keine beliebige Aufgabe des Gebietsbezuges".

der wirtschaftlichen Wahrnehmung von Aufgaben auf ihrem Terrain beeinträchtigt wird[316]. Dabei ist aber zu beachten, dass sich auch die vom Gemeindevolk der betroffenen Kommune durch Kommunalwahlen vermittelte Legitimation im Zulässigkeitsrahmen des Art. 28 Abs. 2 Satz 1 GG bewegt. Sofern demnach das aktiv grenzüberschreitende wirtschaftliche Handeln der fremden Gemeinde nicht als Verletzung des Selbstverwaltungsrechts der Zielgemeinde zu qualifizieren ist, kann dieses Tätigwerden auch nicht als mittelbare Fremdbestimmung der Bürger der betroffenen Gemeinde eingestuft werden. Insofern ergeben sich aus diesem Blickwinkel des Demokratieprinzips die gleichen Zulässigkeitsschranken wie aus der kommunalen Selbstverwaltungsgarantie der Zielgemeinde (siehe dazu oben § 4 B. I. 2) – Aus der kommunalen Selbstverwaltungsgarantie anderer Gemeinden folgende Schrankenwirkung).

3) Fremdbestimmung der in der betroffenen Gemeinde tätigen privaten Konkurrenz

Eine Fremdbestimmung durch eine *aktiv* grenzüberschreitende Kommunalwirtschaft wird darüber hinaus in Bezug auf die in der betroffenen Kommune tätigen privaten Konkurrenten angenommen, da es sich bei der öffentlichen Wirtschaftstätigkeit um einen für die Ausübung ihrer gemäß Art. 12 Abs. 1 GG gewährten Berufsfreiheit wesentlichen Bereich handelte, so dass die privaten Konkurrenten an der demokratischen Legitimation derselben beteiligt werden müssen[317].

Zwar sind die einzelnen Gemeindevertretungen nur vom jeweiligen Gemeindevolk durch Wahlen legitimiert. Das ist für die hier behandelte Frage aber gar nicht relevant, da bei Eingriffen in die Berufsfreiheit privater Konkurrenten der fremden Gemeinde als Ermächtigungsgrundlage für die innerhalb eines Bundeslandes expandierende Kommunalwirtschaft die landesrechtlichen kommunalwirtschaftlichen Regelungen dienen[318]. Für die demokratische Beteiligung privater Konkurrenten an der expandierenden Wirtschaft einer fremden Kommune spricht, dass es sich bei diesen Regelungen um Landesgesetze handelt, deren Schöpfer sie selbst mitlegitimiert haben.
Um jedoch von einer wirklichen Legitimationsbeteiligung sprechen zu können, bedarf es eines effektiven Einflusses der Konkurrenten der betroffenen Gemeinde auf das Handeln der expansionswilligen Kommune. Ein solcher wird begründet, wenn das Gesetz, das zu dem kommunalwirtschaftlichen Handeln ermächtigt, eine hinreichende inhaltliche Determinierung aufweist[319], d. h. der gewählte

[316] *Brosius-Gersdorf* AöR 130 (2005), 392 (431 ff.).
[317] *Heilshorn*, Gebietsbezug der Kommunalwirtschaft, 2003, S. 127 ff.; *ders.* VerwArch 96 (2005), 88 (94 f.), verweist in dieser Ausführung nur auf den Aspekt bezüglich der privaten Konkurrenten, nicht jedoch – wie in seiner Dissertation – auch auf die fremdbestimmte Bevölkerung der Zielgemeinde.
[318] Vgl. dazu bereits § 4 B. II. 1) b) aa) – Die kommunalwirtschaftsrechtlichen Regelungen als Ermächtigungsgrundlage für Eingriffe in Art. 12 Abs. 1 Satz 2 GG.
[319] *Heilshorn*, Gebietsbezug der Kommunalwirtschaft, 2003, S. 170 ff.

Gesetzgeber muss tatsächlich auch die Instanz sein, die die Zulässigkeitskriterien festlegt. Über die Zulässigkeitsmerkmale darf hingegen nicht die Gemeindevertretung selbst entscheiden, was ihr durch weite Generalklauseln ermöglicht würde. Zumindest die allgemeinen kommunalen Schrankentrias der Gemeindeordnungen sind als Ermächtigungsgrundlage gegenüber privaten Konkurrenten bis zur Grenze des Auszehrungs- und Verdrängungswettbewerbes konkret genug formuliert, um dem Gesetzgeber die Funktion des demokratisch entscheidenden Gremiums hinsichtlich der Zulässigkeitsvoraussetzungen kommunaler Konkurrenz zuzusprechen[320].
Ob den Expansionsklauseln überhaupt die Funktion einer Ermächtigungsgrundlage zukommen kann, hängt entscheidend von ihrer Verfassungsmäßigkeit ab, die erst später erörtert werden soll[321].

Die hier dargestellten Anforderungen an die Legitimationsbeteiligung der in der fremden Kommune ansässigen privaten Konkurrenten weisen einen starken Bezug zur Problematik bezüglich der Rechtfertigung eines Eingriffes in die Berufsfreiheit der in der Zielgemeinde tätigen privaten Konkurrenten auf. Dieser Zusammenhang ist nicht zufällig. Schließlich besteht dabei insofern eine Parallele zum Demokratieprinzip, als die dort erforderliche Bestimmtheit im Rahmen der Wesentlichkeitslehre letztlich darauf zurückzuführen ist, dass die das Volk besonders berührenden Angelegenheiten, wie z. B. der Eingriff in Grundrechte, auch von diesem geregelt werden sollen – wenn auch nur mittelbar durch das direkt von ihm gewählte Gesetzgebungsorgan.

Dem Demokratieprinzip ist mithin keine Beschränkung der aktiv extraterritorialen Kommunalwirtschaft wegen einer angeblichen Fremdbestimmung der in der betroffenen Gemeinde tätigen Privatkonkurrenz zu entnehmen, sofern sich das aktiv grenzüberschreitende gemeindliche Unternehmen an seine aus den kommunalen Schrankentrias der Gemeindeordnungen folgenden Legitimationsgrenzen hält[322].

---

320 Zu dieser Einschätzung bereits unter § 4 B. II. 1) b) aa) (1) (b), im Zusammenhang mit der Frage, ob die Gesetzgeber der Länder durch ihre kommunale Schrankentrias den Anforderungen der Wesentlichkeitslehre entsprachen. Zu diesem Ergebnis gelangt im Grunde auch *Heilshorn*, Gebietsbezug der Kommunalwirtschaft, 2003, S. 130, *ders.* VerwArch 96 (2005), 88 (95), indem er im vorliegenden Kollisionsfall der Verfassungsprinzipien eine systematische und harmonisierende Auslegung zu Gunsten des Art. 28 Abs. 2 Satz 1 GG in dem Sinne fordert, dass der extraterritorialen Kommunalwirtschaft die Versorgung der eigenen Einwohner inklusive (ressourcennutzender) Annextätigkeiten ohne Beteiligung Außenstehender erlaubt sein muss. Dieser grundsätzliche Inhalt ist aber auch den kommunalen Schrankentrias der Gemeindeordnungen als einfachgesetzliche Ausformung des Art. 28 Abs. 2 Satz 1 GG eigen, vgl. unten § 4 D. I. 1).

321 Vgl. dazu § 4 D. I. 2) c) – Verfassungsmäßigkeit der Expansionsklauseln.

322 So i. E. auch *Oebbecke* ZHR 164 (2000), 375 (388 f.); *Uhlenhut*, Wirtschaftliche Betätigung der Gemeinden außerhalb ihres Gebietes, 2004, S. 159 f.

IV. Subsidiaritätsprinzip zu Gunsten der Privatwirtschaft

Kommunalen Unternehmen könnten sowohl im Rahmen der aktiven als auch der passiven wirtschaftlichen Grenzüberschreitung Zulässigkeitsgrenzen gesetzt sein, wenn der Verfassung zu Gunsten der in der betroffenen Kommune bestehenden Privatwirtschaft die Geltung des Subsidiaritätsprinzips zu entnehmen ist. Dieser aus der katholischen Soziallehre entwickelte[323] Grundsatz sieht den Handlungsvorrang der jeweils unteren Instanz vor, soweit diese dazu in der Lage ist[324]. Mit dem Begriff der Instanz werden neben staatlichen Ebenen auch die namentlich in diesem Zusammenhang interessierenden einzelnen Glieder der Gesellschaft als kleinste Einheit erfasst[325].

1) Anwendungsbereich für die Privatwirtschaft in der fremden Gemeinde?

Bevor darauf eingegangen wird, ob dem Grundgesetz ein solches allgemeines Subsidiaritätsprinzip zu entnehmen ist, soll geklärt werden, ob dieses auf die hier in Frage stehende Konstellation der expandierenden Kommunalwirtschaft mit den in der fremden Gemeinde tätigen privaten Unternehmern überhaupt Anwendung finden könnte.

Nach dem Subsidiaritätsprinzip wird dem privaten Unternehmer gegenüber der Gemeinde als höherer Einheit der Vorrang zum Tätigwerden auf dem jeweiligen Markt gewährt. Dies muss auch für die selbstständigen Unternehmen der Kommunen und nicht nur für diese selbst gelten, da sonst die Gefahr der Aushöhlung dieses Prinzips bestünde.

Erörterungswürdig ist, ob dieser Grundsatz bei Bejahung seiner verfassungsrechtlichen Verankerung auch für die Beziehung zwischen Privatunternehmern, die auf dem Territorium einer anderen Kommune wirtschaftlich tätig sind, und der expandierenden wirtschaftenden Gemeinde Geltung beansprucht. Dagegen spricht, dass der in einer fremden Gemeinde tätige Privatunternehmer nicht der Verwaltung der expandierenden Kommune untersteht, wenn er dort nicht seinen Firmensitz hat und somit formell nicht die untere Instanz zur fremden wirtschaftenden Gemeinde bildet. So verneint auch *Herzog* grundsätzlich die Anwend-

---

[323] Dies ist der am häufigsten genannte Ursprung, vgl. BVerwGE 23, 304 (306); *Herzog* Der Staat 2 (1963), 399 (399 ff.); *Emmerich*, Das Wirtschaftsrecht der öffentlichen Unternehmen, 1969, S. 108; *Ehlers*, Verwaltung in Privatrechtsform, 1984, S. 98; *Oppermann* JuS 1996, 569 (569); *Isensee*, Subsidiaritätsprinzip und Verfassungsrecht, 2. Aufl. 2001, S. 16. Ihr Gehalt ist in der zweiten päpstlichen Enzyklika "Quadragesimo anno" Papst Pius' XI. vom 15. Mai 1931 niedergelegt. Die Abschnitte 79 f. sind bei *Schmidt-Jortzig*, in: ders./Schink (Hrsg.), Subsidiaritätsprinzip und Kommunalordnung, 1982, S. 5, abgedruckt. Ausführlich zu diesem und zu anderen Ursprüngen *Pieper*, Subsidiarität, 1992, S. 29 ff.

[324] *Herzog* Der Staat 2 (1963), 399 (401); *Stern*, in: BK (1964), Art. 28 Rdn. 2; *Isensee*, Subsidiaritätsprinzip und Verfassungsrecht, 2. Aufl. 2001, S. 28; *Hösch* WiVerw 2000, 159 (171).

[325] *v. Arnim*, Wirtschaftlichkeit als Rechtsprinzip, 1988, S. 51; *Pieper*, Subsidiarität, 1992, S. 127; *Isensee*, Subsidiaritätsprinzip und Verfassungsrecht, 2. Aufl. 2001, S. 158 ff. Vgl. zu den Begriffen der "kleineren" und "größeren" Gemeinschaften in diesem Zusammenhang *Herzog* Der Staat 2 (1963), 399 (401 ff.).

barkeit des Subsidiaritätsprinzips, wenn die Gemeinschaft der höheren Instanz die Mitglieder der niedrigeren Instanz nicht umfasst[326].
Eine derartige Sichtweise widerspricht jedoch dem Sinn und Zweck des Subsidiaritätsprinzips, möglichst viele Aufgaben von der Gesellschaftsbasis erledigen zu lassen, um Bürgernähe zu schaffen und höhere Instanzen auf ihre eigentlichen Aufgaben, nämlich solche der Leitung und Überwachung, zu reduzieren. Es kann dabei nicht darauf ankommen, welcher Kommunalverwaltung als Repräsentantin der nächsthöheren Instanz der jeweilige Privatunternehmer als Vertreter der niedrigeren Ebene untersteht.

Das allgemeine Subsidiaritätsprinzip besäße folglich auch für die hier zu behandelnde Konstellation Relevanz, wenn dessen Verankerung im Grundgesetz zu bejahen ist.

2) Verfassungsrechtliche Verankerung des allgemeinen Subsidiaritätsprinzips zu Gunsten der Privatwirtschaft

Es existieren im Wesentlichen vier Ansätze, dem allgemeinen Subsidiaritätsprinzip in der Ausprägung, die der Privatwirtschaft einen Handlungsvorrang einräumt, Verfassungsrang zu verleihen.

a) Art. 23 Abs. 1 Satz 1 GG

Einige Meinungen in der Literatur wollen die Geltung des im Jahre 1992 neu in das Grundgesetz einfügten Art. 23[327] auch auf die innerstaatliche Ordnung übertragen[328]. Neben dem Wortlaut der Vorschrift, der erkennbar das Verhältnis von EU und Mitgliedsstaaten betrifft und sich nicht zur Erstreckung auf die innerstaatliche Ordnung eignet[329], spricht gegen diese Übertragung auch ein Vergleich mit Art. 28 Abs. 1 Satz 1 GG. Diese Norm schreibt die von den Ländern einzuhaltenden staatsrechtlichen Grundsätze vor, ohne dabei denjenigen der Subsidiarität zu nennen[330]. Hätte das Subsidiaritätsprinzip gegenüber Privaten auch für die innerstaatliche Ordnung gelten sollen, so hätte eine explizite Normierung wie in Art. 23 Abs. 1 Satz 1 GG nahe gelegen[331].

---

326 *Herzog* Der Staat 2 (1963), 399 (402).

327 Durch Gesetz vom 21. Dezember 1992, BGBl. 1992 I, S. 2086 f.

328 *Oppermann* JuS 1996, 569 (570 f.); ihm folgend *Ehlers* Jura 1999, 212 (213 f.). I. E. auch *Pieper*, Subsidiarität, 1992, S. 136 ff.

329 So auch die amtliche Begründung zur Neueinfügung des Art. 23 GG, vgl. BT-Drs. 12/3338, 4 (6).

330 Zwar ist in Art. 28 Abs. 2 Satz 1 i. V. m. Satz 2 GG ein Subsidiaritätsprinzip im Verhältnis von Gemeinden und Gemeindeverbänden zu Gunsten der Kommunen verankert, vgl. BVerfGE 110, 370 (400); BbgVerfG LVerfGE 2, 93 (101); ebenso *Nierhaus*, Kommunalrecht für Bbg, 2003, Rdn. 807; *ders.*, in: Sachs (Hrsg.), 3. Aufl. 2003, Art. 28 Rdn. 64. Da hier jedoch das Verhältnis von Privaten und Gemeinden untersucht wird, ist dieser Vorrang der Gemeinden an dieser Stelle nicht relevant.

331 Zutreffend *Otting*, Neues Steuerungsmodell und rechtliche Betätigungsspielräume der Kommunen, 1997, S. 150.

b) Das Gebot der Wirtschaftlichkeit

Aus dem der Verfassung immanenten Gebot der Wirtschaftlichkeit, verstanden als die Verpflichtung der öffentlichen Hand zu Sparsamkeit und Effizienz, wird der Schluss gezogen, dass die wirtschaftliche Betätigung primär der Privatwirtschaft überlassen sein solle, um den wirtschaftenden Staat bzw. die selbstständigen Träger kommunaler Hoheitsgewalt vor unnötigen finanziellen Risiken zu bewahren[332].

Bei diesem Ansatz bleibt unberücksichtigt, dass öffentliche Unternehmen nicht zwangsläufig unrentabel arbeiten und damit ein finanzielles Risiko für die Trägergemeinde darstellen, im Gegenteil sogar kostendeckend und gewinnbringend wirtschaften können[333]. Die Verpflichtung der öffentlichen Hand zu Sparsamkeit und Effizienz kann somit nur einen ineffizienten Mitteleinsatz im einzelnen untersagen, nicht jedoch eine bestimmte Aufgabenwahrnehmung im Allgemeinen[334]. Andernfalls hätte dies den Charakter einer Bevormundung, der die Einschätzung impliziert, dass die öffentliche Hand zu wirtschaftlich rentablem Verhalten prinzipiell nicht in der Lage ist. Es bedeutete eine grundsätzliche Verkürzung der Macht der vom Volk legitimierten Träger von Hoheitsgewalt, was geradezu einen Widerspruch zum Demokratieprinzip und zur Souveränität des Staates bzw. der kommunalen Selbstverwaltungsgarantie darstellt. Die Entscheidung über eine mögliche Nachrangigkeit öffentlicher Unternehmen haben dementsprechend die demokratisch legitimierten Verfassungsorgane – hier der (Landes-) Gesetzgeber respektive die im Rahmen des Art. 28 Abs. 2 Satz 1 GG ermächtigte Kommune – zu treffen.[335]

c) Die Wirtschaftsverfassung des Grundgesetzes

Das in Deutschland praktizierte Wirtschaftssystem der sozialen Marktwirtschaft impliziert eine gewisse Aufgabenverteilung dahingehend, dass die öffentliche Hand grundsätzlich auf ihre subsidiäre soziale Verantwortung im wirtschaftlichen Bereich beschränkt ist[336]. Aus dem Umstand, dass in dem Vertrag über die Schaffung einer Währungs-, Wirtschafts- und Sozialunion zwischen der Bundesrepublik Deutschland und der DDR vom 18. Mai 1990[337] die soziale Marktwirt-

---

[332] *v. Arnim*, Wirtschaftlichkeit als Rechtsprinzip, 1988, S. 52, 74 m. w. N. Auch in diese Richtung tendierend *Ehlers* NWVBl 2000, 1 (5).

[333] So auch *Uhlenhut*, Wirtschaftliche Betätigung der Gemeinden außerhalb ihres Gebietes, 2004, S. 31 f.

[334] *Hellermann*, Örtliche Daseinsvorsorge und gemeindliche Selbstverwaltung, 2000, S. 161.

[335] Zutreffend *Otting*, Neues Steuerungsmodell und rechtliche Betätigungsspielräume der Kommunen, 1997, S. 146 f. Insbesondere der Hinweis auf die Entscheidungsmacht der demokratisch legitimierten Hoheitsträger ist für *Herzog* Der Staat 2 (1963), 399 (416 ff.); *Hellermann*, Örtliche Daseinsvorsorge und gemeindliche Selbstverwaltung, 2000, S. 166 f., zentrales Argument gegen ein verfassungsrechtlich verankertes Subsidiaritätsprinzip.

[336] *Rupp*, in: Isensee/Kirchhof (Hrsg.), HStR IX, 1997, § 203 Rdn. 26 f.

[337] BGBl. 1990 II, S. 537 ff. Der Einigungsvertrag vom 31. August 1990 schrieb in Art. 40 Abs. 1 die grundsätzliche Fortgeltung der Verpflichtungen aus jenem Vertrag vor, vgl. BGBl. 1990 II, S. 889 ff.

schaft zur Grundlage der Wirtschaftsunion erklärt wurde, schließen Stimmen in der Literatur auf die verfassungsrechtliche Festlegung dieses Systems und damit mittelbar ein Subsidiaritätsprinzip zu Gunsten der Privatwirtschaft mit Verfassungsrang[338].

Dieser Interpretation kann zum einen schon nicht gefolgt werden, da der Vertrag über die Schaffung einer Währungs-, Wirtschafts- und Sozialunion zwar ein Verfassungsvertrag ist, nach seiner innerstaatlichen Umsetzung jedoch lediglich den Rang eines einfachen Bundesgesetzes hat[339]. Zum anderen erscheint es sehr unwahrscheinlich, dass die damaligen Vertreter von der Bundesrepublik und der DDR die deutsche Wiedervereinigung dazu nutzen wollten, entgegen der damals vorherrschenden Auffassung in Rechtsprechung und Schrifttum dem im Vertrag vereinbarten Wirtschaftssystem verfassungsrechtlichen Rang zu verschaffen[340].

d) Die Grundrechte

Schließlich werden der grundrechtliche Rechtfertigungszwang staatlicher Wirtschaftsteilnahme und das Subsidiaritätsprinzip zu Gunsten der Privatwirtschaft als konvergierende Elemente bezeichnet[341].

Die Grundrechte dienen primär dem Schutz konkret-individueller Rechte. Eine Rechtfertigung fremdkommunaler Wirtschaftstätigkeit hat demnach zu erfolgen, wenn ein subjektives Recht im Einzelfall betroffen ist. Sekundär enthalten die Grundrechte eine objektiv-rechtliche Ausstrahlungswirkung vor allem in die (neu zu schaffenden und bereits vorhandenen) Vorschriften aller Rechtsbereiche, in die Beurteilungsspielräume der vollziehenden Gewalt sowie in die Gestaltung des Verfahrens- und Organisationsrechts[342].

Mit dem Rechtfertigungserfordernis kommunaler Wirtschaftsteilnahme die Existenz eines allgemeinen Subsidiaritätsprinzips zu Gunsten der Privatwirtschaft zu begründen, bedeutete, den Grundrechten einen über ihre objektiv-rechtliche Ausstrahlungswirkung hinausgehenden objektiv-abstrakten Gehalt zur Ausgestaltung des Wirtschaftslebens beizumessen, den sie schlichtweg nicht besitzen[343]. Die Grundrechte üben zwar durch die objektiv-rechtliche Ausstrah-

---

[338] *Schmidt-Preuß* DVBl 1993, 236 ff.; *Rupp*, in: Isensee/Kirchhof (Hrsg.), HStR IX, 1997, § 203 Rdn. 2 ff., 17 ff.; *Heintzen*, Rechtliche Grenzen und Vorgaben für eine wirtschaftliche Betätigung von Kommunen im Bereich der gewerblichen Gebäudereinigung, 1999, S. 48 f.; *Badura/Huber*, in: Schmidt-Aßmann (Hsrg.), BesVerwR, 13. Aufl. 2005, 3. Kapitel Rdn. 21.

[339] *Püttner* LKV 1994, 193 (194). Ähnlich kritisch auch *Brohm* NJW 1994, 281 (282, Fn. 14).

[340] Zutreffend *Hellermann*, Örtliche Daseinsvorsorge und gemeindliche Selbstverwaltung, 2000, S. 162.

[341] *Isensee* DB 1979, 145 (149); *ders.*, Subsidiaritätsprinzip und Verfassungsrecht, 2. Aufl. 2001, S. 365 ff.; *Pielow* NWVBl 1999, 369 (379); *Hösch* WiVerw 2000, 159 (171 f.). *Rennert* JZ 2003, 385 (395 f.), scheint diesen Erklärungsansatz anzunehmen, da er dessen Auswirkungen für die kommunale Selbstverwaltungsgarantie darstellt.

[342] *Sachs*, in: ders. (Hrsg.), 3. Aufl. 2003, Vor Art. 1 Rdn. 32 ff.; ständige Rechtsprechung, vgl. BVerfGE 7, 198 (205 f., 208 f.); 17, 108 (117 f.); 97, 169 (179).

[343] BVerfGE 50, 290 (336 ff.); *H. Klein*, Die Teilnahme des Staates am wirtschaftlichen Wettbewerb, 1968, S. 164; *Püttner*, Die öffentlichen Unternehmen, 1969, S. 151.

lungswirkung Einfluss auf die gesamte Rechtsordnung aus. Es bedarf jedoch stets eines Bezugspunktes, auf den die Grundrechte ausstrahlende Wirkung entfalten. Die objektiv-rechtliche Ausstrahlungswirkung vermag hingegen nicht von sich aus ein Subsidiaritätsprinzip zu Gunsten Privater zu begründen.

e) Ergebnis zu 2)

Mangels einer überzeugenden Begründung ist die Fundierung des allgemeinen Subsidiaritätsgrundsatzes zu Gunsten privater Unternehmer im Grundgesetz zu verneinen[344].

V. Postulat zur Verfolgung eines öffentlichen Zwecks

Eine weitere Zulässigkeitsbeschränkung von Verfassungsrang auch und gerade für die grenzüberschreitende Kommunalwirtschaft könnte ein aus dem Grundgesetz folgendes Gebot zur Verfolgung eines öffentlichen Zwecks sein. Vorweg sei erwähnt, dass die oft verwendeten Begriffe des Gemeinwohls, des öffentlichen Interesses, des Wohls der Allgemeinheit, des öffentlichen Bedürfnisses usw. Synonyme für den Terminus des öffentlichen Zwecks darstellen[345].

1) Verpflichtung von Verfassungsrang

Dass sämtliche Wirtschaftsbetätigung der öffentlichen Hand, folglich auch die extraterritorial agierende Kommunalwirtschaft, bereits verfassungsrechtlich dazu verpflichtet ist, bei ihrer Betätigung gemeinwohlbezogene Belange zu verfolgen, ist allgemein anerkannt[346]. Es bestehen verschiedene Erklärungsansätze über den Ursprung dieser Pflicht.

Einige Autoren sehen den Ursprung dieser verfassungsrechtlichen Pflicht in dem Rechtfertigungszwang jeglichen staatlichen Handelns insbesondere bei Eingriffen in (Grund-) Rechte Privater. Dies sei Ausdruck des allgemeinen Rechtsstaatsprinzips.[347]

---

[344] Zu diesem Ergebnis gelangen auch BVerwGE 23, 304 (306); ihm folgend BVerwGE 39, 329 (338); HeVGH DÖV 2005, 210 (211); OVG NW NVwZ 1986, 1045 (1046); *Stern*, in: BK (1964), Art. 28 Rdn. 2, mit speziellem Bezug zu Art. 28 GG; *Emmerich*, Das Wirtschaftsrecht der öffentlichen Unternehmen, 1969, S. 108 f.; *Ehlers*, Verwaltung in Privatrechtsform, 1984, S. 98 f.; *Hill* BB 1997, 425 (428); *Henneke* NdsVBl 1998, 273 (277); *Grawert*, in: Reichard (Hrsg.), Kommunen am Markt, 2001, S. 9 (17 f.).

[345] *Isensee* DB 1979, 145 (149); *Schmidt-Jortzig*, in: Püttner (Hrsg.), HKWP V, 1984, S. 50 (57) m. w. N.

[346] RPVerfGH NVwZ 2000, 801 (801); *J. Burmeister*, FG v. Unruh, 1983, S. 623 (645 f.); *Schmidt-Jortzig*, in: Püttner (Hrsg.), HKWP V, 1984, S. 50 (56); *Ehlers*, Gutachten E für 64. DJT 2002, S. E 34 f.; *Püttner* DÖV 2002, 731 (735).

[347] Siehe u. a. *Püttner*, Die öffentlichen Unternehmen, 1969, S. 200 ff.; *Selmer*, in: Stober/Vogel (Hrsg.), Wirtschaftliche Betätigung der öffentlichen Hand, 2000, S. 75 (84 ff.); *Ehlers*, Verwaltung in Privatrechtsform, 1984, S. 86 f.; *Berg* GewArch 1990, 225 (228); *Nierhaus*, Kommunalrecht für Bbg, 2003, Rdn. 615; *Scharpf* GewArch 2005, 1 (8).; *Stober* ZHR 145 (1981), 565 (585 f.); *Held* WiVerw 1998, 264 (270).

Darüber hinaus wird auch das republikanische Prinzip als Ursprung für diese jedes Staatshandeln betreffende Verpflichtung bemüht. Gegründet ist diese Idee auf dem Gedanken, dass der Staat die Summe der objektiven Interessen derer vertreten soll, denen er seine Legitimation zu verdanken hat.[348]

Andere Stimmen in der Literatur schließen die verfassungsrechtliche Verpflichtung zur Verfolgung eines öffentlichen Zwecks aus dem Sozialstaatsprinzip. Dieser Grundsatz verkörpere Gemeinschafts-, Allgemein- oder Gesellschaftsbezogenheit, so dass auch die Legitimation kommunalwirtschaftlichen Handelns hierdurch begrenzt werde.[349]

Es liegt zudem bereits dem gemeindlichen Wirkungskreis nach Art. 28 Abs. 2 Satz 1 GG zu Grunde, dass die Kommunalwirtschaft an das Gemeinwohl der Mitglieder ihrer Gemeinschaft gebunden ist, da sich die kommunale Selbstverwaltungsgarantie nur auf die Befugnis zur Regelung der Angelegenheiten der örtlichen Gemeinschaft erstreckt[350].

2) Inhalt der Pflicht zur öffentlichen Zweckverfolgung

Obgleich oder gerade weil der wirtschaftenden Gemeinde bezüglich des öffentlichen Zwecks eine von Kommunalaufsicht und Verwaltungsgerichtsbarkeit nur auf Rechtmäßigkeitsgesichtspunkte hin überprüfbare Einschätzungsprärogative zusteht[351], hat sie sich an die im Folgenden darzustellenden inhaltlichen Vorgaben zu halten, die sich aus dem Gemeinwohlbindungserfordernis ergeben. Über diese verfassungsrechtliche Verpflichtung kann sich weder der Gesetzgeber hinwegsetzen[352] noch kann sie durch die Zustimmung der betroffenen Kommune aufgehoben werden[353]. Wie bereits im Rahmen des gemeindlichen Wirkungskreises dargestellt[354], vermag die Zustimmung der betroffenen Gemeinde nicht die sachlich-gegenständliche Kompetenz der grenzüberschreitenden Kommunalwirtschaft zu erweitern.

---

[348] *Löwer* NWVBl 2000, 241 (243) m. w. N. Ähnlich *Isensee*, in: ders./Kirchhof (Hrsg.), HStR III, 1988, § 57 Rdn. 41 ff.

[349] *Stober* ZHR 145 (1981), 565 (583 f.); *Held* WiVerw 1998, 264 (270).

[350] Vgl. dazu bereits das unter § 4 B. I. 1) a) bb) (1) – Das Örtlichkeitsprinzip im Rahmen des Art. 28 Abs. 2 Satz 1 GG – gefundene Ergebnis. In diesem Sinne auch *Stober* ZHR 145 (1981), 565 (583 f.); *Jarass* DÖV 2002, 489 (497 f.).

[351] BVerwGE 39, 329 (334); *Ehlers* JZ 1990, 1089 (1091); *Enkler* ZG 1998, 328 (333); *Nierhaus*, Kommunalrecht für Bbg, 2003, Rdn. 616. A. A. *Hösch* DÖV 2000, 393 (400, 402), für das Verhältnis zwischen Gemeinde und Bürger, wenn die wirtschaftliche Betätigung grundrechtsrelevant ist.

[352] *Held* WiVerw 1998, 264 (277); *Ehlers*, Gutachten E für 64. DJT 2002, S. E 101; *Rennert* Die Verwaltung 35 (2002), 319 (334).

[353] *Heilshorn*, Gebietsbezug der Kommunalwirtschaft, 2003, S. 149.

[354] Vgl. § 4 B. I. 1) a) bb) (2) – Aufhebung des Territorialitätsprinzips durch Zustimmung der betroffenen Gemeinde?

a) Mittelbar örtlich radizierende Wirkung

Art. 28 Abs. 2 Satz 1 GG konkretisiert die verfassungsrechtliche Pflicht zur Verfolgung eines öffentlichen Zwecks insofern, als er vorschreibt, nach wessen Gemeinwohl sich die Gemeinden bei allen ihren Aktivitäten zu richten haben[355]. Ihre Legitimation besteht nämlich nur für die Angelegenheiten der örtlichen Gemeinschaft, d. h. "diejenigen Bedürfnisse und Interessen, die in der örtlichen Gemeinschaft wurzeln oder auf sie einen spezifischen Bezug haben, die also den Gemeindeeinwohnern gerade als solchen gemeinsam sind, indem sie das Zusammenleben und -wohnen der Menschen in der (politischen) Gemeinde betreffen."[356] Wie bereits im Zusammenhang mit dem kommunalen Wirkungskreis festgestellt, muss nach diesem Begriffsverständnis für das Wohl der Gemeindeeinwohner nicht zwingend im Gemeindegebiet gesorgt werden[357]. Die verfassungsrechtliche Gemeinwohlbindung verlangt von der grenzüberschreitenden Kommunalwirtschaft somit nur, aber immerhin, grundsätzlich mit jeder Aufgabenerfüllung dem Wohl ihrer Einwohner zu dienen. Da dies mit abnehmender Nähe zum Gemeindegebiet immer weniger zu gewährleisten ist, kommt der verfassungsrechtlichen Verpflichtung zur Verfolgung eines öffentlichen Zwecks genauso wie dem gemeindlichen Wirkungskreis in Art. 28 Abs. 2 Satz 1 GG mittelbar örtlich radizierende Wirkung zu.

Dem widerspricht sowohl die aktive als auch die passive Grenzüberschreitung zu Gunsten Gemeindefremder; als zulässige Grenzüberschreitung verbleibt nur die der eigenen Einwohnerschaft zum Vorteil gereichende kommunalwirtschaftliche Betätigung außerhalb des eigenen Terrains.

b) Verbot der rein erwerbswirtschaftlichen Betätigung

Solange die aktiv grenzüberschreitende Kommunalwirtschaft dem Gemeinwohl ihrer Einwohner dient, kann und soll sie wegen der verfassungsrechtlichen Verpflichtung der öffentlichen Hand zu Sparsamkeit und Effizienz möglichst Gewinne erzielen[358]. Verboten ist ihr aber grundsätzlich *reine* Gewinnerzielungsabsicht[359]. Diese ist auch nicht mit der Argumentation zu rechtfertigen, dass die aus kommunalwirtschaftlichen Transaktionen fließenden Gewinne mittelbar (ü-

[355] So auch *Schmidt-Aßmann*, in: Habersack / Hommelhoff / Hüffer / Schmidt (Hrsg.), Festschr. für Ulmer, 2003, 1015 (1022).

[356] BVerfGE 79, 127 (151 f.).

[357] Siehe hierzu bereits die Argumentation unter § 4 B. I. 1) a) bb) (1) – Das Örtlichkeitsprinzip.

[358] Zur Zulässigkeit der Gewinnmitnahme auch *Moraing* WiVerw 1998, 233 (252 f.); *Henneke* NdsVBl 1998, 273 (283); *Ehlers* DVBl 1998, 497 (500); *ders.* Jura 1999, 212 (214); *Schink* NVwZ 2002, 129 (134).

[359] RPVerfGH NVwZ 2000, 801 (801); *J. Burmeister*, FG v. Unruh, 1983, S. 623 (649 f.); *Ehlers* JZ 1990, 1089 (1091); *Enkler* ZG 1998, 328 (333 f.); *Selmer*, in: Stober/Vogel (Hrsg.), Wirtschaftliche Betätigung der öffentlichen Hand, 2000, S. 75 (88); *Rennert* Die Verwaltung 35 (2002), 319 (334); *Schliesky*, Öffentliches Wirtschaftsrecht, 2. Aufl. 2003, S. 156; *Scharpf* GewArch 2005, 1 (8).

ber den Haushalt) dem Gemeinwohl der Einwohner zu dienen bestimmt sind[360]. Es wird zu Recht festgestellt, dass keine Gewinngarantie besteht und dass Verluste unmittelbar oder mittelbar letztlich mit Steuergeldern zu kompensieren sind, die ihrerseits jedoch vom Bürger zu Zwecken der Gemeinwohlförderung gezahlt wurden[361]. Die Erfahrungen sollen überdies zeigen, dass ein Zusammenhang zwischen der Höhe des Verlustrisikos und der Entfernung der wirtschaftenden Kommune vom Heimatmarkt besteht[362].

Der Finanzverfassung des Grundgesetzes liegt das Prinzip des Steuerstaates zu Grunde, d. h. sie reduziert den Staat in allen seinen Untergliederungen grundsätzlich auf die Einnahmequelle der Steuer. Dies ist im Grundgesetz zwar nicht explizit geregelt, ergibt sich aber aus der Zusammenschau der ausdrücklichen detaillierten Ermächtigungen zur Erhebung von Steuern in dem Abschnitt über das Finanzwesen.[363] Eine solche verfassungsrechtliche Gewährleistung fehlt demgegenüber für die rein erwerbswirtschaftliche Betätigung[364].

Anders sieht dies namentlich *Otting*, der Gemeinden aus der in Art. 28 Abs. 2 Satz 1 GG enthaltenen kommunalen Finanzhoheit, deren Bedeutung durch Art. 28 Abs. 2 Satz 3 GG unterstrichen wird, eine verfassungsrechtliche Gewährleistung auf erwerbswirtschaftliche Betätigung zuspricht, wenn das Land seiner Verpflichtung auf ausreichende Ausstattung der Kommunen mit finanziellen

---

[360] So aber *Dickersbach* WiVerw 1983, 187 (199); *Berg* GewArch 1990, 225 (229); *Britz* NVwZ 2001, 380 (382); *Cremer* DÖV 2003, 921 (922, 929). Ähnlich *Otting*, Neues Steuerungsmodell und rechtliche Betätigungsspielräume der Kommunen, 1997, S. 143, der dies allerdings von einer positiven Prognose abhängig macht, sowie *Hellermann*, Örtliche Daseinsvorsorge und gemeindliche Selbstverwaltung, 2000, S. 154, demzufolge lediglich eine vergeudende erwerbswirtschaftliche Betätigung als gemeinwohlwidrig einzustufen ist; *Hellermann/Wieland*, in: Püttner (Hrsg.), Zur Reform des Gemeindewirtschaftsrechts, 2002, S. 117 (124 f.).

[361] So *Löwer* NWVBl 2000, 241 (243), der diesen Gedanken pointiert mit dem Satz zusammenfasst: "Steuern zahlt der Bürger [...] nicht für kommunales Monopoly." Ähnlich auch *Isensee* DB 1979, 145 (149); *Stober* ZHR 145 (1981), 565 (588 f.); *Ehlers*, Gutachten E für 64. DJT 2002, S. E 72; *Scholl*, in: Püttner (Hrsg.), Zur Reform des Gemeindewirtschaftsrechts, 2002, S. 85 (93); *Rennert* JZ 2003, 385 (390, Fn. 38).

[362] *Ehlers*, Gutachten E für 64. DJT 2002, S. E 99.

[363] So äußerte sich auch das BVerfG im Zusammenhang mit der Erhebung von nichtsteuerlichen Abgaben, vgl. BVerfGE 78, 249 (266 f.); 82, 159 (178); 93, 319 (342). Siehe u. a. *Stober*, Kommunalrecht, 3. Aufl. 1996, S. 343; *Henneke* NdsVBl 1998, 273 (282 f.); *Ehlers* Jura 1999, 212 (214). In diesem Sinne auch *Schmidt-Aßmann*, in: Habersack / Hommelhoff / Hüffer / Schmidt (Hrsg.), Festschr. für Ulmer, 2003, 1015 (1018). A. A. *Jarass* DÖV 2002, 489 (490), demzufolge die Steuerfinanzierung als *überwiegende* Einnahmequelle neben der erwerbswirtschaftlichen Tätigkeit der öffentlichen Hand ausreichend ist.

[364] *Hellermann*, Örtliche Daseinsvorsorge und gemeindliche Selbstverwaltung, 2000, S. 155, sieht darin hingegen kein Hindernis für eine erwerbswirtschaftliche Betätigung der Kommunen, erklärt aber auch nicht, wie eine solche Ausnahme vom Steuerstaatsprinzip zu rechtfertigen sei.

Mitteln nicht nachkommen könne und damit den Kernbereich kommunaler Selbstverwaltung verletze[365].
Die Verpflichtung der Länder, die finanzielle Eigenverantwortung ihrer Gemeinden zu gewährleisten, ist Art. 28 Abs. 2 Sätzen 1, 3 GG zu entnehmen. Hieraus folgt, dass sowohl ein zum Randbereich der kommunalen Selbstverwaltungsgarantie gehörendes Recht auf angemessene (aufgabengerechte) Finanzausstattung als auch ein zum Kernbereich zählender Anspruch auf finanzielle Mindestausstattung zum Gewährleistungsgehalt der bundesverfassungsrechtlichen kommunalen Selbstverwaltungsgarantie gehören[366]. Es wird hierauf basierend jedoch argumentiert, dass die Umsetzung dieser Verpflichtung in die Praxis genauso verfassungsrechtlich fundiert sein muss und nicht von dieser losgelöst sein kann, wie dies bei einer ungebundenen Erwerbswirtschaft der Fall wäre[367].
Gegen den Ansatz *Ottings* spricht zudem dessen praktisch nur schwere Kontrollierbarkeit in zweierlei Hinsicht[368]. Zum einen ist es unmöglich, den exakten Fehlbetrag durch die kommunale erwerbswirtschaftliche Betätigung zu kompensieren. Demzufolge liegt die Gefahr nahe, dass Gemeinden eigenständig die vermeintlich aus der Finanzknappheit des Landes resultierende Erlaubnis zur rein erwerbswirtschaftlichen Betätigung über das erforderliche Maß hinaus zu Lasten der örtlichen Privatwirtschaft ausnutzen. Zum anderen bliebe unklar, ob nach Beendigung der Unterfinanzierungssituation eine aus einer solchen Finanzkrise heraus aufgenommene rein erwerbswirtschaftliche Betätigung wieder aufgegeben werden müsste und wie das sicherzustellen wäre[369]. Dem wäre nur mit erhöhten Kontrollmaßnahmen seitens der Kommunalaufsichtsbehörden beizukommen. Diese würden ihrerseits höhere Kosten mit sich bringen, die mit Mitteln bestritten würden, die besser bei den Gemeinden selbst angelegt wären.
In einem Fall der Unterfinanzierung ist es vielmehr sinnvoller, die Höhe des kommunalen Anspruchs auf eine finanzielle Mindest- und eine aufgabenadäquate Finanzausstattung quantitativ zu minimieren, indem das betreffende Land die den Kommunen auferlegten Pflichtaufgaben reduziert und gesetzlich vorgege-

---

365 *Otting*, Neues Steuerungsmodell und rechtliche Betätigungsspielräume der Kommunen, 1997, S. 168 ff.; *ders.* DVBl 1997, 1258 (1261 ff.).

366 *Nierhaus* LKV 2005, 1 ff. m. w. N.; *Schoch* Jura 2001, 121 (133); *Lübking*, in: Vogelgesang/ders./Ulbrich (Hrsg.), Kommunale Selbstverwaltung, 3. Aufl. 2005, Rdn. 453; ausdrücklich für den Anspruch auf aufgabenadäquate Finanzausstattung BVerwGE 106, 280 (287). Kritisch zum Finanzausstattungsanspruch der Kommunen *Volkmann* DÖV 2001, 497 (499 ff.). Das BVerfG ist der Entscheidung dieser Frage hingegen bisher ausgewichen, vgl. BVerfGE 26, 172 (181); 71, 25 (36 f.); BVerfG LKV 1994, 145; NVwZ 1995, 370 f.

367 *Rennert* JZ 2003, 385 (392), nennt *Ottings* Ansatz "eine Pauschalerlaubnis zur Selbstbedienung".

368 *Uhlenhut*, Wirtschaftliche Betätigung der Gemeinden außerhalb ihres Gebietes, 2004, S. 101 ff.; *Hösch* DÖV 2000, 393 (405), lehnen Art. 28 Abs. 2 Satz 3 GG im Ergebnis auch als verfassungsrechtliche Ermächtigung der Gemeinden zur Einnahmebeschaffung durch erwerbswirtschaftliche Betätigung ab.

369 Vgl. zu diesem Kritikpunkt *Averhaus*, Gemeinden in der Telekommunikation, 2001, S. 188.

bene kostentreibende Standards der Aufgabenerfüllung senkt, so dass das – nunmehr verringerte – verbleibende gemeindliche Bedürfnis nach finanzieller Mindestausstattung vom Land bestritten werden kann[370]. Problematisch an dieser Lösung ist, dass es durchaus zu Lasten der Gemeindebevölkerung gehen kann, wenn den Kommunen Aufgaben erlassen werden. In Zeiten von Finanzknappheit stellen die Reduzierung von gemeindlichen Pflichtaufgaben sowie die Senkung gesetzlich vorgegebener kostentreibender Standards der Aufgabenerfüllung für das vorliegende Problem aber die bessere Alternative dar, da sie leichter zu kontrollieren und auch wieder rückgängig zu machen sind, was letztlich auch der Privatwirtschaft in der jeweils betroffenen Gemeinde zugute kommt.

Diejenigen Meinungen in der Literatur, die den Ursprung der verfassungsrechtlichen Verpflichtung zur Verfolgung eines öffentlichen Zwecks aus dem Rechtfertigungszwang jeglichen staatlichen Handelns insbesondere gegenüber Eingriffen in (Grund-) Rechte Privater als Ausdruck des allgemeinen Rechtsstaatsprinzips annehmen, schließen aus diesem Umstand auch konsequent das Verbot der reinen Gewinnerzielung. So stellt *Ehlers* in diesem Zusammenhang treffend fest: "Wenn die Absicht des Geldverdienens als Zielsetzung ausreicht, lässt sich alles und jedes legitimieren."[371] Dies stünde aber geradezu im Gegensatz zum verfassungsrechtlichen Rechtfertigungszwang eines Eingriffs in Grundrechte privater Konkurrenten[372].

c) Erwerbswirtschaftliche Rand- bzw. Annexnutzungen

aa) Ressourcennutzende Nebengeschäfte

Es ist opinio communis, dass es den wirtschaftenden Gemeinden ausnahmsweise in engen Grenzen gestattet sein soll, sich zur Kapazitätsauslastung und damit verbundener Rentabilitätssteigerung oder -erhaltung im Rahmen von ressourcennutzenden Rand- oder Annexnutzungen[373] erwerbswirtschaftlich zu betätigen. Voraussetzung dafür ist in jedem Fall, dass diesen Tätigkeiten ein zulässiges gemeinwohlorientiertes Hauptgeschäft zu Grunde liegt.[374]

---

[370] RPVerfGH NVwZ 2000, 801 (803); *Henneke* NdsVBl 1998, 273 (280); *ders.* DVBl 1998, 1158 (1164). So auch *Nierhaus* LKV 2005, 1 (2), im Zusammenhang mit dem verfassungsrechtlichen Anspruch der Kommunen auf finanzielle Mindestausstattung.

[371] *Ehlers*, in: Ipsen (Hrsg.), Kommunalwirtschaft im Umbruch, 11. Bad Iburger Gespräche, 2001, S. 10 (16).

[372] So auch *Ehlers*, Gutachten E für 64. DJT 2002, S. E 72; *Schmahl* LKV 2000, 47 (48).

[373] Vgl. zu diesen Begriffen bereits § 2 B. I. 2) – Hauptgeschäfte, Hilfsbetriebe und ressourcennutzende sowie -unabhängige Nebengeschäfte.

[374] BVerwGE 82, 29 (34); RPVerfGH NVwZ 2000, 801 (803), bezüglich der einfachrechtlichen Gemeinwohlklausel; *Ehlers*, Verwaltung in Privatrechtsform, 1984, S. 93 ff.; *Schmidt-Jortzig*, in: Püttner (Hrsg.), HKWP V, 1984, S. 50 (63), mit Beispielen für zulässige Randnutzungen; *Stern/Püttner*, Die Gemeindewirtschaft, 1965, S. 181 f.; *Enkler* ZG 1998, 328 (334 f.); *Selmer*, in: Stober/Vogel (Hrsg.), Wirtschaftliche Betätigung der öffentlichen Hand, 2000, S. 75 (91); *Püttner* DÖV 2002, 731 (735), der hierfür allerdings weniger Kapazitätsauslas-

Ob solche unter der Prämisse der Gemeinwohlbindung zulässigen Annexnutzungen, wie z. B. das Anbieten von gärtnerischen Arbeiten für Private durch einen kommunalen Betrieb, der hauptsächlich öffentliche Grünflächen pflegt[375], innerhalb oder außerhalb des eigenen Gemeindegebietes stattfinden, kann dabei keine Rolle spielen[376]. Schließlich ändert sich ihr wirtschaftlicher Nutzen für das unmittelbar dem Wohl der Gemeindeeinwohner dienende Hauptgeschäft durch die Überschreitung der Gemeindegebietsgrenzen nicht. Wesen dieser untergeordneten Randtätigkeiten ist doch gerade, dass mit ihnen ein öffentlicher Zweck nicht unmittelbar verfolgt werden muss. Da die mittelbar geografisch begrenzend wirkende Bindung der Kommunalwirtschaft an die Gemeindeeinwohner aber aus dieser Gemeinwohlbindung resultiert, kann sie nicht für die erwerbswirtschaftlichen Annexnutzungen bindende Wirkung entfalten.

Diese erweiterte Kompetenz birgt allerdings auch die Gefahr von Einfallstellen in sich, auf die zu achten unabdingbar ist. So darf die ressourcennutzende Annextätigkeit nicht zu einer Beeinträchtigung oder Vernachlässigung des legitimierenden Zwecks der Hauptbetätigung führen[377]. Denkbar ist die Realisierung dieser Gefahr beispielsweise bei einem gemeindlichen Parkraumvermieter, der erkennt, dass die Vermietung der Parkdecks an Gewerbetreibende gewinnträchtiger ist als das Zurverfügungstellen von öffentlichem Parkraum[378] und deswegen die Vermietung der Flächen für Parkraum zu Gunsten anderer Vermietungszwecke reduziert.
Diese Handlungsmöglichkeit soll die Kommunen zudem nicht dazu ermutigen, dauernd entbehrlich gewordene Kapazitäten unnötigerweise im Hinblick auf den öffentlichen Zweck aufrecht zu erhalten oder gar bewusst neue aufzubauen, um auf diese Weise extraterritorial Gewinne erwirtschaften zu können[379]. Ein sol-

---

tungsgründe anführt, sondern die Marktfähigkeit kommunaler Unternehmen; *Franz*, Gewinnerzielung durch kommunale Daseinsvorsorge, 2005, S. 228. A. A. *Frenz* DÖV 2000, 802 (807), im Zusammenhang mit der einfachgesetzlichen Gemeinwohlklausel des § 107 Abs. 1 GO NW.

375 OLG Hamm JZ 1998, 576 ff.

376 Zutreffend *Schulz* BayVBl 1998, 449 (451 f.); *Zacharias* VR 2000, 271 (276); *Britz* NVwZ 2001, 380 (386); *Jarass* NWVBl 2002, 335 (338); *ders.* DVBl 2006, 1 (8 f.). Auch *Hösch* DÖV 2000, 393 (403), war erst dieser Meinung, änderte sie aber offensichtlich wenig später, vgl. *dens.* GewArch 2001, 223 (230). Gleichfalls a. A. *Lux* NWVBl 2000, 7 (9 f.); *Henneke* NdsVBl 1998, 273 (281), der dieser Möglichkeit die Zulässigkeit versagt, da er ein striktes Örtlichkeitsprinzip im räumlichen Sinne befürwortet. Siehe des weiteren *W. Meyer* WiVerw 2003, 57 (96 ff.), der die extraterritoriale (ressourcennutzende) Annextätigkeit als "Anhängsel" der Haupttätigkeit nur für zulässig hält, wenn die Haupttätigkeit auch legitimerweise extra muros stattfinden kann.

377 BVerwGE 82, 29 (34); *Ehlers* DVBl 1998, 497 (501); *ders.* Jura 1999, 212 (214); *Selmer*, in: Stober/Vogel (Hrsg.), Wirtschaftliche Betätigung der öffentlichen Hand, 2000, S. 75 (91).

378 OVG NW DVBl 2004, 133 ff., nachgebildet.

379 Zu dieser Gefahr im Zusammenhang mit § 85 Abs. 1 GO RP RPVerfGH NVwZ 2000, 801 (803). So auch *Grawert*, in: Reichard (Hrsg.), Kommunen am Markt, 2001, S. 9 (22), der jedoch zu Recht eine nicht stattfindende, aber an sich fällige Verkleinerung oder Einstellung

cher Missbrauch läge beispielsweise bei einem Saunabetrieb einer kleinen Gemeinde vor, der dauerhaft so viel Kapazitäten zur Verfügung hat, dass er über sein eigentliches Saunaangebot hinaus eine angrenzende Gaststätte zur Erfrischung der Saunagäste betreibt, die aber wegen ihrer Größe insbesondere die Einwohner der großen Nachbargemeinde anzieht, die nicht in die Sauna gehen. Gerade bei dieser Fallkonstellation besteht darüber hinaus die Gefahr, dass sich das rein erwerbswirtschaftliche Randgeschäft von der hauptsächlichen gemeinwohlorientierten Betätigung nach Gegenstand und Geschäftsvolumen löst und somit von einem Randdasein zu einem eigenständigen Geschäftsbereich mutiert[380]. Damit verknüpft ist die schwierige Einschätzung, wo im Einzelfall die Grenze von der rentabilitätserhaltenden bzw. -steigernden Nebentätigkeit zu einer schon eigenständigen Hauptbeschäftigung zu ziehen ist. Deren diffizile Einhaltung wird zusätzlich durch den Umstand erschwert, dass die Hauptzwecke, die kommunale Unternehmen verfolgen sollen, nicht präzisiert sind[381]. Um dem Problem der Verselbstständigung von ressourcennutzenden Nebengeschäften zu begegnen, wird neben dem organisatorischen Kriterium jedenfalls auch ein sachlicher Zusammenhang zur Hauptaufgabe gefordert[382]. Ein solcher ist z. B. in dem Fall zu bejahen, in dem eine Gemeinde ihre spezielle Sachkenntnis vermarktet, die ein Privater wegen des zum öffentlichen Lebensbereich zählenden Sachgebiets nicht hat oder nicht haben kann, etwa auf dem Gebiet der Trinkwasserversorgung[383].

bb) Ressourcenunabhängige Nebengeschäfte

Ressourcenunabhängige Nebengeschäfte, die selbst keinem öffentlichen Zweck dienen, sind im Hinblick auf die verfassungsrechtliche Pflicht, einen öffentlichen Zweck zu erfüllen, unzulässig. Während sich die Existenzberechtigung und die Zulässigkeit erwerbswirtschaftlicher ressourcennutzender Nebentätigkeiten auf wirtschaftliche Rentabilitätserwägungen stützt, besteht für die erwerbswirtschaftlichen ressourcenunabhängigen Nebengeschäfte keine solche Rechtfertigung.

---

des Unternehmens beispielsweise für unproblematisch hält, wenn eine flächendeckende Versorgung durch Private nicht sicher ist oder weil der jeweilige Betrieb freie Kapazitäten halten muss. *Zacharias* VR 2000, 271 (276), erachtet eine dauerhafte Verwertung ansonsten brachliegender Ressourcen ausnahmsweise für zulässig, wenn ein Abbau von Überkapazitäten technisch oder wirtschaftlich nicht möglich ist.

380 *Ehlers* DVBl 1998, 497 (501); *Enkler* ZG 1998, 328 (334 f.); *Schink* NVwZ 2002, 129 (135); *Grooterhorst/Törnig* DÖV 2004, 685 (690). Für *Rennert* JZ 2003, 385 (392 f.), ist dies sogar ein Grund, die Zulässigkeit der ressourcennutzenden Randtätigkeiten ganz abzulehnen.

381 Diesen Gedanken führt *Ehlers* JZ 1990, 1089 (1091), als Manko in der Praxis auf, was oftmals zu einer "Versickerung" öffentlicher Zwecke führe.

382 *Rennert* Die Verwaltung 35 (2002), 319 (335); *Scharpf* DÖV 2006, 23 (24). So auch *W. Meyer* WiVerw 2003, 57 (91), im Zusammenhang mit der einfachrechtlichen Zulässigkeit von erwerbswirtschaftlichen Randnutzungen.

383 *Scharpf* DÖV 2006, 23 (25).

Stimmen in der Literatur bejahen die Zulässigkeit solcher erwerbswirtschaftlichen ressourcenunabhängigen Annexnutzungen hingegen, wenn die Nebentätigkeit notwendig ist, um die einem öffentlichen Zweck dienende Hauptleistung im Wettbewerb sachgerecht erbringen zu können. Als Beispiel werden kommunale Energieversorgungsunternehmer genannt, die zur Abrundung ihres Hauptangebotes zusätzlich Elektroinstallationen anbieten, um im Wettbewerb mit privaten Unternehmern, die ebenfalls diese so genannten Paketangebote anbieten, bestehen zu können und das kommunale Unternehmen überlebensfähig zu halten.[384]
Das Bestehen im Wettbewerb mit Privaten kann jedoch kein Argument sein, welches ein Verstoß gegen das verfassungsrechtliche Verbot reiner Gewinnerzielung rechtfertigt. Sind gemeindliche Unternehmen wegen der öffentlichen Zweckbindung defizitär, so müssen diese aus allgemeinen Steuermitteln bezuschusst werden oder die wirtschaftliche Betätigung auf diesem Gebiet muss eingestellt werden.
Auf Grund der Unzulässigkeit erwerbswirtschaftlicher ressourcenunabhängiger Nebengeschäfte wegen Verstoßes gegen das verfassungsrechtliche Verbot reiner Gewinnerzielung sollen diese in der weiteren Untersuchung außer Betracht bleiben.

3) *Rückschluss auf Subsidiarität?*

Vereinzelt wird behauptet, dass die Gemeinwohlbindung der Kommunalwirtschaft zugleich ihre Subsidiarität gegenüber der Privatwirtschaft enthalte, da die gemeindewirtschaftliche Betätigung prinzipiell nicht durch Belange des öffentlichen Wohls motiviert sein könne, wenn die gleiche Tätigkeit bereits von der Privatwirtschaft erfüllt wird oder werden kann[385].
Wenn die Kommunalwirtschaft in Konkurrenz zur Privatwirtschaft tritt, ist es tatsächlich ziemlich wahrscheinlich, dass die Gemeinde nicht mehr ausschließlich öffentliche Zwecke verfolgt. Das ist ihr aber auch nicht verfassungsrechtlich verboten. Solange das Wohl der Einwohner der eigenen Gemeinde zumindest auch objektiv erkennbares vorrangiges Ziel ist, verstößt eine kommunale wirtschaftliche Betätigung nicht gegen das Verbot reiner Gewinnerzielungsabsicht. Dass eine Gemeinde beim Verfolgen von Gemeinwohlbelangen mittels wirtschaftlicher Betätigung möglichst auch Gewinne erzielen soll, gibt ihr sogar die verfassungsrechtliche Verpflichtung zu Sparsamkeit und Effizienz vor, und zwar unabhängig davon, ob private Konkurrenz besteht oder nicht.[386]

---

[384] *Jarass* DVBl 2006, 1 (7); *Scharpf* DÖV 2006, 23 (25 f.), er lässt die Zulässigkeit aber auch in solch einem Fall scheitern, wenn diese ressourcenunabhängigen Nebentätigkeiten eine wesentliche Konkurrenz für die Privatunternehmer darstellen, was regelmäßig zu bejahen sein dürfte. Siehe zu dieser Fallkonstellation auch BGHZ 150, 343 ff.

[385] *Nipperdey*, Soziale Marktwirtschaft und Grundgesetz, 3. Aufl. 1965, S. 40 f.; *Held* WiVerw 1998, 264 (271); *Selmer*, in: Stober/Vogel (Hrsg.), Wirtschaftliche Betätigung der öffentlichen Hand, 2000, S. 75 (89 f.); *Hösch* GewArch 2001, 223 (226).

[386] So im Ergebnis auch OVG NW NVwZ 1986, 1045 (1046), das betont, dass die Verfolgung eines gemeinnützigen Zwecks nicht dadurch ausgeschlossen wird, dass ein solcher Betrieb

Aus der Verpflichtung zur Verfolgung eines öffentlichen Zwecks können demnach keine Rückschlüsse auf ein verfassungsrechtlich fundiertes Subsidiaritätsprinzip zu Gunsten der Privatwirtschaft gezogen werden.

4) Ergebnis zu V.

Das verfassungsrechtliche Postulat zur Verfolgung eines öffentlichen Zwecks ist durch Art. 28 Abs. 2 Satz 1 GG in dem Sinne konkretisiert, dass es die (grenzüberschreitende) Kommunalwirtschaft verpflichtet, dem Wohl der eigenen Einwohner zu dienen. Auch die verfassungsrechtliche Verpflichtung zur Verfolgung eines öffentlichen Zwecks weist damit wie die Angelegenheiten der örtlichen Gemeinschaft in Art. 28 Abs. 2 Satz 1 GG eine mittelbar örtlich radizierende Wirkung auf. Nach der verfassungsrechtlichen Pflicht zur öffentlichen Zweckverfolgung sind demnach nur aktive und passive Grenzüberschreitungen zum Wohle der eigenen Gemeindeeinwohner zulässig.
Nach der Pflicht zur Verfolgung eines öffentlichen Zwecks ist es den (extraterritorial tätigen) kommunalen Unternehmen verboten, ausschließlich aus Gewinnerzielungsabsicht zu handeln. Die Kommunalwirtschaft muss vielmehr grundsätzlich mit jeder wirtschaftlichen Handlung unmittelbar dem Wohl ihrer Einwohner dienen. Ausnahmen stellen lediglich ressourcennutzende Randnutzungen dar. Deren Aufgabe und gleichzeitige Existenzberechtigung ist die Unterstützung solchermaßen ausgerichteter kommunaler Unternehmen. Dies ist ihre einzige aus dem verfassungsrechtlichen öffentlichen Zweckbindungserfordernis folgende Restriktion, d. h. sie können aktiv und passiv grenzüberschreitend stattfinden, ohne dass sie *unmittelbar* dem Wohl der eigenen Einwohner dienen müssten.

C. Die kommunale Selbstverwaltungsgarantie in den Landesverfassungen

In allen Landesverfassungen existieren zusätzlich zu Art. 28 Abs. 2 Satz 1 GG kommunale Selbstverwaltungsgarantien. Im folgenden Kapitel wird zu untersuchen sein, in welchem Verhältnis die bundesverfassungsrechtliche und die landesverfassungsrechtlichen kommunalen Selbstverwaltungsgarantien stehen. Anschließend ist der Frage nachzugehen, ob den landesverfassungsrechtlichen kommunalen Selbstverwaltungsgarantien im Hinblick auf die extraterritoriale Kommunalwirtschaft über Art. 28 Abs. 2 Satz 1 GG hinausgehende Einschränkungen oder Erweiterungen zu entnehmen sind.

I. Verhältnis zu Art. 28 Abs. 2 Satz 1 GG

Die den Kommunen in den Landesverfassungen der Flächenländer gewährleisteten Garantien der kommunalen Selbstverwaltung[387] und die bundesverfassungs-

---

auch von einem Privatunternehmer mit der Absicht der Gewinnerzielung betrieben werden könnte. *Berg* WiVerw 2000, 141 (149), spricht von einer "rechtlich grundlegend anderen Qualität" der öffentlichen Zweckbindung gegenüber dem Subsidiaritätsprinzip.

[387] Siehe dazu Art. 71 Abs. 1 Sätze 1 und 2, Abs. 2 Satz 1 LVerf BW; Art. 11 Abs. 2, 83 LVerf BY; Art. 97 Abs. 1, 2 LVerf Bbg; Art. 137 Abs. 1, 3 LVerf He; Art. 72 Abs. 1 Satz 1

rechtliche kommunale Selbstverwaltungsgarantie stehen nebeneinander[388]. Den landesrechtlichen Regelungen kommt die Funktion zu, die grundgesetzliche Muttervorschrift[389] des Art. 28 Abs. 2 Satz 1 GG auf Landesebene umzusetzen und damit die kommunale Selbstverwaltungsgarantie in die Landesverwaltung zu integrieren[390]. Der Bund trägt dabei nach Art. 28 Abs. 3 GG die Gewähr dafür, dass die landesverfassungsrechtlichen kommunalen Selbstveraltungsgarantien den Grundrechten und den Vorgaben des Art. 28 Abs. 1, 2 GG entsprechen. Darüber hinaus können die landesverfassungsrechtlichen Vorschriften Art. 28 Abs. 2 Satz 1 GG erweitern und ausgestalten[391].
Die in den Landesverfassungen gewährleistete kommunale Selbstverwaltungsgarantie darf hingegen nicht hinter der bundesverfassungsrechtlich gewährleisteten zurückbleiben. Art. 28 Abs. 2 Satz 1 GG enthält insofern als Durchgriffsnorm[392] eine Mindestgarantie, d. h. ihr einheitlicher Kern bindet die jeweilige Landesstaatsgewalt insoweit unmittelbar, als sie in allen entsprechenden landesverfassungsrechtlichen Regelungen enthalten sein muss.[393] Sollte dies nicht der Fall sein, so ist die betreffende landesverfassungsrechtliche Vorschrift bundesverfassungskonform auszulegen[394]. Ist eine bundesverfassungskonforme Auslegung hingegen wegen des eindeutigen Wortlauts der Norm nicht möglich[395], so

LVerf MV; Art. 57 Abs. 1, 3 LVerf Nds; Art. 78 Abs. 1, 2 LVerf NW; Art. 49 Abs. 1, 3 LVerf RP; Art. 117 Abs. 2, 3 LVerf SL; Art. 82 Abs. 2, 84 Abs. 1 Satz 1 LVerf Sa; Art. 87 Abs. 1, 2 LVerf SAnh; Art. 46 Abs. 1, 48 LVerf SH; Art. 91 Abs. 1 LVerf Th.

388 BVerfGE 4, 178 (189); 96, 345 (368 f.); 98, 145 (157); *Gern*, Kommunalrecht, 3. Aufl. 2003, Rdn. 87.

389 Siehe zu dieser Begrifflichkeit *Nierhaus*, in: Knippel (Hrsg.), Verfassungsgerichtsbarkeit im Land Brandenburg, 2003, S. 75 (76).

390 *Kluth*, in: Wolff/Bachof/Stober (Hrsg.), VerwR III, 2004, § 94 Rdn. 94.

391 *v. Mutius*, Örtliche Aufgabenerfüllung, FG v. Unruh, 1983, S. 227 (241); *Stern*, in: ders. (Hrsg.), StaatsR I, 2. Aufl. 1984, § 12, S. 419; *Gern*, Kommunalrecht, 3. Aufl. 2003, Rdn. 87; *Kluth*, in: Wolff/Bachof/Stober (Hrsg.), VerwR III, 2004, § 94 Rdn. 94.

392 Die Garantie der kommunalen Selbstverwaltung gehört zu den so genannten bundesverfassungsrechtlichen Durchgriffsnormen, vgl. *Nierhaus*, in: Sachs (Hrsg.), 3. Aufl. 2003, Art. 28 Rdn. 2; *ders.*, in: Knippel (Hrsg.), Verfassungsgerichtsbarkeit im Land Brandenburg, 2003, S. 75 (78); *Graf Vitzthum* VVDStRL 46 (1988), 7 (11). A. A. *Bartlsperger*, in: Isensee/Kirchhof (Hrsg.), HStR IV, 1990, § 96 Rdn. 28; *Löwer*, in v. Münch/Kunig (Hrsg.) II, 5. Aufl. 2001, Art. 28 Rdn. 35, die in Art. 28 Abs. 2 Satz 1 GG eine Normativbestimmung sehen.

393 *Stern*, in: ders. (Hrsg.), StaatsR I, 2. Aufl. 1984, § 12, S. 419; *Maurer*, in: ders./Hendler (Hrsg.), Baden-Württembergisches Staats- und Verwaltungsrecht, 1990, S. 188; *Nierhaus*, in: Knippel (Hrsg.), Verfassungsgerichtsbarkeit im Land Brandenburg, 2003, S. 75 (76 f.); *Kluth*, in: Wolff/Bachof/Stober (Hrsg.), VerwR III, 2004, § 94 Rdn. 95.

394 *Stern*, in: ders. (Hrsg.), StaatsR I, 2. Aufl. 1984, § 12, S. 419. *V. Mutius*, FG v. Unruh, 1983, S. 227 (241), spricht in dem Fall, in dem die landesverfassungsrechtliche Selbstverwaltungsgarantie weniger gewährt als die bundesverfassungsrechtliche von einem "Auffüllen" der Landesnorm durch Art. 28 Abs. 2 Satz 1 GG.

395 Dieses Problem hatte beispielsweise das BbgVerfG LVerfGE 2, 93 (101 f.), mit der Vorschrift des Art. 97 Abs. 1, 2 LVerf Bbg, wonach Gemeinden und Gemeindeverbänden das kommunale Selbstverwaltungsrecht vom Wortlaut her gleichrangig zusteht, obwohl Art. 28 Abs. 2 GG eine Subsidiarität zu Gunsten der Kommunen vorsieht; vgl. zu dieser Entschei-

hat dies gemäß Art. 31 GG die Nichtigkeit dieser landesverfassungsrechtlichen Vorschrift zur Folge.

II. Unterschiede zwischen den landes- und der bundesverfassungsrechtlichen kommunalen Selbstverwaltungsgarantie bei der extraterritorialen Wirtschaftsbetätigung?

1) Weitergehende Einschränkung durch die landesverfassungsrechtlichen Selbstverwaltungsgarantien?

In territorialer Hinsicht bemerkenswert sind landesverfassungsrechtliche Normen wie z. B. Art. 97 Abs. 2 LVerf Bbg, in dem es heißt: "Gemeinden [und Gemeindeverbände[396]] erfüllen *in ihrem Gebiet* alle Aufgaben der örtlichen Gemeinschaft [...]"[397]. Sie könnten ein striktes Örtlichkeitsprinzip im räumlichen Sinne gerade auch für die Kommunalwirtschaft enthalten.

Da auch die in diesem Zusammenhang genannten Bestandteile der landesverfassungsrechtlichen Selbstverwaltungsgarantien nicht hinter dem bundesverfassungsrechtlichen Mindeststandard zurückbleiben dürfen, sind sie bundesverfassungskonform dahingehend auszulegen, dass ihnen keine engeren territorialen Kompetenzschranken als Art. 28 Abs. 2 Satz 1 GG zu entnehmen sind[398]. Nach vorzugswürdiger Auffassung enthält Art. 28 Abs. 2 Satz 1 GG aber keine strikte geografische Begrenzung auf das Gemeindegebiet. Eine solche landesverfassungsrechtlich festzulegen, bedeutete, hinter der bundesverfassungsrechtlichen Kompetenz zurückzubleiben. Die bundesverfassungskonforme Auslegung der oben genannten landesverfassungsrechtlichen Regelungen führt demnach zu dem Ergebnis, dass auch für sie das in Art. 28 Abs. 2 Satz 1 GG verankerte örtlich begrenzend wirkende Erfordernis des Bezuges zu den Einwohnern der Kommune besteht.[399]

2) Erweiterung der Befugnisse durch die landesverfassungsrechtlichen Selbstverwaltungsgarantien?

Einige der landesverfassungsrechtlichen Einzelregelungen, die die Kommunen (nur) vom Wortlaut her auf die Aufgabenerfüllung in ihrem Gebiet reduzieren, weisen den Gemeinden in diesem Rahmen die alleinige oder ausschließliche

dung *Nierhaus*, in: Knippel (Hrsg.), Verfassungsgerichtsbarkeit im Land Brandenburg, 2003, S. 75 (77 f.).

396 Diese bleiben in der vorliegenden Untersuchung unberücksichtigt, vgl. Fn. 1.

397 Ähnliche Regelungen enthalten Art. 71 Abs. 2 Satz 1 LVerf BW, Art. 137 Abs. 1 Satz 1 LVerf He, 72 Abs. 1 Satz 1 LVerf MV, 57 Abs. 3 LVerf Nds, 78 Abs. 2 LVerf NW, 49 Abs. 1 Satz 1 LVerf RP, 84 Abs. 1 Satz 1 LVerf Sa; 87 Abs. 2 LVerf SAnh, 46 Abs. 1 LVerf SH.

398 So auch *Heilshorn*, Gebietsbezug der Kommunalwirtschaft, 2003, S. 161.

399 Zu der mittelbaren örtlichen Begrenzung in Art. 28 Abs. 2 Satz 1 GG ausführlich bereits unter § 4 B. I. 1) a) bb) (1). *Sander*, in: Feuchte (Hrsg.), Verfassung BW, 1987, Art.71 Rdn. 8, sieht hingegen in Art. 71 Abs. 2 LVerf BW eine strikte Begrenzung auf das Gemeindegebiet, wobei offen bleibt, ob er diese Begrenzung über Art. 28 Abs. 2 Satz 1 GG hinaus annimmt.

Trägerschaft der öffentlichen Aufgabenerfüllung zu[400]. Die allgemeine Formulierung der "öffentlichen Aufgaben" könnte die gemeindliche Kompetenz im Rahmen der wirtschaftlichen Betätigung dahingehend erweitern, dass sie sich in ihrem Gemeindegebiet nicht an das Erfordernis des Einwohnerbezuges halten müsste und demnach passiv grenzüberschreitend den Einzugsbereich ihrer Kundschaft über die Gemeindegrenzen hinaus erweitern könnte. (Eine aktive Grenzüberschreitung soll bereits nach dem Wortlaut dieser Vorschriften nicht möglich sein, vgl. zur Bundesverfassungsmäßigkeit dieser landesverfassungsrechtlichen Begrenzung bereits den vorherigen Gliederungspunkt.)
Auch wenn diese Normen nicht ausdrücklich zwischen Selbstverwaltungsaufgaben und staatlichen Aufgaben differenzieren, begründen sie keine grundsätzliche Zuständigkeit der Kommunen für die Wahrnehmung von überörtlichen Aufgaben, die ihrer Natur nach örtlich wahrgenommen werden können[401]. Dagegen spricht, dass eine Gemeinde demokratisch nur dazu legitimiert ist, Aufgaben wahrzunehmen, die das sie ausmachende Volk betreffen[402]. Daran vermag auch eine vermeintliche Legitimation auf Landesebene nichts zu ändern.[403]

3) *Fazit*

Die landesverfassungsrechtlichen Selbstverwaltungsgarantien haben in Bezug auf die extraterritoriale Wirtschaftsbetätigung der Gemeinden folglich keinen vom Regelungsgehalt des Art. 28 Abs. 2 Satz 1 GG einschränkend oder erweiternd abweichenden Inhalt.

D. Regelungen des einfachen Rechts

Als öffentlich-rechtliche Zulässigkeitsregelungen des einfachen Rechts werden in diesem Kapitel die kommunalwirtschaftsrechtlichen Normen der Gemeindeordnungen einer gründlichen Untersuchung unterzogen (unten § 4 D. I.).
Auch privatrechtliche Regelungen spielen für die Rechtmäßigkeit der Wirtschaftsbetätigung von Gemeinden extra muros eine Rolle. Im Folgenden sind einschlägige wettbewerbsrechtliche Normen des UWG und GWB zu prüfen (unten § 4 D. II.).

---

[400] Vgl. Art. 71 Abs. 2 Satz 1 LVerf BW, 57 Abs. 3 LVerf Nds, 84 Abs. 1 Satz 1 LVerf Sa, 87 Abs. 2 LVerf SAnh, 46 Abs. 1 LVerf SH. Art. 78 Abs. 2 LVerf NW weist den Kommunen die alleinige Trägerschaft der öffentlichen Verwaltung zu.

[401] *Maurer*, in: ders./Hendler (Hrsg.), Baden-Württembergisches Staats- und Verwaltungsrecht, 1990, S. 189 f.; *Gern*, Kommunalrecht, 3. Aufl. 2003, Rdn. 90. A. A. NdsStGH NVwZ 1997, 58 (59); *Erichsen*, Kommunalrecht NW, 1988, S. 322; *Kluth*, in: Wolff/Bachof/Stober (Hrsg.), VerwR III, 2004, § 94 Rdn. 98 f.; unklar *v. Mutius*, FG v. Unruh, 1983, S. 227 (241).

[402] Vgl. hierzu bereits das Kapitel § 4 B. III. 1) – Erfordernis und Reichweite demokratischer Legitimation. Die durch Kommunalwahlen vermittelte Ermächtigung bewegt sich in den Grenzen des Art. 28 Abs. 2 Satz 1 GG, der seinerseits stets auch einen Bezug zu den Gemeindeeinwohnern fordert.

[403] Dass auch die Landesverfassungen dem Demokratieprinzip entsprechen müssen, ergibt sich aus dem Homogenitätsgebot des Art. 28 Abs. 1 Satz 1 GG.

I. Kommunalwirtschaftsrechtliche Normen

Die Zulässigkeit der grenzüberschreitenden Kommunalwirtschaft soll zunächst am Maßstab der für die wirtschaftliche Betätigung von Gemeinden allgemein bestehenden Vorschriften erörtert werden [unten § 4 D. I. 1)]. Sodann ist auf die jüngeren Normen einiger Gemeindeordnungen einzugehen, die die kommunale Wirtschaftsbetätigung über die eigenen Gemeindegrenzen hinweg ausdrücklich erlauben [unten § 4 D. I. 2)].

1) Allgemeine Vorschriften für die kommunale Wirtschaftsbetätigung

In allen Gemeindeordnungen hat sich die Gemeindewirtschaft an den dort jeweils festgelegten kommunalrechtlichen Schrankentrias[404] messen zu lassen. Dazu gehört zum einen die Notwendigkeit, dass ein öffentlicher Zweck die kommunale Wirtschaftsaktivität erfordern oder rechtfertigen muss [unten § 4 D. I. 1) b) aa)], zum zweiten, dass die jeweilige kommunalwirtschaftliche Betätigung nach Art und Umfang in einem angemessenen Verhältnis zur Leistungsfähigkeit der Gemeinde und zum voraussichtlichen Bedarf stehen muss [§ 4 D. I. 1) b) bb)] und zum dritten schließlich, dass die Privatwirtschaft Vorrang genießt, wenn sie den öffentlichen Zweck besser und wirtschaftlicher bzw. ebenso gut und wirtschaftlich erfüllt [unten § 4 D. I. 1) b) cc)].

Als zusätzliches Kriterium sehen Art. 87 Abs. 1 Satz 1 Nr. 3 GO BY, § 71 Abs. 1 Nr. 3 KO Th vor, dass die dem kommunalen Unternehmen zu übertragenden Aufgaben für die Wahrnehmung außerhalb der allgemeinen Verwaltung geeignet sein müssen.

Bei der Untersuchung der Bestimmungen sollen ihre Auswirkungen auf die kommunalwirtschaftliche Grenzüberschreitung besondere Berücksichtigung erfahren. Zunächst ist jedoch auf die verschiedenen normativen Anknüpfungspunkte der kommunalen Wirtschaftsklauseln einzugehen.

a) Die normativen Anknüpfungspunkte der Schrankentrias

Die kommunalrechtlichen Schrankentrias beziehen sich auf unterschiedliche Voraussetzungen. Während die Wirtschaftklauseln in einigen Gemeindeordnungen an die wirtschaftliche Betätigung der Kommunen im Allgemeinen anknüpfen[405], ist in anderen nur die Errichtung, Übernahme[406] oder (wesentliche) Er-

---

[404] Ein synonym verwandter Begriff ist die kommunale Wirtschaftsklausel, vgl. *Diefenbach* WiVerw 2003, 99 (104).

[405] Vgl. §§ 100 Abs. 1, 2 GO Bbg, 121 Abs. 1 GO He, 107 Abs. 1 GO NW, 116 Abs. 1 Satz 1 GO SAnh. § 97 Abs. 1 Satz 1 GO Sa knüpft neben der Errichtung und Übernahme auch an eine Beteiligung und vor allem die dauerhafte Unterhaltung des Unternehmens an, § 68 Abs. 1 KV MV bezieht die Zulässigkeitsprüfung ohne Eingrenzung auf Zeitpunkte allein auf das Unternehmen; damit kommen beide Normen inhaltlich der Regelung bezüglich der wirtschaftlichen Betätigung im Allgemeinen gleich.

[406] Errichtung oder Übernahme liegt vor, wenn die Gemeinde ein Unternehmen neu schafft oder erwirbt, das bisher noch nicht vorhanden oder in ihrer Hand war, vgl. hierzu die Erläuterung zu § 67 DGO, abgedruckt in: *Surén/Loschelder*, DGO vom 30. Januar 1935, Bd. II, S.

weiterung[407] kommunaler Unternehmen Regelungsgegenstand[408]. Der Wortlaut der Vorschriften legt nahe, dass die auf bestimmte kommunalunternehmerische Transaktionen bezogenen punktuellen Normierungen auf Grund ihres zeitlich reduzierten Rechtmäßigkeitsrahmens zu Prüfungslücken führen[409], die übrigen Regelungen hingegen eine temporal vollumfängliche Überprüfungsmöglichkeit kommunaler Unternehmen erlauben.

Diese Einschätzung stößt vereinzelt auf Ablehnung. So fassen insbesondere *Rehn/Cronauge* den in § 107 Abs. 1 Satz 1 GO NW verwendeten Begriff der wirtschaftlichen Betätigung dergestalt betriebsbezogen auf, dass die Möglichkeit einer von konkreten Anhaltspunkten losgelösten Dauerprüfung der kommunalwirtschaftlichen Betätigung zu verneinen ist[410]. Ihre Auffassung stützen sie unter anderem auf ein Urteil des OVG NW, in dem es ebenfalls heißt, der Begriff der wirtschaftlichen Betätigung sei betriebsbezogen[411].
Dieses Urteil jedoch derart zu verstehen, bedeutete, dem OVG NW die Worte im Munde herumzudrehen, da dessen Aussage lediglich darauf abzielt, den berücksichtigungsfähigen Umfang an unternehmerischen Handlungen – nicht hingegen deren Prüfungszeitraum – zu reduzieren. Dem Gericht ging es darum, dass nicht jede einzelne unternehmerische Tätigkeit "im Wege atomisierender Betrachtung" von der kommunalen Schrankentrias umfasst sein sollte[412].

Es ist somit nicht nachzuvollziehen, dass die kommunalen Wirtschaftsklauseln, die an die wirtschaftliche Betätigung der Gemeinden im Allgemeinen anknüpfen, trotz ihrer insofern sprachlichen Klarheit nicht einer permanenten Prüfung

---

94; darin ist zwar nur die Errichtung genannt, in der Alternative der Definition wird inhaltlich aber auch die Übernahme deutlich, denn beides sind Unterfälle davon, dass eine Gemeinde Unternehmerin eines für sie neuen Betriebes wird.

[407] Eine Erweiterung ist zu bejahen, wenn die Gemeinde substanzielle Erweiterungsmaßnahmen trifft, die geeignet sind, die Leistung des kommunalen Unternehmens zu steigern. Die "Wesentlichkeit" der Erweiterung ist Tatfrage, die davon abhängt in welchem Verhältnis die jeweilige Maßnahme zur Größe und Leistungsfähigkeit des Unternehmens steht. Vgl. dazu die Erläuterung zu § 67 DGO, abgedruckt in: *Surén/Loschelder*, DGO vom 30. Januar 1935, Bd. II, S. 94 f.

[408] Vgl. Art. 87 Abs. 1 Satz 1 GO BY, Abs. 2 der Vorschrift umfasst auch die Beteiligung an einem Unternehmen, §§ 102 Abs. 1 GO BW (knüpft auch an die Beteiligung an wirtschaftlichen Unternehmen an), 108 Abs. 1 Satz 2 GO Nds, 85 Abs. 1 GO RP, 108 Abs. 1 KSVG SL, 101 Abs. 1 GO SH, 71 Abs. 1 KO Th.

[409] So auch RPVerfGH NVwZ 2000, 801 (802); *Oebbecke* ZHR 164 (2000), 375 (383), bezüglich dieser Normen: "Die Vorschriften des Gemeindewirtschaftsrechts gelten in der Regel nur für neu aufgenommene Aktivitäten…eine einmal rechtmäßig aufgenommene Tätigkeit [kann] auch nach Wegfall der Voraussetzungen etwa aufgrund einer Änderung der Sachlage fortgeführt werden". Vgl. i. Ü. *Henneke*, Festschr. für Maurer, 2001, S. 1137 (1146).

[410] *Rehn/Cronauge*, GO für NW, 2. Aufl. der Loseblatt-Ausg., Bd. II, § 107 (Stand: Oktober 2004) Anm. II. 1. (S. 12).

[411] OVG NW DVBl 2004, 133 ff.

[412] OVG NW DVBl 2004, 133 (135).

unterzogen sein sollen. Dass diese Zielsetzung nicht in der Begründung des Regierungsentwurfes, der den Wortlaut des damaligen § 88 GO NW zur heutigen Fassung geändert wissen wollte, auftaucht[413], deutet eher darauf hin, dass sie gerade wegen der sprachlichen Eindeutigkeit der Norm nicht als explizit klärungsbedürftig angesehen wurde.

An der oben genannten Interpretation werden darüber hinaus Zweifel im Hinblick auf die privatrechtlich organisierten Unternehmen bekundet. Diese werden darauf gestützt, dass auch die Gemeindeordnungen, die tätigkeitsbezogene Zulässigkeitsvorschriften enthalten, die Rechtmäßigkeit der privatrechtlichen kommunalen Unternehmen auf die Errichtung, Übernahme oder (wesentliche) Erweiterung beziehen[414]. Folglich sollen privatrechtlich organisierte kommunale Unternehmen auch nur zu diesen konkreten Zeitpunkten der Überprüfung unterliegen[415].
Unverständlich bleibt bei dieser Ansicht indes, warum die Tätigkeit der privatrechtlich organisierten kommunalen Gesellschaften, die in gleicher Weise Mittel der wirtschaftlichen Betätigung ist wie jene in öffentlich-rechtlichen Organisationsformen, gegenüber dieser bevorzugt werden soll. Dies ist namentlich vor dem Hintergrund, dass privatrechtlich organisierte kommunale Unternehmen ohnehin schon ein höheres Steuerungsdefizit aufweisen als öffentlich-rechtliche, nicht zu rechtfertigen.

Dementsprechend ist festzuhalten, dass diejenigen Schrankentrias, die sich auf die wirtschaftliche Betätigung der Gemeinden im Allgemeinen beziehen, ihrem Wortlaut entsprechend eine zeitlich vollumfängliche Überprüfungsmöglichkeit für alle kommunalen Unternehmen eröffnen. Die lediglich punktuelle Überprüfungs- und Steuerungsmöglichkeit der Vorschriften, die sich nur auf die Zeitpunkte der Errichtung, Übernahme oder (wesentlichen) Erweiterung wirtschaftlicher Unternehmen beziehen, wird von der Literatur als Devise "einmal gestattet, für immer erlaubt" zu Recht kritisiert. Schließlich müssen verfassungskonforme Anforderungen nicht nur in bestimmten Momenten, sondern dauerhaft eingehalten werden.[416]

---

[413] Dies ist für *Rehn/Cronauge*, GO für NW, 2. Aufl. der Loseblatt-Ausg., Bd. II, § 107 (Stand: Oktober 2004) Anm. II. 1. (S. 12), ein weiteres Argument, die dauerhafte Überprüfungsmöglichkeit kommunalwirtschaftlichen Handelns nach der nordrhein-westfälischen Schrankentrias abzulehnen.
[414] Eine Ausnahme bildet § 96 Abs. 1 GO Sa, da auch diese Vorschrift wie die allgemeine Schrankentrias zusätzlich die *Unterhaltung* privatrechtlicher kommunaler Gesellschaften umfasst.
[415] So *Jarass* NWVBl 2002, 335 (342 f.), für privatrechtlich organisierte kommunale Unternehmen in Nordrhein-Westfalen.
[416] *Ehlers*, Gutachten E für 64. DJT 2002, S. E 74 f., E 83, E 137.

b) Die kommunalrechtlichen Schrankentrias

aa) Öffentlicher Zweck

Erstes Erfordernis der kommunalrechtlichen Schrankentrias ist, dass ein öffentlicher Zweck die gemeindewirtschaftliche Betätigung rechtfertigen[417] oder erfordern[418] muss.

(1) Inhalt des öffentlichen Zwecks

Zum Inhalt des öffentlichen Zwecks im Rahmen der kommunalen Schrankentrias kann wegen des Geltungsvorrangs des Grundgesetzes im Wesentlichen auf das zur gleichnamigen verfassungsrechtlichen Verpflichtung Gesagte[419] verwiesen werden.

(a) Mittelbar örtlich radizierende Wirkung

So beinhaltet auch der öffentliche Zweck i. S. der kommunalen Wirtschaftsklauseln eine im öffentlichen Interesse gebotene Versorgung der eigenen Einwohnerschaft[420]. Eine Auslegung, die eine örtlich wirkende Bindung an das Gemeinwohl der eigenen Einwohner negierte und auch die Erfüllung fremder Angelegenheiten als ein für die jeweilige Gemeinde öffentlichen Zweck deklarierte, kommt hingegen nicht in Betracht.

Eine solche Interpretation ginge über die Legitimationswirkung der kommunalen Existenzberechtigungsnorm des Art. 28 Abs. 2 Satz 1 GG hinaus[421]. Es deutet aber nichts darauf hin, dass der Gesetzgeber das Bezugsobjekt der Gemeinwohlbindung im Rahmen der allgemeinen Schrankentrias über Art. 28 Abs. 2 Satz 1 GG hinaus bestimmen wollte. Besonders deutlich wird dies in Vorschriften wie § 100 Abs. 2 GO Bbg, der in Anlehnung an den Wortlaut des Art. 28 Abs. 2 Satz 1 GG die Zulässigkeit kommunalwirtschaftlicher Betätigung "zur Erledigung von Aufgaben der örtlichen Gemeinschaft" regelt[422] und somit den vorgegebenen verfassungsrechtlichen Rechtmäßigkeitsrahmen wiederholt.

---

[417] §§ 102 Abs. 1 Nr. 1 GO BW; 100 Abs. 2 Nr. 1 GO Bbg; 121 Abs. 1 Nr. 1 GO He; 68 Abs. 1 Nr. 1 KV MV; 108 Abs. 1 Satz 2 Nr. 1 GO Nds; 85 Abs. 1 Nr. 1 GO RP; 108 Abs. 1 Nr. 1 KSVG SL; 97 Abs. 1 Satz 1 Nr. 1 GO Sa; 116 Abs. 1 Satz 1 Nr. 1 GO SAnh; 101 Abs. 1 Nr. 1 GO SH.

[418] Art. 87 Abs. 1 Satz 1 Nr. 1 GO BY; §§ 107 Abs. 1 Satz 1 Nr. 1 GO NW; 71 Abs. 1 Nr. 1 KO Th.

[419] Vgl. Kapitel § 4 B. V. 2) – Inhalt der verfassungsrechtlich verankerten Verpflichtung der kommunalen Unternehmen zur Verfolgung eines öffentlichen Zwecks.

[420] So für die einfachgesetzliche Ebene bereits die Erläuterung zu § 67 DGO, abgedruckt in: *Surén/Loschelder*, DGO vom 30. Januar 1935, Bd. II, S. 95. Vgl. i. Ü. RPVerfGH NVwZ 2000, 801 (803); *W. Meyer* WiVerw 2003, 57 (61 ff.); *Plumbaum*, in: Potsdamer Kommentar, 1995, § 100, 6. b) aa); *Schönershofen/Binder-Falcke* VR 1997, 109 (111); *Koehler* VR 2000, 44 (48); *Rehn/Cronauge*, GO für NW, 2. Aufl. der Loseblatt-Ausg., Bd. II, § 107 (Stand: Oktober 2004) Anm. III. 1. (S. 14).

[421] Vgl. zu deren Inhalt § 4 B. I. 1) a) – Angelegenheiten der örtlichen Gemeinschaft.

[422] Vgl. auch §§ 108 Abs. 1 Satz 1 GO Nds, 116 Abs. 1 Satz 1 GO SAnh, die die Zulässigkeit kommunalwirtschaftlicher Betätigung "zur Erledigung von Angelegenheiten der örtlichen Gemeinschaft" reglementieren.

Die einfachgesetzliche Pflicht zur Verfolgung eines öffentlichen Zwecks schränkt den kommunalwirtschaftlichen Handlungsrahmen darüber hinaus nicht mehr ein als ihr verfassungsrechtliches Korrelat. Man könnte hieran denken, weil die allgemeinen Aufgabenbeschreibungen der meisten Gemeindeordnungen vorsehen, dass die Gemeinden "in ihrem Gebiet" alle Aufgaben der örtlichen Gemeinschaft erfüllen[423] bzw. nur "in ihrem Gebiet" Träger der öffentlichen Verwaltung sind[424]. Diese Vorschriften sind jedoch verfassungskonform so auszulegen, dass sie den in Art. 28 Abs. 2 Satz 1 GG vorgegebenen verfassungsrechtlichen Mindeststandard nicht unterschreiten[425]. Dies wurde bereits für die landesverfassungsrechtlichen Selbstverwaltungsgarantien mit ähnlichen einschränkenden Formulierungen festgestellt[426]; insofern muss eine solche verfassungskonforme Auslegung erst recht für die einfachrechtliche Ebene gelten.

Daraus folgt für die einfachrechtliche Pflicht zur Verfolgung eines öffentlichen Zwecks ebenso wie auf verfassungsrechtlicher Ebene eine durch die Bindung an das Gemeinwohl der Gemeindeeinwohner mittelbar geografisch begrenzende Wirkung. Denn mit wachsender Entfernung vom Heimatmarkt nimmt die Wahrscheinlichkeit ab, dass mit der kommunalwirtschaftlichen Betätigung die eigenen Einwohner versorgt werden.[427] Danach fallen jedenfalls aktiv und passiv

---

[423] Art. 6 Abs. 1 Satz 1 GO BY, §§ 3 Abs. 1 GO Bbg, 2 Abs. 1 Go Sa, 2 Abs. 1 Satz 1 GO SH, 1 Abs. 3 Satz 1 KO Th. Nach § 2 Abs. 1 GO BW *verwalten* die Gemeinden "in ihrem Gebiet" alle öffentlichen Aufgaben.

[424] §§ 2 Satz 1 Go He, 2 GO NW, 1 Abs. 2 Satz 2 GO RP. Nach §§ 2 Abs. 1 Satz 1 Go Nds, 2 Abs. 1 Satz 1 GO SAnh sind die Gemeinden "in ihrem Gebiet" die ausschließlichen Träger der gesamten öffentlichen Aufgaben.

[425] So auch *Heilshorn* VerwArch 96 (2005), 88 (98 f.). Die Einschätzung von *Ehlers,* Gutachten E für 64. DJT 2002, S. E 143, wonach sich der räumliche Wirkungskreis der Kommunalwirtschaft nach dem allgemeinen Grundsatz richtet, dass die Kommunen nur "in ihrem Gebiet" Träger der öffentlichen Verwaltung sind, steht dem nicht entgegen. Er sieht die Kommunalwirtschaft nach Art. 28 Abs. 2 Satz 1 GG grundsätzlich auf ihr Gebiet beschränkt und macht "nur" für die Aufgabenerfüllung zu Gunsten der Gemeindeeinwohner eine Ausnahme, vgl. *Ehlers* DVBl 1998, 497 (504); *dens.*, Die Lehre von der Teilrechtsfähigkeit juristischer Personen des öffentlichen Rechts und die Ultra-vires-Doktrin des öffentlichen Rechts, 2000, S. 18. Die Normen der Gemeindeordnungen, die festlegen, dass die Gemeinden nur "in ihrem Gebiet" Träger der öffentlichen Verwaltung sind, sind für ihn somit nur Ausdruck des seiner Ansicht nach in Art. 28 Abs. 2 Satz 1 GG enthaltenen Grundsatzes, dass die Gemeinden auf ihr Gebiet beschränkt sind.

[426] Siehe § 4 C. II. 1) - Weitergehende Einschränkung des Art. 28 Abs. 2 Satz 1 GG durch die landesverfassungsrechtlichen Selbstverwaltungsgarantien?

[427] Auch einen Ortsbezug in der einfachrechtlichen öffentlichen Zwecksetzung verankert sehend: *Moraing* WiVerw 1998, 233 (254); *Schulz* BayVBl 1998, 449 (450 f.); *Henneke* NdsVBl 1999, 1 (3); *Oebbecke* ZHR 164 (2000), 375 (382); *Nierhaus*, Kommunalrecht für Bbg, 2003, Rdn. 613; *Heilshorn*, Gebietsbezug der Kommunalwirtschaft, 2003, S. 42 ff.; *Brüning* DVBl 2004, 1451 (1452, 1458). Ähnlich *Badura* DÖV 1998, 818 (822). Zu weit geht hingegen die Einschätzung von *H. Klein*, Die Teilnahme des Staates am wirtschaftlichen Wettbewerb, 1968, S. 81 f., der durch das Zweckbindungserfordernis die kommunale Wirtschaftstätigkeit strikt auf das Gemeindegebiet beschränken will.

grenzüberschreitende kommunalwirtschaftliche Betätigungen, die zu Gunsten Gemeindefremder erbracht werden, nicht unter die öffentliche Zweckbindungsklausel der kommunalen Schrankentrias. Nur die aktive Grenzüberschreitung zu Gunsten der eigenen Gemeindeeinwohner stellt einen öffentlichen Zweck im Sinne der kommunalen Wirtschaftsklauseln dar.

§ 116 Abs. 2 Satz 1 GO SAnh umschreibt darüber hinaus ausdrücklich bestimmte Zwecke, wie etwa die Energie- und Wasserversorgung, Abfall- und Abwasserbeseitigung, Wohnungswirtschaft sowie den öffentlichen Verkehr, als öffentlich[428].

(b) Verbot der rein erwerbswirtschaftlichen Betätigung

Auch auf einfachgesetzlicher Ebene erweist es sich als gemeinwohlunvereinbar, wenn die Gewinnerzielungsabsicht ausschließlicher Antrieb zu der jeweiligen wirtschaftlichen Betätigung ist, und zwar auch dann, wenn die aus dieser Tätigkeit fließenden Gewinne letztlich einem öffentlichen Zweck dienen sollen[429]. Neben den verfassungsrechtlichen Argumenten wird berechtigterweise als zusätzliche einfachgesetzliche Begründung dafür auch das Rentabilitätsgebot herangezogen. So soll nach § 107 Satz 2 GO Bbg der Jahresgewinn der wirtschaftlichen Unternehmen so hoch sein, dass mindestens eine marktübliche Verzinsung des Eigenkapitals erwirtschaftet wird, soweit dadurch die Erfüllung des öffentlichen Zwecks nicht beeinträchtigt wird. In § 102 Abs. 3 GO BW und den meisten anderen Gemeindeordnungen heißt es, dass wirtschaftliche Unternehmen so zu führen sind, dass der öffentliche Zweck erfüllt wird; sie sollen zudem einen Ertrag für den Haushalt der Gemeinde abwerfen[430]. "Diese Direktive bliebe gegenstandslos, wenn das Ertragsstreben bereits ipso iure von der öffentlichen Zweckbindung umfasst würde"[431].

---

[428] Eine ähnliche Festlegung enthält Art. 87 Abs. 1 Satz 1 Nr. 1 GO BY, der "insbesondere" auf die gemäß Art. 83 Abs. 1 LVerf BY und Art. 57 GO BY der Gemeinde obliegenden Aufgaben verweist.

[429] BVerfGE 61, 82 (107); RPVerfGH NVwZ 2000, 801 (803); *Dickersbach* WiVerw 1983, 187 (210 f.); *Pünder* DVBl 1997, 1353 (1359); *Schönershofen/Binder-Falcke* VR 1997, 109 (111); *Henneke* NdsVBl 1999, 1 (3); *Jarass* NWVBl 2002, 335 (337); *Nierhaus*, in: Sachs (Hrsg.), 3. Aufl. 2003, Art. 28 Rdn. 42 a; *ders.*, Kommunalrecht für Bbg, 2003, Rdn. 617; *W. Meyer* WiVerw 2003, 57 (61 f.). *Otting* DVBl 1997, 1258 (1259); *Moraing* WiVerw 1998, 233 (259 f.), stufen die mittelbare Verfolgung eines öffentlichen Zwecks durch Gewinnerzielung, die einem öffentlichen Zweck dient, hinsichtlich der kommunalrechtlichen Gemeinwohlbindung als zulässig ein.

[430] So auch §§ 121 Abs. 8 Satz 1 GO He, 75 Abs. 1 Satz 2 KV MV, 114 Abs. 1 Satz 1 GO Nds, 109 Abs. 1 Satz 2 GO NW, 85 Abs. 2 Satz 1 GO RP, 116 Satz 2 KSVG SL, 97 Abs. 3 GO Sa, 75 Abs. 1 KO TH. Zumindest kostendeckendes Ertragsstreben nach wirtschaftlichen Grundsätzen fordern: Art. 62 Abs. 2 i. V. m. Art. 88 Abs. 5 Satz 1, 91 Abs. 3, Art. 95 Abs. 1 GO BY.

[431] *Schmidt-Jortzig*, in: Püttner (Hrsg.), HKWP V, 1984, S. 50 (59).

Zudem stellen Art. 87 Abs. 1 Satz 2 GO BY und §§ 108 Abs. 3 Satz 3 KSVG SL, 116 Abs. 1 Satz 2 GO SAnh expressis verbis klar, dass allein erwerbswirtschaftlich motivierte kommunalwirtschaftliche Betätigungen keinem öffentlichen Zweck entsprechen[432].

(2) Rechtfertigen oder Erfordern

Die Zweckbindungsklauseln gebieten alle, dass ein öffentlicher Zweck die kommunalwirtschaftliche Tätigkeit zu rechtfertigen oder zu erfordern hat.
Beide Begriffe bringen zum Ausdruck, dass neben einer öffentlichen Zwecksetzung des kommunalen Unternehmens eine Abwägung zwischen den Vor- und Nachteilen einer eigenwirtschaftlichen Betätigung seitens der Kommune stattzufinden hat[433]. Abwägungen sind durch Verhältnismäßigkeitsüberlegungen gesteuert; hierbei sind alle Komponenten des Verhältnismäßigkeitsgrundsatzes in die Abwägung einzustellen[434]. In jedem Fall muss ein öffentliches Bedürfnis der eigenen Gemeindeeinwohner nach dem kommunalwirtschaftlichen Tätigwerden bestehen. Dies ist zu verneinen, wenn eine hinreichende Zahl privater Anbieter vorhanden ist, die das genannte Bedürfnis zu befriedigen in der Lage sind.[435]
Durch diese Rechtfertigungs- bzw. Erforderlichkeitsbestimmungen weist die Zweckbindungsklausel bereits von sich aus – ohne die weiteren Vorgaben der noch darzustellenden Subsidiaritätsklausel [vgl. unten § 4 D. I. 1) b) cc)] – eine allgemeine Subsidiarität der Kommunalwirtschaft gegenüber der Privatwirtschaft auf, die aber strikt von der Frage zu unterscheiden ist, ob überhaupt ein öffentlicher Zweck vorliegt[436]. Beabsichtigt eine Gemeinde beispielsweise, für ihre Einwohnerschaft ein Spaßbad zu errichten, so steht diesem Vorhaben die Zweckbindungsklausel entgegen, wenn es bereits zwei von Privaten betriebene Spaßbäder in dieser Kommune gibt, weil dann kein öffentliches Bedürfnis nach

---

[432] Dies sahen auch bereits die Gründungsväter der DGO vor, vgl. die Erläuterung zu § 67 DGO, abgedruckt in: *Surén/Loschelder*, DGO vom 30. Januar 1935, Bd. II, S. 95.

[433] OVG NW DVBl 2004, 133 (136 f.), für den Begriff des Erforderns in § 107 Abs. 1 GO NW. *W. Meyer* WiVerw 2003, 57 (64 f.), will an denjenigen öffentlichen Zweck, der die wirtschaftliche Betätigung "erfordern" muss, höhere Anforderungen in Bezug auf seine Gewichtigkeit für die Gemeindeeinwohnerschaft stellen. Ähnlich auch *Schönershofen/Binder-Falcke* VR 1997, 109 (112).

[434] *Ehlers*, Gutachten E für 64. DJT 2002, S. E 76.

[435] OLG Düsseldorf NWVBl 1997, 353 (355); *Pielow* NWVBl 1999, 369 (377), zumindest für den Begriff des Erforderns. Siehe weiterhin *Diefenbach* WiVerw 2003, 115 (124); *Ehlers*, Gutachten E für 64. DJT 2002, S. E 76, demzufolge eine kommunalwirtschaftliche Betätigung bei fehlendem öffentlichen Bedürfnis nicht erforderlich i. S. der Verhältnismäßigkeit ist. A. A. *Jarass* NWVBl 2002, 335 (339), der die Abwägung nur auf die der Gemeinde zur Verfügung stehenden Mittel bezieht, d. h. auf die Frage, ob der öffentliche Zweck gerade mittels wirtschaftlicher Betätigung erfüllt werden muss.

[436] So auch *Ehlers*, in: Ipsen (Hrsg.), Kommunalwirtschaft im Umbruch, 11. Bad Iburger Gespräche, 2001, S. 10 (19 f.); *ders.*, Gutachten E für 64. DJT 2002, S. E 76 f.; *Henneke* NdsVBl 1999, 1 (1 f.); ähnlich *Rennert* Die Verwaltung 35 (2002), 319 (333, Fn. 50, 336, Fn. 67). Gegen eine solche Interpretation *Moraing*, Anmerkung zu OLG Düsseldorf NWVBl 1997, 353 (356 f.); *Frenz* GewArch 2006, 100 (101).

einer solchen Gründung besteht. Das Fehlen des öffentlichen Bedürfnisses ändert jedoch nichts an dem Umstand, dass der Zweck des Spaßbades, nämlich Gesundheit und Freizeitgestaltungsmöglichkeiten für die Einwohner der Gemeinde, ein öffentlicher Zweck im Sinne der Zweckbindungsklausel ist. Privatwirtschaftliche Konkurrenz macht demnach aus einem öffentlichen Zweck keinen fiskalischen[437], es entfällt i. d. R. das öffentliche Bedürfnis danach, dass ein an sich öffentlicher Zweck gerade von der Kommunalwirtschaft verfolgt wird.

(3) Erwerbswirtschaftliche Annex- bzw. Randnutzungen

Die Zulässigkeit erwerbswirtschaftlicher extraterritorialer Annexnutzungen[438] ist auf einfachrechtlicher Ebene unter dem Blickwinkel der Gemeinwohlbindung ebenso wie auf verfassungsrechtlichem Niveau zu behandeln[439]. Danach stellen allein die ressourcen*nutzenden* erwerbswirtschaftlichen Randnutzungen die einzige Ausnahme vom Verbot der reinen Gewinnerzielung dar. Sofern ihnen ein auf das Gemeinwohl der eigenen Einwohner ausgerichtetes Hauptgeschäft zu Grunde liegt, können die erwerbswirtschaftlichen ressourcennutzenden Nebentätigkeiten auch außerhalb des Gemeindegebietes stattfinden. In diesem Rahmen kann die Kommunalwirtschaft ausnahmsweise auch zu Gunsten Gemeindefremder aktiv und passiv grenzüberschreitend tätig werden. Dies ermöglicht einer Gemeinde im Hinblick auf die öffentliche Zweckbindung beispielsweise, zur Auslastung der Kapazitäten ihres Entsorgungsunternehmens im Grenzbereich zu einer anderen Kommune zusätzlich zu ihrem Gebiet auch auf dem fremden Terrain Abfall zu sammeln und anschließend zu verwerten und zu beseitigen[440].

Hieran ändert auch das zusätzliche Kriterium der einfachgesetzlichen Schrankentrias nichts, dass ein öffentliches Bedürfnis nach der Zweckerfüllung gerade durch kommunale Unternehmen bestehen muss[441]. Denn dieses öffentliche Bedürfnis ist auf den öffentlichen Hauptzweck der kommunalwirtschaftlichen Betätigung bezogen. Besteht ein solches für die öffentliche Hauptzweckerfüllung

---

437 So zutreffend OVG NW NVwZ 1986, 1045 (1046); ähnlich auch RPVerfGH NVwZ 2000, 801 (803). A. A. *Hösch* DÖV 2000, 393 (400); *ders.* GewArch 2001, 223 (226, 229), der das Vorliegen eines öffentlichen Zwecks nur dann bejaht, wenn ein entsprechender privater Markt nicht aufgebaut werden kann.

438 Siehe zu den Begrifflichkeiten § 2 B. I. 2) - Hauptgeschäfte, Hilfsbetriebe und ressourcennutzende sowie -unabhängige Nebengeschäfte.

439 Siehe hierzu § 4 B. V. 2) c) – Zulässigkeit erwerbswirtschaftlicher Annex- bzw. Randnutzungen unter dem Blickwinkel des verfassungsrechtlich verankerten Postulates zur Verfolgung eines öffentlichen Zwecks.

440 Siehe zu dieser Fallkonstellation OLG Düsseldorf NVwZ 2000, 714 ff.; OVG NW NWVBl 2005, 133 ff., wobei das OVG NW in diesem Fall schon von einer Nichtwirtschaftlichkeit i. S. v. § 107 Abs. 2 Nr. 4 GO NW ausging.

441 So aber OLG Hamm JZ 1998, 576 (577), das die Rechtmäßigkeit von ressourcennutzenden Annexnutzungen nach der kommunalrechtlichen Gemeinwohlbindung verneint, weil nicht das innere Bedürfnis des kommunalen Unternehmens nach besserer Auslastung ausschlaggebend sei, sondern das der örtlichen Gemeinschaft.

durch einen gemeindlichen Betrieb, so sind ressourcennutzende Nebengeschäfte hiervon miterfasst, da sie untrennbar mit dem gemeinwohlorientierten Hauptzweck verbunden sind. Danach ist es z. B. unschädlich, dass wegen entsprechender Konkurrenz Privater kein öffentliches Bedürfnis nach einem gemeindlichen Bestattungsdienst besteht, wenn dieser lediglich der Kapazitätsauslastung der kommunalen Friedhofsverwaltung dient, nach der ein öffentliches Bedürfnis besteht[442].

(4) Wirkungsdauer der Zweckbindungsklausel

Die Frage, wie lang ein öffentlicher Zweck die Tätigkeit eines kommunalen Unternehmens rechtfertigen oder erfordern muss, ist auf einfachgesetzlicher Ebene unterschiedlich zu beantworten.

Ist generell die kommunalwirtschaftliche Betätigung Anknüpfungspunkt für die Schrankentrias, so unterliegt der jeweilige gemeindliche Betrieb permanent der einfachgesetzlichen Gemeinwohlbindung.

Diejenigen Wirtschaftsklauseln, die eine öffentliche Zwecksetzung dagegen nur für die Errichtung, Übernahme, (wesentliche) Erweiterung sowie stellenweise auch die Beteiligung an wirtschaftlichen Unternehmen verlangen, beziehen sich nur auf einen bestimmten Organisationsakt und ermöglichen somit nicht die einfachrechtliche Überprüfung des Entfallens einer öffentlichen Zwecksetzung, die losgelöst von einer Statusänderung des kommunalen Unternehmens stattfindet. In diesen Fällen greift aber die verfassungsrechtliche Verpflichtung zur permanenten Verfolgung eines öffentlichen Zwecks, die Geltungsvorrang beansprucht. [443]

Konsequenterweise machen sich auch im Rahmen des öffentlichen Bedürfnisses nach der Aufgabenerfüllung gerade durch gemeindliche Unternehmen die verschiedenen Anknüpfungspunkte der kommunalen Wirtschaftsklauseln bemerkbar.

Bei den Vorschriften, die auf die wirtschaftliche Betätigung allgemein abstellen, muss das öffentliche Bedürfnis stets vorhanden sein. Eine wirtschaftliche Betätigung von Kommunen müsste folglich – freilich mit einer entsprechenden Übergangsfrist – eingestellt werden, wenn im Laufe der Zeit das öffentliche Bedürfnis entfällt, etwa weil sich private Betriebe gefunden haben, die die Aufgabe nunmehr erfüllen.

Bezüglich der kommunalen Wirtschaftsklauseln, die nur auf die Zeitpunkte bestimmter kommunalunternehmerischer Transaktionen abstellen, ist das Vorlie-

---

[442] BGH DÖV 2006, 175 ff., hatte diesen Fall unter wettbewerbsrechtlichen Gesichtspunkten zu untersuchen.

[443] Zutreffend *Ehlers*, in: Ipsen (Hrsg.), Kommunalwirtschaft im Umbruch, 11. Bad Iburger Gespräche, 2001, S. 10 (19); *ders.*, Gutachten E für 64. DJT 2002, S. E 74 f. Verfassungsrechtlich problematisch ist vor diesem Hintergrund Art. 87 Abs. 1 Satz 3 GO BY, der Unternehmen, die vor dem 1. September 1998 ohne Ausrichtung auf einen öffentlichen Zweck errichtet oder übernommen wurden, erlaubt, weitergeführt zu werden.

gen eines öffentlichen Bedürfnisses nur zu diesen Terminen einfachgesetzliche Pflicht. Insofern greift auch die verfassungsrechtliche Verpflichtung zur permanenten Verfolgung eines öffentlichen Zwecks nicht kraft Geltungsvorrangs, da sich diese nur darauf bezieht, dass überhaupt ständig ein öffentlicher Zweck von den gemeindlichen Betrieben erfüllt wird. Die verfassungsrechtliche Pflicht der Kommunen, bei ihrer wirtschaftlichen Aufgabenerfüllung permanent einen öffentlichen Zweck zu verfolgen, enthält nämlich keine Vorgabe, dass mangels privater Aufgabenerledigung auch ein öffentliches Bedürfnis danach bestehen muss, dass gerade die Gemeinde diese öffentliche Aufgabe erfüllt.

Im Zusammenhang mit extraterritorialen erwerbswirtschaftlichen ressourcennutzenden Nebengeschäften kommt der Unterschied bezüglich des Anknüpfungspunktes der Regelungen in den Gemeindeordnungen derart zum Tragen, dass sich die Frage stellt, ob die einfachrechtliche Gemeinwohlbindung auf die erwerbswirtschaftlichen ressourcennutzenden Annextätigkeiten überhaupt Anwendung findet. Diese ist nämlich noch nicht von vornherein auf Grund ihrer Untergeordnetheit zum Hauptzweck ausgeschlossen[444], da sich jede kommunale Betätigung als solche an den für sie geltenden Vorschriften messen lassen muss. Die Wirtschaftsklauseln, deren Regelungsgegenstand die wirtschaftliche Betätigung der Gemeinden im Allgemeinen ist, umfassen natürlich auch die der Kapazitätsauslastung dienende Änderung des Teils einer kommunalwirtschaftlichen Haupttätigkeit mit einer öffentlichen Zwecksetzung zu einer kommunalwirtschaftlichen Nebentätigkeit mit einem erwerbswirtschaftlichen Motiv. In diesem Fall sind die von Verfassungs wegen vorgegebenen Anforderungen bereits auf einfachgesetzlicher Ebene zu beachten.
Anders ist das für die Schrankentrias der Gemeindeordnungen zu beurteilen, die nur bestimmte Zeitpunkte der wirtschaftlichen Existenz eines Unternehmens reglementieren. Allenfalls könnte die Aufnahme eines extraterritorialen erwerbswirtschaftlichen ressourcennutzenden Nebengeschäfts unter die Erweiterung des kommunalen Unternehmens zu subsumieren sein. Hierunter fallen jedoch nur substanzielle Erweiterungsmaßnahmen, wie etwa der Ausbau maschineller Einrichtungen oder das Einstellen neuer Mitarbeiter. Sinn der ressourcennutzenden Annextätigkeiten ist es aber gerade, vorhandene Kapazitäten unter Änderung des mit der jeweiligen Tätigkeit verfolgten Zwecks auszulasten, nicht

[444] So aber OVG NW DVBl 2004, 133 (135 f.) m. krit. Anm. *Schliesky*, das zu dieser Erkenntnis mittels eines Vergleichs mit dem Gesellschaftsrecht gelangt, wonach Nebengeschäfte gestattet sind, sofern sie dem Geschäftsumfang der Haupttätigkeit untergeordnet bleiben. Dieser Vergleich ist wegen unterschiedlicher Vergleichsebenen nicht überzeugend. Die angesprochene gesellschaftsrechtliche Zulässigkeit von Nebengeschäften bezieht sich auf den Umfang der Vertretungsmacht der Geschäftsführer respektive des Vorstandes gegenüber den Gesellschaftern, die kommunalrechtliche hingegen auf die Rechtmäßigkeit des Handelns der kommunalen Gesellschaft nach außen. Dem Gericht folgend *Antweiler* NVwZ 2003, 1466 (1468), der (ressourcennutzende) Nebentätigkeiten kommunaler Unternehmen nicht *selbstständig* an den Zulässigkeitsschranken der Gemeindeordnungen messen will.

hingegen das kommunale Unternehmen selbst zu vergrößern. Insofern fallen extraterritoriale erwerbswirtschaftliche ressourcennutzende Nebengeschäfte nicht unter diese einfachgesetzlichen Gemeinwohlklauseln[445]. Gleichwohl müssen auch sie sich einem öffentlichen Hauptzweck unterordnen, da die verfassungsrechtliche Vorgabe insofern Geltungsvorrang beansprucht.

(5) Eigenständige Wirkung neben dem verfassungsrechtlichen Erfordernis

Die kommunalrechtliche Gemeinwohlbindung besitzt eine eigenständige, über eine rein deklaratorische Wirkung hinausgehende Bedeutung gegenüber der verfassungsrechtlichen[446]. Das ergibt sich bereits daraus, dass durch die Worte erfordern und rechtfertigen in den einfachgesetzlichen Gemeinwohlbindungen ein über die Verfolgung eines öffentlichen Zecks hinausgehendes öffentliches Bedürfnis nach der Erfüllung des öffentlichen Zwecks gerade durch ein kommunales Unternehmen bestehen muss[447]. Anders als die verfassungsrechtliche Verpflichtung zur Verfolgung eines öffentlichen Zwecks dienen die kommunalen Schrankentrias der Gemeindeordnungen außerdem als Ermächtigungsgrundlage für Eingriffe in Grundrechte privater Konkurrenten[448].

(6) Resümee

Die öffentliche Zweckbindung innerhalb der kommunalen Wirtschaftsklauseln verpflichtet zur Versorgung der eigenen Einwohnerschaft und verbietet, von ressourcennutzenden Nebentätigkeiten abgesehen, rein erwerbswirtschaftliche Betätigungen. Einfachrechtlich ist der Kommunalwirtschaft folglich sowohl die aktive als auch die passive Grenzüberschreitung zu Gunsten Gemeindefremder verboten; eine Ausnahme bilden ressourcennutzende Annextätigkeiten. Sofern durch die entsprechenden Anknüpfungspunkte der kommunalrechtlichen Schrankentrias Regelungslücken entstehen, greift die verfassungsrechtliche Pflicht, einen öffentlichen Zweck zu erfüllen, da ihr Geltungsvorrang zukommt. Der öffentliche Zweck rechtfertigt oder erfordert die kommunalwirtschaftliche Betätigung nicht, wenn kein öffentliches Bedürfnis danach besteht, etwa, weil private Anbieter es zu erfüllen in der Lage sind. Hiervon ausgenommen sind die allein zulässigen ressourcennutzenden Nebengeschäfte.

---

[445] Zutreffend RPVerfGH NVwZ 2000, 801 (803); *Gottschalk* ThürVBl 2003, 25 (27), für § 71 Abs. 1 KO Th. Abweichend *Scharpf* DÖV 2006, 23 (23), der ohne weiteres davon ausgeht, dass ressourcennutzende Nebengeschäfte eine wesentliche Erweiterung eines kommunalen Unternehmens darstellen können.

[446] So auch *Schmidt-Jortzig*, in: Püttner (Hrsg.), HKWP V, 1984, S. 50 (57); *Held* WiVerw 1998, 264 (277 f.); *Hellermann*, Örtliche Daseinsvorsorge und gemeindliche Selbstverwaltung, 2000, S. 208. A. A. *Heilshorn*, Gebietsbezug der Kommunalwirtschaft, 2003, S. 147, Fn. 189.

[447] I. E. auch *Held* WiVerw 1998, 264 (277).

[448] Siehe dazu bereits die Ausführungen unter § 4 B. II. 1) b) aa) (1) – Die kommunale Schrankentrias als Ermächtigungsgrundlage bei Eingriffen in Art. 12 Abs. 1 GG durch extraterritoriale kommunale Wirtschaftstätigkeit.

bb) Angemessenheitsklausel

Zweite Voraussetzung der kommunalen Wirtschaftklauseln ist, dass das gemeindliche Unternehmen respektive die kommunalwirtschaftliche Betätigung – je nachdem, woran die jeweilige Schrankentrias anknüpft – nach Art und Umfang in einem angemessenen Verhältnis zur Leistungsfähigkeit der Gemeinde[449] und zum voraussichtlichen Bedarf steht[450]. Dieses Kriterium wird Angemessenheits-[451], Leistungsfähigkeits-[452] oder Relationsklausel[453] genannt.

(1) Inhalt der Klausel

Diese Bestimmung hat vor allem eine dem Schutz der Kommune dienende Begrenzungsfunktion vor übermäßigen wirtschaftlichen Risiken[454]. Namentlich die Verpflichtung, ein angemessenes Verhältnis zur Leistungsfähigkeit der Gemeinde zu wahren, hat in diesem Zusammenhang auch geografische Auswirkungen. Da gerade die Kommunalwirtschaft ihre Wirtschaftskraft aus der Verwurzelung in der örtlichen Gemeinschaft zieht, nimmt mit wachsender Entfernung vom Heimatmarkt das wirtschaftliche Risiko zu[455]. Dabei verbergen sich hinter den mit einer außerörtlichen kommunalwirtschaftlichen Tätigkeit verbundenen wirtschaftlichen Risiken nicht nur solche finanzieller Art; denkbar ist auch eine Überschreitung der Leistungsfähigkeit in Form von Verwaltungskapazitäten[456].

Unter dem Blickwinkel des Leistungsfähigkeitsbezuges ist außerdem die Rechtfertigung einer kommunalwirtschaftlichen Grenzüberschreitung, die dadurch motiviert ist, eine defizitäre Finanzsituation der Gemeinde auszugleichen, schwie-

---

449 Nur dieses Kriterium beinhaltet § 107 Abs. 1 Satz 1 Nr. 2 GO NW.

450 Vgl. § 102 Abs. 1 Nr. 2 GO BW, Art. 87 Abs. 1 Satz 1 Nr. 2 GO BY, §§ 100 Abs. 2 Nr. 2 GO Bbg, 121 Abs. 1 Nr. 2 GO He, 68 Abs. 1 Nr. 2 KV MV, 108 Abs. 1 Nr. 2 GO Nds, 85 Abs. 1 Nr. 2 GO RP, 108 Abs. 1 Nr. 2 KSVG SL, 97 Abs. 1 Satz 1 Nr. 2 GO Sa, 116 Abs. 1 Satz 1 Nr. 2 GO SAnh, 101 Abs. 1 Nr. 2 GO SH, 71 Abs. 1 Nr. 2 KO Th.

451 *Oebbecke* ZHR 164 (2000), 375 (383).

452 So z. B. *Ehlers*, in: Ipsen (Hrsg.), Kommunalwirtschaft im Umbruch, 11. Bad Iburger Gespräche, 2001, S. 10 (31). *Nierhaus*, Kommunalrecht für Bbg, 2003, Rdn. 618, nennt diese Klausel Leistungsfähigkeitsbezug.

453 Z. B. von *Hösch* DÖV 2000, 393 (402); *W. Meyer* WiVerw 2003, 57 (76), verwendet.

454 *Stern* AfK 1964, 81 (99), spricht vom "Schutz der Gemeinde vor sich selbst"; *Ehlers*, in: Ipsen (Hrsg.), Kommunalwirtschaft im Umbruch, 11. Bad Iburger Gespräche, 2001, S. 10 (31); *Nierhaus*, Kommunalrecht für Bbg, 2003, Rdn. 618.

455 *Ehlers*, in: Ipsen (Hrsg.), Kommunalwirtschaft im Umbruch, 11. Bad Iburger Gespräche, 2001, S. 10 (31); *ders.*, Gutachten E für 64. DJT 2002, S. E 99; in diese Richtung auch *Heilshorn*, Gebietsbezug der Kommunalwirtschaft, 2003, S. 44 f. *Jarass* DVBl 2006, 1 (11 mit Fn. 138), schließt hieraus, dass die Angemessenheitsklausel gerade auf die außergebietliche Betätigung abzielt, was Indiz dafür sei, dass eine solche schon immer zulässig war.

456 Vgl. zu den Aspekten der kommunalen Leistungsfähigkeit *Held* WiVerw 1998, 264 (279); *Moraing* WiVerw 1998, 233 (260); *Cronauge* AfK 1999, 24 (32). Hierzu *Oebbecke* ZHR 164 (2000), 375 (383), am Beispiel eines von einer deutschen Gemeinde betriebenen Software-Unternehmens in Indien.

rig[457], da dem kommunalen Unternehmen zu diesem Zeitpunkt regelmäßig schon die erforderliche Leistungsfähigkeit zu diesen Aktivitäten fehlen wird.

Abzulehnen ist hingegen die Ansicht, die das Vorliegen eines öffentlichen Zwecks davon abhängig macht, ob sich die Gemeinde mit der Errichtung oder dem Betrieb eines Unternehmens finanziell übernimmt[458]. Der Charakter eines Zwecks als öffentlicher richtet sich schließlich nach seinem Nutzen für die Gemeindeeinwohner, nicht hingegen danach, ob dessen Erfüllung durch kommunale Unternehmen von der Gemeinde finanziell tragbar ist.

Durch die Bedingung, dass ein angemessenes Verhältnis zum Bedarf zu bestehen hat, ist die Verhinderung der Bildung von Überkapazitäten, die nicht durch eine in naher Zukunft liegende Bedarfssteigerung gerechtfertigt ist, intendiert[459]. Damit streitet dieses Zulässigkeitsmerkmal neben der Zweckbindungsklausel besonders gegen die passive Grenzüberschreitung zu Gunsten Gemeindefremder. Hier findet sich auch der im Zusammenhang mit den extraterritorialen erwerbswirtschaftlichen ressourcennutzenden Annextätigkeiten bereits aufgeworfene Gedanke wieder, dass mit i. d. R. erwerbswirtschaftlichen Randnutzungen ausgefüllte Überkapazitäten nicht unnütz in Bezug auf den öffentlichen Zweck aufrechterhalten oder gar neu geschaffen werden dürfen[460]. Für die ressourcennutzenden Nebengeschäfte ist entscheidend, dass der Bedarf für die Haupttätigkeit von den eigenen Gemeindeeinwohnern ausgehen muss[461].

Bezüglich dieses Kriteriums wird der wirtschaftenden Gemeinde wegen der ihr aus Art. 28 Abs. 2 Satz 1 GG zustehenden Verbandskompetenz ein weiter Beurteilungsspielraum eingeräumt, der lediglich auf Rechtmäßigkeitsgesichtspunkte hin überprüfbar ist[462].

---

457 Diesen Gedanken stößt *Ehlers*, in: Ipsen (Hrsg.), Kommunalwirtschaft im Umbruch, 11. Bad Iburger Gespräche, 2001, S. 10 (31); *ders.*, Gutachten E für 64. DJT 2002, S. E 99, an.

458 Diese Meinung vertritt *Hösch* DÖV 2000, 393 (402).

459 So bereits die Erläuterung zum gleichlautenden § 67 Abs. 1 Nr. 2 DGO, abgedruckt in: *Surén/Loschelder*, DGO vom 30. Januar 1935, Bd. II, S. 98; *Held* WiVerw 1998, 264 (279); *Henneke* NdsVBl 1999, 1 (2). Ähnlich auch *Stern* AfK 1964, 81 (99), der diesen Aspekt als ein Verbot der Hervorlockung neuer Bedürfnisse interpretiert. *Hösch* DÖV 2000, 393 (402), folgert daraus lediglich die repressiv wirkende Verpflichtung, Überkapazitäten abzubauen.

460 Vgl. hierzu bereits § 4 B. V. 2) c) – Rechtmäßigkeit erwerbswirtschaftlicher Randnutzungen im Lichte der verfassungsrechtlichen Gemeinwohlbindung.

461 *Oebbecke* ZHR 164 (2000), 375 (383). *W. Meyer* WiVerw 2003, 57 (76), will den Bedarf auf das Gemeinde*gebiet* beziehen, was in diesem Zusammenhang auf das gleiche hinausläuft, da ein Bedarf nur von auf einem bestimmten Gebiet lebenden Menschen, nicht jedoch von einem Territorium selbst, ausgehen kann.

462 *Schmidt-Jortzig*, in: Püttner (Hrsg.), HKWP V, 1984, S. 50 (60); *Moraing* WiVerw 1998, 233 (260); *Henneke* NdsVBl 1999, 1 (2).

(2) Wirkungsdauer

Ist die wirtschaftliche Betätigung der Kommunen generell Anknüpfungspunkt für die Relationsklausel, so sind die aus ihr folgenden Anforderungen in jeder Phase der wirtschaftlichen Existenz eines kommunalen Unternehmens einzuhalten. Sind jedoch nur die Errichtung, Übernahme oder (wesentliche) Erweiterung ausschlaggebende Zulässigkeitszeitpunkte, so gilt auch die einfachrechtliche Angemessenheitsklausel nur dann. So sind über bloße ressourcennutzende Randgeschäfte hinausgehende Expansionen der Gemeinden beispielsweise als (wesentliche) Erweiterung eines gemeindlichen Unternehmens erfasst. Auf ressourcennutzende Nebengeschäfte selbst trifft dieses Tatbestandsmerkmal hingegen nicht zu[463]. Jedoch ist es den Gemeinden bereits im Zusammenhang mit der Gemeinwohlbindung auf verfassungs- und einfachgesetzlicher Ebene verwehrt, Überkapazitäten, die im Hinblick auf die Verfolgung eines öffentlichen Zwecks nicht notwendig sind, dauerhaft aufrecht zu erhalten[464].

cc) Subsidiaritätsklausel

Drittes Kriterium der kommunalen Schrankentrias der Gemeindordnungen ist, dass private Anbieter[465], andere (Unternehmen)[466] oder Dritte[467] den öffentlichen Zweck nicht besser und wirtschaftlicher[468] oder ebenso gut und wirtschaftlich[469] erfüllen (können). Alle kommunalwirtschaftlichen Schrankentrias beinhalten eine solche Subsidiaritätsklausel, stellenweise auch "Mehrwert-Klausel"[470], Privatisierungsklausel[471], Funktionssperre[472] oder Nachrangigkeitsgrundsatz[473] genannt.

---

463 Vgl. dazu oben § 4 D. I. 1) b) aa) (4) – Wirkungsdauer der Zweckbindungsklausel.

464 Vgl. hierzu bereits § 4 B. V. 2) c) – Rechtmäßigkeit erwerbswirtschaftlicher Randnutzungen im Lichte der verfassungsrechtlichen Gemeinwohlbindung.

465 §§ § 102 Abs. 1 Nr. 3 GO BW, 100 Abs. 3 Satz 1 GO Bbg, 85 Abs. 1 Nr. 3 GO RP, 97 Abs. 1 Satz 1 Nr. 3 GO Sa. §§ 121 Abs. 1 Nr. 3 Satz 1 GO He, 108 Abs. 1 Nr. 3 GO Nds, 108 Abs. 1 Nr. 3 KSVG SL privilegieren "private Dritte".

466 Eine Nachrangigkeit zu Gunsten "anderer" regeln Art. 87 Abs. 1 Nr. 4 GO BY, §§ 116 Abs. 1 Nr. 3 GO SAnh, 71 Abs. 1 Nr. 4 Satz 1 KO Th. "Anderen Unternehmen" wird durch § 107 Abs. 1 Nr. 3 GO NW der Vorrang gegeben. § 101 Abs. 1 Nr. 3 GO SH, regelt die vorrangige Zweckerfüllung auf "andere Weise".

467 § 68 Abs. 1 Nr. 3 KV MV.

468 So in §§ 107 Abs. 1 Satz 1 Nr. 3 GO NW, 97 Abs. 1 Satz 1 Nr. 3 GO Sa, 101 Abs. 1 Nr. 3 GO SH geregelt.

469 Siehe dazu § 102 Abs. 1 Nr. 3 GO BW, Art. 87 Abs. 1 Satz 1 Nr. 4 GO BY, §§ 121 Abs. 1 Nr. 3 Satz 1 GO He, 108 Abs. 1 Satz 2 Nr. 3 GO Nds, 85 Abs. 1 Nr. 3 GO RP, 108 Abs. 1 Nr. 3 KSVG SL, 116 Abs. 1 Satz 1 Nr. 3 GO SAnh, 71 Abs. 1 Nr. 4 KO Th.

470 *Stern* AfK 1964, 81 (101).

471 *Nierhaus*, Kommunalrecht für Bbg, 2003, Rdn. 620.

472 Vgl. u. a. *Schmidt-Jortzig*, in: Püttner (Hrsg.), HKWP V, 1984, S. 50 (60); *Schliesky*, Öffentliches Wirtschaftsrecht, 2. Aufl. 2003, S. 166. *Vogelgesang*, in: ders./Lübking/Ulbrich (Hrsg.), Kommunale Selbstverwaltung, 3. Aufl. 2005, Rdn. 410, hält den Begriff der Subsidiaritätsklausel gar für falsch.

473 *Gerke* Jura 1985, 349 (355).

Den wirtschaftenden Gemeinden steht in diesem Rahmen ein nur auf Rechtsverstöße hin überprüfbarer Beurteilungsspielraum zu[474], der aus der durch Art. 28 Abs. 2 Satz 1 GG garantierten Verbandskompetenz resultiert.

(1) Gehalt des Nachrangigkeitsgrundsatzes

(a) Art und Höhe der zu erfüllenden Anforderungen

Nach der Höhe der an die Kommunalwirtschaft gestellten Anforderungen werden die Funktionssperren in einfache und qualifizierte Subsidiaritätsklauseln unterteilt[475].

Der einfachen bzw. "gängigen"[476] Subsidiaritätsklausel zufolge ist die kommunalwirtschaftliche Betätigung nur zulässig, wenn andere Unternehmen den öffentlichen Zweck nicht *besser und wirtschaftlicher* erfüllen (können)[477], d. h. es genügt bereits, wenn die Gemeinde die Aufgabe ebenso gut und wirtschaftlich wie andere Betriebe erfüllen kann[478].

Im Rahmen der qualifizierten oder verschärften[479] Subsidiaritätsklausel wird der jeweiligen wirtschaftenden Kommune i. S. eines Besser-Prinzips[480] einfachrechtlich aufgegeben, die Konkurrenz zu überrunden, da die Tätigkeit kommunaler Unternehmen bereits dann nicht mehr zulässig ist, wenn der öffentliche Zweck durch andere Betriebe *ebenso gut und wirtschaftlich* erfüllt wird respektive erfüllt werden kann[481].

§ 100 Abs. 3 Satz 1 GO Bbg stellt eine Kombination beider Nachrangigkeitsklauseltypen dar, da er einerseits im Sinne der qualifizierten Subsidiaritätsklausel fordert, dass private Anbieter die öffentlichen Leistungen nicht in *mindestens gleicher Qualität und Zuverlässigkeit* sowie bei *gleichen Kosten* erbringen können, andererseits aber wie eine einfache Subsidiaritätsklausel erst von einem Vorrang der privaten Anbieter ausgeht, wenn diese bei (gleichen oder) *geringeren* Kosten die öffentliche Leistung erbringen können.

---

474 *Stern/Püttner*, Die Gemeindewirtschaft, 1965, S. 176 f.; *Schmidt-Jortzig*, in: Püttner (Hrsg.), HKWP V, 1984, S. 50 (61 f.); *Vogelgesang*, in: ders./Lübking/Ulbrich (Hrsg.), Kommunale Selbstverwaltung, 3. Aufl. 2005, Rdn. 412 m. w. N.

475 *Knauff/Nolte* VR 2003, 3 (4). *Ehlers*, in: Ipsen (Hrsg.), Kommunalwirtschaft im Umbruch, 11. Bad Iburger Gespräche, 2001, S. 10 (20 ff.); *Moraing* WiVerw 1998, 233 (260 f.); *Cronauge* AfK 1999, 24 (32), nennen die einfachen Subsidiaritätsklauseln Funktionssperren, die qualifizierten hingegen echte Subsidiaritätsaussagen bzw. -klauseln.

476 Begriff nach *Henneke* NdsVBl 1999, 1 (2).

477 So in §§ 107 Abs. 1 Satz 1 Nr. 3 GO NW, 97 Abs. 1 Satz 1 Nr. 3 GO Sa, 101 Abs. 1 Nr. 3 GO SH geregelt.

478 Vgl. zu dieser Formulierung § 68 Abs. 1 Nr. 3 KV MV.

479 *Henneke* NdsVBl 1999, 1 (2), benutzt diesen Terminus in diesem Zusammenhang.

480 Vgl. zu dieser Begrifflichkeit *Henneke* NdsVBl 1999, 1 (2).

481 Siehe dazu § 102 Abs. 1 Nr. 3 GO BW, Art. 87 Abs. 1 Satz 1 Nr. 4 GO BY, §§ 121 Abs. 1 Nr. 3 Satz 1 GO He, 108 Abs. 1 Satz 2 Nr. 3 GO Nds, 85 Abs. 1 Nr. 3 GO RP, 108 Abs. 1 Nr. 3 KSVG SL, 116 Abs. 1 Satz 1 Nr. 3 GO SAnh, 71 Abs. 1 Nr. 4 KO Th.

Die qualifizierten Funktionssperren verweisen die gemeindlichen Unternehmen oftmals auf verlustbringende Wirtschaftsbetriebe[482], was u. a. Anlass gibt, ihre Verfassungsmäßigkeit wegen Verstoßes gegen Art. 28 Abs. 2 Satz 1 GG zu negieren[483]. Der RPVerfGH betont in einer Grundsatzentscheidung dagegen zu Recht, dass sich diese Regelungen in dem dem Gesetzgeber offen stehenden Rahmen bei der Ausfüllung des Gemeinwohlprinzips halten[484]. Außerdem stehe der entscheidungsbefugten Gemeindevertretung bei der Einschätzung über das Vorliegen der Subsidiaritätskriterien ein weiter kommunalpolitischer Beurteilungsspielraum zu[485].

§ 102 Abs. 1 Nr. 3 GO BW, Art. 87 Abs. 1 Satz 1 Nr. 4 GO BY und § 71 Abs. 1 Nr. 4 Satz 1 KO Th privilegieren den Bereich der Daseinsvorsorge, indem sie diesen vom Erfordernis der Subsidiaritätsklausel befreien[486]. *Ehlers* hält diese Freistellungen berechtigterweise für verfassungsrechtlich unzulässig, weil sie insofern auf eine Ermächtigung zu einem gemeinwohlschädlichen Verhalten hinauslaufen, als die bessere und wirtschaftlichere Erfüllung des öffentlichen Zwecks durch die kommunale Konkurrenz behindert werden darf. Dies verbiete sich aber nach dem Rechtsstaatsprinzip und verletze das Grundrecht der Berufsfreiheit.[487]

Hinter dem Begriff der "Güte" verbergen sich Merkmale wie Qualität, Zuverlässigkeit, Kontinuität, Sicherheit flächendeckender Versorgung, Sozialverträglichkeit und Wirtschaftsförderung im Raum[488]. Für die Wirtschaftlichkeit der Erfüllung eines öffentlichen Zwecks sind vor allem die dabei anfallenden Kosten ent-

---

482 *Otting*, Neues Steuerungsmodell und rechtliche Betätigungsspielräume der Kommunen, 1997, S. 130 f.

483 So etwa *Moraing* WiVerw 1998, 233 (249 ff.); *Hellermann*, Örtliche Daseinsvorsorge und gemeindliche Selbstverwaltung, 2000, S. 217 ff.; *Cronauge* AfK 1999, 24 (30); *Stern* AfK 1964, 81 (100).

484 RPVerfGH NVwZ 2000, 801 (804); ihm zustimmend *Ruffert* NVwZ 2000, 763 ff.; *Ehlers*, Gutachten E für 64. DJT 2002, S. E 81 f.; *Rennert* Die Verwaltung 35 (2002), 319 (337). Für eine Verfassungsmäßigkeit bereits vor dem Urteil: *Ehlers* DVBl 1998, 497 (502); *Henneke* NdsVBl 1999, 1 (2).

485 RPVerfGH NVwZ 2000, 801 (803); *Stober*, Kommunalrecht, 3. Aufl. 1996, S. 340.

486 Näher zum Ursprung dieser Privilegierung *Rennert* JZ 2003, 385 (394) m. w. N. § 107 Abs. 1 Satz 1 Nr. 3 GO NW legt die Geltung der Funktionssperre nur für ein kommunalwirtschaftliches Tätigwerden außerhalb der Energieversorgung, der Wasserversorgung, des öffentlichen Verkehrs sowie des Betriebes von Telekommunikationsleistungsnetzen einschließlich der Telefondienstleistungen fest.

487 *Ehlers* NWVBl 2000, 1 (4 f.); *ders.*, Gutachten E für 64. DJT 2002, S. E 82 f.

488 Die Kriterien Qualität und Zuverlässigkeit sind in dem Nachrangigkeitsgrundsatz des § 100 Abs. 3 Satz 1 GO Bbg sogar expressis verbis genannt. Vgl. i. Ü. RPVerfGH NVwZ 2000, 801 (803); *Grawert*, in: Reichard (Hrsg.), Kommunen am Markt, 2001, S. 9 (18); *W. Meyer* WiVerw 2003, 57 (71).

scheidend[489]; diese sind auch in § 100 Abs. 3 Satz 1 GO Bbg statt des Begriffs der Wirtschaftlichkeit Regelungsbezug.

Die Kriterien "gut" bzw. "wirtschaftlich" wirken alternativ, d. h. erfüllt das kommunale Unternehmen bereits eines von ihnen, ist der Subsidiaritätsklausel Genüge getan[490]. Gegen eine kumulative Wirkung dieser Kriterien im Hinblick auf die Kommunalwirtschaft[491] spricht hingegen der Wortlaut der Subsidiaritätsklauseln, die alle von der Zulässigkeit im Sinne des Nachrangigkeitsgrundsatzes ausgehen, wenn nicht die jeweilige *Vergleichsgruppe* (siehe dazu unten § 4 D. I. 1) b) cc) (1) (b) – maßgebliche Vergleichssubjekte) den öffentlichen Zweck besser *und* wirtschaftlicher oder ebenso gut *und* wirtschaftlich erfüllen (kann). Dies können die jeweiligen Vergleichssubjekte eben nicht (mehr), wenn das gemeindliche Unternehmen bereits eines dieser Merkmale erfüllt. Die kumulative Wirkung trifft demnach die jeweilige Vergleichsgruppe, nicht hingegen die Kommunalwirtschaft.
Ehlers stuft die Kriterien "besser" und "wirtschaftlicher" ebenfalls nicht nach der einfachen Subsidiaritätsklausel als kumulativ ein. Gleichwohl bestehe eine mittelbar kumulative Wirkung insofern, als bei Fehlen auch nur eines Merkmals der öffentliche Zweck die Betätigung nicht erfordert respektive rechtfertigt.[492] Das bedeutet, dass die Kommunalwirtschaft stets mindestens genauso gut *und* wirtschaftlich sein muss wie die Vergleichsgruppe, damit ein öffentliches Bedürfnis nach der Aufgabenerfüllung gerade durch ein gemeindliches Unternehmen besteht.
Das ist überzeugend, da tatsächlich kein öffentliches Bedürfnis nach einer Aufgabenerfüllung durch einen kommunalen Betrieb besteht, der zwar genauso wirtschaftlich, aber schlechter arbeitet als die alternative Leistung der jeweiligen Vergleichsgruppe. Umgekehrt wird es auch nicht im Interesse der Gemeindeeinwohner sein, wenn ein von ihrer Kommune betriebenes Unternehmen genauso gut arbeitet wie die jeweilige Vergleichsgruppe, dabei aber höhere Kosten verursacht.

---

[489] *Ehlers*, Gutachten E für 64. DJT 2002, S. E 80.

[490] *W. Meyer* WiVerw 2003, 57 (69 f.). So RPVerfGH NVwZ 2000, 801 (803), für § 85 Abs. 1 Nr. 3 GO RP; *Jarass* NWVBl 2002, 335 (339 f.), für § 107 Abs. 1 Satz 1 Nr. 3 GO NW; *Detig*, Die kommunale Anstalt des öffentlichen Rechts als Wirtschaftsförderungsinstitution, 2004, S. 194, bezüglich Art. 87 Abs. 1 Satz 1 Nr. 4 GO BY.

[491] So *Hellermann*, Örtliche Daseinsvorsorge und gemeindliche Selbstverwaltung, 2000, S. 213 f.

[492] *Ehlers*, Gutachten E für 64. DJT 2002, S. E 80.

(b) Maßgebliche Vergleichssubjekte

Begünstigte der Subsidiaritätsklausel, die privaten Anbietern[493], anderen (Unternehmen)[494] oder Dritten[495] den Vorrang gibt, sind in erster Linie private Unternehmen[496]. Maßgebliches Vergleichssubjekt ist dabei nicht ausschließlich die in der eigenen Gemeinde ansässige Privatwirtschaft, sondern beispielsweise auch die in einer fremden Kommune tätige. Vom Wortlaut her möglich ist bei den Subsidiaritätsklauseln, die die Privatwirtschaft nicht explizit nennen, auch eine Nachrangigkeit zu Gunsten des Unternehmens einer anderen Kommune.

Bezugspunkt des Vergleichs der jeweiligen Wirtschaftssubjekte ist die Erfüllung des öffentlichen Zwecks durch die Unternehmen[497]. Jedes kommunale Unternehmen ist lediglich zur Erfüllung des seiner Muttergemeinde dienenden öffentlichen Zwecks legitimiert. Dieser kann in der Sache zwar identisch sein, bestimmt sich für jede Gemeinde aber individuell. Die Frage eines Vergleichs mit anderen Unternehmen bezüglich der Erfüllung eines *fremden* öffentlichen Zwecks stellt sich somit für ein kommunales Unternehmen nach der Subsidiaritätsklausel gar nicht. Gemeindliche Betriebe, deren Träger verschiedene Kommunen sind, können demnach im Rahmen der Funktionssperre nicht miteinander verglichen werden.

Eine Vergleichssituation hinsichtlich der Aufgabenerfüllung durch ein kommunales Unternehmen oder durch die Privatwirtschaft kann nur entstehen, wenn auch beide den Zweck verfolgen, dem Wohl der Einwohner der expansionswilligen Gemeinde zu dienen. Das ist für ein in der fremden Kommune ansässiges privates Unternehmen denkbar, wenn dem Wohl der Einwohner der expansionswilligen Gemeinde auf dem Gebiet gedient werden soll, auf dem sie tätig sind. Sehr wahrscheinlich ist auch der Vergleich mit einem privaten Unternehmen, das in der extraterritorial ausgerichteten Gemeinde ansässig ist und ebenso wie das kommunale Unternehmen dem Wohl der Einwohner dieser Kommune auch außerhalb des Gemeindegebietes dienen möchte.

---

[493] §§ 102 Abs. 1 Nr. 3 GO BW, 100 Abs. 3 Satz 1 GO Bbg, 85 Abs. 1 Nr. 3 GO RP, 97 Abs. 1 Satz 1 Nr. 3 GO Sa. §§ 121 Abs. 1 Nr. 3 Satz 1 GO He, 108 Abs. 1 Nr. 3 GO Nds, 108 Abs. 1 Nr. 3 KSVG SL privilegieren "private Dritte". Zu den Gefahren für das Gemeinwohl bei der Privilegierung der Privatwirtschaft durch die Subsidiaritätsanforderungen *Brede* ZögU 2003, 176 ff.

[494] Eine Nachrangigkeit zu Gunsten "anderer" regeln Art. 87 Abs. 1 Nr. 4 GO BY, §§ 116 Abs. 1 Nr. 3 GO SAnh, 71 Abs. 1 Nr. 4 Satz 1 KO Th. "Anderen Unternehmen" wird durch § 107 Abs. 1 Nr. 3 GO NW der Vorrang gegeben. § 101 Abs. 1 Nr. 3 GO SH, regelt die vorrangige Zweckerfüllung auf "andere Weise".

[495] § 68 Abs. 1 Nr. 3 KV MV.

[496] *Stern* AfK 1964, 81 (99); *Ehlers*, Gutachten E für 64. DJT 2002, S. E 79 f.; *Hellermann*, Örtliche Daseinsvorsorge und gemeindliche Selbstverwaltung, 2000, S. 213; *Diefenbach* WiVerw 2003, 115 (119); *Rennert* JZ 2003, 385 (394 f.).

[497] *Grawert*, in: Reichard (Hrsg.), Kommunen am Markt, 2001, S. 9 (18); *Ehlers*, Gutachten E für 64. DJT 2002, S. E 80.

Bei denjenigen Subsidiaritätsklauseln, in denen die Nachrangigkeit nicht nur zu Gunsten der Privatwirtschaft geregelt ist, muss zudem an eine Subsidiarität zu Gunsten von Gemeindeverbänden gedacht werden[498]. Insbesondere in dem hier interessierenden grenzüberschreitenden Kontext könnte ein Vorrang von im Einzelfall möglicherweise existierenden Formen wirtschaftlicher kommunaler Kooperation vorliegen. Nicht vergessen werden sollte auch die Möglichkeit der Erfüllung des öffentlichen Zwecks durch Public-Private-Partnerships.[499]

(c) Zwischenergebnis

Die Anforderungen, die die jeweils expansionswillige Kommunalwirtschaft erfüllen muss, sind unterschiedlich. In einigen Gemeindeordnungen ist es ausreichend, wenn sie genauso gut wie ihre jeweilige Vergleichsgruppe ist. Andere Subsidiaritätsklauseln fordern, dass die extraterritorial ausgerichtete Kommunalwirtschaft besser zu sein hat.

Die örtlich begrenzende Wirkung der Subsidiaritätsklausel resultiert aus dem Vorrang, den andere Wirtschaftsteilnehmer im Rahmen der grenzüberschreitenden kommunalen Tätigkeit zu Gunsten der Gemeindeeinwohner der expandierenden Gemeinde genießen. Maßgeblicher Bezugspunkt des Nachrangigkeitsgrundsatzes ist der in der grenzüberschreitenden Gemeinde zu verwirklichende öffentliche Zweck. Die in erster Linie von der Subsidiaritätsklausel begünstigte Privatwirtschaft kann sowohl aus der eigenen Gemeinde als auch aus der Kommune stammen, auf deren Gebiet die Wirtschaftstätigkeit ausgedehnt werden soll.

(2) Wirkungsdauer

Die Subsidiaritätsklauseln, die nur an bestimmte Investitionsvorgänge anknüpfen, teilen mit den vorherigen allgemeinen Zulässigkeitsbestimmungen das unbefriedigende Schicksal, nur punktuelle Überprüfungsmöglichkeiten zu schaffen. Wettbewerbsstreitigkeiten mit privaten Unternehmen, die außerhalb der reglementierten Zeitpunkte auftreten, können diese nicht abwenden.[500]

Dagegen haben die Subsidiaritätsklauseln, die sich auf die wirtschaftliche Betätigung als solche beziehen, bei Hinzutreten entsprechender privater Konkurrenz die Wirkung, dass die grenzüberschreitende wirtschaftliche Betätigung der Gemeinde, wenn auch mit einer Übergangsfrist, unabhängig von einer Änderung des Unternehmensbestandes des kommunalen Betriebes einzustellen ist.

---

[498] Erläuterung zu § 67 DGO, abgedruckt in: *Surén/Loschelder*, DGO vom 30. Januar 1935, Bd. II, S. 98. A. A. *Stern* AfK 1964, 81 (99 f.), der einen möglichen Vorrang von Staats- und Gemeindeverbänden aus der Subsidiaritätsklausel für verfassungswidrig hält.

[499] Vgl. zu diesen kooperativen Organisationsformen wirtschaftlicher Betätigung § 2 C. II., III.

[500] Dazu kritisch *Ehlers*, Gutachten E für 64. DJT 2002, S. E 83; *Grawert*, in: Reichard (Hrsg.), Kommunen am Markt, 2001, S. 9 (19), der diesen Funktionssperren eine lediglich struktur*bildende* Wirkung beimisst.

c) "Eignung" der Aufgabe

Über die übliche Schrankentrias hinaus schreiben Art. 87 Abs. 1 Satz 1 Nr. 3 GO BY und § 71 Abs. 1 Nr. 3 KO Th das zusätzliche Kriterium der "Eignung" der dem kommunalen Unternehmen zu übertragenden Aufgaben für die Wahrnehmung außerhalb der allgemeinen Verwaltung vor, was diese Normenkomplexe zu Vierfachschranken[501] erweitert. Nicht geeignet für die Wahrnehmung außerhalb der allgemeinen Verwaltung sind danach Aufgaben, die die jeweilige Gemeinde von Gesetzes wegen selbst zu erfüllen hat. Für den grenzüberschreitenden Kontext der Kommunalwirtschaft liefert dieses Kriterium keine besonderen Erkenntnisse.

2) Expansionsklauseln

In einigen Bundesländern wird die kommunalwirtschaftliche Tätigkeit außerhalb des Gemeindegebietes, d. h. die aktive Grenzüberschreitung, mittels so genannter Expansions- oder Gebietsklauseln[502] unter den im Folgenden darzustellenden Voraussetzungen explizit für zulässig erklärt.

a) Aussagen der Expansionsklauseln

Gemeinsame Voraussetzung ist in allen Vorschriften, dass die allgemeinen Kriterien, m. a. W. jene der kommunalen Schrankentrias (in Bayern und Thüringen der Vierfachschranke) vorliegen müssen. Darüber hinaus sind die berechtigten Interessen der betroffenen kommunalen Gebietskörperschaften zu wahren.[503] Dabei legen allein § 116 Abs. 3 Satz 3 GO SAnh und § 101 Abs. 2 Satz 3 GO SH expressis verbis fest, dass die betroffenen Kommunen so rechtzeitig vor Aufnahme der grenzüberschreitenden Wirtschaftstätigkeit informiert werden müssen, dass sie noch Gelegenheit haben, ihre berechtigten Interessen geltend zu machen. Dies ist jedoch eine verfassungsrechtliche Notwendigkeit, die sich bereits unmittelbar aus Art. 28 Abs. 2 Satz 1 GG ergibt, der auch Anhörungsrechte gewährt. Zudem hätte andernfalls die Forderung nach der Wahrung der berechtigten Interessen der betroffenen Gemeinden keinen praktischen Sinn. Die Informationspflicht gegenüber den betroffenen Kommunen muss folglich auch für die Bundesländer gelten, in denen eine solche Verfahrensanordnung in der Expansionsklausel fehlt.

Eine gesetzliche Privilegierung erfahren die expansionswilligen wirtschaftenden Gemeinden bei der Versorgung mit Strom und Gas, denn hierbei werden nur diejenigen Interessen der betroffenen Gemeinde als berechtigt anerkannt, die

---

[501] Vgl. zu diesem Begriff *Detig*, Die kommunale Anstalt des öffentlichen Rechts als Wirtschaftsförderungsinstitution, 2004, S. 85.

[502] Den Begriff der Expansionsklausel verwendet z. B. *F. Becker* DÖV 2000, 1032 (1033). Den Terminus der Gebietsklausel favorisiert beispielsweise *Heilshorn* VerwArch 96 (2005), 88 (98). *Britz* NVwZ 2001, 380 (386), spricht hingegen von Außerörtlichkeitsklauseln.

[503] Siehe § 102 Abs. 7 Satz 1 GO BW, Art. 87 Abs. 2 Satz 1 GO BY, §§ 121 Abs. 5 Nr. 1, 2 Satz 1 GO He, 107 Abs. 3 Satz 1 GO NW, 108 Abs. 4 Nr. 1, 2 Satz 1 KSVG SL, 116 Abs. 3 Satz 1 GO SAnh, 101 Abs. 2 GO SH, 71 Abs. 4 Satz 1 KO Th.

nach dem EnWG eine Wettbewerbseinschränkung zulassen[504]. Sehr viel weiter ist dieses Vorrecht in § 116 Abs. 3 Satz 2 GO SAnh ausgestaltet, da es zusätzlich "andere im Wettbewerb wahrgenommene Aufgaben" aufführt, die die Berechtigung des Interesses der betroffenen Kommune generell auf die Wettbewerbseinschränkungsmöglichkeiten des für die jeweilige Aufgabe geltenden Ordnungsrahmens verweist. Ebenso weitreichend ist auch die schleswigholsteinische Regelung, denn in § 101 Abs. 2 Satz 2 GO SH sind alle "im Wettbewerb wahrgenommenen Aufgaben" ohne Einschränkung dergestalt bevorteilt, dass nur bundesgesetzlich vorgesehene Wettbewerbseinschränkungsmöglichkeiten berechtigte Interessen der betroffenen Gemeinden darstellen können. Hinzu kommen die Regelungen in § 121 Abs. 5 Nr. 2 Satz 2 GO He sowie § 108 Abs. 4 Nr. 2 Satz 2 GO BW, die bei "gesetzlich liberalisierten Tätigkeiten" nur die Interessen der betroffenen kommunalen Gebietskörperschaften als berechtigt ansehen, die nach den maßgeblichen Vorschriften eine Einschränkung des Wettbewerbs zulassen.

Allein § 71 Abs. 4 Satz 3 KO Th schreibt für aktiv grenzüberschreitende Wirtschaftsbetätigungen von Kommunen eine Genehmigungspflicht durch die Rechtsaufsichtsbehörde vor, wobei die Versorgung mit Strom und Gas wiederum insofern bevorzugt wird, als hierfür nur einer – nach § 72 KO Th ohnehin für jegliche Wirtschaftsbetätigungen vorgeschriebenen – Anzeigepflicht gegenüber der Rechtsaufsichtsbehörde nachzukommen ist.
Eine Genehmigungspflicht sehen zudem § 107 Abs. 4 GO NW und § 116 Abs. 4 GO SAnh vor; diese gilt jedoch nur bei der bundesgrenzüberschreitenden Wirtschaftsbetätigung. Dagegen ist die Regelung des § 101 Abs. 3 GO SH, die die kommunalwirtschaftliche Betätigung im Ausland normiert, weniger streng, da sie neben den selbstverständlichen Voraussetzungen des Vorliegens der Merkmale der Schrankentrias und des Verbotes, berechtigten Bundes- oder Landesinteressen zuwiderzuhandeln, nur eine Unterrichtungspflicht gegenüber der Kommunalaufsichtsbehörde vorsieht.

b) Reichweite der gesetzlichen Ausnahmebestimmungen

aa) Der Verweis auf die allgemeine kommunale Schrankentrias

Alle Expansionsklauseln gestatten die kommunalwirtschaftliche Betätigung außerhalb des Gemeindegebietes nur unter der Prämisse, dass die Voraussetzungen der kommunalen Schrankentrias (bzw. Vierfachschranke) erfüllt werden. Für die Reichweite der Gebietsklauseln ist die Frage von entscheidender Bedeutung, wie umfassend dieser Verweis auf die allgemeinen kommunalen Wirtschaftsklauseln ist. Diese ist an Hand der der Rechtswissenschaft zur Verfügung stehenden allgemeinen Auslegungskriterien zu beantworten.

---

[504] So § 102 Abs. 7 Satz 2 GO BW, Art. 87 Abs. 2 Satz 2 GO BY, §§ 107 Abs. 3 Satz 2 GO NW, 71 Abs. 4 Satz 2 KO Th.

(1) Wortlaut

Der Wortlaut der Expansionsklauseln ist insofern nicht eindeutig. Einerseits verweist er ohne inhaltliche Einschränkung auf die örtlich begrenzend wirkenden allgemeinen Voraussetzungen der kommunalen Wirtschaftsklauseln[505]. Das führt zu der Deutung, dass die Vorgaben der allgemeinen Schrankentrias vollumfänglich in die Expansionsklausel inkorporiert sind[506].

Andererseits erlauben die Expansionsvorschriften explizit die kommunalwirtschaftliche Betätigung außerhalb des Gemeindegebietes, wozu die uneingeschränkte Anwendung der allgemeinen kommunalwirtschaftlichen Normen, namentlich der Bindung an das Gemeinwohl der eigenen Einwohner, nicht passen will. Die geänderte Fassung des § 107 Abs. 1 Satz 1 GO NW geht noch weiter in diese Richtung. Während die nordrhein-westfälische kommunale Wirtschaftsklausel früher auf die "Erledigung von Angelegenheiten der örtlichen Gemeinschaft" abstellte[507], heißt es nunmehr nach der Einführung der Expansionsklauseln, dass die Gemeinden sich "zur Erfüllung ihrer Aufgaben" unter den Voraussetzungen der kommunalen Schrankentrias wirtschaftlich betätigen dürften[508].

Dementsprechend ergibt sich als zweite Interpretation ein Verweis auf die allgemeine kommunale Wirtschaftklausel, jedoch unter Auslassung des örtlichen Bezuges zur Einwohnerschaft[509].

Dieser Auslegung folgend wird stellenweise die örtliche Verwurzelung des öffentlichen Zwecks derart verneint, dass als Gemeinwohl in dem Sinne auch die Angelegenheiten der Einwohner fremder Gemeinden gelten[510].

---

505 Vgl. hierzu die Ausführungen unter § 4 D. I. 1) – Die einzelnen Voraussetzungen der kommunalen Wirtschaftsklauseln bzw. Vierfachschranken unter besonderer Berücksichtigung ihrer Auswirkungen auf die grenzüberschreitende Tätigkeit.

506 So *Koehler* VR 2000, 44 (45 f., 47 ff.), auch wenn er von der "Durchbrechung des Örtlichkeitsprinzipes" spricht; *Zacharias* VR 2000, 271 (276); *Scharpf* NVwZ 2005, 148 (150 f.). Ebenso *Heilshorn* VerwArch 96 (2005), 88 (98 f.), der seine Meinung nach Veröffentlichung seiner Dissertation offensichtlich geändert hat, vgl. noch die gegenteilige Auffassung in Fn. 509.

507 Nach *Badura* DÖV 1998, 818 (822), lag in dieser Begrifflichkeit die ausdrückliche Bezeichnung der der gemeindewirtschaftlichen Betätigung auferlegten territorialen Schranke.

508 *David* NVwZ 2000, 738 (742), sieht darin ein fast vollständiges Abrücken vom Örtlichkeitsprinzip; ähnlich auch *Jarass* NWVBl 2002, 335 (338). *Koehler* VR 2000, 44 (45), hält im Hinblick auf die Grenzen des Art. 28 Abs. 2 Satz 1 GG hingegen daran fest, dass durch diese Formulierung der Bezug zu den Gemeindeeinwohnern nicht aufgehoben ist. Auch *Lux* NWVBl 2000, 7 (9); *Rehn/Cronauge*, GO für NW, 2. Aufl. der Loseblatt-Ausg., Bd. II, § 107 (Stand: Oktober 2004) Anm. II. 4. (S. 14), sehen in der begrifflichen Änderung keine inhaltliche.

509 Von dieser Auslegung gehen *Jarass* DVBl 2006, 1 (6, 10); *Heilshorn*, Gebietsbezug der Kommunalwirtschaft, 2003, S. 164 ff.; *Löwer* NWVBl 2000, 241 (243); *Oebbecke* ZHR 164 (2000), 375 (388), aus. *Nierhaus*, Kommunalrecht für Bbg, 2003, Rdn. 614, spricht in diesem Zusammenhang von "Aufweichungen des Örtlichkeits- und Regionalprinzipes"; ähnlich auch *Grundlach* LKV 2002, 264 (264), für den Wortlaut des § 116 Abs. 3 GO SAnh.

510 So *Kühling* NJW 2001, 177 (181 mit Fn. 41).

Nicht ganz so weit geht die Auffassung, die am Bezug auf die Einwohner zwar formal festhalten will, diese mittelbare örtliche Begrenzung aber im Zuge des Verweises in der Expansionsklausel relativiert, indem sie es genügen lässt, wenn die aktiv grenzüberschreitende wirtschaftliche Betätigung *überwiegend* der Versorgung der eigenen Einwohnerschaft dient. Danach soll es immer noch einem solchen öffentlichen Zweck entsprechen, wenn den eigenen Einwohnern dadurch geholfen wird, dass Verluste durch erwerbswirtschaftliche Betätigungen außerhalb des Gemeindegebietes kompensiert werden.[511] Da diese Definition offensichtlich außerhalb dessen liegt, was zum Aussagegehalt der Gemeinwohlbindung in den Schrankentrias zu zählen ist[512], macht auch sie im Ergebnis eine Wirtschaftsbetätigung ohne direkten Einwohnerbezug möglich.
W. Meyer will, dieser Auslegung offenbar folgend, im Rahmen der Angemessenheitsklausel den voraussichtlichen Bedarf sowohl der eigenen Einwohnerschaft als auch den der fremden Gemeinde berücksichtigen, wenn und soweit eine entsprechende gesetzliche Ermächtigung an die Kommunen, sich auch außerhalb ihres Gemeindegebietes wirtschaftlich betätigen zu dürfen, vorliegt[513].

(2) Rechtssystematische Auslegung

Sofern man den Verweis in den Expansionsklauseln so interpretiert, dass diese hierdurch die allgemeinen kommunalwirtschaftlichen Vorschriften *vollumfänglich* einverleiben, führt dies dazu, dass die Expansionsklauseln inhaltlich nicht aus dem Schatten der allgemeinen kommunalwirtschaftlichen Normen hervortreten. Eine aktive kommunalwirtschaftliche Grenzüberschreitung, die einen unmittelbaren Bezug zu den Interessen und Bedürfnissen der eigenen Gemeindeeinwohner aufweist, ist nämlich bereits nach der generellen Wirtschaftsklausel (wobei die grundsätzliche Ermächtigung aus Art. 28 Abs. 2 Satz 1 GG folgt) zulässig[514]. Die Expansionsklauseln hätten demnach das Schicksal, neben den allgemeinen kommunalen Schrankentrias überflüssig zu sein, wenn sie einen vollumfänglichen Verweis auf diese enthielten. Eine weiterreichende Bedeutung ginge von ihnen nicht aus, allenfalls dienten sie Klarstellungszwecken.
Für die Systematik der Zulässigkeitsvorschriften des Gemeindewirtschaftsrechts ergibt eine solche doppelte Regelung aber keinen Sinn. Unter dem Gesichts-

[511] Vgl. *Rehn/Cronauge*, GO für NW, 2. Aufl. der Loseblatt-Ausg., Bd. II, § 107 (Stand: Oktober 2004) Anm. VIII. 3. (S. 36 f.). Ähnlich *Gottschalk* ThürVBl 2003, 25 (28 f.), demzufolge der öffentliche Zweck durch den Verweis in der Expansionsklausel derart gemeindefreundlich auszulegen ist, dass ökonomische Effizienzüberlegungen anzuerkennen sind.

[512] Siehe dazu oben § 4 D. I. 1) b) aa) (1) – Inhalt der öffentlichen Zwecksetzung in den kommunalen Schrankentrias.

[513] *W. Meyer* WiVerw 2003, 57 (76).

[514] Siehe dazu § 4 B. I. 1) – der Garantiebereich des Art. 28 Abs. 2 Satz 1 GG sowie § 4 D. I. 1) – Allgemeine Vorschriften des Kommunalwirtschaftsrechts. Zu dieser Einschätzung gelangt auch *Ehlers*, in: Ipsen (Hrsg.), Kommunalwirtschaft im Umbruch, 11. Bad Iburger Gespräche, 2001, S. 10 (29). A. A. *Kühling* NJW 2001, 177 (181), der für die extraterritoriale wirtschaftliche Betätigung eine Ermächtigungsgrundlage fordert, wodurch den Gemeinden in den Bundesländern ohne Expansionsklauseln ein solches Tätigwerden verwehrt sein soll.

punkt der rechtssystematischen Auslegung kommt insofern nur die Auslegungsmöglichkeit in Betracht, dass durch den Verweis in den Gebietsklauseln ein sonst im Rahmen der allgemeinen kommunalen Schrankentrias zu beachtender örtlicher Bezug bei der aktiv grenzüberschreitenden Kommunalwirtschaft nicht zu berücksichtigen ist[515].

(3) Teleologische Auslegung
Zu dem durch die rechtssystematische Auslegung gefundenen Ergebnis gelangt schließlich auch die teleologische Auslegung. Ein vollumfänglicher Verweis der Gebietsklauseln auf die allgemeinen Vorschriften der Schrankentrias würde die Situation der in die Enge getriebenen Kommunalwirtschaft nicht verändern, da sie inhaltlich nicht von der bisher bestehenden Rechtslage abweichen würde. Erklärtes Ziel der Gesetze, die die Expansionsklauseln einführten, ist aber die Stärkung der kommunalen Selbstverwaltung im Sinne einer Verbesserung ihrer wirtschaftsrechtlichen Ausgangslage, so dass auch nach Sinn und Zweck der Vorschriften nur die Auslegungsvariante in Frage kommt, die durch Verzicht auf den örtlichen Bezug von der allgemeinen kommunalen Wirtschaftsklausel abweicht.[516]

(4) Entstehungsgeschichte
Nach inzwischen gefestigter Auffassung ist nur als weiteres Auslegungskriterium – nicht etwa als eigenständige (subjektive) Auslegungsmethode – maßgebend, welche Vorstellungen und Motivation den Gesetzgeber zu der Schaffung der fraglichen Regelung bewogen haben[517]. Die Begründungen der Gesetzesentwürfe zu den diesbezüglichen Änderungen der Gemeindeordnungen sind jedoch in dieser Hinsicht nur wenig hilfreich.

Teilweise wurde beim Verfassen der Regelung von der in dieser Arbeit bereits abgelehnten Auffassung ausgegangen, dass es ein striktes Territorialprinzip im örtlichen Sinne gebe, das es durch die Expansionsklauseln zu überwinden gelte[518].

---

515 So auch *Kühling* NJW 2001, 177 (181); *Jarass* NWVBl 2002, 335 (338), bezüglich der örtlichen Verwurzelung des öffentlichen Zwecks.
516 Diesen Gedanken verfolgt ebenfalls *F. Becker* DÖV 2000, 1032 (1035 f.). Pointiert drückt er den bei anderer Auslegung in dem Verweis der Gebietsklauseln liegenden Widerspruch folgendermaßen aus: "Wenn die Voraussetzungen für eine örtliche Anknüpfung vorliegen, darf die Gemeinde überörtlich tätig werden." Ähnlich *Guckelberger* BayVBl 2006, 293 (297).
517 *Maurer*, StaatsR I, 4. Aufl. 2005, § 1 Rdn. 49. Vgl. zu den Gesichtspunkten der früher dominierenden Streitfrage, ob der Wille des Gesetzgebers (subjektive Methode bzw. Willenstheorie) oder der Wille des Gesetzes (objektive Methode resp. Theorie der immanenten Gesetzesdeutung) ausschlaggebend sei *Larenz*, Methodenlehre der Rechtswissenschaft, 6. Aufl. 1991, S. 316 ff.
518 Vgl. LT-NW Drs. 12/3730, S. 105 f.; LT-SAnh Drs. 3/3022, S. 22.

Der Gesetzesentwurf für Bayern sah vor, dass zwar auch die aktiv grenzüberschreitende Kommunalwirtschaft einem öffentlichen Zweck *der ausgreifenden Kommune* dienen, zugleich aber die kommunale Selbstverwaltung gegen den stetig steigenden Druck der freien Wirtschaft gestärkt werden soll[519]. Der in diesen Aussagen liegende Widerspruch wird deutlich, wenn man sich die Konsequenzen beider Auslegungsmöglichkeiten vor Augen führt. Wie bereits unter § 4 D. I. 2) b) aa) (2) – Rechtssystematische Auslegung – gezeigt, würde sich die Lage der Kommunalwirtschaft überhaupt nicht positiv verändern, wenn man diesen Verweis so verstünde, dass die allgemeinen kommunalwirtschaftlichen Normen im Rahmen der Expansionsklausel, insbesondere der Verweis auf den einwohnerbezogenen öffentlichen Zweck, vollumfängliche Wirkung entfalten. Intendiert man aber, die Kommunalwirtschaft im Vergleich zu ihrer bisherigen rechtlichen und wirtschaftlichen Position zu stärken, muss der Verweis so verstanden werden, dass die örtlichen Bezüge der einzelnen Merkmale der Schrankentrias nicht miterfasst sind.

Kontradiktorisch mutet auch die Begründung zum Gesetzesentwurf für die Einführung der thüringischen Expansionsklausel an[520]. Der Kommunalwirtschaft wird eine bereits unabhängig von der Gebietsklausel bestehende Möglichkeit der gebietsübergreifenden wirtschaftlichen Aktivitäten zugestanden, die durch die Gesetzesänderung erweitert werden soll. Das lässt vermuten, dass dies nur die Aufhebung des in der kommunalen Schrankentrias verankerten Ortsbezuges durch den Verweis der Expansionsklausel auf jene bedeuten kann. Dagegen spricht jedoch, dass sich die bezweckte Erweiterung der kommunalen Handlungsmöglichkeiten nach dem Gesetzesentwurf im Rahmen der Grenzen des Art. 28 Abs. 2 Satz 1 GG bewegen soll. Dann stellt die Gebietsklausel aber keine Erweiterung dar, denn der Rahmen des Art. 28 Abs. 2 Satz 1 GG spiegelt sich in der allgemeinen kommunalen Schrankentrias wider[521].

Dem baden-württembergischen Gesetzesentwurf zufolge verweist die Expansionsklausel unter Auslassung des örtlich begrenzend wirkenden Einwohnerbezuges auf die allgemeine Schrankentrias: "Die Vorschrift [§ 102 Abs. 7] erlaubt die gemeindegebietsübergreifende Tätigkeit kommunaler Unternehmen unter bestimmten Voraussetzungen über den schon bisher rechtlich zulässigen Umfang hinaus. Solche Tätigkeiten haben vor allem im Zuge der Liberalisierung der Energiemärkte zugenommen und dienen der Erhaltung der Chancengleichheit der kommunalen Unternehmen im Wettbewerb mit den Privaten."[522]

---

519 LT-BY Drs. 13/10828, S. 17 ff.

520 Siehe LT-Th Drs. 3/333, S. 6 ff.

521 Vgl. zu diesem Zusammenhang bereits die Ausführungen unter § 4 D. I. 1) – Allgemeine einfachgesetzliche Vorschriften für die kommunale Wirtschaftsbetätigung.

522 LT-BW Drs. 13/4767, S. 10.

(5) Mögliche Verfassungswidrigkeit

Im Zusammenhang mit Erläuterungen zur Verfassungsmäßigkeit extraterritorialer kommunaler Wirtschaftsbetätigung wird festgestellt, dass die Gebietsklauseln lediglich klarstellen wollen, dass die extraterritoriale Tätigkeit eines kommunalen Unternehmens nur dann zulässig ist, wenn sie den Bürgern seiner Gemeinde zugute kommt[523].

Die Frage einer möglichen Verfassungswidrigkeit stellt sich im Rahmen der Gesetzesauslegung jedoch erst, wenn ein Gesetz mehrere Auslegungen gleichermaßen zulässt. In diesem Fall ist im Rahmen der verfassungskonformen Auslegung der Variante der Vorzug zu geben, die verfassungsgemäß ist.[524] Dieser Aspekt ist hier jedoch gerade nicht zu berücksichtigen, da nach dem eindeutigen Ergebnis der rechtssystematischen und teleologischen Auslegung – die anderen Auslegungsmethoden führten zu keinem deutlichen Resultat – die Interpretation des Verweises innerhalb der Expansionsklauseln nur zu dem Schluss führen kann, dass die kommunalen Schrankentrias ohne den Bezug auf die Einwohnerschaft zu Grunde zu legen sind.

(6) Fazit

Die umfassende Auslegung des in den Expansionsklauseln enthaltenen Verweises auf die Voraussetzungen der allgemeinen kommunalen Wirtschaftsklausel ergibt folglich deren Geltung, jedoch unter Auslassung des örtlichen Bezuges zur Einwohnerschaft der expandierenden Gemeinde.

bb) Die Wahrung der berechtigten Interessen der betroffenen Gemeinde

Dass die kommunalen Unternehmen bei der extraterritorialen Tätigkeit auf die berechtigten Interessen der betroffenen Gebietskörperschaft zu achten haben, ergibt sich bereits aus der Schrankenwirkung der für andere Kommunen gleichermaßen wirkenden Selbstverwaltungsgarantie des Art. 28 Abs. 2 Satz 1 GG sowie den entsprechenden landesverfassungsrechtlich garantierten kommunalen Selbstverwaltungsgarantien[525]. Die berechtigten Interessen i. S. der Gebietsklauseln sind demnach die Faktoren, die auch bei der Rechtfertigung eines Eingriffs in die kommunale Selbstverwaltungsgarantie einer Gemeinde durch die extrater-

---

[523] *Lux* NWVBl 2000, 7 (9 f., 14); *Ehlers*, Gutachten E für 64. DJT 2002, S. E 98 f.; *Uhlenhut*, Wirtschaftliche Betätigung der Gemeinden außerhalb ihres Gebietes, 2004, S. 212; *Scharpf* NVwZ 2005, 148 (151). So *Hösch* GewArch 2001, 223 (230), für Art. 87 Abs. 2 Satz 1 GO BY; *Heintzen* NVwZ 2000, 743 (745), für § 107 Abs. 3 Satz 1 GO NW, im Hinblick auf das jeweils geforderte Kriterium der öffentlichen Zwecksetzung, das durch den Bezug zu den Gemeindeeinwohnern auch örtlich radizierende Wirkung entfalten soll.

[524] *Maurer*, StaatsR I, 4. Aufl. 2005, § 1 Rdn. 67.

[525] Vgl. dazu die Ausführungen unter § 4 B. I. 2) – Aus der kommunalen Selbstverwaltungsgarantie anderer Gemeinden folgende Schrankenwirkung. Zu dieser Einschätzung gelangt im Übrigen auch *Kühling* NJW 2001, 177 (180).

ritoriale Wirtschaftsbetätigung einer anderen Kommune zu berücksichtigen sind[526].
Allein der Wunsch, von der Konkurrenz durch fremde kommunale Unternehmen unbehelligt zu bleiben, etwa weil die Voraussetzungen für ein eigenes kommunalwirtschaftliches Tätigwerden nicht vorliegen, stellt danach jedenfalls noch kein solches berechtigtes Interesse dar[527]. Allerdings muss es der betroffenen Gemeinde möglich sein, ihre eigenen Wirtschaftsbetriebe (auch diejenigen, die sich erst in Planung befinden) sowie im Rahmen der Wirtschaftsförderung als Angelegenheit der örtlichen Gemeinschaft die örtliche Privatwirtschaft, die jeweils durch die fremdkommunale Konkurrenz *erhebliche* Beeinträchtigungen erfahren, durch Geltendmachung von berechtigten Interessen zu schützen[528].

Eine weiterreichende Novellierung verbirgt sich hinter den Normierungen, die die rechtlich zu berücksichtigenden Interessen der betroffenen anderen Gemeinden einschränkend festlegen.
Mit der Wettbewerbseinschränkungsmöglichkeit nach dem EnWG, an die § 102 Abs. 7 Satz 2 GO BW, Art. 87 Abs. 2 Satz 2 GO BY, §§ 107 Abs. 3 Satz 2 GO NW, 116 Abs. 3 Satz 2 GO SAnh, 71 Abs. 4 Satz 2 KO Th das Vorliegen berechtigter Interessen im Rahmen der Versorgung mit Strom und Gas knüpfen, sind § 6 Abs. 1 Satz 2 EnWG i. V. m. § 1 EnWG gemeint[529]. Danach können Betreiber von Elektrizitätsversorgungsnetzen anderen Unternehmen die Benutzung ihres Versorgungsnetzes zu Durchleitungszwecken nur aus betriebsbedingten oder sonstigen Gründen unter Berücksichtigung der in § 1 EnWG festgelegten Ziele des Gesetzes verweigern.
Zu einem ähnlichen Ergebnis führen die in § 108 Abs. 4 Nr. 2 Satz 2 KSVG SL sowie § 121 Abs. 5 Nr. 2 Satz 2 GO He vorgesehenen Regelungen, die bei gesetzlich liberalisierten Tätigkeiten nur die Interessen als berechtigt ansehen, die nach den maßgeblichen Vorschriften eine Einschränkung des Wettbewerbs zu-

---

526 Siehe dazu die Ausführungen unter § 4 B. I. 2) b) bb) (2) (b) – Rechtfertigung eines Eingriffs in die kommunale Selbstverwaltungsgarantie einer Gemeinde mittels des Selbstverwaltungsrechtes der expansionswilligen Kommune. Auch LT-BW Drs. 13/4767, S. 10; *Rehn/Cronauge*, GO für NW, 2. Aufl. der Loseblatt-Ausg., Bd. II, § 107 (Stand: Oktober 2004) Anm. VIII. 3. (S. 37), greifen auf Art. 28 Abs. 2 GG zurück.

527 Zutreffend *Enkler* ZG 1998, 328 (351); *F. Becker* DÖV 2000, 1032 (1037); *Ehlers*, Gutachten E für 64. DJT 2002, S. E 98; *Hellermann/Wieland*, in: Püttner (Hrsg.), Zur Reform des Gemeindewirtschaftsrechts, 2002, S. 117 (134).

528 *Nierhaus*, Kommunalrecht für Bbg, 2003, Rdn. 614; *Guckelberger* BayVBl 2006, 293 (296); *Grundlach* LKV 2002, 264 (265). So auch *Ehlers*, Gutachten E für 64. DJT 2002, S. E 98; *F. Becker* DÖV 2000, 1032 (1037); *Beck/Lübking/Figge*, GO für SAnh, Band 2, 2003, G § 116 Rdn. 30, die jedoch den Schutz der in der Zielgemeinde tätigen Privatwirtschaft nicht als berechtigtes Interesse der betroffenen Kommune ansehen, wobei sie den Aspekt der Wirtschaftsförderung als Angelegenheit der örtlichen Gemeinschaft nicht aufgreifen.

529 *Kühling* NJW 2001, 177 (181). *Köhler* BayVBl 2000, 1 (9), sieht darin §§ 5-7 EnWG in Bezug genommen, wobei der Zugang zum Elektrizitätsversorgungsnetz grundsätzlich über den in § 6 EnWG geregelten verhandelten Netzzugang erfolgt.

lassen. Denn der Energieversorgungsmarkt ist vor allem der Bereich, in dem die gemeindlichen Betriebe wegen der Entmonopolisierung erhebliche Verluste an Marktanteilen erfahren mussten. Durch die Lockerung der gemeinderechtlichen Regelung sollen die Kommunen die Möglichkeit erhalten, in diesem Bereich wieder ihre Position stärken. Die weite Formulierung, die sich nicht auf Tätigkeiten im Rahmen der Versorgung mit Strom und Gas beschränkt, erklärt sich durch die Annahme, dass es in Zukunft auf Grund neuer europarechtlicher Entwicklungen möglicherweise weitere Anwendungsfelder geben wird[530].
Viel weitgehender ist die in §§ 116 Abs. 3 Satz 2 GO SAnh, 101 Abs. 2 Satz 2 GO SH vorgesehene Einschränkung zu verstehen, wonach bei im Wettbewerb wahrgenommen Aufgaben nur die Interessen der betroffenen Kommune von Belang sind, die nach bundesgesetzlichen Vorschriften eine Einschränkung des Wettbewerbs zulassen. Die globale Formulierung "bei im Wettbewerb wahrgenommenen Aufgaben" bezieht nahezu alle Bereiche kommunalunternehmerischer Tätigkeit ein, da eine lukrative wirtschaftliche Betätigung auch andere Unternehmen zum Tätigwerden in der gleichen Branche motiviert, wodurch Wettbewerb entsteht. Die Auslegung dieser Gesetzespassage muss demnach zu dem Ergebnis führen, dass sie das Merkmal "berechtigte Interessen" auf Ausnahmetatbestände, etwa gesetzlich erlaubte Monopolbildungen, reduziert.[531]

cc) Die wirtschaftliche Betätigung im Ausland

Die aus Art. 28 Abs. 2 Satz 1 GG folgende Ermächtigungsgrundlage kann nur innerhalb der Bundesgrenzen Wirkung entfalten, so dass eine wirtschaftende Gemeinde der expliziten Legitimation zu bundesgrenzüberschreitender Wirtschaftsbetätigung bedarf. Die hierzu ermächtigenden §§ 107 Abs. 4 GO NW, 101 Abs. 3 GO SH, 116 Abs. 4 GO SAnh gehen folglich über die Ermächtigung des Art. 28 Abs. 2 Satz 1 GG und dessen Ausgestaltung in den kommunalen Schrankentrias hinaus.[532]

Auf Grund ihrer Eigenschaft als gemeindewirtschaftliche Unternehmen fallen jedoch auch kommunale Betriebe, die zur grenzüberschreitenden Betätigung im Ausland legitimiert werden, unter die allgemeine kommunale Wirtschaftsklausel. Dies gilt, auch wenn Vorschriften wie §§ 107 Abs. 4 GO NW, 116 Abs. 4 GO SAnh nicht explizit auf die allgemeinen Voraussetzungen der kommunalen Schrankentrias verweisen[533].
Ein Blick auf die Auslegung der auf das Inland bezogenen Expansionsklauseln legt den Schluss nahe, dass auch die einfachgesetzliche Ermächtigung zur wirt-

[530] Vgl. zu diesem Gedanken LT-BW Drs. 13/4767, S. 10.
[531] *F. Becker* DÖV 2000, 1032 (1038).
[532] Siehe zu den ausschlaggebenden Gründen für die Schaffung des § 107 Abs. 4 GO NW *Held* NWVBl 2000, 201 (202 f.). Vgl. zur Verfassungsmäßigkeit dieser Regelung § 4 D. I. 2) c) cc) – Verfassungsmäßigkeit der Gebietsklauseln im Hinblick auf die wirtschaftliche Betätigung im Ausland.
[533] So auch *Held* NWVBl 2000, 201 (202).

schaftlichen Betätigung im Ausland nicht zur Beachtung von den in den allgemeinen Vorschriften angelegten Örtlichkeitsbezügen auf die eigene Einwohnerschaft zwingt[534]. Es drängt sich insofern ein Erst-Recht-Schluss auf, denn wenn nach dem Inhalt der Gebietsklauseln bereits die wirtschaftliche Grenzüberschreitung im Inland keinen Bezug zur Einwohnerschaft aufweisen muss, dann erst recht die örtlich viel weiterreichende Ermächtigung für den wirtschaftlichen Grenzübertritt ins Ausland[535]. Zudem wäre § 116 Abs. 4 GO SAnh bei anderer Betrachtungsweise praktisch überflüssig, denn Sachsen-Anhalt weist keine direkten Grenzen mit ausländischen Staaten auf und die Wahrscheinlichkeit, dass mit der kommunalwirtschaftlichen Betätigung tatsächlich Angelegenheiten der örtlichen Gemeinschaft wahrgenommen werden, nimmt mit zunehmender Entfernung vom Heimatort ab[536].

dd) Genehmigungspflichten

Allein § 71 Abs. 4 Satz 3 KO Th legt für die Erteilung der Genehmigung kommunalwirtschaftlicher Tätigkeiten außerhalb des Gemeindegebiets die Zuständigkeit der Rechtsaufsichtsbehörde fest, wodurch zugleich die Prüfungskompetenz der Genehmigungsbehörde auf eine reine Rechtmäßigkeitskontrolle beschränkt wird[537].

Wessen Zuständigkeit die übrigen eine Genehmigungspflicht vorsehenden Normierungen begründen und welche Reichweite sie haben, ergibt sich nicht ausschließlich aus deren Wortlaut[538]. Mangels expliziter Benennung in §§ 107 Abs. 4 GO NW, 116 Abs. 4 GO SAnh ist von der Zuständigkeit der allgemeinen (Kommunal-)Aufsichtsbehörden auszugehen[539].

---

[534] A. A. *Koehler* VR 2000, 44 (46), demzufolge der Bezug zu den Gemeindeeinwohnern mitumfasst ist; *Heintzen* NVwZ 2000, 743 (745), für das in § 107 Abs. 4 i. V. m. § 107 Abs. 1 Satz 1 Nr. 1 GO NW angelegte Gemeinwohlbindungserfordernis, da eine andere Interpretation nicht mit der Verpflichtung zur Verfolgung eines öffentlichen Zweckes vereinbar sei.

[535] Siehe zur Verfassungsmäßigkeit dieser weitreichenden Ermächtigung § 4 D. I. 2) c) cc) – Verfassungsmäßigkeit der Gebietsklauseln im Hinblick auf die wirtschaftliche Betätigung im Ausland.

[536] Zutreffend *Grundlach* LKV 2002, 264 (265), wobei er davon ausgeht, dass diese Gebietsklausel auf die Erfüllung von Angelegenheiten der örtlichen Gemeinschaft bezogen ist und § 116 Abs. 4 GO SAnh "vor diesem Hintergrund in aller Regel nicht in Betracht kommen" dürfte.

[537] So auch *Grawert*, in: Grupp/Ronellenfitsch (Hrsg.), Planung – Recht – Rechtsschutz, 1999, S. 119 (128); *Uckel/Hauth/Hoffmann*, Kommunalrecht in Thüringen, 2005, zu § 71 ThürKO Rdn. 5.

[538] Auf Grund der Offenheit der Formulierung stellt *Grawert*, in: Reichard (Hrsg.), Kommunen am Markt, 2001, S. 9 (23), diese Regelungen sogar verfassungsrechtlich in Frage. Ebenso kritisch *Guckelberger* BayVBl 2006, 293 (299), die von "kriterienlosen Genehmigungsvorbehalten" spricht; vgl. zu dazu auch *Gassner*, Kriterienlose Genehmigungsvorbehalte im Wirtschaftsverwaltungsrecht, 1994.

[539] Diesen Schluss lassen §§ 117 Abs. 5 GO NW, 140 Abs. 1 GO SAnh, zu. Auch *Lux* NWVBl 2000, 7 (10); *Rehn/Cronauge*, GO für NW, 2. Aufl. der Loseblatt-Ausg., Bd. II, § 107 (Stand: Oktober 2004) Anm. IX. 2. (S. 38), sehen deren Zuständigkeit für § 107 Abs. 4

Durch diese Feststellung wird jedoch noch nicht deutlich, welche Maßstäbe die jeweilige Genehmigungsbehörde anzulegen hat. Ein Genehmigungsvorbehalt soll dann kondominialer bzw. ermessensförmiger Natur sein, wenn die die Genehmigungspflicht statuierende Regelung nach Gegenstand, Sinn und Zweck auf die Wahrnehmung von staatlichen oder Drittinteressen abzielt, die durch die kommunale Maßnahme berührt sind[540]. Die gebietsüberschreitende Kommunalwirtschaft ins Ausland hat Ausnahmecharakter. Der jeweiligen Aufsichtsbehörde muss insofern Ermessen bezüglich der Genehmigungserteilung zustehen, da die Frage, ob ein solcher Ausnahmetatbestand im Einzelfall die geplante kommunalwirtschaftliche Grenzüberschreitung ins Ausland rechtfertigt, neben juristischen namentlich auch von landeswirtschaftspolitischen Aspekten abhängt.[541]

c) Verfassungsmäßigkeit der Gebietsklauseln

aa) Aufhebung des Einwohnerbezuges in den kommunalen Schrankentrias durch die Expansionsklauseln

(1) Aus Art. 28 Abs. 2 Satz 1 GG folgende Beschränkungen

Voraussetzung für die Verfassungsmäßigkeit derartiger gemeindeeinwohnerunabhängiger Regelungen ist zunächst, dass der Landesgesetzgeber überhaupt dazu berechtigt ist, sich im Rahmen seiner ihm nach Art. 30, 70 ff. GG grundsätzlich zustehenden Gesetzgebungskompetenz über den direkt aus Art. 28 Abs. 2 Satz 1 GG folgenden Bezug auf das Gemeindevolk normativ hinwegzusetzen.

(a) Grenzen des Gesetzesvorbehaltes aus Art. 28 Abs. 2 Satz 1 GG

So stellt sich als Grenze zunächst eine der Funktionen des in Art. 28 Abs. 2 Satz 1 GG verankerten Gesetzesvorbehaltes dar, denn zur gesetzlichen Disposition steht die *Ausgestaltung* der Angelegenheiten der örtlichen Gemeinschaft sowie deren eigenverantwortliche Erfüllung durch die Gemeinde[542]. Das bedeutet, dass eine Regelung, die Gemeinden eine grenzüberschreitende wirtschaftliche Betätigung gestattet, immer noch unter den Begriff der Angelegenheiten der örtlichen Gemeinschaft subsumierbar sein muss, sofern sie auf dem Gesetzesvorbehalt des Art. 28 Abs. 2 Satz 1 GG basieren soll. Der Begriff der Angelegenheiten der ört-

---

GO NW begründet. *Beck/Lübking/Figge*, GO für SAnh, Band 2, 2003, G § 116 Rdn. 33, folgern ebenso die Zuständigkeit der Kommunalaufsicht aus § 140 GO SAnh.

[540] *Humpert* DVBl 1990, 804 (805) m. w. N. Die Ermittlung des Prüfungsmaßstabes einer Genehmigungspflicht mittels Auslegung der Norm nach Sinn und Zweck hält *Erlenkämper* NVwZ 1990, 116 (122); *ders.* NVwZ 1991, 325 (329), mit Blick auf den verfassungsrechtlichen Rang des kommunalen Selbstverwaltungsrechts für außerordentlich bedenklich, er plädiert für dessen gesetzliche Festlegung.

[541] So auch *Ehlers* NWVBl 2000, 1 (5); *Lux* NWVBl 2000, 7 (10), für § 107 Abs. 4 GO NW. A. A. *Rehn/Cronauge*, GO für NW, 2. Aufl. der Loseblatt-Ausg., Bd. II, § 107 (Stand: Oktober 2004) Anm. IX. 2. (S. 38); *Beck/Lübking/Figge*, GO für SAnh, Band 2, 2003, G § 116 Rdn. 33.

[542] Vgl. dazu bereits § 4 B. I. 1) c) – Der Gesetzesvorbehalt des Art. 28 Abs. 2 Satz 1 GG.

lichen Gemeinschaft ist zwar ein ausfüllungsbedürftiger unbestimmter Rechtsbegriff, äußerste Grenze ist aber der Bezug zu der eigenen Einwohnerschaft[543]. Hebt man jedoch für die grenzüberschreitende Kommunalwirtschaft durch eine Vorschrift den mittelbar örtlich beschränkend wirkenden Bezug zu den Gemeindeeinwohnern auf, wie es durch die Expansionsklauseln intendiert ist (siehe oben § 4 D. I. 2) b) aa) – Reichweite des Verweises auf die allgemeinen kommunalen Schrankentrias), kann von einer Ausgestaltung der Angelegenheiten der örtlichen Gemeinschaft nicht mehr die Rede sein, da man sich hierdurch über diesen beschränkenden Bestandteil der kommunalen Selbstverwaltungsgarantie schlichtweg hinwegsetzt. Folglich bewegt sich der Landesgesetzgeber jedenfalls nicht im Rahmen des Gesetzesvorbehaltes nach Art. 28 Abs. 2 Satz 1 GG, wenn er gemeindeeinwohnerunabhängige Regelungen schafft[544].

(b) Über Art. 28 Abs. 2 Satz 1 GG hinausgehender Kompetenztitel

Es wird darüber hinaus argumentiert, dass die Legislative nicht daran gehindert ist, den Kommunen über Art. 28 Abs. 2 Satz 1 GG hinausgehende Kompetenztitel zu verschaffen, wenn die Erfüllung einer Aufgabe aus dem Gewährleistungsbereich der kommunalen Selbstverwaltungsgarantie herausfällt[545]. Dem kann nur zugestimmt werden, wenn andere verfassungsrechtliche Bestimmungen dem nicht entgegenstehen.

Insofern ist Art. 28 Abs. 2 Satz 1 GG näher zu untersuchen[546]. Neben der Funktion als generelle Ermächtigungsgrundlage für Kommunen ist diese Vorschrift nämlich auch Ausdruck eines verfassungsrechtlichen Staatsaufbauprinzips "der Demokratie von unten nach oben"[547], dessen Ziel größtmögliche Bürgernähe und -beteiligung ist. Dabei kommt den Gemeinden dezentralisierende Bedeutung zu, d. h. die eigenverantwortliche Selbsterfüllung der Angelegenheiten der örtlichen Gemeinschaft je für sich ist zur Erreichung des Zieles möglichst bürgernaher Demokratie bewusst gewollt[548]. Dieser Grundsatz wäre durchbrochen,

---

543 Siehe dazu bereits § 4 B. I 1) a) – Ausführungen zu den Angelegenheiten der örtlichen Gemeinschaft.

544 I. E. ebenfalls *Enkler* ZG 1998, 328 (350); *Henneke* NdsVBl 1998, 273 (278); *Ruffert* VerwArch 92 (2001), 27 (39); *Schliesky*, Öffentliches Wirtschaftsrecht, 2. Aufl. 2003, S. 165; *ders.* SchlHA 2003, 105 (110). A. A. *Brosius-Gersdorf* AöR 130 (2005), 392 (413 ff.); *Guckelberger* BayVBl 2006, 293 (296); *Heintzen* NVwZ 2000, 743 (745); *Held* NWVBl 2000, 201 (206); *Vogelgesang*, in: ders./Lübking/Ulbrich (Hrsg.), Kommunale Selbstverwaltung, 3. Aufl. 2005, Rdn. 418.

545 So *Kühling* NJW 2001, 177 (179); *Britz* NVwZ 2001, 380 (385); *Jarass* DÖV 2002, 489 (498 f.); *ders.* NWVBl 2002, 335 (338); *ders.* DVBl 2006, 1 (3); *Schink* NVwZ 2002, 129 (136).

546 Auch *Grundlach* LKV 2002, 264 (264), zieht Art. 28 Abs. 2 Satz 1 GG als Grenze der aus Art. 30 GG folgenden Kompetenz heran.

547 BVerfGE 79, 127 (149). Vgl. diesbezüglich auch Art. 11 Abs. 4 LVerf BY: Die Selbstverwaltung der Gemeinden dient dem Aufbau der Demokratie in Bayern von unten nach oben.

548 Im Zusammenhang mit der Hochzonung kommunaler Aufgaben BVerfGE 79, 127 (148 f.). *Nierhaus*, in: Sachs (Hrsg.), 3. Aufl. 2003, Art. 28 Rdn. 31 f. Vgl. zum System dezentraler

gestattete man den Landesgesetzgebern, sich im Rahmen der kommunalwirtschaftlichen Betätigung beliebig über das entscheidende Kriterium einer dezentralen Aufgabenansiedlung, nämlich die jeweilige Gemeindebevölkerung, hinwegzusetzen.
Art. 28 Abs. 2 Satz 1 GG hindert demnach in seiner Funktion als Schrankennorm im staatsorganisationsrechtlichen Sinne den Landesgesetzgeber daran, die Kommunen zur Erfüllung beliebiger Aufgaben außerhalb seines Gewährleistungsbereichs zu legitimieren.

(c) Zwischenergebnis
Den Landesgesetzgebern steht somit wegen der aus Art. 28 Abs. 2 Satz 1 GG resultierenden Grenzen bereits gar keine Befugnis zu, den Bezug zur Gemeindebevölkerung in den kommunalen Schrankentrias durch Expansionsklauseln aufzuheben[549].
Unter diesem Blickwinkel ist auch die mit Einführung der Expansionsklausel mitbewirkte begriffliche Änderung in § 107 Abs. 1 Satz 1 GO NW zu lesen, nach der die nordrhein-westfälische kommunale Schrankentrias statt auf die Erfüllung der Angelegenheiten der örtlichen Gemeinschaft nunmehr auf die Erledigung *ihrer* Aufgaben abstellt. Da der Landesgesetzgeber sich nicht über den Legitimationsrahmen der verfassungsrechtlichen kommunalen Selbstverwaltungsgarantie hinwegsetzen kann, darf die terminologische Änderung folglich nicht zugleich als eine inhaltliche gemeindeeinwohnerunabhängige Umgestaltung betrachtet werden[550], da sonst im Hinblick auf die Verfassungsmäßigkeit der nordrhein-westfälischen kommunalen Wirtschaftsklausel Zweifel entstünden.

(2) Verbandskompetenz der Bundesländer
Speziell für die bundesländergrenzüberschreitende Kommunalwirtschaft kommt die an den jeweiligen Ländergrenzen endende Verbandskompetenz der Bundesländer als weiteres Legitimationshindernis hinzu. Insbesondere hat der jeweilige Landesgesetzgeber nicht die Macht, die Kommunen anderer Bundesländer zur Duldung der Konkurrenz durch die eigenen wirtschaftenden Gemeinden zu verpflichten[551].

Konzentration im Sparkassenwesen *Stern/Nierhaus*, Das Regionalprinzip im öffentlich-rechtlichen Sparkassenwesen, 1991, S. 67 ff.

549 So i. E. auch *Nierhaus*, in: Sachs (Hrsg.), 3. Aufl. 2003, Art. 28 Rdn. 32; *Rennert* JZ 2003, 385 (391 mit Fn. 50). Vgl. zudem *Löwer* NWVBl 2000, 241 (244); *Uhlenhut*, Wirtschaftliche Betätigung der Gemeinden außerhalb ihres Gebietes, 2004, S. 197 ff., allerdings im Zusammenhang mit Ausführungen zum Demokratieprinzip. A. A. *Oebbecke* ZHR 164 (2000), 375 (387 f.); *W. Meyer* WiVerw 2003, 57 (96 f.), jedoch ohne Begründung.

550 Siehe zur Indizwirkung dieser Frage für die Auslegung der Expansionsklauseln auch § 4 D. I. 2) b) aa) (1) – Reichweite des Verweises auf die allgemeine Schrankentrias in den Expansionsklauseln.

551 Ebenso *Brosius-Gersdorf* AöR 130 (2005), 392 (402); *Guckelberger* BayVBl 2006, 293 (298).

Mangels Gesetzgebungskompetenz des Landesgesetzgebers ist folglich jede eine kommunalwirtschaftliche Bundeslandgrenzüberschreitung gestattende Vorschrift insoweit unzulässig[552]. Eine Ausnahme ist lediglich für den Fall zu machen, in dem eine staatsvertragliche Grundlage bzw. Öffnungsklausel in der Rechtsordnung des betroffenen Landes, die dieses Vorgehen gestatten würde, besteht[553]. Nach *Guckelberger* soll die bundesländergrenzüberschreitende kommunalwirtschaftliche Betätigung hingegen bereits möglich sein, wenn die Gemeindeordnungen sowohl des Ausgangs-Bundeslandes als auch des Bundeslandes, in das die Gemeinde expandieren will, Expansionsklauseln enthalten; die wirtschaftliche Grenzüberschreitung soll sich dann nach beiden Gebietsklauseln richten[554]. Allein die Tatsache, dass das Bundesland, in das expandiert werden soll, eine Expansionsklausel (für seine Gemeinden) vorsieht, bedeutet allerdings nicht automatisch die Zustimmung, dass auch bundeslandfremde Gemeinden grenzüberschreitend in seinem Gebiet tätig werden dürfen. Eine solche kann vielmehr nur auf einer staatsvertraglichen Grundlage bzw. durch Einführung einer Öffnungsklausel in der eigenen Rechtsordnung erteilt werden.

(3) Demokratieprinzip

Einer Aufhebung des Einwohnerbezuges könnte zudem das Demokratieprinzip entgegenstehen. Wie unter § 4 B. III. – Das Demokratieprinzip – bereits dargestellt, ist das Demokratieprinzip für die aktiv grenzüberschreitende Kommunalwirtschaft, die die Gebietsklauseln regelt, in zweierlei Hinsicht relevant.

Zum einen liegt eine mittelbare Fremdbestimmung über die Einwohner der betroffenen Gemeinde vor, wenn in unzulässiger Weise durch die aktiv grenzüberschreitende kommunale Wirtschaftsbetätigung in die Entscheidungsbefugnis der vom Volk der Zielgemeinde gemäß Art. 20 Abs. 2, 28 Abs. 1 Satz 1 GG gewählten Gemeindevertretung eingegriffen wird. Ein unzulässiger Eingriff in die Entscheidungsbefugnis der Gemeindevertretung der Zielkommune ist zu bejahen, wenn die Verbandskompetenz der betroffenen Gemeinde verletzt wurde. Denn die demokratische Legitimation der betroffenen Gemeinde endet ebenso wie diejenige der expandierenden Kommune an den Grenzen der Verbandskompetenz des Art. 28 Abs. 2 Satz 1 GG. Die Frage eines unzulässigen Eingriffs in

---

[552] Zutreffend *Kühling* NJW 2001, 177 (181). I. E. so auch *F. Becker* DÖV 2000, 1032 (1035); *Ehlers* NWVBl 2000, 1 (6); *Grundlach* LKV 2002, 264 (266); *Heilshorn*, Gebietsbezug der Kommunalwirtschaft, 2003, S. 165; *Franz*, Gewinnerzielung durch kommunale Daseinsvorsorge, 2005, S. 87 mit Fn. 200. *Held* NWVBl 2000, 201 (206); *Schink* NVwZ 2002, 129 (136), sprechen dem Landesgesetzgeber zwar die Kompetenz zu, die eigenen Gemeinden unabhängig von Art. 28 Abs. 2 Satz 1 GG zur Expansion in andere Bundesländer (oder ins Ausland) zu ermächtigen, versagen sie ihm aber ebenfalls, wenn es darum geht, ob der Landesgesetzgeber die Kommunen der fremden Bundesländer (oder fremder Staaten) auch zur Duldung der wirtschaftlichen Konkurrenz durch die eigenen Gemeinden verpflichten können soll.

[553] Vgl. zu diesen Gedanken *F. Becker* DÖV 2000, 1032 (1035); *Ehlers* NWVBl 2000, 1 (6).

[554] *Guckelberger* BayVBl 2006, 293 (298); ähnlich *Jarass* DVBl 2006, 1 (4).

die Entscheidungsbefugnis der betroffenen Gemeindevertretung stellt sich aber noch nicht im Rahmen der Rechtmäßigkeit der Aufhebung des Einwohnerbezuges durch die Expansionsklauseln, sondern unter § 4 D. I. 2) c) *bb)* – Wahrung der berechtigten Interessen der betroffenen Gemeinde – wenn es darum geht, ob die aus der kommunalen Verbandskompetenz resultierende Entscheidungsbefugnis der betroffenen Gemeindevertretung im Sinne von Art. 28 Abs. 2 Satz 1 GG durch die Gebietsklauseln hinreichend berücksichtigt wird.

Der zweite Aspekt des Demokratieprinzips, der der aktiv grenzüberschreitenden Kommunalwirtschaft Rechtmäßigkeitsgrenzen setzt, ist die Frage nach einer unzulässigen Fremdbestimmung der in der betroffenen Gemeinde tätigen privaten Konkurrenz. Wie bereits unter dem gleichnamigen Gliederungspunkt § 4 B. III. 3) dargestellt, muss der durch die extraterritoriale kommunale Wirtschaftstätigkeit vollzogene Eingriff in die Berufsfreiheit der in der betroffenen Kommune tätigen privaten Konkurrenten durch eine Ermächtigungsgrundlage gerechtfertigt sein, an der die Mitbewerber selbst durch die Wahl des jeweiligen Gesetzgebers beteiligt waren.
Die einwohnerunabhängigen Gebietsklauseln könnten dem Beteiligungserfordernis dadurch genügen, dass die fragliche Regelung vom Landesgesetzgeber geschaffen wurde, der seinerseits schließlich von allen "Teilvölkern" der Kommunen legitimiert wurde. Um von einer wirklichen Legitimationsbeteiligung sprechen zu können, bedarf es jedoch eines effektiven Einflusses der Mitbewerber der betroffenen Gemeinde auf das Handeln der expansionswilligen Kommune. Dieser wird begründet, wenn das Gesetz, das zu dem kommunalwirtschaftlichen Handeln ermächtigt, eine hinreichende inhaltliche Determinierung aufweist[555], d. h. der gewählte Gesetzgeber muss tatsächlich auch die entscheidende Instanz sein, nicht hingegen die Kommunalverwaltung, die durch weite Regelungen im Grunde selbst entscheiden kann.
Für die hinreichende Bestimmtheit der Gebietsklauseln spricht zunächst der Verweis auf die jeweilige allgemeine kommunale Schrankentrias, deren Kriterien den erforderlichen Konkretheitsgrad bis zur Grenze des Auszehrungs- und Verdrängungswettbewerbes aufweisen[556]. Allerdings ist dieser Verweis selbst nicht aus sich heraus verständlich; vielmehr bedarf es der Auslegung, um seine Intention zu erfassen. Darüber hinaus bleiben Unklarheiten im einzelnen. Wie soll beispielsweise die Loskopplung von örtlichen Bezügen vollzogen werden, wenn die Kommunalwirtschaft über den Verweis weiterhin an die Leistungsfähigkeit der Gemeinde gebunden ist, die proportional abnimmt, je weiter (örtlich

---

555 *Heilshorn*, Gebietsbezug der Kommunalwirtschaft, 2003, S. 170 ff.
556 Siehe zu dieser Feststellung die inhaltlich mit dem hier behandelten Thema verknüpften Bemerkungen unter § 4 B. II. 1) b) aa) (1) – Die allgemeine kommunalwirtschaftsrechtliche Schrankentrias als Ermächtigungsgrundlage für Eingriffe in Art. 12 Abs. 1 GG.

und geschäftlich) sich die kommunalen Unternehmen vom Heimatmarkt entfernen?[557]

Die Bestimmtheit der allgemeinen kommunalen Wirtschaftsklauseln setzt sich in dem den Expansionsvorschriften innewohnenden Verweis folglich nicht fort. Den Gebietsklauseln ist demnach eine inhaltliche Determinierung abzusprechen. Daraus folgt der Mangel eines effektiven Einflusses der Mitbewerber der betroffenen Gemeinde auf das Handeln der expansionswilligen Kommune. Die mit den Gebietsklauseln verfolgte Aufhebung des Einwohnerbezuges ist dementsprechend auch mit dem Demokratieprinzip nicht zu vereinbaren.[558]

(4) Öffentliche Zwecksetzung

Der den Einwohnerbezug aufhebende Verweis in den Gebietklauseln soll des Weiteren gegen das verfassungsrechtliche Erfordernis einer öffentlichen Zwecksetzung verstoßen, weil er gleichbedeutend mit der verfassungsrechtlich unzulässigen Einführung reiner Erwerbswirtschaft sei[559]. Nicht einleuchten will aber, wie diese Vorschriften gegen das in dem Gemeinwohlbindungserfordernis liegende Verbot reiner Erwerbswirtschaft verstoßen sollen, wenn sie diesen Teil der Verpflichtung als Zulässigkeitsvoraussetzung selbst vorsehen. Ein öffentlicher Zweck muss wegen des Verweises auf die kommunalen Schrankentrias nach wie vor verfolgt werden, dieser muss nur nicht mehr den örtlich radizierenden Bezug zur Einwohnerschaft enthalten.[560] Dient die überörtliche kommunale Wirtschaftstätigkeit also ausschließlich der Gewinnerzielung, so verstößt sie bereits gegen die jeweils einschlägige Expansionsklausel selbst.

Bedenklich sind die Gebietsklauseln bezüglich der öffentlichen Zweckbindung allerdings, weil diese verfassungsrechtliche Verpflichtung sich wegen der Konkretisierung durch Art. 28 Abs. 2 Satz 1 GG nicht auf beliebige Allgemeininteressen bezieht, sondern nur auf das Gemeinwohl der Gemeindeeinwohner[561]. Gerade dieser Einwohnerbezug wird durch den Verweis aber aufgehoben und zwar in verfassungswidriger Weise.

---

[557] Auch *Ehlers*, in: Ipsen (Hrsg.), Kommunalwirtschaft im Umbruch, 11. Bad Iburger Gespräche, 2001, S. 10 (31); *ders.*, Gutachten E für 64. DJT 2002, S. E 99, schätzt die Leistungsfähigkeitsklausel als mit der Aufhebung des Einwohnerbezuges unvereinbar ein.

[558] So im Ergebnis auch *Heilshorn*, Gebietsbezug der Kommunalwirtschaft, 2003, S. 170 ff.

[559] Zu diesem angeblichen automatischen Zusammenhang *Ehlers*, in: Ipsen (Hrsg.), Kommunalwirtschaft im Umbruch, 11. Bad Iburger Gespräche, 2001, S. 10 (29); *Heilshorn*, Gebietsbezug der Kommunalwirtschaft, 2003, S. 174 f.

[560] So auch *Uhlenhut*, Wirtschaftliche Betätigung der Gemeinden außerhalb ihres Gebietes, 2004, S. 196.

[561] Vgl. § 4 B. V. 2) – Inhalt der verfassungsrechtlichen Pflicht zur öffentlichen Zweckverfolgung.

bb) Die Wahrung der berechtigten Interessen der betroffenen Gemeinde

(1) Grundsätzliche Verfassungsmäßigkeit im Hinblick auf das Selbstverwaltungsrecht der betroffenen Gemeinde und das Demokratieprinzip

Verfassungsrechtlich ist es unter zwei Aspekten sogar erforderlich, der expansionswilligen Kommune die Wahrung der berechtigten Interessen der Zielgemeinde auf einfachrechtlicher Ebene vorzuschreiben. Dahinter verbirgt sich nämlich die einfachgesetzliche Normierung der verfassungsrechtlichen Pflicht zur Abwägung der widerstreitenden Interessen der expansionswilligen und der betroffenen Gemeinde im Rahmen der Rechtfertigung eines Eingriffes in die Verbandskompetenz der Zielkommune[562]. Die Beantwortung der Frage, ob durch die aktive grenzüberschreitende kommunalwirtschaftliche Tätigkeit in die aus der kommunalen Verbandskompetenz resultierende Entscheidungsbefugnis der betroffenen Gemeindevertretung unzulässig eingegriffen wird, dient darüber hinaus der Überprüfung, ob das Demokratieprinzip gewahrt wird[563].

Der Eingriff ist dabei nicht darin zu sehen, dass durch die Expansionsklauseln ein Aufgabenentzug zu Lasten der betroffenen Gemeinde stattfindet[564]. Vielmehr ist die Zielkommune durch die Ermöglichung fremdkommunaler Konkurrenz *de facto* in der eigenständigen Bewirtschaftung ihres Gebietes bzw. in der freien Entscheidung hierüber beeinträchtigt.

Die berechtigten Interessen der betroffenen Gemeinde sind nicht gewahrt, wenn die Abwägung zu Gunsten der Zielgemeinde ausfällt. Ein berechtigtes Interesse der Zielkommune liegt vor, wenn die betroffene Gemeinde mit einem eigenen Wirtschaftsbetrieb in der gleichen Branche tätig ist oder dies konkret plant und hierbei durch die kommunale Konkurrenz erheblich beeinträchtigt wird. Außerdem muss die betroffene Gemeinde im Rahmen der Wirtschaftsförderung als Angelegenheit der örtlichen Gemeinschaft die Möglichkeit haben, die örtliche Privatwirtschaft, die durch die fremdkommunale Konkurrenz erhebliche Beeinträchtigungen erfährt, durch Geltendmachung von berechtigten Interessen zu schützen.[565] Kann die Zielkommune ein solches berechtigtes Interesse geltend

---

562 Dieses Tatbestandsmerkmal berücksichtigt *Heilshorn*, Gebietsbezug der Kommunalwirtschaft, 2003, S. 167 ff., in seiner Dissertation zunächst nicht; in einer späteren Veröffentlichung erkennt er dieses Kriterium dann jedoch als den Anforderungen des zwischengemeindlichen Zuständigkeitsverteilungssystems entsprechend an, vgl. *Heilshorn* VerwArch 96 (2005), 88 (96). Zu dieser Einschätzung gelangt auch *Uhlenhut*, Wirtschaftliche Betätigung der Gemeinden außerhalb ihres Gebietes, 2004, S. 203 ff. *Franz*, Gewinnerzielung durch kommunale Daseinsvorsorge, 2005, S. 87, hält diese Regelung für nicht konkret genug, um Eingriffe in das Selbstverwaltungsrecht der betroffenen Gemeinde rechtfertigen zu können.

563 Siehe hierzu bereits die Ausführungen unter § 4 D. I. 2) c) aa) (2) – Verfassungsmäßigkeit des überörtlich wirkenden Verweises auf die allgemeinen kommunalen Schrankentrias in den Expansionsklauseln im Hinblick auf das Demokratieprinzip.

564 So aber *Enkler* ZG 1998, 328 (350).

565 *Nierhaus*, Kommunalrecht für Bbg, 2003, Rdn. 614; *Grundlach* LKV 2002, 264 (265). So auch *Ehlers*, Gutachten E für 64. DJT 2002, S. E 98; *F. Becker* DÖV 2000, 1032 (1037); *Beck/Lübking/Figge*, GO für SAnh, Band 2, 2003, G § 116 Rdn. 30, die jedoch den Schutz

machen, vermag nur das Einverständnis der betroffenen Gemeinde den Eingriff in ihre Verbandskompetenz zu rechtfertigen[566]. Mit diesem Einverständnis wäre das aktiv grenzüberschreitende kommunale Unternehmen dann sogar auch über den der expandierenden Gemeinde normalerweise gezogenen Legitimationsrahmen des 28 Abs. 2 Satz 1 GG hinaus ermächtigt, da dieser durch die den Einwohnerbezug aufhebenden Gebietsklauseln ohnehin schon verlassen wurde[567].

(2) Verfassungsmäßigkeit der Normen, die die berechtigten Interessen bei der Versorgung mit Strom und Gas bzw. bei der Wahrnehmung von Aufgaben im Wettbewerb festlegen

Nach § 102 Abs. 7 Satz 2 GO BW, Art. 87 Abs. 2 Satz 2 GO BY, §§ 107 Abs. 3 Satz 2 GO NW, 116 Abs. 3 Satz 2 GO SAnh, 71 Abs. 4 Satz 2 KO Th wird das Vorliegen berechtigter Interessen im Rahmen der Versorgung mit Strom und Gas an die Wettbewerbseinschränkungsmöglichkeit nach dem EnWG geknüpft. Im Ergebnis trifft das auch auf die Regelungen in § 108 Abs. 4 Nr. 2 Satz 2 KSVG SL und § 121 Abs. 5 Nr. 2 Satz 2 GO He zu, wonach bei gesetzlich liberalisierten Tätigkeiten nur die Interessen der betroffenen Gebietskörperschaften als berechtigt gelten, die nach den maßgeblichen Vorschriften eine Einschränkung des Wettbewerbs zulassen. Die viel weitgehendere Einschränkung in §§ 116 Abs. 3 Satz 2 GO SAnh, 101 Abs. 2 Satz 2 GO SH erkennt bei im Wettbewerb wahrgenommen Aufgaben nur die Interessen der betroffenen Kommune als berechtigt an, die nach bundesgesetzlichen Vorschriften eine Einschränkung des Wettbewerbs zulassen.[568]

---

der in der Zielgemeinde tätigen Privatwirtschaft nicht als berechtigtes Interesse der betroffenen Kommune ansehen, wobei sie den Aspekt der Wirtschaftsförderung als Angelegenheit der örtlichen Gemeinschaft nicht aufgreifen.

[566] Ebenso *Koehler* VR 2000, 44 (49); ähnlich *Schink* NVwZ 2002, 129 (137). *Lux* NWVBl 2000, 7 (10); *Nierhaus*, in: Sachs (Hrsg.), 3. Aufl. 2003, Art. 28 Rdn. 42 a; *Scharpf* NVwZ 2005, 148 (151 f.), billigen hingegen grundsätzlich allein der Zustimmung rechtfertigende Wirkung zu. Vgl. zudem *Grawert*, in: Reichard (Hrsg.), Kommunen am Markt, 2001, S. 9 (25), der diese interkommunalen Rücksichtsklauseln als schlichte Kooperationsklauseln interpretiert, d. h. "als Ermächtigungen zur Grenzüberschreitung kraft Einverständnis"; in diese Richtung geht ebenfalls *F. Becker* DÖV 2000, 1032 (1038 f.), der nur der übergemeindlichen Kooperation die Wirkung eines schonenden Ausgleichs der beteiligten Interessen zuschreibt. *Franz*, Gewinnerzielung durch kommunale Daseinsvorsorge, 2005, S. 86, schließt eine Einschränkung des Selbstverwaltungsrechtes der betroffenen Kommune *jedenfalls* dann aus, wenn deren Einverständnis vorliegt (volenti non fit iniuria).

[567] Siehe dazu die Ausführungen unter § 4 B. I. 1) a) bb) (2) – Aufhebung des Territorialitätsprinzipes durch Zustimmung der betroffenen Gemeinde?, in dem klargestellt wird, dass die Zustimmung der betroffenen Kommune grenzüberschreitende kommunalwirtschaftliche Aktivitäten, die auf Art. 28 Abs. 2 Satz 1 GG gestützt sind, nicht rechtfertigen kann, wenn diese den Rahmen des Art. 28 Abs. 2 Satz 1 GG überschreiten.

[568] Vgl. zur Reichweite dieser Sondernormen den Gliederungspunkt § 4 D. I. 2) b) bb) – Reichweite der Wahrung der berechtigten Interessen der betroffenen Gemeinde.

Diese Sonderregelungen bezüglich des Vorliegens berechtigter Interessen der betroffenen Gemeinde werden unter verfassungsrechtlichen Gesichtspunkten sehr kritisch beurteilt. Schließlich stellt die wirtschaftliche Betätigung einer fremden Kommune auf dem Gebiet der betroffenen Gemeinde einen Eingriff in deren kommunale Verbandskompetenz aus Art. 28 Abs. 2 Satz 1 GG dar. Dieser ist sowohl im Hinblick auf eine mögliche Verletzung des Selbstverwaltungsrechts der betroffenen Gemeinde als auch wegen der damit einhergehenden Beeinträchtigung der Entscheidungsbefugnis der betroffenen Gemeindevertretung bezüglich eines Verstoßes gegen das Demokratieprinzip zu rechtfertigen.

Aus Sicht der expansionswilligen Kommune ist es verständlich, dass sie auf Grund der prekären wirtschaftlichen Situation bei dieser Rechtfertigung entlastet werden möchte. Dies wäre der Fall, wenn man die hier behandelten Sonderregelungen als verfassungsgemäß auffasste, denn dann würde es bei der Versorgung mit Strom und Gas bzw. den gesetzlich liberalisierten Tätigkeiten und bei der Wahrnehmung von Aufgaben im Wettbewerb (also in nahezu allen Bereichen kommunalwirtschaftlicher Betätigung) keiner Abwägung widerstreitender Kommunalinteressen mehr bedürfen; die betroffene Gemeinde könnte sich nur auf die (spärlichen) gesetzlich festgelegten Wettbewerbseinschränkungsmöglichkeiten berufen. Der Weg für die aktiv extraterritoriale Kommunalwirtschaft wäre geebnet.
Für das grenzüberschreitende kommunale Unternehmen ist diese Lösung zwar sehr wünschenswert. Im Hinblick auf die Rechtfertigung eines Eingriffs in die Verbandskompetenz der betroffenen Gemeinde und damit verbunden eines Verstoßes gegen das Demokratieprinzip ist sie jedoch unhaltbar. Die Verbesserung der wirtschaftlichen Lage des expansionswilligen Unternehmens einer fremden Gemeinde rechtfertigt es nicht, der betroffenen Kommune die aus ihrer Verbandskompetenz resultierende Entscheidungsbefugnis über ihr Gemeindegebiet praktisch abzuschneiden. Hinzu kommt, dass die betroffene Gemeinde selbst ebenfalls ein Bedürfnis hat, ihre wirtschaftliche Lage zu verbessern. Das Interesse der expansionswilligen Gemeinde nach einem leichter zu rechtfertigenden Eingriff in die Verbandskompetenz der Zielkommune kann demnach nicht allgemein gesetzlich festgeschrieben werden, sondern muss im Rahmen der Güterabwägung nach dem Prinzip der praktischen Konkordanz entsprechende Berücksichtigung finden[569].
Diese Bestimmungen sind folglich verfassungsrechtlich unzulässig, weil sie die Verbandskompetenz der betroffenen Gemeinde aus Art. 28 Abs. 2 Satz 1 GG verletzen[570] und dadurch auch eine unzulässige Beeinträchtigung der Entschei-

569 Vgl. dazu bereits § 4 B. I. 2) b) bb) (2) – Rechtfertigung eines Eingriffes in die kommunale Selbstverwaltungsgarantie mittels des Selbstverwaltungsrechtes der expansionswilligen Kommune.
570 Zu diesem Ergebnis gelangen auch *Ehlers*, in: Ipsen (Hrsg.), Kommunalwirtschaft im Umbruch, 11. Bad Iburger Gespräche, 2001, S. 10 (30 mit Fn. 118); *Uhlenhut*, Wirtschaftliche Betätigung der Gemeinden außerhalb ihres Gebietes, 2004, S. 220 ff.; *F. Becker* DÖV 2000,

dungsbefugnis der betroffenen Gemeindevertretung, mithin einen Verstoß gegen das Demokratieprinzip bedeuten.

(3) Fazit

Das grundsätzliche Kriterium der Wahrung der berechtigten Interessen der betroffenen Gemeinde ist verfassungsrechtlich nicht zu beanstanden.
Die bei der Versorgung mit Strom und Gas bzw. den gesetzlich liberalisierten Tätigkeiten sowie bei der Wahrnehmung von Aufgaben im Wettbewerb bestehenden Sonderregelungen trifft dagegen wegen Verletzung der Verbandskompetenz der Zielgemeinde sowie wegen Verstoßes gegen das Demokratieprinzip das Verdikt der Verfassungswidrigkeit. Sie lassen keinen Raum für eine Güterabwägung, die bei Eingriffen in die kommunale Verbandskompetenz aus Art. 28 Abs. 2 Satz 1 GG und bei Beeinträchtigungen der Entscheidungsbefugnis der betroffenen Gemeindevertretung zur verfassungsrechtlichen Rechtfertigung jedoch erforderlich ist.

cc) Die wirtschaftliche Betätigung im Ausland

Die §§ 107 Abs. 4 GO NW, 116 Abs. 4 GO SAnh, 101 Abs. 3 GO SH, die die wirtschaftliche Expansion der Kommunen ins Ausland gestatten, werfen wegen der durch den EG gewährleisteten Niederlassungs-, Dienstleistungs- und Warenverkehrsfreiheit hinsichtlich der territorialen Beschränkung der Rechtssetzungshoheit der Länder auf das eigene Landesgebiet keine vergleichbaren Probleme auf wie bei der extraterritorialen kommunalen Wirtschaftstätigkeit im Inland[571].
Auch das im Ausland nicht geltende deutsche Demokratieprinzip auf kommunaler Ebene gemäß Art. 20 Abs. 2, 28 Abs. 1 Satz 2 GG legt diesen Gebietsklauseln keine verfassungsrechtlichen Fesseln an.

Allerdings widerspricht auch die extraterritoriale kommunale Wirtschaftsbetätigung im Ausland der durch Art. 28 Abs. 2 Satz 1 GG konkretisierten verfas-

---

1032 (1038 f.); *Schink* NVwZ 2002, 129 (136 f.); *Guckelberger* BayVBl 2006, 293 (296), hegt bezüglich dieser Regelungen "große verfassungsrechtliche Bedenken"; *Grundlach* LKV 2002, 264 (266); *Scharpf* NVwZ 2005, 148 (152). *Kühling* NJW 2001, 177 (181), stuft die Sonderregelung bezüglich der berechtigten Interessen der betroffenen Gemeinden als problematisch ein und will ihre Zulässigkeit nur dann bejahen, wenn die "betriebsbedingten oder sonstigen Gründe" den Anforderungen des Art. 28 Abs. 2 Satz 1 GG entsprechend ausgelegt werden, was jedoch eine gewisse Einebnung gegenüber der allgemeinen Pflicht, die berechtigten Interessen der betroffenen Gemeinden zu wahren, bedeutet, wie er selbst einräumt. *Lux* NWVBl 2000, 7 (10), nennt die Regelung des § 107 Abs. 3 Satz 2 GO NW "verfassungsrechtlich höchst problematisch". A. A. *Hellermann/Wieland*, in: Püttner (Hrsg.), Zur Reform des Gemeindewirtschaftsrechts, 2002, S. 117 (134).

[571] *Brosius-Gersdorf* AöR 130 (2005), 392 (402). Vgl. zur fehlenden Gesetzgebungskompetenz bei den diesbezüglichen binnenländischen Regelungen § 4 D. I. 2) c) aa) (1) – Gesetzgebungskompetenz der Landesgesetzgeber zur Aufhebung des mittelbar örtlich begrenzend wirkenden Einwohnerbezuges in den kommunalen Schrankentrias durch die Gebietsklauseln.

sungsrechtlichen Pflicht der Gemeinden, durch die wirtschaftliche Betätigung einen öffentlichen Zweck zu erfüllen, der unmittelbar den eigenen Gemeindeeinwohnern zu Gute kommt[572].

dd) Genehmigungspflichten

Der in § 71 Abs. 4 Satz 3 KO Th statuierte Genehmigungsvorbehalt schränkt die expansionswillige Kommunalwirtschaft nicht unzulässig in ihrem Selbstverwaltungsrecht ein, da er zum einen als reine Rechtskontrolle zu interpretieren ist[573] und den Kommunen nach Art. 28 Abs. 2 Satz 1 GG das Selbstverwaltungsrecht nur im Rahmen der Gesetze zusteht.

Selbst wenn die Genehmigungspflicht aber auch nicht reine Rechtskontrolle wäre, so bestünde an deren Verfassungsmäßigkeit deswegen kein Zweifel, weil zum anderen, so hat es die Auslegung unter § 4 D. I. 2) b) aa) – Reichweite des Verweises auf die allgemeine kommunale Schrankentrias innerhalb der Expansionsklauseln – ergeben, die Gebietsklauseln durch Aufhebung des mittelbar örtlich begrenzend wirkenden Einwohnerbezuges über den Gewährleistungsgehalt des Art. 28 Abs. 2 Satz 1 GG hinausreichen, so dass dessen Maßstäbe schon gar nicht ausschlaggebend sind[574].

Die kondominiale Natur in den den kommunalwirtschaftlichen Grenzübertritt ins Ausland normierenden §§ 107 Abs. 4 GO NW, 116 Abs. 4 GO SAnh wirft nach dem soeben Gesagten ebenfalls keine verfassungsrechtlichen Bedenken auf, da diese Normen nach der unter § 4 D. I. 2) b) cc) – Reichweite der Gebietsklauseln, die die wirtschaftliche Betätigung im Ausland normieren – durchgeführten Auslegung zu einem einwohnerbezugsunabhängigen kommunalwirtschaftlichen Verhalten jenseits des Garantiebestandes des Art. 28 Abs. 2 Satz 1 GG ermächtigen sollen.

---

572 Siehe hierzu bereits § 4 D. I. 2) c) aa) (3) – Verfassungsmäßigkeit der Aufhebung des Einwohnerbezuges in den kommunalen Schrankentrias durch die Expansionsklauseln im Hinblick auf die öffentliche Zwecksetzung.

573 Vgl. dazu die Ausführungen unter § 4 D. I. 2) b) dd) – Reichweite der in den Expansionsklauseln enthaltenen Genehmigungspflichten.

574 Die Rechtslage wäre andernfalls weniger klar, da umstritten ist, ob auch innerhalb des Selbstverwaltungsbereiches kondominiale Genehmigungsvorbehalte ohne gesetzliche Regelung des Kontrollumfanges und der Kontrolldichte zulässig sind. Die h. M. verneint dies, vgl. BYVerfGH DÖV 1989, 306 (307 f.); *Stern*, in: BK (1964), Art. 28 Rdn. 137 ff.; *Ehlers* NWVBl 2000, 1 (5 mit Fn. 33). *Nierhaus*, Kommunalrecht für Bbg, 2003, Rdn. 283 ff., zufolge sind kondominiale Genehmigungstatbestände auch im Selbstverwaltungsbereich bei Materien erlaubt, bei denen ein legitimes staatliches Mitwirkungs- und Mitgestaltungsinteresse vorliegt. Nach *Humpert*, Genehmigungsvorbehalte im Kommunalverfassungsrecht, 1990, S. 99 ff.; *dems.* DVBl 1990, 804 (806 ff.), sind ermessensförmige Genehmigungsvorbehalte zur Wahrung überörtlicher Belange im Kernbereich der kommunalen Selbstverwaltung jedenfalls unzulässig, im vorgelagerten Randbereich muss deren Verfassungsmäßigkeit mittels des Verhältnismäßigkeitsprinzipes ermittelt werden. Sofern landesrechtliche Regelungen die Staatsaufsicht auf eine reine Rechtskontrolle beschränken, soll dies nach *Seeberger* StT 1961, 535 (536), auch für die Genehmigungsvorbehalte gelten.

ee) Ergebnis zu c)

Die Gebietsklauseln, insbesondere der den Einwohnerbezug aufhebende Verweis auf die kommunalen Schrankentrias, sind folglich wegen Nichtbeachtung der aus Art. 28 Abs. 2 Satz 1 GG resultierenden Beschränkungen, fehlender Gesetzgebungskompetenz der Landesgesetzgeber für bundesländergrenzüberschreitende Kommunalwirtschaft, wegen Verstoßes gegen das Demokratieprinzip sowie auf Grund eines Widerspruches zu der den Kommunen verfassungsrechtlich auferlegten Pflicht, einen öffentlichen Zweck unmittelbar zu Gunsten ihrer Gemeindebevölkerung zu erfüllen, verfassungswidrig[575]. Die bei der Versorgung mit Strom und Gas bzw. den gesetzlich liberalisierten Tätigkeiten sowie bei der Wahrnehmung von Aufgaben im Wettbewerb bestehenden Sonderregelungen bezüglich des Vorliegens von berechtigten Interessen der betroffenen Gemeinde trifft wegen Verletzung der Verbandskompetenz der Zielgemeinde und wegen Verstoßes gegen das Demokratieprinzip das Verdikt der Verfassungswidrigkeit, weil sie keinen Raum für die erforderliche Güterabwägung lassen.

Keinesfalls vermögen die Expansionsklauseln damit Eingriffe in die Berufsfreiheit der in der betroffenen Gemeinde tätigen privaten Konkurrenten sowie Beeinträchtigungen der kommunalen Selbstverwaltungsgarantie der von der aktiv grenzüberschreitenden Kommunalwirtschaft betroffenen Gemeinde zu rechtfertigen[576].

Die Expansionsklauseln, deren Regelungsgegenstand die aktive Grenzüberschreitung ins Ausland umfasst, widersprechen allein der durch Art. 28 Abs. 2 Satz 1 GG konkretisierten verfassungsrechtlichen Pflicht der Gemeinden, bei der wirtschaftlichen Betätigung einen öffentlichen Zweck zu verfolgen, der unmittelbar ihren eigenen Gemeindeeinwohnern zu Gute kommt.

II. Regelungen des Privatrechts

1) Recht des unlauteren Wettbewerbs

Die Anwendbarkeit des UWG auf die wirtschaftliche Betätigung von Kommunen im Allgemeinen ist zu bejahen, sofern die Gemeinden wie Private am Wirtschaftsleben teilnehmen und den privaten Konkurrenten gegenüber kein Verhältnis der Über- und Unterordnung besteht[577].

---

[575] Zu dieser Auffassung gelangt auch *Franz*, Gewinnerzielung durch kommunale Daseinsvorsorge, 2005, S. 87. *Schliesky*, Öffentliches Wirtschaftsrecht, 2. Aufl. 2003, S. 165, stuft die Expansionsklauseln als "verfassungsrechtlich äußerst problematisch" ein. Nach *Henneke*, Festschr. für Maurer, 2001, S. 1137 (1145), ist die Expansionsklausel in NW "verfassungsrechtlich zumindest bedenklich".

[576] Siehe dazu § 4 B. II. 1) b) aa) (2) – Expansionsklauseln als Ermächtigungsgrundlage für Eingriffe in Art. 12 Abs. 1 GG sowie § 4 B. I. 2) b) bb) (1) – Der in Art. 28 Abs. 2 Satz 1 GG verankerte Gesetzesvorbehalt, bei denen diese Frage vorerst offen gelassen wurde.

[577] Zur generellen Anwendbarkeit des UWG auf Unternehmen der öffentlichen Hand auch BHGZ 37, 1 (15 f.); 68, 132 (136); *Schliesky*, Öffentliches Wirtschaftsrecht, 2. Aufl. 2003, S. 160. A. A. *Brohm* NJW 1994, 281 (285 f.), für die öffentlich-rechtliche Wahrnehmung einer Wirtschaftskompetenz; *Schachtschneider*, Staatsunternehmen und Privatrecht, 1986, S. 438 ff.; *Waechter*, Kommunalrecht, 3. Aufl. 1997, Rdn. 622, jedenfalls sofern die Anwendung des

Dabei ist die Generalklausel des § 3 UWG (§ 1 UWG a. F.[578]) auch für den grenzüberschreitenden Kontext von besonderer Relevanz. § 3 UWG reglementiert so genannte Wettbewerbshandlungen. Nach der Legaldefinition des § 2 Abs. 1 Nr. 1 UWG zeichnen sich diese dadurch aus, dass sie von Personen[579] mit dem Ziel verfolgt wird, zu Gunsten des eigenen oder eines fremden Unternehmens den Absatz oder den Bezug von Waren oder Dienstleistungen zu fördern. Diese Handlung muss nach § 3 UWG geeignet sein, den Mitbewerbern, Verbrauchern oder sonstigen Marktteilnehmern einen nicht nur unerheblichen Nachteil zuzufügen.

Zentrales Tatbestandsmerkmal der Generalklausel nach § 3 UWG ist jenes der Unlauterkeit[580]. Unlauter sind danach alle Handlungen, die den anständigen Gepflogenheiten in Handel, Gewerbe, Handwerk oder selbstständiger beruflicher Tätigkeit zuwiderlaufen[581]. Für die grenzüberschreitende kommunale Wirtschaftstätigkeit kommen von den unzähligen durch die Rechtsprechung im Laufe der Zeit entwickelten Fallgruppen insbesondere zwei zum Tragen.
So handeln aktiv oder passiv grenzüberschreitend tätige kommunale Unternehmen zum einen unlauter, wenn sie öffentliche Mittel zweckwidrig dazu nutzen, Preisunterbietungen zu Lasten der in der fremden Gemeinde tätigen Konkurrenz zu finanzieren[582], die schlimmstenfalls zu einer Aufhebung des Wettbewerbs führen können[583].

UWG die durch (öffentlich-rechtliche) Kompetenzvorschriften zugewiesene Aufgabenerfüllung beeinträchtigt. Es gibt aber keinen überzeugenden Grund dafür, warum sich kommunale Unternehmen trotz der Bindung an einen öffentlichen Zweck bei der Teilnahme am Wettbewerb nicht genauso an die "Spielregeln" des allgemeinen Marktes halten sollten wie die anderen Marktteilnehmer auch; dies auch unabhängig von der Rechtsform des wirtschaftlichen Handelns. Vielmehr würden den kommunalen Unternehmen wettbewerbswidrige Verhaltensweisen ermöglicht, die vom übrigen für diese Betriebe geltenden Recht nicht sanktioniert werden. Dies birgt die Gefahr einer Wettbewerbsverzerrung zu Lasten der Privatwirtschaft in sich.

[578] Am 8. Juli 2004 ist eine Neufassung des UWG in Kraft getreten. Sofern das UWG ohne Zusatz zitiert wird, ist damit die neue Fassung gemeint.

[579] Diese Person muss nicht selbst Unternehmer sein, vgl. *Lettl*, Das neue UWG, 2004, Rdn. 73.

[580] Dieser Terminus hat die noch in § 1 UWG a. F. verwendete Wendung des Verstoßes gegen die guten Sitten abgelöst, was jedoch zu keiner inhaltlichen Änderung führte, vgl. *Lettl*, Das neue UWG, 2004, Rdn. 134. Siehe zu den Erwägungen, die zum Wechsel dieser Terminologie führten: Begründung zum UWG n. F., BT-Drs. 15/1487, S. 16; *Köhler*, in: Baumbach/Hefermehl, 23. Aufl. 2004, § 3 UWG Rdn. 3.

[581] Begründung zum UWG n. F., BT-Drs. 15/1487, S. 16.

[582] Vgl. zu dieser Fallgruppe RGZ 138, 174 (178 f.) – "Haus der Jugend"; BGH NJW 1987, 60 (61) – "Bestattungswirtschaftsbetrieb I"; *Gerke* Jura 1985, 349 (357); *Gusy* JA 1995, 253 (255); *Otting* DVBl 1997, 1258 (1263); *Diefenbach* WiVerw 2003, 99 (103); *Köhler*, in: Baumbach/Hefermehl, 23. Aufl. 2004, § 4 Rdn. 13.33.

[583] *Kluth*, Grenzen kommunaler Wettbewerbsteilnahme, 1988, S. 103 f.; ähnlich auch *Köhler*, in: Baumbach/Hefermehl, 23. Aufl. 2004, § 4 Rdn. 13.35. Die gezielte Behinderung der Mitbewerber fällt zudem bereits unter § 4 Nr. 10 UWG.

Zum anderen ist der grenzüberschreitenden Kommunalwirtschaft Unlauterkeit nach § 4 Nr. 11 UWG vorzuwerfen, wenn sie sich durch Rechtsbruch einen Wettbewerbsvorteil vor der in der fremden Kommune tätigen Konkurrenz verschaffen möchte. Zu der in diesem Zusammenhang besonders heftig diskutierten Frage, ob ein solcher Wettbewerbsverstoß bei Zuwiderhandeln gegen die kommunalwirtschaftliche Schrankentrias der Gemeindeordnungen vorliegt, wird auf die Ausführungen bezüglich der fachgerichtlichen Durchsetzung der mittelbaren örtlichen Begrenzung durch die privaten Konkurrenten verwiesen[584], da die Beantwortung dieser Frage namentlich bei der Wahl des Rechtsweges von Bedeutung ist.

2) Kartellrecht

Gemäß § 130 Abs. 1 Satz 1 GWB findet das GWB Anwendung auf Unternehmen, die ganz oder teilweise im Eigentum[585] der öffentlichen Hand stehen. Sofern also Gemeinden als Teil der öffentlichen Hand in Form ihrer Unternehmen wie Private am Wirtschaftsleben teilnehmen und den privaten Konkurrenten gegenüber kein Verhältnis der Über- und Unterordnung besteht, ist die Anwendbarkeit des GWB auf die kommunalen Unternehmen anzunehmen.

Als Zulässigkeitsschranken für die gebietsfremde kommunale Wirtschaftsbetätigung kommen namentlich § 19 Abs. 1 GWB (Verbot des Missbrauchs einer marktbeherrschenden Stellung) und § 20 Abs. 1 GWB (Verbot unbilliger Behinderung) in Betracht. Beide Tatbestände setzen eine marktbeherrschende Stellung des fraglichen Unternehmens voraus. Nach § 19 Abs. 2 Satz 1 Nr. 2 GWB gilt ein Unternehmen als marktbeherrschend, wenn es im Verhältnis zu seinen Wettbewerbern eine überragende Marktstellung innehat.
Abzulehnen ist die insbesondere von *Emmerich* vertretene Auffassung[586], dass öffentliche Unternehmen auf Grund der allgemeinen Finanzkraft des Staates grundsätzlich als marktbeherrschend einzustufen sind[587]. Die Einordnung der Stellung als marktbeherrschend ist vielmehr abhängig von der Vergleichsmasse des Marktes. Dieser definiert sich jeweils neben zeitlichen und sachlichen Krite-

---

[584] Vgl. Kapitel § 6 B. I. 1) a) – Die Rechtswegfrage im Rahmen des Rechtsschutzes privater Konkurrenten in der betroffenen Gemeinde vor den Fachgerichten.

[585] Vgl. zum hier verwendeten Begriff des Eigentums *Schünemann* WRP 2000, 1001 (1004 mit Fn. 42).

[586] *Emmerich*, Das Wirtschaftsrecht der öffentlichen Unternehmen, 1969, S. 319 ff. Ähnlich auch *Enkler* ZG 1998, 328 (342), der die marktbeherrschende Stellung von Kommunen und deren Unternehmen "wegen ihrer im Vergleich zu Mitbewerbern großen Finanzkraft" als "nicht selten" einstuft.

[587] Zutreffend *Otting*, Neues Steuerungsmodell und rechtliche Betätigungsspielräume der Kommunen, 1997, S. 257 ff.; *Kluth*, Grenzen kommunaler Wettbewerbsteilnahme, 1988, S. 95 f.; *Schmidt-Jortzig*, in: Püttner (Hrsg.), HKWP V, 1984, S. 50 (70); *Storr*, Der Staat als Unternehmer, 2001, S. 527 f.; *Vogelgesang*, in: ders./Lübking/Ulbrich (Hrsg.), Kommunale Selbstverwaltung, 3. Aufl. 2005, Rdn. 421.

rien auch nach örtlichen.[588] Je weiter der örtliche Rahmen eines Marktes gezogen wird, desto weniger ist eine marktbeherrschende Stellung anzunehmen. Für den hier untersuchten gemeindegebietsgrenzüberschreitenden Kontext nimmt die Wahrscheinlichkeit einer solchen Stellung in dem Maße ab, in dem der räumliche Radius des Marktes vergrößert wird. Außerhalb des Heimatgebietes sieht sich das Unternehmen einer Gemeinde nämlich der Konkurrenz durch fremdkommunale Unternehmen sowie der dort tätigen Privatwirtschaft ausgesetzt. Deren Marktposition ist um einiges gefestigter, da sie in den fremden Gemeinden mitunter länger tätig sind und ihren festen Kundenstamm haben. Dies gilt auch für den Fall, dass ein gemeindliches Unternehmen lediglich beabsichtigt, Kundschaft von außerhalb anzuziehen.
§§ 19 Abs. 1, 20 Abs. 1 GWB sind folglich wegen grundsätzlich fehlender marktbeherrschender Stellung tendenziell zu vernachlässigende rechtliche Schranken für die extraterritoriale Kommunalwirtschaft.

Darüber hinaus können gemeindegebietsgrenzenüberschreitende Kooperationen kommunaler Unternehmen im Hinblick auf das allgemeine Kartellverbot gemäß § 1 GWB bedenklich sein. Hier besteht nach § 32 GWB eine Überwachungs- und gegebenenfalls Sanktionskompetenz seitens der Kartellbehörde.[589]

E. Resümee

Örtlich wirkende Beschränkungen folgen somit fast ausschließlich aus den öffentlich-rechtlichen Vorschriften verfassungs- oder einfachrechtlicher Natur. Die Grundrechte sowie die privatrechtlichen Normen hingegen sind in ihrer Begrenzungswirkung i. d. R. vom Vorliegen einer wettbewerbswidrigen Handlung der kommunalen Konkurrenten im Einzelfall abhängig.

---

[588] *Markert*, in: Immenga/Mestmäcker, 3. Aufl. 2001, § 20 Rdn. 23 f.; zu den dazu entwickelten Kriterien *Möschel*, in: Immenga/Mestmäcker, 3. Aufl. 2001, § 19 Rdn. 23 ff.

[589] Vgl. zum praktisch relevanten Fall kommunaler Einkaufskooperationen *Dau*, in: Püttner (Hrsg.), Zur Reform des Gemeindewirtschaftsrechts, 2002, S. 205 (210 ff.); *Schliesky*, Öffentliches Wirtschaftsrecht, 2. Aufl. 2003, S. 170.

§ 5 Europarechtliche Einflüsse

Das Europarecht, namentlich das im EG enthaltene Primärrecht und das von ihm ausgehende Sekundärrecht, nimmt zusehends mehr Einfluss auf das kommunale Wirtschaftsrecht. Zu nennen seien hier beispielhaft die Liberalisierungen im Energie- (1998) und Abfallrecht (1996) sowie der "Brüsseler Kompromiss", durch den alle Bundesländer verpflichtet wurden, die Gewährträgerschaft und die Anstaltslast der deutschen kommunalen Sparkassen zum 19. Juli 2005 aufzuheben[590]. In diesen Zeiten fortschreitender Europäisierung ist es somit angebracht, die europarechtlichen Vorschriften daraufhin zu untersuchen, welchen Einfluss sie speziell auf die nationale Rechtslage bezüglich der extraterritorialen Kommunalwirtschaft haben.

A. Unmittelbare Geltung des Europarechts

Dass jedwedes nationale Recht, insbesondere auch Art. 28 Abs. 2 Satz 1 GG als Verfassungsrecht, im Kollisionsfall hinter dem Europracht zurückstehen muss, ist nahezu unbestritten[591]. Der EuGH urteilte, dass neben den Bundesländern auch die Gemeinden verpflichtet sind, speziell Gemeinschaftsrecht, d. h. das Recht der Europäischen Gemeinschaften, auf ihrer Ebene umzusetzen[592]. Dem Gemeinschaftsrecht kommt insofern auch gegenüber den Kommunen unmittelbare Geltung zu[593].

Zudem dürfen die Mitgliedsstaaten nach Art. 86 Abs. 1 EG in Bezug auf öffentliche Unternehmen keine dem EG und insbesondere dessen Artikeln 12 und 81 bis 89 widersprechende Maßnahmen treffen oder beibehalten. Das dieser generellen Anwendungsvorschrift[594] zu Grunde liegende Begriffsverständnis umfasst alle kommunalen Unternehmen[595].

---

[590] Siehe dazu auch unten § 8 A. – Das Regionalprinzip im Sparkassenrecht, die nationale Rechtslage.

[591] Die durch das deutsche Grundgesetz gewährleistete kommunale Selbstverwaltung ist nicht "europafest", vgl. *Nierhaus/Stern*, Regionalprinzip und Sparkassenhoheit im europäischen Bankenbinnenmarkt, 1992, S. 223 ff.; *Stern*, in: Nierhaus (Hrsg.), Kommunale Selbstverwaltung, 1996, S. 21 (31 ff.); *Nierhaus*, in: Ipsen (Hrsg.), Sparkassen im Wandel, 3. Bad Iburger Gespräche, 1993, S. 65 (72 f.); *Schink* DVBl 2005, 861 (864); *Hellermann*, Örtliche Daseinsvorsorge und gemeindliche Selbstverwaltung, 2000, S. 66 ff.; *Rengeling* DVBl 1990, 893 (897); *Schmahl* DÖV 1999, 852 (857 f.), in Bezug auf Normen der Europäischen Gemeinschaften. A. A. *Martini/Müller* BayVBl 1993, 161 (162 f., 164).

[592] So EuGH NVwZ 1990, 649 (650) – Fratelli Costanzo/Stadt Mailand, im Zusammenhang mit der Umsetzung einer Richtlinie der EG durch die Kommunalverwaltung.

[593] Dazu näher *Lenz* DVBl 1990, 903 (904 f.).

[594] Es entspricht der überwiegenden Auffassung, dass Art. 86 EG nur Anwendungsvorschrift für öffentliche Unternehmen ist, vgl. EuGH, Slg. 1988, S. 2479 (Rdn. 16) – Corinne Bodson/SA Pompes funèbres des régions libérées; *Storr*, Der Staat als Unternehmer, 2001, S. 293 f. A. A. *Burgi* EuR 1997, 261 (273 f., 289), der Art. 86 EG (Art. 90 EGV a. F.) darüber hinaus als "Legitimationsgrundlage unternehmerischer Staatstätigkeit" einstuft.

[595] Vgl. dazu die Ausführungen zu der Definition eines (öffentlichen) Unternehmens nach dem EG unter § 2 B. III. im ersten Teil dieser Arbeit.

B. Zusätzliche Beschränkungen?

Beschränkungen, die der extraterritorialen Kommunalwirtschaft zusätzlich zu denjenigen des deutschen Rechts auferlegt werden, sind allenfalls aus dem gemeinschaftsrechtlichen Wettbewerbsrecht denkbar.
Mangels Relevanz speziell für den grenzüberschreitenden Kontext der Kommunalwirtschaft sollen insofern die Beihilferegelungen des Art. 87 EG, die insbesondere bei den mit Gewährträgerhaftung und Anstaltslast ausgestatteten kommunalen Anstalten des öffentlichen Rechts für Diskussionsstoff sorgen[596], nur erwähnt werden. Jedenfalls die Art. 89 Abs. 4 GO BY, §§ 114 a Abs. 5 GO NW, 86 a Abs. 4 GO RP, 4 AnstG SAnh, wonach die Gemeinden beim Betrieb von so genannten Kommunalunternehmen[597] die Anstaltslast und die Gewährträgerhaftung[598] trifft, wird man im Hinblick auf die Erfahrung mit den Sparkassen, die sich wegen des Brüsseler Kompromisses von diesen Rechtsinstituten trennen mussten[599], als nicht mehr EG-konform ansehen müssen.

Im Hinblick auf das "Ob" kommunalwirtschaftlicher Betätigung im Allgemeinen und jener mit grenzüberschreitendem Bezug im Besonderen sind zusätzliche gemeinschaftsrechtliche Begrenzungen nicht auszumachen[600].

C. Über die nationale Rechtslage hinausgehende Rechte

Vielfach wird diskutiert, ob der Kommunalwirtschaft aus bestimmten Regelungen des EG das Recht zur *aktiven* Überschreitung der eigenen Gebietsgrenzen ohne Bindung an das Gemeinwohl der Gemeindeeinwohner zuzugestehen ist. Zur Begründung einer solchen europarechtlichen Freiheit der expansionswilligen kommunalen Unternehmen werden Art. 43 EG bzw. Art. 49 EG (siehe unten § 5 C. I.), Art. 29 EG (vgl. unten § 5 C. II.), Art. 3 Abs. 2 EG i. V. m. Art. 3 Abs. 1 lit. g EG (siehe unten § 5 C. III.) sowie Art. 86 Abs. 1 EG i. V. m. Art. 81 EG (vgl. unten § 5 C. IV.) herangezogen.

I. Art. 43 EG/Art. 49 EG

Die aktiv grenzüberschreitende Kommunalwirtschaft könnte durch Berufung auf die gemeinschaftsrechtliche Niederlassungsfreiheit gemäß Art. 43 EG bzw. den in Art. 49 EG gewährleisteten freien Dienstleistungsverkehr von ihren örtlich bindenden nationalen Fesseln befreit sein.

---

596 Vgl. dazu die Bemerkungen unter § 2 C. I. 1), Fn. 96 sowie die diesbezügliche Problematik bei den Sparkassen unter § 8 A. I. 2), Fn. 773.

597 Siehe zu dieser Rechtsform bereits § 2 C. I. 1) – Öffentlich-rechtliche Organisationsformen kommunaler Wirtschaftstätigkeit.

598 Die Normen ordnen ausdrücklich zwar nur die Gewährträgerhaftung an, diese impliziert jedoch die Anstaltslast.

599 Siehe hierzu unten § 8 A. I. 2) Fn. 773.

600 *Burgi* LK 2003, 26 (26). So auch *Ehlers* Jura 1999, 212 (213); *ders.*, Gutachten E für 64. DJT 2002, S. E 73, in Bezug auf eine bestimmte (öffentliche) Zwecksetzung.

1) Sachlicher Anwendungsbereich
Gemäß Art. 43 Abs. 2 EG beinhaltet die Niederlassungsfreiheit in sachlicher Hinsicht das Recht, eine selbstständige Erwerbstätigkeit in einem anderen Mitgliedsstaat aufzunehmen oder auszuüben sowie Unternehmen und Zweigniederlassungen dort zu gründen oder zu leiten. Die Freiheit des Dienstleistungsverkehrs nach Art. 49 EG umfasst das Recht, eine Dienstleistung gemäß Art. 50 EG in einem anderen Mitgliedsstaat über die Grenze hinweg zu erbringen, ohne dort über eine dauerhafte Niederlassung verfügen zu müssen[601]. Beiden Marktfreiheiten ist das Erfordernis eines staatsgrenzüberschreitenden Bezuges gemein[602], d. h. eine kommunalwirtschaftliche Expansion, die ausschließlich innerstaatliche Bezüge aufweist, bleibt mangels Anwendbarkeit von beiden Vorschriften unberührt[603].

Diese europarechtlichen Freiheiten stellen neben diskriminierungsunabhängigen Beschränkungsverboten primär spezielle Diskriminierungsverbote von inländischen gegenüber EU-ausländischen Unternehmen dar[604]. Deutsche gemeindliche Betriebe könnten demnach in ihren Grundfreiheiten aus Art. 43 EG bzw. 49 EG beeinträchtigt sein, weil das nationale Kommunalwirtschaftsrecht der aktiven extraterritorialen Wirtschaftsbetätigung jedenfalls ohne Bezug zu den eigenen Gemeindeeinwohnern die Zulässigkeit versagt; für die passive Grenzüberschreitung ist der sachliche Anwendungsbereich schon gar nicht eröffnet.
Für das Gemeinwohl der eigenen Einwohner bedarf es i. d. R. keiner Niederlassung im EU-Ausland. Auch die bloße expandierende Wirtschaftstätigkeit im EU-Ausland zum Nutzen der eigenen Gemeindebürger ist allenfalls in Grenzregionen denkbar. Damit wird deutschen kommunalen Unternehmen im Gegensatz zu EU-ausländischen Betrieben praktisch die europaweite Niederlassung bzw. Dienstleistung verwehrt. Nach dieser Einschätzung ist der sachliche Anwendungsbereich eröffnet.

---

[601] *Haratsch/Koenig/Pechstein*, Europarecht, 5. Aufl. 2006, Rdn. 848.

[602] EuGH, Slg. 1997, I-195 (Rdn. 19 ff.) – USSL/INAIL; *Haratsch/Koenig/Pechstein*, Europarecht, 5. Aufl. 2006, Rdn. 812, 857 f.; *Knauff* VR 2005, 145 (148); *Weiß* DVBl 2003, 564 (567); *Dohms*, in: Ipsen (Hrsg.), Kommunalwirtschaft im Umbruch, 11. Bad Iburger Gespräche, 2001, S. 35 (42). Speziell für die Dienstleistungsfreiheit: EuGH, Slg. 1980, S. 833 (Rdn. 9) – Debauve; *Jarass* EuR 1986, 75 (79). Dagegen betont *Schwintowski* ZögU 2003, 283 (296), den prinzipiellen Vorrang des Gemeinschaftsrechts, weil öffentliche Unternehmen zumindest potenziell grenzüberschreitend tätig werden können. Dem Leser bleibt verborgen, welche Auswirkungen diese alleinige potenzielle Möglichkeit auf den Binnenmarkt haben soll, wenn es auf ihre Realisierung nicht ankommt.

[603] Zur Problematik, ob in der nationalen örtlichen Begrenzung kommunaler Unternehmen ein verbotenes Gebietskartell zu sehen ist, siehe Kapitel § 5 C. IV. - Art. 86 Abs. 1 EG i. V. m. Art. 81 EG.

[604] *Haratsch/Koenig/Pechstein*, Europarecht, 5. Aufl. 2006, Rdn. 828 ff. (für die Niederlassungsfreiheit), Rdn. 868 ff. (für den freien Dienstleistungsverkehr).

2) *Persönlicher Anwendungsbereich*

Bezüglich des persönlichen Anwendungsbereiches ist wegen ihrer Eigenschaft als lex specialis vor Art. 86 Abs. 1 EG die Vorschrift des Art. 48 EG (i. V. m. Art. 55 EG für den freien Dienstleistungsverkehr gemäß Art. 49 EG) anzuwenden. Allein ihrem Wortlaut nach gelten diese Freiheiten für alle Gesellschaftsformen des Privatrechts sowie für die juristischen Personen des öffentlichen Rechts, worunter neben den selbstständigen öffentlich-rechtlichen Organisationsformen kommunalwirtschaftlicher Betätigung auch die Gemeinden und ihre Unterteilungen zu zählen sind, sofern sie einen Erwerbszweck verfolgen.

a) Die begrenzte Legitimation der Kommunen und ihrer Unternehmen

Der EuGH hatte bei seiner *Daily Mail*-Entscheidung über das Wegzugsrecht für Gesellschaften zu entscheiden. Dabei machte er deutlich, dass diese anders als natürliche Personen lediglich auf Grund nationaler Rechtsordnungen gegründete rechtliche Gebilde seien. Daraus schloss er, dass sie jenseits der nationalen Rechtsordnung, die ihre Gründung und Existenz regelt, keine Realität besitzen könnten.[605]

Kommunale Betriebe haben ihre Existenz dem Umstand zu verdanken, dass sich Gemeinden für die Versorgung ihrer Einwohner dank ihrer Eigenverantwortlichkeit auch wirtschaftlicher Formen bedienen dürfen. Die hieraus folgende Legitimation ist damit automatisch auch von vornherein auf diesen inhaltlichen Radius begrenzt. Der örtlich radizierend wirkende Einwohnerbezug des Art. 28 Abs. 2 Satz 1 GG als Ermächtigungsgrundlage der Kommunen für u. a. die wirtschaftliche Betätigung ist insofern nicht von der Legitimation abspaltbar[606], da die Gemeinden und ihre Unternehmen rechtlich nur in dieser Form existieren. Die einfachrechtlichen Vorschriften der Gemeindeordnungen wirken örtlich begrenzend, weil sie lediglich Ausgestaltungen der verfassungsrechtlichen Garantie der kommunalen Selbstverwaltung sind.

Kommunale Unternehmen fallen folglich nicht unter den persönlichen Anwendungsbereich der Art. 43, 49 EG, da Art. 28 Abs. 2 Satz 1 GG als Existenzgrundlage gleichzeitig die Grenzen ihrer Rechtsfähigkeit i. S. von Art. 48 EG (i. V. m. Art. 55 EG für den freien Dienstleistungsverkehr gemäß Art. 49 EG) markiert[607].

b) Gegenansicht

Es hat sich in diesem Zusammenhang allerdings eine gegenläufige Auffassung entwickelt. So mehren sich Stimmen in der Literatur, die den persönlichen Anwendungsbereich dieser europarechtlichen Grundfreiheiten in Bezug auf die

---

605 EuGH, Slg. 1988, S. 5483 (Rdn. 19) – Daily Mail.

606 So aber *F. Burmeister/Staebe* EuR 2004, 810 (812), die Art. 28 Abs. 2 Satz 1 GG ohne weitere Begründung als Norm verstehen, die "die Gemeinden schützen und sie nicht in ihrer (wirtschaftlichen) Betätigung einschränken [soll]".

607 Ähnlich auch *Weiß* DVBl 2003, 564 (571), demzufolge dieser Zusammenhang jedoch zur Rechtfertigung eines Eingriffs in die Grundfreiheiten führt.

kommunalen Unternehmen ohne Reflexion als eröffnet erachten, was sie zu dem Ergebnis führt, dass die Bindung der gemeindlichen Betriebe an das Wohl ihrer Gemeindeeinwohner gemeinschaftsrechtswidrig ist[608].
Weder der EuGH noch die Europäische Kommission hatten bisher zu dieser Problematik Stellung beziehen müssen. Dass aus Sicht der europäischen Entscheidungsträger jedoch der Wettbewerb absoluten Vorrang genießt, haben die bereits eingangs genannten Liberalisierungen im Energie- und Abfallrecht sowie die Abschaffung der Gewährträgerhaftung und der Anstaltslast bei den deutschen kommunalen Sparkassen deutlich gemacht.

c) Kritik

Billigte man den kommunalen Unternehmen auf Grund der europarechtlichen Grundfreiheiten zu, sich ohne Rücksicht auf das Wohl ihrer Gemeindeeinwohner wirtschaftlich zu betätigen, führte das nicht nur zur "Entfesselung" der gemeindlichen Betriebe. Es bedeutete vor allem auch einen Eingriff in die deutsche Staatsorganisation. Diese sieht in Art. 28 Abs. 2 Satz 1 GG als "dritte Stufe" des Verwaltungsaufbaus die lokale Ebene vor. Wesen dieser Ebene ist die Bindung an das jeweilige Gemeindevolk zur Erreichung größtmöglicher Bürgernähe, die die Bundesländer oder der Bund als höherrangige Verwaltungsebenen nicht gewährleisten können, sowie zur Abgrenzung der einzelnen Zuständigkeitsbereiche der Gemeinden untereinander. Würde der Einwohnerbezug im Zusammenhang mit der wirtschaftlichen Betätigung aufgehoben werden, verlöre die lokale Ebene insofern ihr örtlich radiziertes, dezentrales Wesensmerkmal. Es verbliebe ein Rest, der sich nicht mehr in das deutsche verfassungsrechtliche Konzept einfügen würde.

Letztendlich verbirgt sich hinter diesem Konflikt "die Souveränitätsfrage"[609], d. h.: Ist es der EU gestattet, in die staatliche Organisationsgewalt ihrer Mitgliedsstaaten einzugreifen, gegebenenfalls inwieweit? Mehrere Meinungen in der Literatur sprechen sich ebenfalls gegen eine derartige Geltungswirkung der europarechtlichen Grundfreiheiten aus[610].

---

[608] *Frenz* GewArch 2006, 100 (104, 106); *F. Burmeister/Staebe* EuR 2004, 810 (814); *Schwintowski* ZögU 2003, 283 (296 f.); *ders.* NVwZ 2001, 607 (610).

[609] Vgl. hierzu *Ossenbühl* LK 2001, 14 (15) im Zusammenhang mit der Diskussion um die Rechtmäßigkeit der Anstaltslast und der Gewährträgerhaftung bei deutschen kommunalen Sparkassen. Ebenso kritisch in diesem Zusammenhang *Nierhaus*, Die öffentlich-rechtlichen Sparkassen und das europäische Beihilfenregime, Referat bei der Tagung des Wissenschaftlichen Beirats der Gesellschaft für öffentliche Wirtschaft am 1. März 2001 in Berlin, S. 69 ff.

[610] So *Ehlers*, Gutachten E für 64. DJT 2002, S. E 42 f.; *Guckelberger* BayVBl 2006, 293 (299 f.); *Burgi* LK 2003, 26 (28); *Hösch* WiVerw 2000, 159 (183); *Grawert*, in: Reichard (Hrsg.), Kommunen am Markt, 2001, S. 9 (13). *Knauff* VR 2005, 145 (148 ff.), bejaht zwar den Anwendungsbereich der Grundfreiheiten für kommunale Unternehmen, führt die oben genannten staatsorganisationsrechtlichen Argumente dann aber auf der Rechtfertigungsebene an.

Endgültig wird diesen Kompetenzstreit nur die Verankerung der kommunalen Selbstverwaltungsgarantie in einer zukünftigen EU-Verfassung[611] schlichten können[612]. Aus den geltenden europarechtlichen Vorschriften lässt sich eine solche jedenfalls nicht begründen[613].

Dass der in Art. 28 Abs. 2 Satz 1 GG vorgesehene Bezug der Kommunen und ihrer Unternehmen auf das Wohl ihrer Einwohner als Ausprägung der deutschen Staatsorganisation nicht zur Regelungsmaterie der europarechtlichen Grundfreiheiten gehört, wird nicht zuletzt durch die aus Art. 16, 86 Abs. 2[614], 295 EG[615] sowie Art. 6 Abs. 3 EUV[616] folgenden Wertungen bestätigt. Danach ist die bestehende Ordnung in den Mitgliedsstaaten, namentlich diejenige zur nationalen Erfüllung gemeinwohldienlicher Aufgaben, so weitgehend wie möglich zu respektieren.

3) Zwischenergebnis

Deutsche kommunale Unternehmen können mithin im Rahmen der aktiven extraterritorialen Betätigung mit Binnenmarktbezug (für die passive Grenzüber-

---

[611] Etwa in der Form des bisher noch nicht von allen Mitgliedsstaaten angenommenen diesbezüglichen Entwurfs, in dem sich die Berücksichtigung der kommunalen Ebene in Art. I-5 Abs. 1 (kommunale Selbstverwaltung als identitätsstiftendes Merkmal), I-11 Abs. 3 (Subsidiaritätsprinzip zu Gunsten auch der lokalen Ebene), I-32 Abs. 2 (Vertreter lokaler Gebietskörperschaften im Ausschuss der Regionen als beratende Einrichtung der Union) wiederfindet. Zu den näheren Hintergründen der Verankerung der kommunalen Selbstverwaltung im Entwurf des EU-Verfassungsentwurfes *Hoffschulte* DVBl 2005, 202 ff.

[612] Um die kommunale Selbstverwaltung auch innerhalb der EU als Garantie auszugestalten, ist deren Verankerung in einer zukünftigen EU-Verfassung erforderlich: *Rengeling* DVBl 1990, 893 (899 f.); *Nierhaus*, in: Sachs (Hrsg.), 3. Aufl. 2003, Art. 28 Rdn. 32 c; *ders.*, Kommunalrecht für Bbg, 2003, Rdn. 181; *Gern*, Kommunalrecht, 3. Aufl. 2003, Rdn. 110. So auch *Hobe/Biehl/Schroeter* DÖV 2003, 803 (809 f.), die zudem konkrete Vorschläge für diesbezügliche Normierungen unterbreiten. *Schink* DVBl 2005, 861 (865 f.), zweifelt hingegen, ob solche Regelungen im europäischen Verfassungsvertrag den erhofften Schutz für die Kommunen mit sich bringen.

[613] Das Fehlen eines solchen ungeschriebenen Grundsatzes auf der Ebene des Europäischen Gemeinschaftsrechts ist allgemein anerkannt, vgl. *Schmahl* DÖV 1999, 852 (858 ff.); *Hellermann*, Örtliche Daseinsvorsorge und gemeindliche Selbstverwaltung, 2000, S. 123 ff.; *Gern*, Kommunalrecht, 3. Aufl. 2003, Rdn. 103 ff.; *Hobe/Biehl/Schroeter* DÖV 2003, 803 (805 ff.); *Lübking*, in: Vogelgesang/ders./Ulbrich (Hrsg.), Kommunale Selbstverwaltung, 3. Aufl. 2005, Rdn. 572 ff. A. A. *Martini/Müller* BayVBl 1993, 161 (164 ff.).

[614] Siehe zur äußerst verhaltenen Bereitschaft der Kommission, das Verhinderungserfordernis zu bejahen *v. Wilmowsky* ZHR 155 (1991), 545 (553 f.), der schließlich zu der Erkenntnis gelangt, dass es praktisch keinen Fall geben kann, in welchem Art. 86 Abs. 2 EG (Art. 90 Abs. 2 EWGV a. F.) eine Ausnahme von den Vertragsvorschriften ermöglicht, vgl. ebenda S. 554 ff.

[615] Vgl. zu dieser Wirkung des Art. 295 EG (Art. 222 EWGV a. F.) *Ehlers*, Verwaltung in Privatrechtsform, 1984, S. 96; *Scharpf* NVwZ 2005, 148 (153); *Weiß* DVBl 2003, 564 (569 ff.).

[616] Vgl. zu diesem Aspekt *Weiß* DVBl 2003, 564 (571); *Knauff* VR 2005, 145 (149).

schreitung ist der jeweilige Anwendungsbereich der Grundfreiheiten schon gar nicht eröffnet) nicht von den Grundfreiheiten der Art. 43, 49 EG profitieren, da für sie deren persönlicher Anwendungsbereich nicht eröffnet ist.

II. Art. 29 EG

Der nationale örtlich begrenzend wirkende Einwohnerbezug, dem die (grenzüberschreitende) Kommunalwirtschaft unterliegt, wird darüber hinaus wegen Verstoßes gegen das in Art. 29 EG vorgesehene Verbot mengenmäßiger Ausfuhrbeschränkungen, welches ein Unterfall der Warenverkehrsfreiheit ist, für gemeinschaftsrechtswidrig erachtet[617].

Zunächst müsste der sachliche Anwendungsbereich eröffnet sein. Eine Ware i. S. des Art. 29 EG ist ein Erzeugnis, das einen Geldwert hat und deshalb Gegenstand von Handelsgeschäften sein kann[618]. Hierunter fällt z. B. trotz ihrer fehlenden sichtbaren Verkörperung Elektrizität, die im Rahmen eines Handelsgeschäfts von einem Mitgliedsstaat in einen anderen geleitet wird[619]. Auch die Verbringung von Abfällen von einem Mitgliedsstaat in einen anderen fällt unter Art. 29 EG[620]. Bereits aus dem Wortlaut des Art. 29 EG ergibt sich, dass zur Bejahung des sachlichen Anwendungsbereiches ein EU-grenzüberschreitender Bezug erforderlich ist, denn danach sind mengenmäßige Ausfuhrbeschränkungen sowie Maßnahmen gleicher Wirkung *zwischen den Mitgliedsstaaten* verboten[621]. Der sachliche Anwendungsbereich dieser Grundfreiheit bezieht sich demnach nur auf die aktive EU-grenzüberschreitende Warenausfuhr durch kommunale Unternehmen.

Allerdings ist der persönliche Anwendungsbereich des Art. 29 EG nicht für kommunale Unternehmen eröffnet. Dagegen spricht ebenso wie im Rahmen des persönlichen Anwendungsbereichs der Niederlassungs- und der Dienstleistungsfreiheit die Tatsache, dass es einen nicht hinnehmbaren Eingriff in die nationale Verwaltungsorganisation und damit in die mitgliedsstaatliche Souveränität bedeutete, wenn Art. 29 EG als europarechtliche Grundfreiheit die Macht hätte, ein verwaltungsorganisationsrechtlich derart grundlegendes Prinzip wie den Einwohnerbezug auf der kommunalen Ebene auszuschalten[622].
Darüber hinaus liegt in dem nationalen örtlich begrenzend wirkenden Einwohnerbezug, dem die (grenzüberschreitende) Kommunalwirtschaft unterliegt,

---

617 *Frenz* GewArch 2006, 100 (103 f.); *Schwintowski* NVwZ 2001, 607 (610).
618 EuGH, Slg. 1968, S. 633 (642) – Kunstschätze; EuGH, Slg. 1992, S. I- 4431 (Rdn. 25 f.) – Abfalltransport.
619 *Haratsch/Koenig/Pechstein*, Europarecht, 5. Aufl. 2006, Rdn. 714.
620 EuGH, Slg. 1992, S. I- 4431 (Rdn. 28) – Abfalltransport.
621 Kursive Hervorhebung durch die Verfasserin.
622 Vgl. dazu bereits § 5 C. I. 2) c) – Kritik an der Auffassung, die den Einwohnerbezug wegen Verstoßes gegen Art. 43, 49 EG für gemeinschaftsrechtswidrig hält und diesen deswegen aufheben will.

kein Verstoß gegen Art. 29 EG, weil sich das Verbot mengenmäßiger Ausfuhrbeschränkungen nach der Rechtsprechung des EuGH nur auf nationale Maßnahmen bezieht, die unmittelbar eine Beschränkung der Ausfuhr bewirken, zwischen Ausfuhr und Inlandsabsatz unterscheiden und mittelbare Vorteile für inländische Erzeuger oder Abnehmer schaffen[623]. Der Einwohnerbezug zielt aber nicht darauf ab, der aktiv grenzüberschreitenden Kommunalwirtschaft einen Warenexport in das EU-Ausland zu verbieten. Zudem betrifft die örtlich begrenzend wirkende Pflicht, unmittelbar dem Wohl der eigenen Gemeindeeinwohner zu dienen, den inländischen Warenvertrieb und den Export gleichermaßen und hat auch keine unzulässige Diskriminierung zu Lasten ausländischer Erzeuger oder Abnehmer zur Folge.[624]

III. Art. 3 Abs. 2 EG i. V. m. Art. 3 Abs. 1 lit. g EG

Neben den speziellen Diskriminierungsverboten aus Art. 43, 49 und 29 EG bestehen im EG auch Gleichbehandlungsgrundsätze allgemeiner Natur. Die generellste Norm unter ihnen ist Art. 12 EG, der durch Art. 3 Abs. 2 EG eine Konkretisierung erfährt. Aus dem europarechtlichen Gleichbehandlungsgrundsatz des Art. 3 Abs. 2 EG, bezogen auf ein System unverfälschten Wettbewerbes innerhalb des Binnenmarktes gemäß Art. 3 Abs. 1 lit. g EG, könnte auf ein Diskriminierungsverbot von kommunalen Unternehmen gegenüber Privaten geschlossen werden.

1) Sachlicher Anwendungsbereich

Es ist in sachlicher Hinsicht zuvörderst darauf hinzuweisen, dass Art. 3 Abs. 1 lit. g EG eine Zwischenstaatlichkeitsklausel ist. Wie bei den besonderen Diskriminierungsverboten der Art. 43, 49 und 29 EG bedeutet das auch für den hier behandelten allgemeinen Gleichbehandlungsgrundsatz, dass eine bloße Inländerdiskriminierung nicht erfasst ist, so dass er nur dann einschlägig ist, wenn ein Sachverhalt vorliegt, der den zwischenstaatlichen Wettbewerb beeinträchtigen könnte[625].

2) Willkürliche Diskriminierung

Nach einer Auffassung im Schrifttum besteht eine grundlose Diskriminierung im Wettbewerb kommunaler Betriebe mit privaten Unternehmen. Diese sei darin zu sehen, dass sich die gemeindlichen Unternehmen einerseits durch die europarechtlich initiierten Liberalisierungen ungekanntem Wettbewerb ausgesetzt sahen. Der hiermit bewirkte Verlust gesicherter Gewinnquellen wurde andererseits nicht durch die Schaffung entsprechender nationaler institutioneller Voraussetzungen, unter denen sich die kommunalen Unternehmen im Wettbewerb bewe-

---

[623] EuGH, Slg. 1979, S. 3409 (Rdn. 7) – Groenveld; EuGH, Slg. 1992, S. I-3669 (Rdn. 13 f.) – Delhaize.

[624] So auch *F. Burmeister/Staebe* EuR 2004, 810 (813).

[625] *Ehlers* NVwZ 1990, 810 (811); *Haratsch/Koenig/Pechstein*, Europarecht, 5. Aufl. 2006, Rdn. 633.

gen können, kompensiert. Daraus folgte für die expansionswilligen kommunalen Unternehmen zwar weiterhin das Erfordernis der Verfolgung eines öffentlichen Zwecks. Diese Pflicht solle jedoch ohne Beachtung der nationalen Vorschriften, aus denen eine örtlich wirkende Beschränkung auf die Einwohner der Trägergemeinde folgt, bestehen.[626]

a) Grund für die Diskriminierung

Sofern man überhaupt davon ausgeht, dass wesentlich Gleiches vorliegt[627], ist nicht zu leugnen, dass Unternehmen von Gemeinden wegen höherer Restriktionen nicht zuletzt auch in örtlicher Hinsicht tatsächlich rechtlich anders behandelt werden als ihre privaten Konkurrenten. Das gereicht der Wettbewerbsposition der Kommunalwirtschaft zum Nachteil.

Allerdings darf nicht aus dem Blick geraten, dass es einen entscheidenden Grund für diese Andersbehandlung gibt: die unterschiedliche Trägerschaft verbunden mit der Konsequenz, dass die gemeindlichen Betriebe nicht grundrechtsfähig, sondern nur grundrechtsgebunden und der öffentlich-rechtlichen Kompetenzordnung unterfallend exisitieren. Anders als Privatunternehmen, die auf der Privatautonomie ihres Gründers fußen, schöpfen gemeindliche Betriebe die Legitimation für ihre Existenz aus der – von vornherein nur beschränkt garantierten – kommunalen Selbstverwaltungsgarantie gemäß Art. 28 Abs. 2 Satz 1 GG[628]. Man kann die aus Art. 28 Abs. 2 Satz 1 GG folgenden Beschränkungen nicht durch europarechtliche Grundsätze aus der Garantie herauslösen, da sie Grundbestandteil dieser kommunalen Legitimation sind. Die Verdrängung dieser Begrenzungen wäre nur durch Derogation der Legitimationsgrundlage als solcher zu realisieren. Dann müsste der europarechtliche Gleichbehandlungsgrundsatz als Legitimationsgrundlage fungieren, was er aber nicht vermag, da er nur für die Gleichstellung schon vorhandener Rechte Regelungskompetenz aufweist.

Dieses Problem will *Nagel* lösen, indem er Art. 28 Abs. 2 Satz 1 GG über den Anwendungsvorrang des Gemeinschaftsrechts im Lichte des europarechtlichen Gleichbehandlungsgrundsatzes gemäß Art. 3 Abs. 2 EG i. V. m. Art. 3 Abs. 1 lit. g EG nur dahingehend *auslegt*, dass sachliche und örtliche Schranken für die Kommunalwirtschaft nicht bestehen. Das hätte dann eine (Teil-) Verfassungs-

---

[626] *Nagel*, Gemeindeordnung als Hürde?, 1999, S. 34 ff. So i. E. auch *Braun* SächsVBl 1999, 25 (30 f.), im Zusammenhang mit der Freigabe der Stromlieferung an Kunden außerhalb des Gemeindegebietes des kommunalen Trägers für die Stadtwerke.

[627] Bereits daran könnte man wegen der unterschiedlichen Ursprünge der jeweiligen Unternehmen bezüglich deren Rechtsträgerschaft und Zweck zweifeln. Solche Bedenken äußerten zu Recht beispielsweise *Nierhaus/Stern*, Regionalprinzip und Sparkassenhoheit im europäischen Bankenbinnenmarkt, 1992, S. 124 f.; *Nierhaus*, in: Ipsen (Hrsg.), Sparkassen im Wandel, 3. Bad Iburger Gespräche, 1993, S. 65 (85 f.), im Hinblick auf die möglicherweise europarechtlich indizierte Gleichbehandlung von deutschen kommunalen Sparkassen und anderen europäischen Kreditinstituten.

[628] So auch *Ehlers*, Gutachten E für 64. DJT 2002, S. E 41 ff.; ähnlich auch *Weiß* DVBl 2003, 564 (572).

widrigkeit der örtlich begrenzend wirkenden Normen der Gemeindeordnungen bzw. auch deren Uminterpretation zur Folge.[629]
Nach den bereits dargelegten Zusammenhängen der auf Art. 28 Abs. 2 Satz 1 GG basierenden Kommunalwirtschaft ist jedoch eine Interpretation der kommunalen Selbstverwaltungsgarantie, die des Bezuges zu den Einwohnern entbehrt, genauso wenig möglich wie die Aufhebung der örtlichen Radizierung. Überhaupt ist der Weg für eine Interpretation nur da geebnet, wo der Wortlaut nicht eindeutig ist. Die Formulierung "Angelegenheiten der örtlichen Gemeinschaft" lässt jedoch zumindest in der Hinsicht keine Zweifel, als ein Ortsbezug zur Muttergemeinde erforderlich ist[630].

In die Richtung der hier vertretenen Argumentation weist auch jene, die dem Europarecht (speziell im Zusammenhang mit dem Gleichbehandlungsgrundsatz) nur eine eingeschränkte Bestimmungsbefugnis über die Rechtssubjekte bzw. deren Unterteilungen zugesteht, die sich nach nationalem Recht zulässigerweise am Wettbewerb beteiligen dürfen[631]. Auch sie stellt die Beziehung zwischen der nationalen Legitimationsgrundlage und den mit dieser untrennbar verbundenen Restriktionen her und ähnelt damit sehr stark der oben dargestellten Ansicht zum persönlichen Anwendungsbereich der Art. 43, 49 EG gemäß Art. 48 EG (i. V. m. Art. 55 EG für den freien Dienstleistungsverkehr gemäß Art. 49 EG)[632].

b) Verhältnismäßigkeit

Die Ungleichbehandlung ist auch nicht unverhältnismäßig[633]. Würde der Unterschied zwischen den kommunalen und den privaten Unternehmen, der in der Bindung an Grundrechte und die öffentlich-rechtliche Kompetenzordnung, vor allem im Bezug auf die Gemeindeeinwohner liegt, aufgehoben, so ginge auch der alleinige Grund für die Existenz der gemeindlichen Betriebe verloren. Eine Alternative, die diese Ungleichbehandlung beendete, ist wegen der Ausgestaltung der Legitimationsgrundlage für kommunale Unternehmen nicht auszumachen. Auch die Angemessenheit im engeren Sinne ist zu bejahen, da den gemeindlichen Betrieben ihre wirtschaftliche Betätigung nicht gänzlich verwehrt wird.
Die örtlich begrenzend wirkende einwohnerbezogene Gemeinwohlbindung ist schließlich unverzichtbar, um sicherzustellen, dass die kommunalen Unternehmen auch den Zweck erfüllen, dem allein sie ihre Existenz zu verdanken haben.

---

629 *Nagel*, Gemeindeordnung als Hürde?, 1999, S. 34 ff.

630 Die vorzugswürdige Auslegungsvariante beinhaltet einen Bezug auf die Gemeindeeinwohner, vgl. dazu bereits § 4 B. I. 1) a) bb) (1) – Das aus den Angelegenheiten der örtlichen Gemeinschaft folgende Örtlichkeitsprinzip im räumlichen Sinne.

631 *Hösch* DÖV 2000, 393 (405 f.); *Scharpf* NVwZ 2005, 148 (153).

632 Vgl. dazu bereits § 5 C. I. 2) a) – Persönlicher Anwendungsbereich der Grundfreiheiten aus Art. 43, 49 EG.

633 Siehe zu diesem zweiten Tatbestandsmerkmal neben dem Erfordernis des Vorliegens eines sachlichen Grundes EuGH, Slg. 2005, S. I-2119, Rdn. 54 – Bidar/London Borough of Ealing u.a.; *Haratsch/Koenig/Pechstein*, Europarecht, 5. Aufl. 2006, Rdn. 639.

3) *Resümee*

Es ist dementsprechend keine gemäß Art. 3 Abs. 2 EG i. V. m. Art. 3 Abs. 1 lit. g EG verbotene unverhältnismäßige Diskriminierung darin zu sehen, dass deutsche kommunale Unternehmen anders als ihre privaten Konkurrenten örtlich wirkenden Begrenzungen unterliegen.

IV. Art. 86 Abs. 1 EG i. V. m. Art. 81 EG

Die Annahme eines Verstoßes gegen Art. 86 Abs. 1 EG i. V. m. Art. 81 EG wegen der Bildung eines so genannten Gebietskartells kann nicht zu dem Recht zur aktiven oder passiven Überschreitung der eigenen Gebietsgrenzen ohne Bindung an das Gemeinwohl der Gemeindeeinwohner führen[634], da die Bindung der Kommunalwirtschaft an ihre Gemeindeeinwohner bereits nicht auf "Vereinbarungen" i. S. von Art. 81 Abs. 1 EG zurückzuführen ist. Außerdem sind die expansionswilligen kommunalen Betriebe nicht wegen einer verbietenden gesetzgeberischen "Maßnahme" des Staates gemäß Art. 86 Abs. 1 EG auf ihre Gemeindebevölkerung verwiesen, sondern weil ihre in Art. 28 Abs. 2 Satz 1 GG verankerte Existenzberechtigung nur insoweit besteht[635].

D. Ergebnis zu § 5

Die Kommunalwirtschaft fällt zwar im Allgemeinen in den Anwendungsbereich des EG und wurde durch auf ihm basierendem Sekundärrecht bereits nicht unerheblich beeinflusst. Gleichwohl wirken gemeinschaftsrechtliche Vorschriften weder direkt beschränkend noch befreiend auf die wirtschaftliche Betätigung von Gemeinden mit extraterritorialem Bezug im Besonderen ein[636].

---

[634] Anders *F. Burmeister/Staebe* EuR 2004, 810 (814 ff.); *Frenz* GewArch 2006, 100 (106); *Schwintowski* ZögU 2003, 283 (296).

[635] *F. Burmeister/Staebe* EuR 2004, 810 (818), gehen dagegen von der Bildung eines Gebietskartells aus, wobei sie ohne weitere Begründung annehmen, dass Art. 28 Abs. 2 Satz 1 GG die wirtschaftliche Betätigung der Gemeinden allein schützen, nicht auch beschränken soll, vgl. hierzu bereits die Ausführungen unter § 5 C. I. 2) a) – Die beschränkte Existenz der Kommunen und ihrer Unternehmen.

[636] I. E. ebenso *Scharpf* NVwZ 2005, 148 (152 f.). Auch *Henneke*, Festschr. für Maurer, 2001, S. 1137 (1144 f.), fordert die Aufrechterhaltung des Gebietsbezuges der Kommunalwirtschaft im Lichte des europäischen Gemeinschaftsrechts, bezieht sich dabei jedoch nicht auf konkrete gemeinschaftsrechtliche Vorschriften.

3. Teil: Durchsetzung und Rechtsfolgen

§ 6 Die Durchsetzung der mittelbar örtlich begrenzend wirkenden Zulässigkeitsvorschriften

Die Durchsetzung der Vorschriften, die auf die Kommunalwirtschaft örtlich begrenzende Wirkung haben, kann über zwei sich nach Zweck, Beteiligten und Verfahren unterscheidende Wege erfolgen.

Zum einen ist ein Tätigwerden der Aufsichtsbehörde, die über die wirtschaftlichen Aktivitäten der Kommunen wacht, möglich. Dafür stehen der jeweils zuständigen Behörde verschiedenartige Aufsichtsmittel zur Verfügung, die sogleich darzustellen sein werden.

Zum zweiten ist daran zu denken, dass die grenzüberschreitende Kommunalwirtschaft in ihre territorialen Schranken gewiesen wird, weil private Konkurrenten, die in den betroffenen Kommunen tätig sind, oder die Zielgemeinden selbst sich gegen die kommunale Betätigung vor Gericht wehren.

A. Durchsetzung durch Kommunalaufsichtsbehörden

I. Allgemeines

1) Umfang der Aufsicht

Wenn die Kommunen aktiv oder passiv extraterritorial wirtschaftlich tätig werden, so müssen sie dabei Selbstverwaltungsaufgaben wahrnehmen, wodurch sie in Abgrenzung zu den Auftragsangelegenheiten und den in einigen Gemeindeordnungen vorgesehenen Pflichtaufgaben zur Erfüllung nach Weisung der Rechtsaufsicht unterliegen[637]. Die den Aufsichtsbehörden in diesem Rahmen zur Verfügung stehenden Aufsichtsmittel zur Durchsetzung der örtlich begrenzend wirkenden Normen lassen sich in präventive und repressive einteilen. Diese Kategorisierung ist gesetzlich zwar nicht vorgegeben, jedoch allgemein anerkannt[638].

Die Kommunalaufsicht umfasst neben den nationalen Bestimmungen auch die Beachtung der tatbestandlich einschlägigen Normen des Europäischen Gemeinschaftsrechts[639], auch wenn dies wegen zumeist mangelnder Kenntnisse im Europarecht bei den Behörden nicht gängige Praxis ist[640].

---

637 Zur grundsätzlich nur zulässigen Rechtsaufsicht im Rahmen von Selbstverwaltungsangelegenheiten: BVerfGE 78, 331 (341); *Nierhaus*, Kommunalrecht für Bbg, 2003, Rdn. 122 f. Dieser Kontrollmaßstab gilt grundsätzlich auch für die Sparkassenaufsicht als besondere Kommunalaufsicht, siehe *v. Mutius*, in: Püttner (Hrsg.), HKWP V, 1984, S. 453 (475 f.).

638 Siehe etwa *Sundermann/Miltkau*, Kommunalrecht Bbg, 1995, S. 194 ff.; *Schrapper*, Kommunale Selbstverwaltungsgarantie und staatliches Genehmigungsrecht, 1992, S. 2; *Nierhaus*, Kommunalrecht für Bbg, 2003, Rdn. 233.

639 *Ehlers* DÖV 2001, 412 (414 f.); *Zuleeg*, FG v. Unruh, 1983, S. 91 (108).

640 Siehe zu diesem Manko *Lübking*, in: Vogelgesang/ders./Ulbrich (Hrsg.), Kommunale Selbstverwaltung, 3. Aufl. 2005, Rdn. 555 ff. *Ehlers* DÖV 2001, 412 (417), hebt in diesem Zusammenhang die Notwendigkeit einer intensiven Schulung des in der Kommunalaufsicht tätigen Personals im Gemeinschaftsrecht hervor.

2) *Adressaten*

Alle der Staatsaufsicht zur Verfügung stehenden Aufsichtsinstrumentarien können nur gegen die wirtschaftende Gemeinde als solche respektive gegen ihre rechtlich unselbstständigen Betriebe gerichtet werden. Gilt es, gegen Vorhaben oder Betätigungen eines rechtlich selbstständigen kommunalen Unternehmens vorzugehen, so muss folglich der indirekte Weg über das Muttergemeinwesen gewählt werden[641].

Einzige Ausnahme bildet die kommunale Anstalt des öffentlichen Rechts, die unmittelbar der Staatsaufsicht unterliegt, da ihr Aufgaben aller Art, sogar auch solche hoheitlicher Natur, übertragen werden können[642]. Zu solchen zählen auch die Sparkassen als kommunale Kreditinstitute, wobei deren Aufsicht gesondert in den Sparkassengesetzen der Länder geregelt ist. Gleichwohl ähnelt die Sparkassenaufsicht der allgemeinen Kommunalaufsicht sehr stark; § 48 Abs. 4 SpkG BW verweist sogar auf die entsprechenden Vorschriften der Gemeindeordnungen[643]. Auf das Regionalprinzip im Sparkassenrecht wird noch gesondert einzugehen sein[644].

3) *Aufsichtsermessen*

Bis auf die als Muss-Regelungen ausgestalteten §§ 120 ff. KO Th sind alle Vorschriften in den Gemeindeordnungen bezüglich der Kommunalaufsichtsinstrumentarien als Kann-Vorschriften verfasst. Diese Konstellation legt es nahe, der jeweiligen Aufsichtsbehörde bei Vorliegen rechtswidriger aktiv oder passiv extraterritorial tätiger Kommunalwirtschaft Entschließungsermessen zuzugestehen[645].

Nur für die Fälle, in denen eine Ermessenreduzierung auf Null vorliegt, beispielsweise weil die Gemeinde eine eklatante Rechtsverletzung mit erheblichen

---

641 Zutreffend *Grawert*, in: Grupp/Ronellenfitsch (Hrsg.), Planung – Recht – Rechtsschutz, 1999, S. 119 (133); *Ehlers* DÖV 2001, 412 (415).

642 *Ruffert* VerwArch 92 (2001), 27 (54); *Neusinger/Lindt* BayVBl 2002, 689 (695 f.); *Erdmann* NdsVBl 2003, 261 (264); *Detig*, Die kommunale Anstalt des öffentlichen Rechts als Wirtschaftsförderungsinstitution, 2004, S. 95.

643 Siehe zur Sparkassenaufsicht § 48 f. SpkG BW, Art. 13 SpkG BY, §§ 30 f. SpkG Bbg, 20 SpkG He, 30 f. SpkG MV, 25 f. SpkG Nds, 30 f. SpkG NW, 27 ff. SpkG RP, 29 ff. SpkG SL, 30 f. ÖKWG Sa, 30 f. SpkG SAnh, 45 ff. SpkG SH, 24 SpkG Th. Näher dazu *Fischer*, FG v. Unruh, 1983, S. 835 (847 f.); *v. Mutius*, in: Püttner (Hrsg.), HKWP V, 1984, S. 453 (475 f.).

644 Siehe § 8 – Exkurs: das Regionalprinzip im Sparkassenrecht.

645 Für das Opportunitätsprinzip in diesem Rahmen z. B. auch: BWVGH NJW 1990, 136 (138); *Nierhaus*, Kommunalrecht für Bbg, 2003, Rdn. 260 ff.; *Stober*, Kommunalrecht, 3. Aufl. 1996, S. 154 f.; *Oebbecke* ZHR 164 (2000), 375 (389); *H. Meyer* LK 2003, 29 (29). Vgl. dazu auch LT-BY Drs. 13/8037, S. 10 f., wonach durch Umwandlung der Art. 112, 113 GO BY von Muss- in Kann-Vorschriften explizit die Ersetzung des Legalitätsgrundsatzes durch das Opportunitätsprinzip intendiert war. A. A. *Borchert* DÖV 1978, 721 ff.; *Knemeyer*, in: Püttner (Hrsg.), HKWP I, 2. Aufl. 1981, S. 265 (268 f.); *Wehr* BayVBl 2001, 705 (708) u. a., die die Geltung des Legalitätsprinzipes trotz des insoweit offenen Wortlautes auch bei den Kann-Vorschriften annehmen.

rechtswidrigen Folgen begangen hat[646], oder die Aufsichts-vorschriften der einschlägigen Gemeindeordnung als Muss-Regelungen ausgestaltet sind, besteht eine Interventionspflicht seitens der Aufsichtsbehörde. Eine solche eklatante Rechtsverletzung durch eine wirtschaftende Kommune ist in diesem Zusammenhang beispielsweise denkbar, wenn sie große Teile ihrer Wirtschaftstätigkeit offenkundig ohne Ausrichtung auf das Gemeinwohl ihrer Einwohner breitflächig auf fremde Gemeindegebiete ausweitet.

Die Aufsichtsbehörde kann aber nicht mittelbar durch private Dritte, die sich durch die aktive oder passive extraterritoriale Wirtschaftstätigkeit fremder Kommunen beeinträchtigt fühlen, zur Intervention gezwungen werden, da insofern kein unbedingter Rechtsanspruch auf aufsichtsbehördliches Einschreiten besteht[647].

Jedenfalls ist der Aufsichtsbehörde Auswahlermessen bezüglich der Aufsichtsmittel zuzubilligen, wobei sich das Vorgehen der Aufsichtsbehörde am Grundsatz der Verhältnismäßigkeit gepaart mit dem Prinzip des gemeindefreundlichen Verhaltens messen lassen muss[648].

II. Präventive Aufsichtsmittel

Präventive Aufsichtsmittel über die aktive und die passive extraterritoriale Kommunalwirtschaft sind die Anzeige- oder Vorlagepflicht und der Genehmigungsvorbehalt. Nicht als gesondertes präventives Aufsichtsmittel geregelt, aber gleichwohl vorgesehen ist die Beratung[649].

1) Anzeige- bzw. Vorlagepflicht

Die präventiv wirkenden Anzeige- und Vorlagepflichten der Gemeinden im Zusammenhang mit der aktiven und der passiven extraterritorialen Kommunalwirtschaft sind Bestandteil der Vorschriften über die kommunalwirtschaftliche Betätigung.

Eine spezielle Vorlagepflicht für Transaktionen bezüglich privatrechtlich organisierter kommunaler Unternehmen sieht allein § 108 GO BW vor.

---

646 Siehe dazu *Nierhaus*, Kommunalrecht für Bbg, 2003, Rdn. 263.

647 BVerwGE 37, 112 (113), nach dem sich der Anspruch des Einzelnen in der ermessensfehlerfreien Entschließung der Aufsichtsbehörde erschöpft, jedoch nur, sofern er in seinen öffentlich-rechtlich geschützten Interessen beeinträchtigt ist. Vgl. i. Ü. *Nierhaus*, Kommunalrecht für Bbg, 2003, Rdn. 326 f.; *Gern*, Kommunalrecht, 3. Aufl. 2003, Rdn. 804. Andernfalls wäre auf dem Weg über die Aufsicht eine Popularklage möglich, da diese vorrangig die Einhaltung objektiven Rechtes kontrolliert, vgl. *Waechter*, Kommunalrecht, 3. Aufl. 1997, Rdn. 201.

648 *Knemeyer*, in: Püttner (Hrsg.), HKWP I, 2. Aufl. 1981, S. 265 (269); *Stober*, Kommunalrecht, 3. Aufl. 1996, S. 154; *Nierhaus*, Kommunalrecht für Bbg, 2003, Rdn. 260.

649 Art. 108 GO BY, §§ 78 Abs. 1 Satz 2 KV MV, 120 Satz 2 GO SH, 116 KO Th nennen sie im Rahmen der Zielsetzung der staatlichen Aufsicht, ähnlich §§ 119 Satz 2 GO Bbg, 133 Abs. 1 GO SAnh. Vgl. i. Ü. BVerfGE 58, 177 (195), die Beratung als die wichtigste Form präventiver Kommunalaufsicht bezeichnend; *Lübking*, in: Vogelgesang/ders./Ulbrich (Hrsg.), Kommunale Selbstverwaltung, 3. Aufl. 2005, Rdn. 321 ff.; *Ehlers* NWVBl 1990, 80 (84); *Gern*, Kommunalrecht, 3. Aufl. 2003, Rdn. 805.

Alle übrigen Gemeindeordnungen[650] gehen bei der Reglementierung von Anzeigepflichten sehr viel weiter, indem sie eine solche Verpflichtung der jeweiligen Gemeinde bezüglich aller denkbaren Unternehmenstransaktionen vorsehen. Da Anknüpfungspunkt dieser Anzeigepflichten nur die Zeitpunkte sind, zu denen Unternehmenstransaktionen stattfinden sollen, resultiert hieraus keine permanente Anzeigepflicht[651].

§ 105 Abs. 3 Satz 4 GO Bbg bezieht sich dagegen auf die Pflicht zur Vorlage des alljährlichen Berichtes über die generelle gemeindliche Beteiligung an Unternehmen im Allgemeinen, womit eine zeitlich vollumfängliche Kontrolle sichergestellt ist.

2) Genehmigungsvorbehalt

Nur vereinzelt finden sich speziell im Kontext der extraterritorialen Kommunalwirtschaft Genehmigungsvorbehalte. Solche sehen §§ 107 Abs. 4 GO NW, 116 Abs. 4 GO SAnh sowie 71 Abs. 4 Satz 1 KO Th vor. Bedeutung ist diesen Genehmigungspflichten im vorliegenden Zusammenhang allerdings nicht beizumessen, da sie in die landesrechtlichen Expansionsklauseln inkorporiert sind, die aus bereits erörterten Gründen als verfassungswidrig einzustufen sind[652].

Darüber hinaus gilt nach § 110 GO Bbg bis zum 31. Dezember 2008 eine Genehmigungspflicht für die Gründung und Übernahme eines Unternehmens sowie die Beteiligung an bzw. wesentliche Erweiterung des Gegenstandes von bestimmten Unternehmungen. Dieser Genehmigungsvorbehalt bezieht sich zwar auf die kommunalwirtschaftliche Betätigung im Allgemeinen, kann jedoch auch für den besonderen Fall der aktiven oder passiven Grenzüberschreitung relevant werden, sofern die Tätigkeit des zu genehmigenden Unternehmens im Rahmen der allgemeinen Zulässigkeitsvorschrift des § 100 Abs. 2, 3 GO Bbg auch extraterritoriale Bezüge aufweist.

Durch diese Vorschrift wird die Aufsichtsbehörde zu einer reinen Rechtskontrolle ermächtigt, da die Norm an Unternehmenstransaktionen anknüpft, die üblicherweise rechtliche Probleme und Risiken aufwerfen. Zudem legen Art. 97 Abs. 1 Satz 2 LVerf Bbg i. V. m. § 120 GO Bbg die grundsätzliche Rechtskontrolle innerhalb der Kommunalaufsicht nahe.[653] Ein grundsätzliches Interesse des jeweiligen Bundeslandes an den wirtschaftlichen Aktivitäten seiner Kom-

---

[650] Vgl. Art. 96 GO BY, §§ 127 b GO He, 77 KV MV, 116 Abs. 1, 3 GO Nds, 115 GO NW, 92 GO RP, 118 KSVG SL, 102 GO Sa, 123 GO SAnh, 108 GO SH, 72 KO Th.

[651] Vgl. zum Parallelproblem des zeitlichen Anknüpfungspunktes der kommunalen Schrankentrias unter § 4 D. I. 1) a).

[652] Vgl. dazu die Ausführungen unter § 4 D. I. 2) c) – Verfassungsmäßigkeit der kommunalwirtschaftlichen Expansionsklauseln.

[653] Vgl. zu diesen Kriterien, die im Allgemeinen auf eine Rechtskontrolle im Rahmen von Genehmigungsvorbehalten hindeuten, *Nierhaus*, Kommunalrecht für Bbg, 2003, Rdn. 281.

munen, das zur Annahme eines Genehmigungsvorbehaltes kondominialer bzw. ermessensförmiger Natur führen würde[654], ist demgegenüber nicht zu erkennen.

Genehmigungsvorbehalten kommt im Gegensatz zu Anzeige- bzw. Vorlagepflichten und zur Beratung konstitutive Bedeutung zu, d. h. die Tätigkeit eines kommunalen Unternehmens mit extraterritorialem Bezug ist bei Fehlen der erforderlichen Genehmigung nicht rechtswirksam[655].

III. Repressive Aufsichtsmittel

Die Instrumentarien der repressiven Aufsicht passen sich in ein Drei-Phasen-Modell ein, das aus Vorklärungs-, Korrektur- und Zwangsphase besteht[656]. Die beiden letzten Phasen haben mitunter fließende Übergänge.

1) Vorklärungsphase

Um überhaupt über den Einsatz repressiver Aufsichtsmittel entscheiden zu können, steht allen Aufsichtsbehörden in der Vorklärungsphase ein Unterrichtungs- bzw. Informationsrechtrecht zu[657].

2) Korrekturphase

Geht es darum, gegen einen Beschluss der wirtschaftenden Gemeinde oder eine Geschäftsführungsmaßnahme vorzugehen, weil diese nach Ansicht der Aufsichtsbehörde gegen die mittelbaren örtlichen Beschränkungen verstoßen, die der Kommune bzw. ihrem Unternehmen gesetzt sind, so kann der nächste Schritt nach der Erlangung der entsprechenden Informationen die Beanstandung, d. h. die nachträgliche Feststellung der Rechtswidrigkeit[658], sein[659]. Wird die gerügte Kommune auf Grund der Beanstandung nicht tätig, hat die Aufsichtsbehörde in einigen Bundesländern sodann das Recht, einen ihrer Meinung nach fehlerhaften Beschluss der zuständigen Gemeindevertretung selbst aufzuheben[660].

---

654 *Humpert* DVBl 1990, 804 (805) m. w. N.

655 So auch § 122 Abs. 1 GO Bbg; *Humpert*, Genehmigungsvorbehalte im Kommunalverfassungsrecht, 1990, S. 4.

656 *Oebbecke* DÖV 2001, 406 (409).

657 Ein solches ist in allen Gemeindeordnungen vorgesehen, vgl. § 120 GO BW, Art. 111 GO BY, §§ 123 GO Bbg, 137 GO He, 80 KV MV, 129 Abs. 1 GO Nds, 118 GO NW, 120 GO RP, 129 KSVG SL, 113 GO Sa, 135 GO SAnh, 122 GO SH, 119 KO Th. Siehe zum näheren Inhalt dieser Verpflichtung seitens der Gemeinde *Lübking*, in: Vogelgesang/ders./Ulbrich (Hrsg.), Kommunale Selbstverwaltung, 3. Aufl. 2005, Rdn. 325 ff.; *Nierhaus*, Kommunalrecht für Bbg, 2003, Rdn. 239 f.; *Sundermann/Miltkau*, Kommunalrecht Bbg, 1995, S. 197 f.

658 *Humpert* DVBl 1990, 804 (805).

659 Vorgesehen in § 121 GO BW, Art. 112 GO BY, §§ 124 GO Bbg, 81 Abs. 1 KV MV, 130 GO Nds, 119 GO NW, 121 GO RP, 130 KSVG SL, 114 GO Sa, 136 GO SAnh, 123 GO SH, 120 KO Th. § 138 GO He nennt trotz des so lautenden Titels dieses Recht nicht explizit in seinem Text; es muss aber als mildere Vorstufe zum Aufhebungsrecht darin enthalten sein.

660 Vgl. §§ 125 GO Bbg, 138 GO He, 81 Abs. 2 KV MV, 123 GO RP, 131 KSVG SL. So in § 119 GO NW im Zusammenhang mit der Beanstandung vorgesehen. Ein derartiges Aufhebungsrecht steht den Aufsichtsbehörden in BW, BY, Nds, Sa, SAnh, SH sowie Th hingegen nicht zu.

Bemerkenswert ist, dass die Beanstandung und die Aufhebung eines Beschlusses der Gemeindevertretung als repressive Aufsichtsmittel selbst dann einsetzbar sind, wenn eine ursprünglich erteilte Genehmigung positiv ausgefallen ist; dieser kommt insofern keine Sperrwirkung zu[661]. Diese Aufsichtsmittel wirken nur gemeindeintern. Für Dritte besteht bei unmittelbarer Betroffenheit durch den beanstandeten kommunalen Beschluss respektive die Maßnahme die Möglichkeit, die aufsichtsbehördlich festgestellte Rechtswidrigkeit im Verwaltungsrechtsweg geltend zu machen.[662] Im Zusammenhang mit der aktiv bzw. passiv grenzüberschreitenden Kommunalwirtschaft kommen – vorbehaltlich der drittschützenden Wirkung der kommunalwirtschaftlichen Normen für die jeweiligen rechtsschutzsuchenden Subjekte – als betroffene Dritte private Konkurrenten, die in der Zielkommune tätig sind, aber auch die betroffenen Gemeinden sowie deren Unternehmen in Betracht[663].

3) Zwangsphase

Da die Aufsichtsbehörde – mit Ausnahme der kommunalen Anstalt des öffentlichen Rechts – nicht direkt gegen die selbstständigen kommunalen Unternehmen vorgehen kann, wird sie den Umweg über die Muttergemeinde wählen müssen. Unter anderem dazu ist den Aufsichtsbehörden der meisten Bundesländer das Recht an die Hand gegeben, eine bestimmte in ihren Augen rechtmäßige Beschlussfassung oder Maßnahme anzuordnen[664], die darauf gerichtet ist, den Einfluss als gemeindlicher Gesellschafter im Unternehmen im Sinne der Behörde geltend zu machen.

Als ultima ratio stehen allen Kommunalaufsichtsbehörden die Macht auf Selbstvornahme bzw. Drittvornahme in der Form der Ersatzvornahme der intendierten Maßnahme[665] und das Recht zur Bestellung eines Beauftragten[666] zu, der anstelle des sonst zuständigen Gemeindeorganes die Entscheidungen die grenzüberschreitende kommunalwirtschaftliche Betätigung betreffend fällt. Mit Blick auf die von der Aufsichtsbehörde zu beachtende Pflicht zu gemeindefreundlichem Verhalten[667] sind diese für die Kommunen recht intensiv einschränkend wirken-

---

[661] *Ehlers* NWVBl 1990, 80 (86).

[662] *Nierhaus*, Kommunalrecht für Bbg, 2003, Rdn. 249.

[663] Zur gerichtlichen Durchsetzung der mittelbaren örtlichen Begrenzungen näher unter dem folgenden Punkt B.

[664] §§ 122 GO BW, 126 GO Bbg, 82 Abs. 1 KV MV, 131 Abs. 1 GO Nds, 120 Abs. 1 GO NW, 122 GO RP, 132 KSVG SL, 115 GO Sa, 137 GO SAnh, 124 GO SH. § 139 GO He nennt dieses Recht der Aufsichtsbehörde Anweisungsrecht. Ein solches Recht steht der bayerischen und thüringischen Aufsichtsbehörde dagegen nicht zu.

[665] Geregelt ist die so genannte Ersatzvornahme in § 123 GO BW, Art. 113 GO BY, §§ 127 GO Bbg, 140 GO He, 82 Abs. 2 KV MV, 131 Abs. 2 GO Nds, 120 Abs. 2 GO NW, 123 GO RP, 133 KSVG SL, 116 GO Sa, 138 GO SAnh, 125 GO SH, 121 KO Th.

[666] Vgl. § 124 GO BW, Art. 114 GO BY, §§ 128 GO Bbg, 141 GO He, 83 KV MV, 132 GO Nds, 121 GO NW, 124 GO RP, 134 KSVG SL, 117 GO Sa, 139 GO SAnh, 127 GO SH, 122 KO Th.

[667] Siehe zu diesem allen Vorschriften zur Staatsaufsicht über die Kommunen vorangestellten allgemeinen Grundsatz § 118 Abs. 3 GO BW, Art. 108 GO BY, §§ 119 GO Bbg, 135 Satz 2

den Aufsichtsmittel allerdings nur nach sorgfältiger Abwägung der milderen Alternativen zu gebrauchen.

IV. Rechtsschutz gegen die Kommunalaufsicht

1) Abwehr aufsichtlicher Maßnahmen

Die wirtschaftende Gemeinde kann sich gegen Maßnahmen der Aufsichtsbehörde, die die mittelbar örtlich begrenzenden Vorschriften durchzusetzen im Sinn hat, mittels einer Klage vor dem zuständigen Verwaltungsgericht wehren[668]. Bis auf das Informations- bzw. Unterrichtungsrecht der Aufsichtsbehörde[669] sind die repressiven Aufsichtsinstrumentarien Verwaltungsakte i. S. von § 35 Satz 1 VwVfG, gegen die mittels einer Anfechtungsklage gemäß § 42 Abs. 1 Var. 1 VwGO vorzugehen ist.
Auch das präventive Aufsichtsinstrument der Genehmigung stellt einen Verwaltungsakt gemäß § 35 Satz 1 VwVfG dar. Verweigert die Aufsichtsbehörde der expansionswilligen wirtschaftenden Kommune die erforderliche Genehmigung für ihr Vorhaben, so steht der Rechtsuchenden die Verpflichtungsklage nach § 42 Abs. 1 Var. 2 VwGO zur Verfügung.

Die entsprechend § 42 Abs. 2 VwGO erforderliche Klagebefugnis ergibt sich für die klagende Kommune aus ihrem Selbstverwaltungsrecht gemäß Art. 28 Abs. 2 Satz 1 GG (i. V. m. den entsprechenden landesverfassungsrechtlich gewährleisteten Selbstverwaltungsgarantien[670]). Dieses umfasst auch die wirtschaftliche

---

GO He, 78 Abs. 1 KV MV, 127 Abs. 1 Satz 3 GO Nds, 11 GO NW (als allgemeiner Grundsatz am Anfang der GO stehend), 117 Satz 2 GO RP, 127 Abs. 1 Satz 2 KSVG SL, 111 Abs. 3 GO Sa, 133 Abs. 1 GO SAnh, 120 Satz 2 GO SH, 116 KO Th. Dazu näher *Nierhaus*, Kommunalrecht für Bbg, 2003, Rdn. 236 f.

[668] Nach §§ 130 Satz 1 GO Bbg, 123 GO NW können Maßnahmen der Aufsichtsbehörde *unmittelbar* mit einer Klage im Verwaltungsstreitverfahren angegriffen werden, d. h. dass ein Widerspruchsverfahren nicht durchgeführt werden muss, vgl. *Nierhaus*, Kommunalrecht für Bbg, 2003, Rdn. 312. §§ 125 GO BW, 126 GO RP, 141 GO SAnh erkennen den Gemeinden explizit gegen Verfügungen der Kommunalaufsicht Rechtsschutz in Form der Anfechtungs- oder Verpflichtungsklage zu. § 142 GO He, sieht ausdrücklich nur die Möglichkeit der Erhebung einer Anfechtungsklage gegen Anordnungen der Aufsichtsbehörde vor; § 85 KV MV erwähnt neben der Anfechtungsklage zusätzlich den vorherigen Widerspruch gegen Maßnahmen der Rechtsaufsichtsbehörde. § 136 KSVG SL nennt ausschließlich das Rechtsmittel des Widerspruches, was die Möglichkeit einer späteren Anfechtungsklage natürlich nicht ausschließt.

[669] Der Charakter dieser Maßnahme ist im einzelnen nicht klar. *Nierhaus*, Kommunalrecht für Bbg, 2003, Rdn. 309, sieht in diesem Recht keinen Verwaltungsakt; ähnlich auch *Waechter*, Kommunalrecht, 3. Aufl. 1997, Rdn. 217, der dieses Aufsichtsmittel als "Hilfsrecht" zur Ausübung der Aufsicht betitelt. *Knemeyer*, in: Püttner (Hrsg.), HKWP I, 2. Aufl. 1981, S. 265 (275), lässt diese Frage offen.

[670] Vgl. dazu Art. 71 Abs. 1 Sätze 1 und 2, Abs. 2 Satz 1 LVerf BW; Art. 11 Abs. 2, 83 LVerf BY; Art. 97 Abs. 1, 2 LVerf Bbg; Art. 137 Abs. 1, 3 LVerf He; Art. 72 Abs. 1 Satz 1 LVerf MV; Art. 57 Abs. 1, 3 LVerf Nds; Art. 78 Abs. 1, 2 LVerf NW; Art. 49 Abs. 1, 3 LVerf RP; Art. 117 Abs. 2, 3 LVerf SL; Art. 82 Abs. 2, 84 Abs. 1 Satz 1 LVerf Sa; Art. 87 Abs. 1, 2 LVerf SAnh; Art. 46 Abs. 1, 48 LVerf SH; Art. 91 Abs. 1 LVerf Th.

Betätigung, wobei die Kommunalwirtschaft nicht strikt an ihre Gemeindegrenzen gefesselt ist. Allerdings darf auch bei der aktiven und der passiven extraterritorialen kommunalen Wirtschaftsbetätigung der örtlich begrenzend wirkende Bezug zum Wohl der eigenen Gemeindeeinwohner nicht fehlen.[671] Begehrt die rechtsuchende (expandierende) Gemeinde also Rechtsschutz, der über die so definierte Gewährleistung des Art. 28 Abs. 2 Satz 1 GG hinausgeht, so mangelt es ihr insoweit bereits an der Klagebefugnis.
Darüber hinaus wird eine solche Klage gegen Maßnahmen der Aufsichtsbehörde auch unbegründet sein, da schon der Schutzbereich des Art. 28 Abs. 2 Satz 1 GG nicht eröffnet ist.
Daraus folgt, dass sich eine expandierende Gemeinde vor dem Verwaltungsgericht mangels Klagebefugnis und damit wegen Unzulässigkeit der Klage sowie wegen Unbegründetheit der Klage nicht erfolgreich gegen Aufsichtsmaßnahmen wehren kann, die der Kommune solche aktiven oder passiven grenzüberschreitenden Tätigkeiten verbieten, die sich nicht am Wohl ihrer Gemeindeeinwohner orientieren. In einem solchen Fall unterliegt die kommunalaufsichtliche Kontrollkompetenz keiner Begrenzung aus Art. 28 Abs. 2 Satz 1 GG[672].

2) Amtshaftungsanspruch
Die wirtschaftende Gemeinde kann einen Amtshaftungsanspruch gemäß § 839 Abs. 1 BGB i. V. m. Art. 34 GG gegen den Rechtsträger der für sie zuständigen Aufsichtsbehörde vor den Zivilgerichten geltend machen, wenn der wirtschaftenden Kommune finanzielle Schäden entstehen, weil Schutzpflichten der Aufsicht gegenüber der Gemeinde verletzt wurden. Der Kommunalaufsicht obliegt schließlich, "die Gemeinde vor möglichen Selbstbeschädigungen zu bewahren"[673].

Nach Ansicht des BGH soll der wirtschaftenden Gemeinde ein solcher Anspruch nicht nur im Anschluss an sie belastende rechtswidrige Maßnahmen zustehen. Auch bei aufsichtlichen Maßnahmen begünstigender Art, die die Gemeinde selbst angestrebt hat, etwa bei erteilten Genehmigungen, die auf Vorhaben gerichtet sind, die sich später als Fehlinvestitionen herausstellen, sollen die Gemeinden in den potenziellen Genuss eines Amtshaftungsanspruches kommen[674].

---

[671] Siehe dazu bereits die Erörterungen unter § 4 B. I. 1) a) und b) – Das Recht auf eigenverantwortliche Erfüllung aller Angelegenheiten der örtlichen Gemeinschaft gemäß Art. 28 Abs. 2 Satz 1 GG.
[672] So auch *Ruffert* VerwArch 92 (2001), 27 (34).
[673] BGHZ 153, 198 (203). So auch *Oebbecke* DÖV 2001, 406 (408), der diese Pflicht mit den Worten "Schutz der Gemeinden vor sich selbst" umschreibt.
[674] BGHZ 153, 198 (202 f.). Siehe ausführlich zu diesem Urteil *Lübking*, in: Vogelgesang/ders./Ulbrich (Hrsg.), Kommunale Selbstverwaltung, 3. Aufl. 2005, Rdn. 376. Ähnlich *Cromme* DVBl 1996, 1230 (1233).

Eine Amtspflichtverletzung kann auch darin liegen, dass die Aufsichtsbehörde es versäumt einzuschreiten, wenn sich die wirtschaftende Kommune für jene objektiv erkennbar ins finanzielle Aus manövriert[675].

Die Gefahr finanzieller Einbußen ist in dem hier behandelten Kontext besonders akut, da zum einen die wirtschaftliche Betätigung an sich schon mit nicht unerheblichen ökonomischen Risiken verbunden ist. Diese verringern sich zum anderen nicht gerade, wenn ein Expansionswunsch der wirtschaftenden Gemeinde aktiv oder passiv über ihre Gemeindegrenzen hinaus verwirklicht werden soll. Je weiter nämlich der Aktionsradius wirtschaftlicher Betätigung gezogen wird, desto höher ist das ökonomische Risiko.

Der Anspruch nach § 839 Abs. 1 BGB i. V. m. Art. 34 GG setzt Verschulden seitens der Aufsichtsbehörde voraus. Ein solches ist ihr nicht vorzuwerfen, wenn der durch die wirtschaftliche Expansion verursachte Schaden unvermeidbar war.

B. Die gerichtliche Durchsetzung

Eine rechtswidrige kommunalwirtschaftliche Überschreitung der mittelbar örtlich begrenzenden Vorschriften können private Konkurrenten, die auf dem Gebiet der Zielgemeinde tätig sind, die betroffenen Kommunen und / oder deren Unternehmen gerichtlich geltend machen.

I. Rechtsschutz der in der betroffenen Gemeinde tätigen privaten Konkurrenten

In der Zielkommune tätige private Konkurrenten können ihre Rechte gegenüber dem Wettbewerb durch die fremde Kommunalwirtschaft zum einen mittels Unterlassungsklagen vor Fachgerichten, d. h. jenen der Zivil- oder Verwaltungsgerichtsbarkeit, bei Rechtswegerschöpfung zum anderen vor dem Bundesverfassungsgericht geltend machen.
Den Rechtsuchenden geht es hierbei in aller Regel um die Beseitigung der Konkurrenz durch die kommunalen Unternehmen, die mit Hilfe eines Unterlassungs- bzw. Beseitigungsanspruches zu erwirken ist. Schadensersatzansprüche sind darüber hinaus denkbar, praktisch jedoch kaum begründbar, da ein durch die fremdkommunale Konkurrenz entstandener konkreter materieller Schaden grundsätzlich schwer zu beziffern sein wird.

1) Rechtsschutz durch die Fachgerichte

a) Die Rechtswegfrage

Zunächst ist die Frage nach der sachlich zuständigen Gerichtsbarkeit zu beantworten. Gemäß § 13 GVG gehören vor die ordentlichen Gerichte grundsätzlich alle bürgerlichen Rechtsstreitigkeiten, für die nicht die Zuständigkeit der Verwaltungsgerichte begründet ist. Liegt hingegen eine öffentlich-rechtliche Strei-

---

675 *Oebbecke* DÖV 2001, 406 (411).

tigkeit nichtverfassungsrechtlicher Art vor, so ist gemäß § 40 Abs. 1 Satz 1 VwGO der Verwaltungsrechtsweg eröffnet, wenn keine abdrängenden Sonderzuweisungen bestehen.

Welchem Rechtsgebiet die Streitigkeit zuzuordnen ist, richtet sich nach der Rechtsnatur des geltend gemachten Unterlassungsanspruches[676]. Ein solcher kann durch die rechtsschutzsuchende Privatwirtschaft einerseits auf eine Zuwiderhandlung gegen die Schranken für die kommunalwirtschaftliche Betätigung, andererseits auf das Gesetz gegen den unlauteren Wettbewerb sowie das Gesetz gegen Wettbewerbsbeschränkungen gestützt werden.
Beruft sich der Kläger auf einen Verstoß gegen Kommunalrecht, so ist dieser Rechtsstreit dem öffentlichen Recht, somit der Verwaltungsgerichtsbarkeit zuzuordnen. Wird hingegen mit der Klage ein gegen das Wettbewerbsrecht verstoßendes Handeln gerügt, so ist diese Streitigkeit privatrechtlicher Natur und demnach vor den Zivilgerichten anhängig zu machen.

Die im Rahmen dieser grundsätzlichen Unterscheidung herrschende Klarheit setzt sich nicht bei der Frage danach fort, unter welche dieser Vorschriften das aktive und passive fremdkommunalwirtschaftliche Verhalten im einzelnen zu subsumieren ist.

aa) Strikte Rechtswegspaltung
Die Verwaltungsgerichte sowie die herrschende Meinung im kommunal- und verwaltungsrechtlichen Schrifttum favorisieren eine strikte Rechtswegspaltung in Anlehnung an die Zwei-Stufen-Theorie. Danach richtet sich ein Unterlassungsanspruch ausschließlich nach der kommunalwirtschaftlichen Schrankentrias, wenn sich die Streitigkeit auf die aktive oder passive fremdkommunalwirtschaftliche Betätigung überhaupt (das "Ob") bezieht. Wird hingegen die Art und Weise eines solchen gemeindlichen Verhaltens im Wettbewerb (das "Wie") gerügt, findet der Unterlassungsanspruch seine Grundlage im Wettbewerbsrecht.[677]

---

[676] A. A. *Selmer*, in: Stober/Vogel (Hrsg.), Wirtschaftliche Betätigung der öffentlichen Hand, 2000, S. 75 (102), demzufolge der Rechtsweg davon abhängig ist, ob das kommunale Unternehmen in einer öffentlich-rechtlichen oder einer privatrechtlichen Rechtsform organisiert ist. Dies würde jedoch zu dem unbefriedigenden Ergebnis führen, dass sich die Zuständigkeit der Fachgerichte aus der Zufälligkeit der Formenwahl heraus entscheidet und nicht nach der Sachnähe des Entscheidungsgegenstandes. Es bedeutete letztlich eine ungerechtfertigte Schmälerung der Rechtsschutzmöglichkeiten der rechtsschutzsuchenden privaten Konkurrenz.
[677] BVerwGE 39, 329 (331); so in einer vereinzelten frühen Entscheidung sogar auch der BGH, vgl. BGH NJW 1974, 1333 (1333 f.); OVG NW DVBl 2004, 133 (133); *Schmidt-Jortzig*, in: Püttner (Hrsg.), HKWP V, 1984, S. 50 (66 ff.); *Storr*, Der Staat als Unternehmer, 2001, S. 511 ff., 520 ff.; *Nierhaus*, Kommunalrecht für Bbg, 2003, Rdn. 627 f. Vgl. i. Ü. *v. Mutius* JuS 1979, 342 (344); *Gerke* Jura 1985, 349 (357 f.); *Maurer*, in: ders./Hendler (Hrsg.), Baden-Württembergisches Staats- und Verwaltungsrecht, 1990, S. 245; *Hill* BB 1997, 425 (428); *Pielow* NWVBl 1999, 369 (380); *Schmahl* LKV 2000, 47 (52); *Pagenkopf* GewArch 2000, 177 (182); *Schink* NVwZ 2002, 129 (139); i. E. auch *H. Meyer* LKV 2000, 321 (322).

bb) § 3 UWG als indirekte Marktzutrittsnorm

Dagegen weiten insbesondere die Zivilrechtsprechung, aber auch Teile des Schrifttums, den Regelungsgehalt des wettbewerbsrechtlichen § 3 UWG aus. Dieser soll nicht nur unlautere Wettbewerbsmaßnahmen, also das "Wie" erfassen. § 3 UWG soll darüber hinaus auch davor schützen, dass die öffentliche Hand unter Verstoß gegen bestimmte öffentlich-rechtliche Marktzutrittsvorschriften überhaupt auf den Markt tritt, also auch das "Ob" in seinen Regelungsgehalt einbeziehen. Es bestehen jedoch unterschiedliche Auffassungen darüber, ob die kommunalwirtschaftlichen Normen der Gemeindeordnungen solche öffentlich-rechtlichen Marktzutrittsregelungen darstellen.

(1) Frühere Zivilrechtsprechung

Namentlich nach der früheren Zivilrechtsprechung sind Verstöße gegen öffentlich-rechtliche Marktzutrittsregelungen jedenfalls dann unter der Fallgruppe des Vorsprungs durch Rechtsbruch als unlauter nach § 3 UWG (früher noch sittenwidrig gemäß § 1 UWG a. F.[678]) einzustufen, wenn sie in dem Sinne wertbezogen sind, dass sie dem Schutz besonders wichtiger Individualinteressen dienen. Mit der Annahme, dass die kommunalwirtschaftlichen Normen Schutzwirkung zu Gunsten der konkurrierenden Unternehmen der Privatwirtschaft besitzen, wird ihnen nach dieser Meinung Wertbezogenheit zugesprochen. Danach sind die kommunalwirtschaftlichen Normen solche öffentlich-rechtlichen Marktzutrittsregelungen, deren Verstoß stets die Unlauterkeit nach § 3 UWG nach sich zieht. Folglich sei die Zuständigkeit der Zivilgerichte sowohl bei der Frage nach der Rechtmäßigkeit des Marktzutritts als auch bei der nach der Zulässigkeit des Marktverhaltens immer zu bejahen.[679]

---

678 Die Tatbestandsmerkmale sind inhaltlich gleichbedeutend, vgl. Begründung zum UWG n. F., BT-Drs. 15/1487, S. 16; *Köhler*, in: Baumbach/Hefermehl, 23. Aufl. 2004, § 3 UWG Rdn. 3; *Lettl*, Das neue UWG, 2004, Rdn. 134.

679 BGH DVBl 1965, 362 (363) – "Blockeis II"; OLG Düsseldorf NWVBl 1997, 353 (354) – "Nachhilfe" m. krit. Anm. *Moraing*; OLG Hamm JZ 1998, 576 (577) – "Gelsengrün", beide letztgenannten Gerichte nehmen die Zulässigkeit des Zivilrechtsweges gemäß § 17 a Abs. 5 GVG ohne weiteres an und vertreten diese Auffassung im Rahmen der Begründetheit; OLG Düsseldorf DVBl 2001, 1283 (1284 f.), seine Erkenntnisse auf die in BGH GRUR 1973, 655 (657) – "Möbelauszeichnung", aufgestellten Grundsätze beziehend. So grundsätzlich auch OLG Karlsruhe DVBl 2001, 832 (833 f.), das allerdings § 102 Abs. 1 GO BW mangels drittschützender Wirkung nicht als wertbezogene Norm in diesem Sinne ansieht. Aus der Literatur: *Badura* DÖV 1998, 818 (821 f.); *David* NVwZ 2000, 738 (739 ff.), der die Wertbezogenheit auch über den Individualschutz hinaus begründet; *Frenz* DÖV 2000, 802 (808 f.). In diesem Sinne ausdrücklich gegen die neueste Entwicklung in der Zivilrechtsprechung *Dreher* ZIP 2002, 1648 (1650); *Diefenbach* WiVerw 2003, 99 (113 f.). OLG Düsseldorf NVwZ 2000, 714 (714) – "Awista", nimmt mit einer ähnlichen Argumentation bei Verstoß gegen kommunalwirtschaftliche Normen automatisch einen Anspruch nach § 97 Abs. 7 GWB und somit die Zuständigkeit der Zivilgerichte an.

(2) Aktuelle Zivilrechtsprechung

Bei Verstößen gegen öffentlich-rechtliche Marktzutrittsregeln soll es der aktuellen Zivilrechtsprechung zufolge allerdings nicht mehr auf den individualbezogenen Schutzzweck der jeweiligen Vorschrift ankommen, sondern vielmehr darauf, ob von dem Gesetzesverstoß selbst zugleich eine unlautere Störung des Wettbewerbs auf dem Markt ausgeht. Solche Folgen können Verstöße gegen die kommunalwirtschaftlichen Schranken jedoch nicht haben, da diese nicht die Kontrolle der Lauterkeit des Marktverhaltens bezweckten, sondern die Eindämmung des unternehmerischen Verhaltens der Gemeinden.[680] Für den konkreten Fall der (grenzüberschreitenden) wirtschaftlichen Betätigung der Gemeinden bedeutet diese Meinung bei einem Verstoß gegen die kommunalwirtschaftlichen Schranken der Gemeindeordnungen somit nichts anderes als die oben dargestellte Ansicht der strikten Rechtswegspaltung[681]. Ein Zuwiderhandeln gegen diese öffentlich-rechtlichen Marktzutrittsregeln führt folglich nicht zu einer unlauteren Wettbewerbshandlung nach § 3 UWG; in diesem Fall steht den privaten Konkurrenten grundsätzlich nicht der Weg zu den Zivilgerichten offen.

cc) Kritik und eigene Wertung

Die frühere Zivilrechtsprechung begründet immer eine Zuständigkeit der Zivilgerichte. Diese soll auch in den Fällen bestehen, in denen es in erster Linie um einen Verstoß gegen öffentlich-rechtliche Marktzutrittsregeln geht, wenn also die Verwaltungsgerichte die eigentlich sachnäheren Entscheidungsinstanzen wären. Dies hat die in der Literatur zu Recht kritisierte Folge, dass von den Zivilgerichten bei der detaillierten Prüfung kommunalrechtlicher Vorschriften andere Maßstäbe angesetzt werden als von den Verwaltungsgerichten. Denkbar ist das etwa in der Form, dass der kommunalpolitische Beurteilungsspielraum bei der Annahme eines öffentlichen Zwecks für die kommunale Wirtschaftstätigkeit nicht berücksichtigt wird.[682]

---

[680] BGHZ 150, 343 (346 ff.) - "Elektroarbeiten"; bestätigt durch BGH NJW 2003, 586 (587) - "Altautoverwertung"; BGHZ 156, 379 (390) - "Strom und Telefon I"; BGH WRP 2004, 382 (385) - "Strom und Telefon II". Dieser Rechtsprechung zustimmend: *Köhler* GRUR 2001, 777 (781), diese Ansicht bereits vor dem ersten Urteil der neuen Zivilrechtsprechung vertretend; *ders.* NJW 2002, 2761 (2762); *Schliesky*, Öffentliches Wirtschaftsrecht, 2. Aufl. 2003, S. 167 f.; *Warnecke* JuS 2003, 958 (960); *Wieland* Die Verwaltung 36 (2003), 225 (236 f.); *Knauff/Nolte* VR 2003, 3 (7 f., 9); *H. Meyer* LK 2003, 29 (30 f.); *Rehn/Cronauge*, GO für NW, 2. Aufl. der Loseblatt-Ausg., Bd. II, § 107 (Stand: Oktober 2004) Anm. I. 5. (S. 10). Grundsätzlich auch *Beater*, in: Wallerath (Hrsg.), Kommunen im Wettbewerb, 2001, S. 67 (79 ff.), allerdings führt nach ihm eine Missachtung der kommunalen Vorschriften auch nach dieser Sichtweise zur Sittenwidrigkeit nach § 3 UWG (§ 1 UWG a. F.).

[681] I. E. auch BGHZ 150, 343 (351 f.), demzufolge es aber auch durchaus öffentlich-rechtliche Marktzutrittsregelungen geben kann, deren Verstoß zugleich als unlauteres Wettbewerbsverhalten zu kennzeichnen ist; das gelte z. B. für § 30 Abs. 1 SGB IV, der in solch einem Zusammenhang Gegenstand des Urteils BGH NJW 1995, 2352 (2354) - "Sterbegeldversicherung", war.

[682] *Ehlers*, in: Ipsen (Hrsg.), Kommunalwirtschaft im Umbruch, 11. Bad Iburger Gespräche, 2001, S. 10 (24, 26); *Schink* NVwZ 2002, 129 (139); *Nierhaus*, Kommunalrecht für Bbg,

Gegen diese Betrachtungsweise spricht zudem entschieden die neue Fassung des UWG. § 4 Nr. 11 UWG regelt nunmehr die Fallgruppe des Wettbewerbsverstoßes durch Rechtsbruch. Unlauter ist danach nur ein Verstoß gegen solche Normen, die dazu bestimmt sind, im Interesse der Marktteilnehmer das Markt*verhalten* zu regeln. Damit fallen reine Marktzutrittsregelungen aus dem Regelungsbereich der §§ 4 Nr. 11, 3 UWG heraus. Diese zeichnen sich dadurch aus, dass sie ausschließlich die Voraussetzungen für den Marktzutritt bestimmter (juristischer) Personen unabhängig von der Art und Weise ihres Agierens am Markt zum Gegenstand haben.[683] Darunter aber sind die kommunalwirtschaftlichen Schranken der Gemeindeordnungen zu subsumieren[684].

In § 1 UWG wird außerdem ausdrücklich klargestellt, dass Zweck des UWG nicht allein der Individualschutz der einzelnen Mitbewerber ist. Die Norm, deren Verstoß unter der Fallgruppe des Rechtsbruchs zu einer Unlauterkeit führt, kann folglich nicht allein nach einer Wertbezogenheit i. S. eines Individualschutzes qualifiziert werden, sondern muss Bezug zum Wettbewerb im Allgemeinen aufweisen.

dd) Zwischenergebnis

Geht es demnach um einen Verstoß gegen die kommunalwirtschaftlichen Normen der Gemeindeordnungen, so ist mangels Vorliegens einer Streitigkeit verfassungsrechtlicher Art sowie abdrängender Sonderzuweisungen der Verwaltungsrechtsweg gemäß § 40 Abs. 1 Satz 1 VwGO eröffnet. Ist jedoch die Art und Weise des kommunalen Wirtschaftens im Hinblick auf den Wettbewerb Streitgegenstand, so könnte ein wettbewerbsrechtlicher Unterlassungsanspruch bestehen, so dass gemäß § 13 GVG der Zivilrechtsweg eröffnet ist.
Bei Fällen, in denen Unterlassungsansprüche sowohl auf Grund des gemeindewirtschaftlichen Marktzutrittes als auch der Art und Weise des aktiven oder passiven extraterritorialen kommunalen Wirtschaftens möglich sind, können beide Gerichtszweige alternativ angerufen werden. Das angerufene Gericht des zulässigen Rechtsweges ist nach § 17 Abs. 2 Satz 1 GVG verpflichtet, auch einen rechtswegfremden Anspruch mitzuprüfen.

2003, Rdn. 628. Vgl. zu ähnlicher Kritik auch *Pagenkopf* GewArch 2000, 177 (183 f.); *Köhler* GRUR 2001, 777 (779); *Averhaus*, Gemeinden in der Telekommunikation, 2001, S. 276. *Tettinger* DVBl 1999, 679 (686), nennt dieses zivilgerichtliche Vorgehen gar teilweises "Dilettieren".

[683] Von diesen zu unterscheiden sind Marktzutrittsregelungen, die auch das Marktverhalten regeln sollen, *Lettl*, Das neue UWG, 2004, Rdn. 396. Sehr plastisch verdeutlicht *Köhler* GRUR 2004, 381 (384), diesen Grundsatz durch folgendes Beispiel: "Wer ein Auto stiehlt und damit am Straßenverkehr teilnimmt, benutzt das Auto zwar rechtswidrig, aber er verstößt dadurch nicht gegen die Regeln der Straßenverkehrsordnung."

[684] So auch *Köhler* GRUR 2004, 381 (385); *ders.*, in: Baumbach/Hefermehl, 23. Aufl. 2004, § 4 UWG Rdn. 11.47; *Lettl*, Das neue UWG, 2004, Rdn. 396. *Dreher* ZIP 2002, 1648 (1649 f.), will dem nicht zustimmen, weil sich der Marktzutritt und das Verhalten im Wettbewerb nicht immer trennen lassen.

b) Passivlegitimation

aa) Bei Verfolgung wettbewerbsrechtlicher Unterlassungsansprüche

Nach § 8 Abs. 1 UWG ist anspruchsverpflichtet, wer dem § 3 UWG zuwiderhandelt. Eine dort verlangte Wettbewerbshandlung kann nach § 2 Abs. 1 Nr. 1 UWG jede Person, also neben dem kommunalen Betrieb selbst theoretisch auch die hinter dem Unternehmen stehende Gemeinde, vornehmen. So werden Ansprüche nach § 3 UWG primär durch die kommunalen Unternehmen begründet. Durchaus denkbar ist jedoch auch ein Verhalten der hinter dem Unternehmen stehenden Gemeinde, die intendiert, ihrem Unternehmen einen gemeindegebietsgrenzüberschreitenden Wettbewerbsvorteil zu verschaffen.
Ansprüche aus dem UWG sind dementsprechend gegen das sich wettbewerbswidrig verhaltende kommunale Unternehmen selbst sowie gegen die Trägergemeinde möglich, je nachdem, auf wen das jeweils wettbewerbsrechtlich zu beanstandende Verhalten zurückzuführen ist.

Bei der Verfolgung kartellrechtlicher Ansprüche gilt nur das Unternehmen als anspruchsverpflichtet, das gegen das Schutzgesetz oder die Schutzverpflichtung i. S. von § 33 Satz 1 GWB verstoßen hat[685]. Insofern kann nur das durch Grenzüberschreitung beeinträchtigende kommunale Unternehmen selbst in Anspruch genommen werden, nicht hingegen die hinter ihm stehende Trägergemeinde.

Eine Ausnahme ist bei den unselbstständigen Rechtsformen des Regiebetriebs und des Eigenbetriebs zu machen, da diese allein nicht rechtsfähig sind und demnach keine Parteifähigkeit i. S. von § 50 Abs. 1 ZPO besitzen. Verhalten sich diese kommunalen Betriebe wettbewerbswidrig, so müssen folglich ihre Muttergemeinden als Unternehmensträger verklagt werden.

bb) Bei Verfolgung von aus dem Kommunalwirtschaftsrecht stammenden Unterlassungsansprüchen

Es besteht die Möglichkeit, einen Verstoß gegen die kommunale Wirtschaftsklausel wegen aktiver oder passiver grenzüberschreitender Betätigung eines selbstständigen kommunalen Unternehmens gegen den gemeindlichen Träger geltend zu machen, so dass dieser dann seinen Einfluss im eigenen Betrieb zur Geltung bringt. Das ist jedoch der mittelbare und damit weniger effektive Weg für private Konkurrenten, zu ihrem Recht zu kommen.

Die Klagen, die ein Zuwiderhandeln gegen die kommunalwirtschaftlichen Normen rügen, versprechen dagegen den effektivsten Erfolg, wenn sie direkt gegen das aktiv oder passiv grenzüberschreitende kommunale Unternehmen gerichtet werden. Dagegen spricht auch nicht, dass die meisten Wirtschaftsklauseln der Gemeindeordnungen expressis verbis nur die Gemeinden selbst in die Pflicht

[685] *Emmerich*, in: Immenga/Mestmäcker, 3. Aufl. 2001, § 130 Rdn. 43.

nehmen[686], denn das bedeutet nicht, dass die gemeindlichen Betriebe als selbstständige Rechtsträger nicht auch zu deren Einhaltung gehalten sind[687].
Eine andere Sichtweise[688] hätte eine nur schwerlich begründbare Verkürzung der Rechtsschutzmöglichkeiten privater Konkurrenten zur Folge, da es inhaltlich keinen Unterschied macht, ob die selbstständigen kommunalen Unternehmen direkt dem Tenor des Gerichtsurteils folgen oder einer mittelbar wirkenden Anweisung ihres gemeindlichen Trägers, die auf dem Tenor eines Gerichtsurteils beruht. Der Rechtsuchende kann bei Beschreitung des mittelbaren Weges der Leidtragende sein, wenn es beispielsweise zu Verzögerungen bei der Umsetzung der richterlichen Anordnung durch den kommunalen Unternehmensträger kommt.
Diese Möglichkeit besteht freilich nur bei einer hundertprozentigen Beteiligung der Gemeinde am Unternehmen, da gemischtwirtschaftliche Unternehmen nach vorzugswürdiger Auffassung nicht der Gesetzes- und Verfassungsbindung gemäß Art. 1 Abs. 3, 20 Abs. 3 GG unterliegen[689] und demnach nicht direkt zur Beachtung der kommunalwirtschaftlichen Normen gezwungen werden können. Es verbleibt der Weg, gerichtlich gegen den gemeindlichen Träger vorzugehen, so dass dieser dann seinen Einfluss im Betrieb entsprechend seiner Beteiligung zur Geltung bringt. In dieser Weise ist auch bei den rechtlich unselbstständigen Regie- und Eigenbetrieben vorzugehen, da sie mangels Beteiligungsfähigkeit gemäß § 61 VwGO nicht verklagt werden können.

cc) Fazit

Werden Verstöße gegen das UWG fachgerichtlich durch die in der betroffenen Gemeinde tätige Privatwirtschaft gerügt, so können sowohl die kommunalen selbstständigen Unternehmen als auch die hinter diesen stehenden Gemeinden verpflichtet werden, den rechtswidrigen Zustand zu beheben. Gleiches gilt für die durch aktive oder passive grenzüberschreitende Betätigungen verursachten Zuwiderhandlungen gegen kommunales Wirtschaftsrecht, wobei hiervon nur die kommunalen Unternehmen mit einer hundertprozentigen Beteiligung der Gemeinde erfasst sind.
Allein kartellrechtliche Unterlassungsansprüche sind gegen das expansionswillige selbstständige kommunale Unternehmen zu richten.

---

686 Allein § 68 Abs. 1 KV MV richtet sich an die wirtschaftlichen Unternehmen der Gemeinde selbst.

687 Zutreffend OLG München NVwZ 2000, 835 (835); *Badura* DÖV 1998, 818 (822), im Zusammenhang mit der Bindung kommunaler Unternehmen in Privatrechtsform; *Detterbeck* JuS 2001, 1199 (1204 f.), bezogen auf die §§ 121 f. GO He; *Hösch* GewArch 2001, 223 (230), für die kommunalrechtliche Zweckbindung; *Diefenbach* WiVerw 2003, 115 (129).

688 Eine solche vertreten *Jarass* NWVBl 2002, 335 (336 f.); *Brüning* DVBl 2004, 1451 (1455); *Detig*, Die kommunale Anstalt des öffentlichen Rechts als Wirtschaftsförderungsinstitution, 2004, S. 191, mit Bezug auf den Wortlaut der gemeinderechtlichen Vorschriften.

689 Vgl. hierzu bereits die Ausführungen unter § 4 A. I. 3) - Die Gesetzes- und Verfassungsbindung der gemischtwirtschaftlichen Unternehmen.

Ausnahmsweise ist nur die Trägergemeinde zu verklagen, wenn der Rechtsverstoß von den rechtlich unselbstständigen Regie- oder Eigenbetrieben der Gemeinden ausgeht, da diesen die Partei- bzw. Beteiligungsfähigkeit nach §§ 50 Abs. 1 ZPO, 61 VwGO fehlt.

c) Bestehen eines Unterlassungsanspruches

Eine Klage der privaten Konkurrenten der Zielgemeinde gegen die aktive oder passive grenzüberschreitende Wirtschaftstätigkeit der fremden Gemeinden vor den Fachgerichten ist begründet, wenn jenen ein entsprechender öffentlich-rechtlicher Unterlassungsanspruch aus kommunalwirtschaftlichen Normen oder ein privatrechtlicher Unterlassungsanspruch aus dem Wettbewerbs- und Kartellrecht zusteht.

Nach *Ehlers* können Private nicht gegen kommunale Gebietsüberschreitungen als solche vorgehen, da die gebietliche Abgrenzung ausschließlich einer geordneten Verwaltung diene. Somit lägen weder ein subjektives Recht noch die Tatbestandsvoraussetzungen des § 1 UWG a. F. vor.[690] Dem ist insofern zuzustimmen, als Private gerichtlich natürlich nicht rügen können, dass die wirtschaftenden Gemeinden den ihnen durch Art. 28 Abs. 2 Satz 1 GG gezogenen Wirkungskreis überschreiten. Darum geht es hier aber auch gar nicht. Es soll geklärt werden, ob private Konkurrenten gegen eine grenzüberschreitende Kommunalwirtschaft vorgehen können, indem sie öffentlich-rechtliche bzw. privatrechtliche Unterlassungsansprüche wegen Verstoßes gegen kommunalwirtschaftliche oder wettbewerbsrechtliche Vorschriften gerichtlich geltend machen[691].

aa) Öffentlich-rechtlicher Unterlassungsanspruch aus kommunalwirtschaftlichen Schranken

Ein öffentlich-rechtlicher Unterlassungsanspruch setzt Verwaltungshandeln voraus, welches ein subjektiv-öffentliches Recht rechtswidrig beeinträchtigt, wobei die rechtswidrige Beeinträchtigung noch andauern muss. Der handelnden Verwaltung muss ein Unterlassen möglich und zumutbar sein.[692]

Die aktiv bzw. passiv grenzüberschreitende wirtschaftliche Betätigung von Gemeinden ist schlicht-hoheitliches Verwaltungshandeln. Unter welchen Voraussetzungen die Kommunen mit derartigen Aktivitäten rechtswidrig handeln, indem sie gegen öffentlich-rechtliche Zulässigkeitsvorschriften verstoßen, wurde bereits unter § 4 – Die Zulässigkeit kommunaler Wirtschaftstätigkeit extra muros und deren Grenzen nach deutschem Recht – eingehend erörtert. Ob ein Ver-

---

[690] *Ehlers*, Gutachten E für 64. DJT 2002, S. E 104.

[691] Als scheinbar sekundären Gedanken konstatiert *Ehlers*, Gutachten E für 64. DJT 2002, S. E 104, selbst, dass eine unzulässige Gebietsüberschreitung i. d. R. mit dem Wegfall einer öffentlichen Zwecksetzung korrelieren wird. Das weist in die hier primär für den Rechtsschutz der Privatwirtschaft eingeschlagene Richtung.

[692] Siehe zu den Voraussetzungen des öffentlich-rechtlichen Unterlassungsanspruchs BVerwGE 79, 254 ff.; *Laubinger* VerwArch 80 (1989), 261 (293 ff.).

stoß gegen öffentlich-rechtliche Zulässigkeitsvorschriften zu einem öffentlich-rechtlichen Unterlassungsanspruch für die privaten Konkurrenten der Zielgemeinde führt, hängt davon ab, ob diese Regelungen subjektiv-öffentliche Rechte im Hinblick auf die rechtsschutzsuchenden privaten Wettbewerber darstellen. Subjektiv-öffentliche Rechte können sich vor allem aus einfachgesetzlichen Vorschriften oder aus Grundrechten ergeben.
Als einfachgesetzliche Normen mit subjektiv-rechtlichem Gehalt kommen in diesem Zusammenhang die kommunalwirtschaftlichen Zulässigkeitsvorschriften in Betracht; diese sind im folgenden auf ihren subjektiv-schützenden Gehalt hin zu untersuchen. Eine sekundär zu prüfende Verletzung der Berufsfreiheit gemäß Art. 12 Abs. 1 GG der in der betroffenen Gemeinde tätigen privaten Konkurrenten stellt immer eine rechtswidrige Beeinträchtigung eines subjektiven Rechts dar[693].
Die übrigen Tatbestandsvoraussetzungen eines öffentlich-rechtlichen Unterlassungsanspruchs werden i. d. R. unproblematisch zu bejahen sein, denn ein privater Konkurrent der Zielgemeinde wird sich nur gegen das aktiv oder passiv grenzüberschreitende kommunalwirtschaftliche Handeln wenden, wenn dieses noch andauert. Auch wird ein Unterlassen dieser Aktivitäten der jeweils agierenden Kommunalwirtschaft regelmäßig möglich und zumutbar sein.
Es kommt insofern nur darauf an, ob die primär zu prüfenden kommunalwirtschaftlichen einfachrechtlichen Zulässigkeitsvorschriften subjektiv-öffentliche Rechte im Hinblick auf die rechtsschutzsuchenden privaten Konkurrenten beinhalten. Das ist der Fall, wenn den kommunalwirtschaftlichen einfachrechtlichen Zulässigkeitsvorschriften drittschützende Wirkung i. S. der Schutznormtheorie beizumessen ist. Die drittschützende Wirkung ist zu bejahen, wenn der Schutzzweck der fraglichen Regelungen unmittelbar, also nicht nur reflexartig, zumindest auch darin besteht, einen von der Allgemeinheit abgrenzbaren Personenkreis zu schützen, der sich aus individualisierenden Tatbestandsmerkmalen der Normen entnehmen lassen muss[694].

(1) Die kommunalen Schrankentrias als Quelle subjektiv-öffentlicher Rechte

Stellenweise wird den kommunalwirtschaftlichen Schrankentrias der Gemeindeordnungen ein solcher Zweck und somit auch die drittschützende Wirkung abgesprochen[695]. Teile der Rechtsprechung und Literatur bejahen hingegen die die

---

693 Vgl. dazu bereits die Ausführungen unter § 4 B. II. 1) - Die Zulässigkeit kommunaler Wirtschaftstätigkeit extra muros im Hinblick auf die Berufsfreiheit der in der fremden Gemeinde tätigen privaten Wettbewerber.

694 BVerwGE 94, 151 (158); 117, 93 (99).

695 BGH DVBl 1965, 362 (364), obwohl es die Wertbezogenheit des damaligen § 69 Abs. 1 GO NW im Rahmen der Sittenwidrigkeit bejahte; OLG Karlsruhe DVBl 2001, 832 (834); HeVGH DÖV 2005, 210 (211); *Otting*, Neues Steuerungsmodell und rechtliche Betätigungsspielräume der Kommunen, 1997, S. 211 ff.; *Averhaus*, Gemeinden in der Telekommunikation, 2001, S. 243 ff., 273; *Schmidt-Jortzig*, in: Püttner (Hrsg.), HKWP V, 1984, S. 50 (67); *Badura* DÖV 1998, 818 (821); *Müller* JZ 1998, 578 (579); *Gern*, Kommunalrecht, 3. Aufl. 2003, Rdn. 724; *Knauff/Nolte* VR 2003, 3 (7); *Franz*, Gewinnerzielung durch kommunale

privaten Konkurrenten schützende Funktion dieser Vorschriften[696]. Dabei kann die Frage nach dem drittschützenden Charakter nicht pauschal für die kommunalrechtlichen Schrankentrias beantwortet werden. Vielmehr muss auf deren einzelne Elemente eingegangen werden. In diesem Zusammenhang divergieren die Begründungen.

(a) Drittschützende Wirkung der öffentlichen Zweckbindung

Stimmen in Rechtsprechung und Literatur sehen ein subjektives Recht für private Konkurrenten durch die öffentliche Zweckbindung begründet[697]. Mit diesem Zweckerfordernis soll unter anderem verhindert werden, dass Kommunen sich in allen beliebigen Branchen wirtschaftlich betätigen und damit in Revieren wildern, die grundsätzlich der Privatwirtschaft überlassen bleiben sollen[698]. Die Privatwirtschaft als solche ist demnach zumindest auch Schutzgut dieser Bestimmung. Daraus muss aber auch jedem einzelnen Subjekt der Privatwirtschaft ein subjektives Recht erwachsen. Andernfalls würde das dieser Zweckbestimmungsklausel zu Grunde liegende Ziel zu einer leeren theoretischen Formel degenerieren.

Zudem wird nicht weniger überzeugend ins Feld geführt, dass das nach der Zweckbindungsklausel der kommunalen Schrankentrias geforderte öffentliche *Bedürfnis* nach der Verfolgung eines öffentlichen Zwecks gerade durch die kommunale Wirtschaftstätigkeit nicht vorhanden ist, wenn private Unternehmen diesen Zweck genauso gut und wirtschaftlich oder gar besser und wirtschaftlicher als die Kommune erfüllen (könnten)[699].

(b) Drittschützende Wirkung der Subsidiaritätsklausel

Andere Teile der Rechtsprechung und des Schrifttums sehen in der Subsidiaritätsklausel den subjektiv-rechtlichen Schutzgehalt verankert[700]. Zweck der Sub-

---

Daseinsvorsorge, 2005, S. 225 f.; *Schmidt-Aßmann/Röhl*, in: Schmidt-Aßmann (Hsrg.), BesVerwR, 13. Aufl. 2005, 1. Kapitel Rdn. 121.

696 BGH DVBl 1962, 102 (103 f.) – "Blockeis I", in Bezug auf § 69 Abs. 1 GO NW a. F.; OLG Hamm JZ 1998, 576 (578); *Erichsen*, Kommunalrecht NW, 1988, S. 255 f.; *Otto* GewArch 2001, 360 (366); *Grooterhorst/Törnig* DÖV 2004, 685 (687), bezogen auf § 107 Abs. 1 Satz 1 GO NW.

697 OVG NW DVBl 2004, 133 (134) m. krit. Anm. *Schliesky*; *Frenz* GewArch 2006, 100 (101); *Waechter*, Kommunalrecht, 3. Aufl. 1997, Rdn. 623; *Hösch* DÖV 2000, 393 (402); a. A. *Antweiler* NVwZ 2003, 1466 (1467), bezogen auf § 107 Abs. 1 Satz 1 Nr. 1 GO NW.

698 Siehe zu dieser so genannten wirtschaftspolitischen Zielsetzung *Gern*, Kommunalrecht, 3. Aufl. 2003, Rdn. 722. Vgl. i. Ü. auch *Diefenbach* WiVerw 2003, 115 (124).

699 OLG Düsseldorf NWVBl 1997, 353 (355) m. krit. Anm. *Moraing*; *Diefenbach* WiVerw 2003, 115 (124). Vgl. zu diesem Gedanken auch bereits die Ausführungen im 2. Teil dieser Arbeit unter § 4 D. I. 1) b) aa) (2) – Rechtfertigung durch bzw. Erfordernis eines öffentlichen Zwecks in den kommunalen Schrankentrias.

700 OLG Düsseldorf DVBl 2001, 1283 (1284 f.); *Ehlers* JZ 1990, 1089 (1097); *Pielow* NWVBl 1999, 369 (379); *Frenz* DÖV 2000, 802 (809); *Kluth* WiVerw 2000, 184 (205 f.); *Detterbeck* JuS 2001, 1199 (1203); *Rennert* Die Verwaltung 35 (2002), 319 (342); *Schink* NVwZ 2002, 129 (138). BVerwGE 39, 329 (336), begründete die fehlende drittschützende

sidiaritätsklausel ist der Schutz gemeindlicher Unternehmen vor übermäßigen finanziellen Risiken[701]. Darüber hinaus soll die Kommunalwirtschaft aber auf eine lediglich ergänzende Funktion zur Privatwirtschaft verwiesen werden. In §§ 102 Abs. 1 Nr. 3 GO BW, 100 Abs. 3 Satz 1 GO Bbg, 121 Abs. 1 Nr. 3 Satz 1 GO He, 108 Abs. 1 Nr. 3 GO Nds, 85 Abs. 1 Nr. 3 GO RP, 108 Abs. 1 Nr. 3 KSVG SL, 97 Abs. 1 Satz 1 Nr. 3 GO Sa werden Private wörtlich genannt, was unbezweifelbares Indiz für deren individualschützende Wirkung ist[702]. Andere Klauseln sehen eine Nachrangigkeit der Kommunalwirtschaft zu Gunsten "anderer (Unternehmen)" [703], "Dritter"[704] oder einer Zweckerfüllung auf "andere Weise"[705] vor, womit jedoch primär private Unternehmen bevorzugt werden[706], so dass auch diesen Bestimmungen die subjektiv-schützende Funktion nicht abzusprechen ist.
Sofern sich die privaten Konkurrenten auf die Subsidiaritätsklausel berufen können, dürfte regelmäßig auch kein öffentliches *Bedürfnis* nach der Verfolgung des öffentlichen Zwecks gerade durch die kommunale Wirtschaftstätigkeit vorhanden sein (vgl. dazu bereits § 6 B. 1) c) aa) (1) (a) – Drittschützende Wirkung der öffentlichen Zweckbindung).

(c) Drittschützende Wirkung der Angemessenheitsklausel

Vereinzelt wird auch der Angemessenheitsklausel drittschützende Wirkung beigemessen. Diese Auffassung wird damit begründet, dass die kommunale Wirtschaftstätigkeit nach den meisten Gemeindeordnungen in einem angemessenen

---

Wirkung des § 85 GO BW a. F. u. a. damit, dass dieser keine Subsidiaritätsklausel enthielt. Nach dem HeVGH DÖV 2005, 210 (211), resultieren dagegen "selbst bei bestehenden Subsidiaritätsklauseln" keine subjektiven Abwehrrechte aus den Schrankentrias. Außerdem a. A. OLG Karlsruhe DVBl 2001, 832 (834); OVG NW DVBl 2004, 133 (134) m. Anm. *Schliesky*; ihm folgend *Antweiler* NVwZ 2003, 1466 (1467); *Plumbaum*, in: Potsdamer Kommentar, 1995, § 100, 8. a), bezogen auf § 100 Abs. 3 GO Bbg.

[701] *Schoch* Jura 1979, 601 (606); *Rennert* Die Verwaltung 35 (2002), 319 (342). Dieser wird von BYVGH BayVBl 1976, 628 (629); *Schliesky*, Öffentliches Wirtschaftsrecht, 2. Aufl. 2003, S. 166, neben der wirtschaftspolitischen Bedeutung als ausschließlicher bzw. primärer Zweck der Bestimmung angesehen, wodurch ihr die drittschützende Wirkung abgesprochen wird.

[702] So auch RPVerfGH NVwZ 2000, 801 (804), für § 85 Abs. 1 Nr. 3 GO RP; dem zustimmend *Ruffert* NVwZ 2000, 763 (764). *Schmahl* LKV 2000, 47 (51), für § 100 Abs. 3 GO Bbg. Vgl. i. Ü. *Diefenbach* WiVerw 2003, 115 (118 f.). A. A. *Nierhaus*, Kommunalrecht für Bbg, 2003, Rdn. 622; *Rennert* Die Verwaltung 35 (2002), 319 (342 mit Fn. 95), für § 100 Abs. 3 GO Bbg, da hier ausdrücklich das "Interesse einer sparsamen Haushaltsführung" genannt ist.

[703] Eine Nachrangigkeit zu Gunsten "anderer" regeln Art. 87 Abs. 1 Nr. 4 GO BY, §§ 116 Abs. 1 Nr. 3 GO SAnh, 71 Abs. 1 Nr. 4 Satz 1 KO Th. "Anderen Unternehmen" wird durch § 107 Abs. 1 Nr. 3 GO NW der Vorrang gegeben.

[704] § 68 Abs. 1 Nr. 3 KV MV.

[705] § 101 Abs. 1 Nr. 3 GO SH.

[706] *v. Mutius* JuS 1979, 342 (344 f.); *Schoch* Jura 1979, 601 (607); *Diefenbach* WiVerw 2003, 115 (119). Ähnlich auch *Gerke* Jura 1985, 349 (356), demzufolge diese Formulierung nicht ausschließlich dahin verstanden werden kann, es seien damit übergeordnete Träger öffentlicher Verwaltung gemeint. A. A. wohl *Schmahl* LKV 2000, 47 (51).

Verhältnis zum Bedarf stehen muss. Es läge auf der Hand, dass die gebotene Orientierung am Bedarf von den Leistungen privater Unternehmer abhänge und geeignet sei, einen kommunalen Verdrängungswettbewerb auszuschließen.[707] Zum einen hängt der Bedarf nicht nur davon ab, wie viele Anbieter bereits auf dem Markt tätig sind; ausschlaggebend ist daneben, ob und in welcher Größenordnung die Gemeindebevölkerung eine derartige Bewirtschaftung verlangt. Andererseits kann daraus, dass das Angebot privater Unternehmer Einfluss darauf hat, welcher Bedarf besteht, kein subjektiver Gehalt dieser Bestimmung geschlossen werden. Vielmehr steckt dahinter allein der Gedanke, die jeweilige Gemeinde vor wirtschaftlichen Risiken und Überproduktionen bestimmter Güter oder Leistungen zu bewahren[708]. Von wem (der öffentlichen oder der privaten Hand) dieser Bedarf eventuell schon gedeckt wird, ist dabei nicht ausschlaggebend.[709]

(2) Geschützter Personenkreis

Zu klären ist schließlich, wer in den Schutzbereich der kommunalen Schrankentrias überhaupt einbezogen ist. Unbestritten sind das diejenigen privaten Wettbewerber, die mit dem kommunalen grenzüberschreitenden Unternehmen unmittelbar, d. h. in der gleichen Branche, konkurrieren.

Darüber hinaus will das nordrhein-westfälische OVG auch die übrigen privaten Wirtschaftsteilnehmer, deren Marktinteressen durch die kommunale grenzüberschreitende wirtschaftliche Betätigung beeinträchtigt werden, zum geschützten Personenkreis zählen[710].

Diese Interpretation wird insbesondere von Teilen des Schrifttums als zu weit empfunden. Der von den kommunalwirtschaftlichen Normen ausgehende Schutz beschränke sich demnach auf die privaten Unternehmer, die in einem unmittelbaren Wettbewerbsverhältnis zum grenzüberschreitenden kommunalen Unternehmen stehen[711]. Alle anderen Wirtschaftsteilnehmer seien durch die kommunale Wirtschaftstätigkeit allenfalls reflexhaft betroffen[712].

---

[707] *Diefenbach* WiVerw 2003, 115 (125).

[708] Zu diesem Schutzgehalt auch *Nierhaus*, Kommunalrecht für Bbg, 2003, Rdn. 618; *Vogelgesang*, in: ders./Lübking/Ulbrich (Hrsg.), Kommunale Selbstverwaltung, 3. Aufl. 2005, Rdn. 408.

[709] *Diefenbach* WiVerw 2003, 115 (125), selbst entnimmt letztlich nur dem Zusammenhang mit den anderen beiden subjektiv-rechtlichen Elementen der Wirtschaftsklauseln den Drittschutz. I. E. auch gegen die drittschützende Wirkung dieser Klausel *Erichsen*, Kommunalrecht NW, 1988, S. 256.

[710] OVG NW DVBl 2004, 133 (135), demzufolge bei einer kommunalen Tätigkeit als Vermieter auch derjenige zum geschützten Personenkreis gehört, der in Konkurrenz zum Mieter steht, denn auch die Vermietung kann das örtliche Wirtschaftsgeschehen, auf dem sich der Mieter betätigt, beeinflussen.

[711] *Antweiler* NVwZ 2003, 1466 (1468); *Diefenbach* WiVerw 2003, 115 (123), spricht vom Erfordernis eines tatsächlichen Wettbewerbsverhältnisses.

[712] *Antweiler* NVwZ 2003, 1466 (1468).

Nach der Schutznormtheorie muss die fragliche Vorschrift den Schutz eines von der Allgemeinheit abgrenzbaren Personenkreises bezwecken, der sich aus individualisierenden Tatbestandsmerkmalen der Normen entnehmen lassen muss. Wie gerade herausgestellt, bezwecken die kommunalwirtschaftlichen Regelungen der Gemeindeordnungen – die Angemessenheitsklausel ausgenommen – zumindest auch den Schutz der Privatwirtschaft. Eine Eingrenzung auf die privaten Unternehmen, die sich in einem unmittelbaren Wettbewerbsverhältnis zur Kommunalwirtschaft befinden, lässt sich den Vorschriften hingegen nicht entnehmen. Einzige Voraussetzung ist lediglich, dass die rechtsuchenden privaten Unternehmen auch spürbar von der gemeindlichen Wirtschaftsbetätigung beeinträchtigt werden, ob dies mittelbar oder unmittelbar geschieht, ist dabei irrelevant.
Der engeren Gegenauffassung ist zudem entgegenzuhalten, dass eine trennscharfe Bestimmung darüber, wann ein unmittelbares respektive tatsächliches Wettbewerbsverhältnis vorliegt, nicht immer möglich ist. Das hängt nämlich von dem Verständnis der Reichweite bestimmter Geschäftszweige ab. Somit wäre der subjektive Schutz privater Konkurrenten im Einzelfall davon abhängig, wie viele einzelne Tätigkeiten zu einer Branche und damit einem Konkurrenzverhältnis zusammengefasst werden. Da hierüber keine standardisierten Vorstellungen existieren, wäre an dieser Stelle eine Einbuße an Rechtssicherheit zu befürchten. Dieser Gefahr begegnet die Meinung, die eine Wettbewerbsbeeinträchtigung mittelbarer Art genügen lässt, da hier nur eine spürbare Beeinträchtigung ohne die Zuordnung zu einem bestimmten (gemeinsamen) Geschäftszweig erforderlich ist.

(3) Resümee

Die drittschützende Wirkung der kommunalen Wirtschaftsklauseln ergibt sich für die in der betroffenen Gemeinde tätige Privatwirtschaft aus dem Erfordernis zur Verfolgung eines öffentlichen Zwecks und aus der Subsidiaritätsklausel. Der Schutz besteht unabhängig davon, ob der rechtsuchende private Unternehmer in der gleichen Branche tätig ist wie der grenzüberschreitende kommunale Betrieb. Es genügt insofern bereits eine spürbare Wettbewerbsbeeinträchtigung mittelbarer Art.

bb) Privatrechtlicher Unterlassungsanspruch aus wettbewerbs- und kartellrechtlichen Normen

Nach § 8 Abs. 1 UWG liegt ein privatrechtlicher Unterlassungsanspruch des privaten Konkurrenten vor, wenn das aktiv oder passiv grenzüberschreitende kommunale Unternehmen § 3 UWG zuwiderhandelt. Unter welchen Voraussetzungen dies jeweils zu bejahen ist, wurde bereits erörtert[713]. Jedem Mitbewerber stehen gemäß § 8 Abs. 3 Nr. 1 UWG Unterlassungsansprüche nach § 8 Abs. 1

---

[713] Vgl. § 4 D. II. 1) – Zulässigkeit grenzüberschreitender Kommunalwirtschaft unter dem Blickwinkel des Rechts des unlauteren Wettbewerbs.

UWG zu. Diese Eigenschaft erfüllt gemäß § 2 Abs. 1 Nr. 3 UWG jeder Unternehmer, der mit einem oder mehreren Unternehmern als Anbieter oder Nachfrager von Waren oder Dienstleistungen in einem konkreten Wettbewerbsverhältnis steht. Wann die Unternehmereigenschaft nach § 2 Abs. 2 UWG i. V. m. § 14 BGB vorliegt, wurde bereits unter § 2 B. II. dargetan. Ein konkretes Wettbewerbsverhältnis ist zu bejahen, wenn zwischen den Vorteilen, die jemand durch eine Maßnahme für sein Unternehmen oder das eines Dritten zu erreichen sucht, und den Nachteilen, die ein anderer dadurch erleidet, eine Wechselbeziehung in dem Sinne besteht, dass der eigene Wettbewerb gefördert und der fremde Wettbewerb beeinträchtigt werden kann[714]. Dabei genügt ein mittelbares Wettbewerbsverhältnis, d. h. es kann zwischen Unternehmern verschiedener Wirtschaftsstufen oder Branchen eine solche Konkurrenzbeziehung entstehen[715]. Das konkrete Wettbewerbsverhältnis wird in diesem Fall durch die konkrete Handlung begründet[716].

Ein für den privaten Konkurrenten der fremden Gemeinde eher unwahrscheinlicher[717] Anspruch aus § 33 Satz 1 GWB i. V. m. §§ 19 Abs. 1 bzw. 20 Abs. 1 GWB gegen die fremdkommunale Wirtschaftsbetätigung liegt vor, sobald dieser von dem nach §§ 19 Abs. 1, 20 Abs. 1 GWB relevanten Verhalten der auswärtigen Gemeinde beeinträchtigt wird. Voraussetzung nach § 33 Satz 1 GWB ist nämlich, dass gegen eine Vorschrift des GWB verstoßen worden sein muss, die den Schutz der anspruchstellenden Partei bezweckt. §§ 19 Abs. 1 bzw. 20 Abs. 1 GWB dienen in ihrer Eigenschaft als einfachgesetzliche Ausprägungen der durch Art. 12 Abs. 1 GG grundrechtlich abgesicherten Wettbewerbsfreiheit dem Schutz betroffener privater Konkurrenten[718], selbstverständlich auch, wenn diese auf fremdem Gemeindegebiet tätig sind.

2) Rechtsschutz durch das Bundesverfassungsgericht

Private Unternehmen können sich nach Erschöpfung des fachgerichtlichen Rechtsweges mittels der Verfassungsbeschwerde gemäß Art. 93 Abs. 1 Nr. 4 a GG, §§ 13 Nr. 8 a, 90, 92 ff. BVerfGG mit der Behauptung einer Grundrechtsverletzung an das Bundesverfassungsgericht wenden, da die kommunale Wirtschaftbetätigung als Akt öffentlicher Gewalt i. S. der Norm einzustufen ist[719].

---

714 Begründung zum UWG n. F., BT-Drs. 15/1487, S. 16.

715 Begründung zum UWG n. F., BT-Drs. 15/1487, S. 16; *Köhler*, in: Baumbach/Hefermehl, 23. Aufl. 2004, § 2 Rdn. 67 ff. mit Beispielen.

716 Begründung zum UWG n. F., BT-Drs. 15/1487, S. 16.

717 Vgl. zu den Gründen dafür die Ausführungen unter § 4 D. II. 2) – Zulässigkeitsgrenzen aus dem Kartellrecht.

718 *Möschel*, in: Immenga/Mestmäcker, 3. Aufl. 2001, § 19 Rdn. 11; *Markert*, in: Immenga/Mestmäcker, 3. Aufl. 2001, § 20 Rdn. 17; *Schliesky*, Öffentliches Wirtschaftsrecht, 2. Aufl. 2003, S. 169.

719 Der Umfang möglicher Beschwerdegegenstände deckt sich insofern mit dem Umfang der Grundrechtsbindung gemäß Art. 1 Abs. 3 GG, *Pieroth/Schlink*, Grundrechte, 21. Aufl. 2005, Rdn. 1125.

Inwiefern ein solcher gegen die aktive oder passive extraterritoriale kommunale Wirtschaftsbetätigung gerichteter Antrag begründet sein kann, wurde in dieser Arbeit bereits dargelegt[720].
Auch die zuvor ergangenen Urteile der Fachgerichte können als Akte der öffentlichen Gewalt im Wege der Urteils-Verfassungsbeschwerde angegriffen werden, vgl. §§ 94 Abs. 3, 95 Abs. 2 BVerfGG.

II. Rechtsschutz der Zielgemeinde

1) Rechtsschutz vor den Fachgerichten

Der Gemeinde, deren Gebiet durch die wirtschaftliche Betätigung einer anderen Kommune ökonomisch okkupiert wird, steht vor allem fachgerichtlicher Schutz zu, auch wenn dieser de facto kaum wahrgenommen wird[721].

a) Vor den Verwaltungsgerichten

Fachgerichtlicher Schutz kann bei Bestehen eines öffentlich-rechtlichen Unterlassungsanspruches mittels einer Unterlassungsklage vor den Verwaltungsgerichten geltend gemacht werden. Dabei müssen sich die jeweiligen Gemeinden direkt auf ihre verfassungsrechtliche Legitimationsberechtigung aus Art. 28 Abs. 2 Satz 1 GG berufen.
Eine solche Klage ist begründet, wenn die aktiv oder passiv grenzüberschreitende fremdkommunalwirtschaftliche Tätigkeit das Selbstverwaltungsrecht der Zielgemeinde verletzt, was insbesondere dann zu bejahen ist, wenn die Abwägung der widerstreitenden kommunalen Interessen zu Gunsten der betroffenen Kommune ausfällt[722]. Das ist vor allem der Fall, wenn sich die Zielgemeinde selbst in diesem Wirtschaftszweig wirtschaftlich betätigt oder dies vorhat und dabei von den fremdkommunalwirtschaftlichen Aktivitäten erheblich beeinträchtigt wird. Außerdem kann die betroffene Kommune im Rahmen der Wirtschaftsförderung als Angelegenheit der örtlichen Gemeinschaft die örtliche Privatwirtschaft, die durch die fremdkommunale Konkurrenz erhebliche Beeinträchtigungen erfährt, im Wege einer auf Art. 28 Abs. 2 Satz 1 GG gestützten verwaltungsgerichtlichen Unterlassungsklage schützen.

b) Vor den Zivilgerichten

Für die wirtschaftlich okkupierten Gemeinden kann außerdem die Geltendmachung eines privatrechtlichen Unterlassungsanspruchs wegen unlauteren Wett-

---

[720] Siehe unter § 4 B. II. – Grundrechte der auf dem Gebiet der Zielgemeinde tätigen privaten Konkurrenten als Zulässigkeitsschranke extraterritorialen Wirtschaftens.

[721] *H. Meyer* LK 2003, 29 (29). *Brosius-Gersdorf* AöR 130 (2005), 392 (395), sieht den Grund dafür darin, dass sich die von der extraterritorialen Kommunalwirtschaft betroffenen Gemeinden ihrerseits nicht die eigene wirtschaftliche Tätigkeit außerhalb ihres Gebiets versperren wollen.

[722] Vgl. hierzu bereits § 4 B. I. 2) - Aus der kommunalen Selbstverwaltungsgarantie anderer Gemeinden folgende Schrankenwirkung sowie § 4 D. I. 2) b) bb) - Die Wahrung der berechtigten Interessen der betroffenen Gemeinde innerhalb der Expansionsklauseln.

bewerbsverhaltens der expandierenden kommunalen Unternehmen gemäß § 8 Abs. 1 UWG i. V. m. § 3 UWG vor den Zivilgerichten in Betracht kommen, wenn sie als Mitbewerber nach § 8 Abs. 3 Nr. 1 UWG i. V. m. §§ 2 Abs. 2 UWG, 14 BGB zu qualifizieren sind. Diese Eigenschaft erfüllt gemäß § 2 Abs. 1 Nr. 3 UWG jeder Unternehmer, der mit einem oder mehreren Unternehmern als Anbieter oder Nachfrager von Waren oder Dienstleistungen in einem konkreten Wettbewerbsverhältnis steht[723].
Das bedeutet zunächst einmal, dass nicht den beeinträchtigten Gemeinden selbst ein solcher Anspruch zustünde, sondern ihre selbstständigen Unternehmen einen Verstoß gegen das UWG als eigenes Recht geltend machen müssten. Kommunale Betriebe erfüllen den Unternehmensbegriff des UWG, sofern sie rechtsfähig sind und zu gewerblichen Zwecken handeln[724]. Darüber hinaus müssen die rechtsschutzsuchenden gemeindlichen Unternehmen zu den expandierenden kommunalen Betrieben in einem konkreten Wettbewerbsverhältnis stehen.

Fraglich ist allerdings, ob beeinträchtigte kommunale Unternehmen allein nach dem soeben dargelegten Wortlaut als Schutzberechtigte des UWG angesehen werden können. Dagegen spricht, dass das UWG als ein dem Bereich des Privatrechts zuzuordnendes Gesetz grundsätzlich den lauteren Wettbewerb unter Privaten schützen will.
Kommunale Unternehmen sind insofern unproblematisch als Verpflichtete des Gesetzes zu qualifizieren, da sie auf den privaten Wettbewerb durchaus Einfluss nehmen. Der Bezug zur Privatwirtschaft besteht auch dann, wenn sich die in rechtmäßiger Weise am Wettbewerb teilnehmende öffentliche Hand - hier in Form der kommunalen Unternehmen - gegen den unlauteren Wettbewerb von Privaten wehren will[725].
Von einem Wettbewerb unter Privaten kann jedoch dann nicht mehr die Rede sein, wenn zwei ausschließlich von Gemeinden betriebene Unternehmen miteinander konkurrieren. Schlösse man aber die Aktivlegitimation eines kommunalen Unternehmens aus, weil es sich gegen Wettbewerbsmaßnahmen des Unternehmens einer fremden Gemeinde wehren will, so hinge die Inpflichtnahme eines expandierenden kommunalen Unternehmens nach dem UWG dergestalt vom Zufall ab, ob Unternehmen der Zielgemeinde oder solche der privaten Hand beeinträchtigt sind. Das aber widerspricht dem erklärten Zweck des UWG, auch das Interesse der Allgemeinheit an einem unverfälschten Wettbewerb zu schützen, vgl. § 1 UWG. Zudem wäre es inkosequent, den kommunalen Unternehmen Rechtsschutz nach dem UWG gegen Wettbewerbsmaßnahmen der Privatwirt-

---

[723] Vgl. dazu bereits die Ausführungen unter § 6 B. I. 1) c) bb) - Bestehen eines Unterlassungsanspruchs aus dem Wettbewerbs- und Kartellrecht für private Konkurrenten.

[724] Siehe dazu die Definition unter § 2 B. II. - Unternehmensbegriff i. S. des Wettbewerbs- und Kartellrechts.

[725] In ständiger Rechtsprechung bejaht der BGH die Schutzwirkung des UWG auch für die Unternehmen der öffentlichen Hand gegen unlautere Wettbewerbsmaßnahmen der Privaten, vgl. BHGZE 37, 1 (17); 68, 132 (139); 120, 228 (235 f.).

schaft an die Hand zu geben, einen solchen gegen andere kommunale Unternehmen jedoch zu versagen. Insofern sind auch die durch die Expansion fremdkommunaler Unternehmen betroffenen selbstständigen Betriebe der beeinträchtigten Kommune in den Kreis der Schutzberechtigten des UWG einzubeziehen[726].
Damit der Schutzbereich des UWG, das grundsätzlich den lauteren Wettbewerb unter Privaten schützen will, nicht auf kommunale Unternehmen ausufert, müssen die Kommunalaufsichtsbehörden konsequent Verstöße gegen die öffentlichrechtlichen Vorschriften, die die konkurrenzwirtschaftliche Betätigung von Kommunen extra muros eindämmen, im Vorfeld vereiteln oder im Nachhinein ahnden[727].

Sinngemäß gelten die zum UWG dargelegten Überlegungen auch für privatrechtliche Unterlassungsansprüche der fremdkommunalen Unternehmen aus dem GWB, da es neben dem UWG auch für einen störungsfreien Wettbewerb sorgen soll[728].

c) Zwischenergebnis

Die Zielgemeinden haben einen öffentlich-rechtlichen Unterlassungsanspruch gegen die grenzüberschreitende Kommunalwirtschaft vor den Verwaltungsgerichten direkt auf Art. 28 Abs. 2 Satz 1 GG zu stützen. Eine solche Klage ist begründet, wenn die grenzüberschreitende fremdkommunalwirtschaftliche Tätigkeit das Selbstverwaltungsrecht der betroffenen Gemeinde verletzt.
Rechtsschutz in Form von wettbewerbs- und kartellrechtlichen Unterlassungsansprüchen vor den Zivilgerichten stehen hingegen nur den Unternehmen der wirtschaftlich okkupierten Gemeinden zu, die diese Rechte als eigene geltend machen müssen.

2) Rechtsschutz vor dem Bundesverfassungsgericht

Die Möglichkeit, sich mittels der kommunalen Verfassungsbeschwerde gemäß Art. 93 Abs. 1 Nr. 4 b GG, §§ 13 Nr. 8 a, 91 ff. BVerfGG an das Bundesverfassungsgericht zu wenden, besteht nur, wenn sich die derart betroffene Gemeinde direkt gegen ein Gesetz wendet, auf dessen Grundlage die expandierende Kommune ihre Grenzen überschreitet. Solche Gesetze sind beispielsweise die Expansionsklauseln.
Die betroffene Gemeinde ist jedoch nur beschwerdebefugt, wenn sie selbst, gegenwärtig und unmittelbar durch das Gesetz betroffen ist. Fraglich ist allein, ob die Zielgemeinden durch Normen wie die Expansionsklauseln unmittelbar betroffen sein können, denn einer aktiven oder passiven Grenzüberschreitung eines

---

726 So i. E. auch *Schünemann* WRP 2000, 1001 (1007).

727 Siehe zu den Mitteln, die der Kommunalaufsicht dabei zur Verfügung stehen § 6 A. – Durchsetzung der mittelbaren örtlichen Begrenzung durch die Kommunalaufsichtsbehörden.

728 Vgl. zu diesem Normzweck *Möschel*, in: Immenga/Mestmäcker, 3. Aufl. 2001, § 19 Rdn. 11; *Markert*, in: Immenga/Mestmäcker, 3. Aufl. 2001, § 20 Rdn. 17.

kommunalen Unternehmens wird in der Regel ein Beschluss der jeweiligen Gemeindevertretung vorausgehen, gegen den fachgerichtlicher Rechtsschutz besteht. Es ist auch nicht ersichtlich, dass das vorrangige Vorgehen gegen den Beschluss der Gemeindevertretung der betroffenen Kommune nicht zumutbar sein sollte. Die Möglichkeit der Kommunal-Verfassungsbeschwerde besteht im vorliegenden Kontext folglich wegen mangelnder Beschwerdebefugnis der Zielkommune nicht.

C. Praktische Realisierung der Durchsetzungsmöglichkeiten

Diese Durchsetzungsmöglichkeiten führen nicht immer zu einer Ahndung kommunalwirtschaftlichen Handelns, das rechtswidrigerweise die örtlichen Bezüge zu seinen Gemeindeeinwohnern missachtet. So setzt die gerichtliche Realisierung stets eine Klageerhebung durch den jeweils Betroffenen bei genereller Schutzwürdigkeit und subjektiver Belastung seinerseits voraus.
Auf die Realisierung der Durchsetzungsmöglichkeiten durch Aufsichtsbehörden hat es jedoch keinen Einfluss, wenn betroffenen Dritten eine Klagemöglichkeit zusteht, da eine Subsidiarität der Kommunalaufsicht, die Klagemöglichkeiten betroffener Dritter Vorrang vor dem aufsichtsbehördlichen Eingreifen einräumt, abzulehnen ist[729]. Während die Kommunalaufsicht dem öffentlichen Allgemeininteresse zu dienen bestimmt ist, geht es bei Klagen Betroffener allein um die Geltendmachung subjektiver Rechte[730]. Diese unterschiedlichen Zielsetzungen der Durchsetzungsmöglichkeiten der mittelbar örtlich begrenzend wirkenden Zulässigkeitsvorschriften rechtfertigen keine Subsidiarität.

Davon abgesehen gibt es zwei Aspekte im Zusammenhang mit der Kommunalaufsicht über die extraterritoriale Kommunalwirtschaft, die dazu Anlass geben, die Effektivität der Aufsicht in Frage zu stellen.
Zum einen müssen die Kommunalaufsichtsbehörden, bis auf jene in Thüringen, bei rechtswidrig vorgenommenen Wirtschaftsaktivitäten extra muros grundsätzlich nicht einschreiten[731], so dass es hier oftmals auf eine politische – wenn auch ermessensfehlerfreie – Entscheidung hinausläuft, ob örtliche Grenzen durchgesetzt werden oder nicht[732].

---

729 So grundsätzlich auch *Knemeyer*, in: Püttner (Hrsg.), HKWP I, 2. Aufl. 1981, S. 265 (270); *Waechter*, Kommunalrecht, 3. Aufl. 1997, Rdn. 200; *Lübking*, in: Vogelgesang/ders./Ulbrich (Hrsg.), Kommunale Selbstverwaltung, 3. Aufl. 2005, Rdn. 309. A. A. OVG NW DVBl 1963, 862 f., jedenfalls solange ausschließlich die Belange Privater betroffen sind; *Schnapp* DVBl 1971, 480 ff.

730 *Schmitt* BayVBl 1973, 478 (480 ff.); *Lübking*, in: Vogelgesang/ders./Ulbrich (Hrsg.), Kommunale Selbstverwaltung, 3. Aufl. 2005, Rdn. 309.

731 Vgl. zur Geltung des Opportunitätsprinzips in der Kommunalaufsicht bereits Punkt A. I. 3) dieses Kapitels.

732 Nach *Schmidt-Aßmann*, in: Habersack / Hommelhoff / Hüffer / Schmidt (Hrsg.), Festschr. für Ulmer, 2003, 1015 (1024), "...gehen Aufsichtsbefugnis und Aufsichtspraxis [im allgemeinen Zusammenhang mit der Kommunalwirtschaft] unter dem weiten Mantel des Opportunitätsprinzips deutlich getrennte Wege."

Zum anderen wird der den wirtschaftenden Kommunen zustehende Einschätzungsspielraum darüber, ob die sie in erster Linie bindenden Voraussetzungen der kommunalen Schrankentrias vorliegen, kritisiert. Dieser ist gerade für die extraterritoriale Kommunalwirtschaft von Bedeutung, da es bei deren Rechtmäßigkeit entscheidend auf die Verfolgung eines mittelbar örtlich begrenzend wirkenden einwohnerbezogenen öffentlichen Zwecks ankommt. Die Einschätzungsprärogative mache die Kommunalaufsicht praktisch handlungsunfähig, da sie sie auf eine reine Vertretbarkeitskontrolle beschränke.[733]
Der Kritik ist insofern zuzustimmen, als diese beiden Umstände der Kommunalaufsicht die Schärfe nehmen, was de facto auch dazu führt, dass nicht alle extraterritorialen Wirtschaftsbetätigungen, die sich als rechtswidrig erweisen, verfolgt und sanktioniert werden. Andererseits sind Alternativen zu diesem Zustand nicht auszumachen. Wollte man die angegriffenen rechtlichen Gegebenheiten ändern, müsste man die kommunale Selbstverwaltung und ihre Beziehung zum Staat als Kontrollorgan so, wie sie bereits in Art. 28 Abs. 2 Satz 1 GG angelegt sind, verfassungsrechtlich umgestalten. Bei der momentanen Rechtslage bestehen jedenfalls keine einfachrechtlichen Änderungsmöglichkeiten.

Den Effektivitätslücken dieser Durchsetzungsmöglichkeiten ist jedoch insbesondere im Hinblick auf die Kommunalwirtschaft, die durch die oben dargestellten Regelungen in ein relativ enges Normen-Korsett gepresst wird, nicht nur Negatives abzugewinnen. So hat sie in der Praxis die Möglichkeit, sich – wenn auch nur minimale – Bewegungsräume zu verschaffen. Angesichts der eingangs geschilderten finanziellen und wirtschaftlichen Situation der Kommunalwirtschaft ist dagegen auch nichts einzuwenden. Dies soll keinesfalls als Aufforderung an die Kommunalwirtschaft zum Gesetzesbruch durch hemmungslose Grenzüberschreitung verstanden werden; vielmehr soll der Gedanke verdeutlicht werden, dass gegenseitiges Einvernehmen bei kleineren Abweichungen von der Norm häufig weiterführt als die bedingungslose Ahndung jedes einzelnen Verstoßes gegen örtlich begrenzend wirkende Vorschriften.

---

[733] Am kritischsten nehmen sich in diesem Zusammenhang die Äußerungen von *Grawert*, in: Reichard (Hrsg.), Kommunen am Markt, 2001, S. 9 (25 ff.), aus, die er dahingehend resümiert, dass die "Kommunalwirtschaft der Teil der Selbstverwaltung ist, der sich der Staatsaufsicht entzieht", vgl. ebenda, S. 27. Solche mangelnde Effektivität der Kommunalaufsichtsbehörde erwähnt auch *H. Meyer* LK 2003, 29 (29), in diesem Zusammenhang.

§ 7 Rechtsfolgen des Verstoßes gegen örtlich begrenzende Vorschriften

Ein Verstoß der extraterritorialen Kommunalwirtschaft gegen die sie legitimierenden Normen ist hinsichtlich der Rechtsfolgen anders zu behandeln als ein solcher gegen die übrigen nicht legitimierenden Zulässigkeitsvorschriften, die der Kommunalwirtschaft örtliche Schranken setzen.

Zu den legitimierenden Vorschriften gehört in erster Linie die bundesverfassungsrechtliche Selbstverwaltungsgarantie gemäß Art. 28 Abs. 2 Satz 1 GG, die die verfassungsrechtliche Pflicht, einen öffentlichen Zweck zu verfolgen, konkretisiert. Ergänzend sind die landesverfassungsrechtlichen Selbstverwaltungsgarantien sowie die den Regelungsgehalt des Art. 28 Abs. 2 Satz 1 GG konkretisierenden einfachrechtlichen kommunalen Schrankentrias zu nennen. Darüber hinaus sind die Vorgaben, die sich aus dem Demokratieprinzip für die extraterritoriale Kommunalwirtschaft ergeben, ermächtigender Natur; sie orientieren sich bezüglich der Zulässigkeitsgrenzen an jenen von Art. 28 Abs. 2 Satz 1 GG[734].

Zu den nicht legitimierenden übrigen Zulässigkeitsnormen zählen die Grundrechte, insbesondere Art. 12 Abs. 1 GG, sowie wettbewerbs- und kartellrechtliche Vorgaben.

A. Verstoß gegen legitimierende Normen

I. Unwirksamkeit ipso iure

Aktive oder passive extraterritoriale Wirtschaftstätigkeit, die die eingangs genannten ermächtigenden Vorschriften missachtet, könnte Unwirksamkeit zur Folge haben.

1) Die Lehre von der Teilrechtsfähigkeit juristischer Personen des öffentlichen Rechts bzw. die ne-ultra-vires-Lehre

Die h. M. geht im Rahmen der Lehre von der Teilrechtsfähigkeit juristischer Personen des öffentlichen Rechts bzw. der ne-ultra-vires-Lehre davon aus, dass juristische Personen des öffentlichen Rechts nur innerhalb ihres Wirkungskreises Rechtsfähigkeit besitzen[735]. Dies trifft auch auf die selbstständigen Unternehmen der Gemeinde zu, da sie ihre Existenzberechtigung vom Muttergemeinwesen ableiten und ihr Wirkungskreis folglich nicht über denjenigen der kommunalen Unternehmensträgerin hinausgehen kann[736]: nemo plus iuris (ad alium) transferre potest quam ipse habet[737].

---

[734] Vgl. hierzu bereits § 4 B. III. – Verfassungsrechtliche Zulässigkeit extraterritorialer kommunaler Wirtschaftstätigkeit im Lichte des Demokratieprinzips.

[735] *Stern*, in: ders. (Hrsg.), StaatsR III/1, 1988, § 71, S. 1084 f.; *Nierhaus/Stern*, Regionalprinzip und Sparkassenhoheit im europäischen Bankenbinnenmarkt, 1992, S. 15; *Isensee* DB 1979, 145 (146); *Koenig* WM 1995, 317 (325); *Stober*, Kommunalrecht, 3. Aufl. 1996, S. 281 f.

[736] So für die selbstständigen öffentlich-rechtlichen Anstalten in Form von Sparkassen *Stern/Nierhaus*, Das Regionalprinzip im öffentlich-rechtlichen Sparkassenwesen, 1991, S. 48 ff.; *Nierhaus/Stern*, Regionalprinzip und Sparkassenhoheit im europäischen Bankenbinnenmarkt, 1992, S. 14.

[737] *Merten* DVBl 1983, 1140 (1141).

Folge davon ist, dass alle Rechtshandlungen der Gemeinde respektive ihrer Unternehmen außerhalb dieses Wirkungskreises das Verdikt der Unwirksamkeit trifft[738], ohne dass es eines gesonderten Durchsetzungsaktes bedürfte. Problematisch an diesem Ergebnis ist die Rechtsunsicherheit, die im vorliegenden Kontext mit ihm verbunden ist. Namentlich private Vertragspartner der extraterritorial tätigen Kommunalwirtschaft sind die Leidtragenden, da sich ihnen oftmals verschließt, ob die fremdkommunalen Unternehmen sich noch innerhalb ihres Wirkungskreises bewegen oder diesen bereits verlassen haben. Da es hierbei keine Konstante gibt, es vielmehr vom Einzelfall abhängt, ob ein expandierender Betrieb noch Angelegenheiten der örtlichen Gemeinschaft verfolgt oder nicht, ist ein Überschreiten ihres Aktionsradiusses sogar der Kommune selbst oft nicht bewusst. Das Risiko, dem sich private Vertragspartner dabei aussetzen, besteht darin, dass die mit den expandierenden Unternehmen abgeschlossenen Verträge nichtig sein können, was erhebliche finanzielle Schäden mit sich bringen kann.[739]

2) Aufgabe der Lehre von der Teilrechtsfähigkeit juristischer Personen des öffentlichen Rechts bzw. der ne-ultra-vires-Lehre als Konsequenz?

Daraus wird die Konsequenz gezogen, dass der beschränkte Wirkungskreis der juristischen Personen des öffentlichen Rechts im Allgemeinen und der Gemeinden im Besonderen nicht auch eine Beschränkung des rechtlichen Könnens zur Folge haben soll. Dementsprechend wird für die ersatzlose Aufgabe der dabei zum Ausdruck kommenden Lehre von der Teilrechtsfähigkeit juristischer Personen des öffentlichen Rechts bzw. der deutschen ultra-vires-Doktrin plädiert.[740]

Die hier geforderte ersatzlose Aufgabe der Beschränkung des rechtlichen Könnens auf Grund eines nur begrenzten Wirkungskreises würde sich neben der wirtschaftlichen Betätigung auch auf hoheitliches Handeln erstrecken. Die Beschränkung der Handlungskompetenz juristischer Personen des öffentlichen Rechts ist aber gerade bei hoheitlichen Tätigkeiten unabdingbar. Wäre hier näm-

---

[738] Siehe dazu BGHZ 20, 119 (122 ff.); 52, 283 (286), jedoch ohne die Anwendung der Lehre von der Teilrechtsfähigkeit juristischer Personen des öffentlichen Rechts bzw. der deutschen ultra-vires-Doktrin explizit zu nennen. Vgl. zu dieser Wirkung i. Ü. *Ehlers*, Die Lehre von der Teilrechtsfähigkeit juristischer Personen des öffentlichen Rechts und die Ultra-vires-Doktrin des öffentlichen Rechts, 2000, S. 22 f.

[739] Zu diesen Zusammenhängen *Ehlers*, Die Lehre von der Teilrechtsfähigkeit juristischer Personen des öffentlichen Rechts und die Ultra-vires-Doktrin des öffentlichen Rechts, 2000, S. 74 f.

[740] So *Ehlers*, Die Lehre von der Teilrechtsfähigkeit juristischer Personen des öffentlichen Rechts und die Ultra-vires-Doktrin des öffentlichen Rechts, 2000, S. 76; diese Meinung vertrat er zehn Jahre früher nur in Bezug auf die privatrechtlich organisierten kommunalen Unternehmen, vgl. *dens.* JZ 1990, 1089 (1096). Ähnlich auch *Wolff/Bachof/Stober*, VerwR I, 11. Aufl. 1999, § 32 Rdn. 9, die als Rechtsfolge für die Überschreitung der Verbandskompetenz Nichtigkeit ex tunc (und damit auch die Anwendung der ultra-vires-Lehre) ablehnen und lediglich rügbare Rechtswidrigkeit fordern.

lich nur – wie es von dieser Meinung gefordert wird – das rechtliche Dürfen auf den eigenen Wirkungskreis beschränkt, so wäre es möglich, dass fremde Gemeinden über das Gemeindevolk einer anderen Kommune bestimmen könnten und erst aufgehalten würden, wenn mittels der oben dargestellten Durchsetzungsmöglichkeiten geltend gemacht werden würde, dass sie hierbei ihr rechtliches Dürfen überschreiten.
Die inhaltlich nahezu kongruenten Theorien der Lehre von der Teilrechtsfähigkeit juristischer Personen des öffentlichen Rechts bzw. der ne-ultra-vires-Lehre[741] stellen folglich einen unverzichtbaren Grundbestandteil des Aufbaus der mittelbaren Staatsverwaltung in Deutschland dar.

Die Betrachtung der Folgen, die die oben vertretene Auffassung auf hoheitliches Handeln der öffentlichen Hand hat, scheint bei einer Abhandlung gerade über kommunalwirtschaftliches Handeln nicht passend zu sein[742]. Zu beachten ist jedoch, dass die vor allem aus Art. 28 Abs. 2 Satz 1 GG i. V. m. dem Demokratieprinzip folgende Legitimation der Kommunen für hoheitliches und rechtsgeschäftliches Handeln die gleiche ist. Eine Andersbehandlung ist hinsichtlich der dieser Ermächtigungsgrundlage innewohnenden Limitierung auf das Wohl der eigenen Gemeindeeinwohner sowie deren Folgen nicht begründbar[743], so wünschenswert dieses Ergebnis für die Kommunalwirtschaft im speziellen Hinblick auf die oben dargestellte Problemlage auch ist.
Unabwendbare Konsequenz dessen ist, dass sich *alle* kommunalen Tätigkeiten auch im Rahmen dieser Ermächtigung bewegen müssen.

3) Keine Anwendbarkeit der Lehre von der Teilrechtsfähigkeit juristischer Personen des öffentlichen Rechts bzw. der ne-ultra-vires-Lehre?

Nicht überzeugen kann zudem die Auffassung, die Kommunen von vornherein aus dem Anwendungsbereich der Lehre von der Teilrechtsfähigkeit juristischer Personen des öffentlichen Rechts bzw. der ne-ultra-vires-Lehre herausnimmt, da die gemeindewirtschaftsrechtlichen Vorschriften nur interne Bindung entfalten sollen[744]. Dass die Bindungswirkung der auf Art. 28 Abs. 2 Satz 1 GG basierenden wirtschaftsrechtlichen Vorschriften der Gemeindeordnungen auch außerhalb der Kommunalverwaltung i. e. S. von Relevanz sind, zeigt bereits die Tatsache, dass diese Normen Drittschutz für private Konkurrenten entfalten können[745].

---

741 Vgl. zu den Unterschieden im einzelnen *Oldiges* DÖV 1989, 873 (883).
742 So will *Oldiges* DÖV 1989, 873 (883), die Unwirksamkeitsfolge auch nur auf Überschreitungen des Wirkungskreises bei hoheitlichem Handeln beschränken; bei rechtsgeschäftlichem Tätigwerden jedoch § 134 BGB zur Anwendung kommen lassen.
743 Äußerst bedenklich ist insofern die von *Oldiges* DÖV 1989, 873 (883), vorgenommene Trennung zwischen der auf die Verbandskompetenz beschränkten hoheitlichen Rechtsmacht und der rechtsgeschäftlichen Rechtsmacht, die sich grundsätzlich *unbeschränkt* aus der gesetzmäßigen Zuerkennung von Rechtspersönlichkeit ergeben soll.
744 *H. Klein*, Die Teilnahme des Staates am wirtschaftlichen Wettbewerb, 1968, S. 85 f.
745 Siehe dazu bereits die Ausführungen unter § 6 B. I. 1) c) aa) (1) – Die kommunale Schrankentrias als Quelle subjektiver Rechte.

4) *Fazit*

Es ist somit als Folge der Lehre von der Teilrechtsfähigkeit juristischer Personen des öffentlichen Rechts respektive der ne-ultra-vires-Lehre festzuhalten, dass alle kommunalwirtschaftlichen Rechtshandlungen ipso iure unwirksam sind, wenn die jeweilige Gemeinde dabei den Wirkungskreis überschreitet, der ihr durch die sie ermächtigenden Normen vorgegeben ist[746].
Etwas anderes hat freilich zu gelten, wenn der Kommunalwirtschaft in verfassungsrechtlich nicht zu beanstandender Weise qua legem über ihren Wirkungskreis hinaus Rechtsfähigkeit verliehen wird, wie dies etwa durch die Ausnahmeregelungen zum sparkassenrechtlichen Regionalprinzip geschehen ist[747].

II. Praktische Auswirkung dieser Rechtsfolge

Das die extraterritoriale Kommunalwirtschaft sowie den mit ihr in rechtsgeschäftlichen Kontakt tretenden Vertragspartner mitunter hart treffende Verdikt der Unwirksamkeit als unmittelbare Folge der Lehre von der Teilrechtsfähigkeit juristischer Personen des öffentlichen Rechts bzw. der ne-ultra-vires-Lehre wird abgemildert, wenn man sich vor Augen führt, wie sich dieses in der Praxis auswirkt.
Wie oben bereits angedeutet, äußert sich ein Überschreiten der kommunalen Legitimationsgrenzen selten in eklatant offensichtlichen Formen. Häufig bedarf es dazu näherer Kenntnisse der Umstände des Einzelfalls und juristischen Sachverstandes. Beides steht i. d. R. entweder nur den Aufsichtsbehörden oder den Fachgerichten zur Verfügung, die mit der Frage der Zulässigkeit extraterritorialer Kommunalwirtschaft befasst sind. Diese Durchsetzungsmöglichkeiten mittelbar örtlich begrenzend wirkender (legitimierender) Vorschriften werden jedoch nicht immer auch tatsächlich realisiert.
Die praktische Auswirkung der Rechtsfolge der Unwirksamkeit von Rechtshandlungen als Konsequenz der Überschreitung kommunaler Legitimationsgrenzen ist mithin de facto von den repressiven Möglichkeiten zur Durchsetzung der mittelbar örtlich begrenzend wirkenden ermächtigenden Vorschriften abhängig[748].

Nur die Kommunalaufsicht kann zudem auch präventiv die Rechtsfolge der Unwirksamkeit herbeiführen, wenn die jeweilige extraterritoriale kommunalwirtschaftliche Betätigung einem Genehmigungsvorbehalt unterliegt. Maßnahmen der wirtschaftenden Kommune sind nämlich ohne die erforderliche aufsichtsbehördliche Genehmigung schwebend unwirksam. Sie erlangen Wirksam-

---

[746] Zu diesem Ergebnis gelangt grundsätzlich auch *Gern*, Kommunalrecht, 3. Aufl. 2003, Rdn. 115, jedoch vertritt er diese Meinung unter der ausnahmsweisen Einbeziehung der Möglichkeit des im Einzelfall höhergewichtigen Vertrauensschutzes nach Art. 20 Abs. 3 GG.
[747] Diese werden im Rahmen des Regionalprinzips im Sparkassenrecht im Anschluss an dieses Kapitel zu erörtern sein.
[748] Siehe dazu bereits § 6 – Die Durchsetzung der mittelbaren örtlichen Begrenzung.

keit, wenn die Genehmigung erteilt wird, andernfalls sind sie endgültig unwirksam.[749]

B. *Verstoß gegen Grundrechte bzw. wettbewerbs- und kartellrechtliche Vorgaben*

Grundrechte bzw. wettbewerbs- und kartellrechtliche Vorgaben beschränken nicht das rechtliche Können der extraterritorialen Kommunalwirtschaft, da sie keine Legitimationsvorschriften sind. Sie stellen dementsprechend nur Grenzen des rechtlichen Dürfens dar, deren Überschreitung geltend gemacht werden muss.
Bei einem Verstoß gegen Grundrechte bzw. wettbewerbs- und kartellrechtliche Normen kommt es mithin nicht nur de facto für die praktische Auswirkung von Rechtsfolgen auf die Realisierung der Durchsetzungsmöglichkeiten durch aufsichtsbehördliche Maßnahmen oder Klagen Betroffener an. Diese sind vielmehr de iure erforderlich, um die Rechtsfolge überhaupt erst eintreten zu lassen.

Trotz unterschiedlicher Zielsetzung führen dann beide Durchsetzungswege primär dazu, dass die zu ausschweifend tätige Kommunalwirtschaft den jeweils rechtswidrigen extraterritorialen Anteil ihrer Tätigkeit einstellen sowie u. U. bereits abgeschlossene Rechtsgeschäfte in diesem Umfang rückgängig machen muss, sofern dies rechtlich oder tatsächlich nicht ausgeschlossen ist.
Wie weitreichend dieser Anteil jeweils ausfällt, kann unterschiedlich sein, je nachdem, welche Durchsetzungsmöglichkeit der örtlichen Begrenzung kommunaler Wirtschaftstätigkeit zum Einsatz kommt. Beispielsweise kann ein gerichtlich geltend gemachter Unterlassungsanspruch eines in der fremden Kommune tätigen privaten Konkurrenten, der sich auf wettbewerbliche Regeln stützt, weniger weitreichend sein als eine gegen dasselbe kommunalwirtschaftliche Handeln gerichtete repressive aufsichtsbehördliche Maßnahme, da diese nicht auf das Vorliegen subjektiver Betroffenheit angewiesen ist, um die extraterritoriale Kommunalwirtschaft in ihre Schranken zu weisen.
Allein privaten oder kommunalen Konkurrenten in der Zielgemeinde kann bei subjektiver Betroffenheit ein Schadensersatzanspruch gegenüber der Gemeinde oder ihren selbstständigen Unternehmen zustehen, der jedoch i. d. R. mangels konkret bezifferbaren materiellen Schadens praktisch nicht begründbar sein dürfte.

---

[749] *Lübking*, in: Vogelgesang/ders./Ulbrich (Hrsg.), Kommunale Selbstverwaltung, 3. Aufl. 2005, Rdn. 339 c.

§ 8 Exkurs: Das Regionalprinzip im Sparkassenrecht

A. Die nationale Rechtslage

Die Sparkassen stellen in der Form der Anstalt des öffentlichen Rechts[750] eine besondere Ausprägung des kommunalen Wirtschaftsrechts dar, fügen sich als solche jedoch in dessen allgemeinen, insbesondere verfassungsrechtlichen Rahmen ein[751]. In allen Gemeindeordnungen der Bundesländer ist ein kommunalrechtliches Bankenbetriebsverbot verankert, dessen einzige Ausnahme die Sparkassen sind[752]. Diesem Umstand ist es zu verdanken, dass sie einfachrechtlich eine gesonderte Reglementierung in Form der landesrechtlichen Sparkassengesetze erfahren haben. Trotz dieser Sonderregelungen bleibt es jedoch bei der Zugehörigkeit zum kommunalen Wirtschaftsrecht[753].

Für den hier behandelten Kontext ist die positiv-rechtliche Normierung eines Regionalprinzips in allen Sparkassengesetzen von besonderem Interesse, da sie insofern eine Exklusivität besitzt, als das allgemeine kommunale Wirtschaftsrecht, wie bereits gesehen, einer solchen expliziten Regelung entbehrt[754].

I. Sparkassenorganisationsrecht

Zu untersuchen ist zunächst, wie eng diese einfachrechtlichen Regelungen des Sparkassenrechts die kommunalen Kreditinstitute institutionell-organisatorisch, d. h. ihre Organisationsstruktur in Form von Haupt- und Zweigstellen an das Gebiet ihrer Träger binden.

1) Positiv-rechtliche Normierung

Alle Sparkassengesetze der neuen Bundesländer schreiben ausdrücklich eine grundsätzliche Begrenzung des Geschäftsgebietes der Sparkassen auf das Gebiet

---

[750] In dieser Rechtsform sind alle Sparkassen der Flächenbundesländer organisiert, vgl. § 1 SpkG BW, Art. 3 SpkG BY, §§ 1 Abs. 1 Satz 2 SpkG Bbg, 1 Abs. 1 SpkG He, 1 Abs. 1 SpkG MV, 3 SpkG Nds, 2 SpkG NW, 1 Abs. 1 SpkG RP, 1 Abs. 1 SpkG SL, 1 Abs. 1 Satz 2 ÖKWG Sa, 1 Abs. 1 SpkG SAnh, 1 Abs. 1 SpkG SH, 1 Abs. 1 SpkG Th.

[751] Siehe zum Einfluss des Art. 28 Abs. 2 Satz 1 GG auf das Sparkassenrecht *Stern/Nierhaus*, Rechtsfragen der Neuordnung des Sparkassenwesens als Folge kommunaler Neugliederung, 1976, S. 21 ff.; *v. Mutius*, in: Püttner (Hrsg.), HKWP V, 1984, S. 453 (460 ff.); *Nierhaus* VerwArch 67 (1976), 266 (271 f.); *dens.*, in: Ipsen (Hrsg.), Sparkassen im Wandel, 3. Bad Iburger Gespräche, 1993, S. 65 (70 f.); *Hoppe*, in: Püttner (Hrsg.), HKWP V, 1984, S. 496 (503 f.).

[752] Siehe dazu § 102 Abs. 5 GO BW, Art. 87 Abs. 4 GO BY, §§ 101 Abs. 5 GO Bbg, 121 Abs. 9 GO He, 68 Abs. 3 KV MV, 108 Abs. 5 GO Nds, 107 Abs. 6, 7 GO NW, 85 Abs. 4 GO RP, 108 Abs. 7 KSVG SL, 97 Abs. 4 GO Sa, 116 Abs. 5 GO SAnh, 101 Abs. 6 GO SH, 71 Abs. 3 KO Th.

[753] *Stern/Püttner*, Die Gemeindewirtschaft, 1965, S. 166 f.; *Stern/Nierhaus*, Die Befugnis zur Errichtung von Zweigstellen nach kommunalen Gebietsänderungen im nordrhein-westfälischen Sparkassenrecht, 1978, S. 17 ff.; *dies.*, Kreissparkassenzweigstellen in kreisfreien Städten?, 1978, S. 46 ff.; *Nierhaus* DÖV 1984, 662 (666); *Henneke* NdsVBl 2000, 129 (132), interpretieren in den Verweis auf die besonderen Sparkassengesetze innerhalb der kommunalrechtlichen Bankenbetriebsverbote keinen Entkommunalisierungseffekt hinein. I. E. auch *Fischer*, FG v. Unruh, 1983, S. 835 (840 f.). A. A. *Weides* DÖV 1984, 41 (44 ff.).

[754] Vgl. dazu bereits die Ausführungen im 2. Teil unter § 4 D. I. 1) – Allgemeine Vorschriften für die kommunale Wirtschaftsbetätigung.

ihres Trägers vor[755]. Ein ausnahmsweise zulässiges Errichten (und Betreiben) einer Zweigstelle im Gebiet des Trägers einer anderen Sparkasse setzt die Zustimmung der betroffenen Sparkasse, ihres Trägers sowie der Sparkassenaufsicht voraus[756].

Auf ein solches Grundsatz-Ausnahme-Verältnis laufen auch die in den meisten Sparkassengesetzen der alten Flächenbundesländer zu findenden Normen hinaus, die das außergebietliche Errichten und Betreiben von Zweigstellen[757] auf dem Gebiet einer anderen Gebietskörperschaft ausdrücklich als Ausnahme deklarieren[758]. Zu diesem Ergebnis führen außerdem die Vorschriften, die im Falle kommunaler Gebietsänderungen grundsätzlich eine Übertragung von Zweigstellen auf die Sparkassen der Gebietskörperschaft, in deren Gebiet sie nach vollzogener Neugliederung liegen, vorsehen[759], wobei davon Ausnahmen möglich sind[760].
Die eben genannten Ausnahmen stehen unter Genehmigungsvorbehalt[761], deren Rechtsnatur nicht unumstritten ist[762]. Zudem setzen einige von ihnen die Zustimmung der Sparkasse sowie zusätzlich ihres kommunalen Trägers, auf deren

---

[755] Siehe § 6 Abs. 1 Satz 1 i. V. m. Satz 2 SpkG Th. §§ 5 Abs. 1 Satz 1 i. V. m. Satz 2 SpkG Bbg, 5 Abs. 1 Satz 1 i. V. m. Satz 2 SpkG MV, 5 Abs. 1 Satz 1 i. V. m. Abs. 2 Satz 1 ÖKWG Sa, 5 Abs. 1 Satz 1 i. V. m. Satz 2 SpkG SAnh, betiteln diese Begrenzung auch "Regionalprinzip". Die Gleichsetzung des Geschäftsbereichs der Sparkassen mit dem Gebiet ihrer Träger wird auch "Deckungs- oder Gleichheitssatz" genannt, vgl. *Stern/Nierhaus*, Das Regionalprinzip im öffentlich-rechtlichen Sparkassenwesen, 1991, S. 12.

[756] §§ 5 Abs. 1 Satz 3 Nr. 1 SpkG Bbg, 5 Abs. 1 Satz 3 Nr. 1 SpkG MV, 5 Abs. 2 Satz 2 Nr. 1 ÖKWG Sa , 5 Abs. 1 Satz 2 Nr. 1 SpkG SAnh, 6 Abs. 2 Satz 2 SpkG Th.

[757] Der Begriff der Zweigstelle ist funktional zu verstehen, vgl. *Merten* DVBl 1983, 1140 (1143). Darunter zählen beispielsweise auch Geldautomaten, siehe dazu und zum Begriff im Allgemeinen OVG RP NVwZ-RR 1992, 240 (241).

[758] §§ 2 Abs. 2 Satz 1 SpkG BW, 5 Abs. 1 Satz 3 SpkG Bbg, 1 Abs. 3 Satz 2 SpkG He, 5 Abs. 1 Satz 3, Abs. 3 SpkG MV, 4 Abs. 2 SpkG Nds, 1 Abs. 3 SpkG RP, 1 Abs. 3 SpkG SL, 5 Abs. 2 Satz 2, Abs. 4 ÖKWG Sa, 5 Abs. 1 Satz 3, Abs. 3 SpkG SAnh, 6 Abs. 2 SpkG Th.

[759] §§ 4 Abs. 4 SpkG BW, 18 Abs. 2 SpkG He, 28 Abs. 8 SpkG MV, 2 Abs. 1 SAG Nds, 34 SpkG NW, 23 Abs. 2 Satz 1 SpkG RP, 32 Abs. 2 SpkG SH.

[760] So in §§ 4 Abs. 6 Satz 2 SpkG BW, 18 Abs. 2 Satz 3 SpkG He, 23 Abs. 2 Satz 2 SpkG RP, 32 Abs. 2 Satz 2 SpkG SH vorgesehen.

[761] Zur sparkassenaufsichtsbehördlichen Genehmigung, wenn eine Sparkasse auf einem trägerfremden Gebiet eine Zweigstelle errichten möchte: §§ 2 Abs. 2 Satz 1 SpkG BW, 5 Abs. 1 Satz 3 Nr. 1 SpkG Bbg, 1 Abs. 3 Satz 2 SpkG He, 5 Abs. 1 Satz 3 Nr. 1 SpkG MV, 4 Abs. 2 Satz 2 SpkG Nds, 1 Abs. 3 Satz 2 SpkG RP, 1 Abs. 3 SpkG SL, 5 Abs. 2 Satz 2 Nr. 1 ÖKWG Sa, 5 Abs. 1 Satz 3 Nr. 1 SpkG SAnh, 6 Abs. 2 Satz 2 SpkG Th. Zur Genehmigung, wenn ausnahmsweise eine Kommune Träger einer Sparkassen-Zweigstelle bleiben möchte, die nach kommunaler Gebietsänderung auf dem Gebiet einer anderen kommunalen Gebietskörperschaft liegt: §§ 4 Abs. 6 Satz 2 SpkG BW, 18 Abs. 2 Satz 3 SpkG He, 23 Abs. 2 Satz 3 SpkG RP, 32 Abs. 2 Satz 2 SpkG SH.

[762] Vgl. zum Streitstand *Nierhaus* VerwArch 67 (1976), 266 (282); *Stern/dens.*, Das Regionalprinzip im öffentlich-rechtlichen Sparkassenwesen, 1991, S. 92 ff.

Trägergebiet die in Frage stehenden Zweigstellen errichtet werden sollen, voraus[763].

Die sparkassenrechtlichen Ausnahmeregelungen sind – anders als die Expansionsklauseln der kommunalen Schrankentrias – verfassungsrechtlich nicht zu beanstanden. Dies ist vor allem darauf zurückzuführen, dass die sparkassenrechtlichen Ausnahmebestimmungen zum einen zwangsläufig auf das kommunale Sparkassenwesen beschränkt sind. Zum anderen unterstreichen sie ihren Ausnahmecharakter dadurch, dass sie i. d. R. das Vorliegen besonderer Gründe oder einen unmittelbaren Zusammenhang mit der Förderung der Wirtschaft des eigenen Gemeindegebietes voraussetzen. Dadurch besteht namentlich nicht die Gefahr der Aushöhlung der in Art. 28 Abs. 2 Satz 1 GG angelegten Idee der größtmöglichen Bürgernähe durch eine dezentrale Aufgabenansiedlung bei den Gemeinden.

Die positiv-rechtliche Normierung eines so verstandenen Regionalgrundsatzes im Zusammenhang mit dem Errichten und Betreiben von Haupt- und Zweigstellen erschöpft sich aber nicht in diesen Vorschriften. Dieses ergibt sich außerdem aus dem in den Sparkassengesetzen festgelegten Auftrag, den die Sparkassen zu realisieren haben. So obliegt es ihnen, die Versorgung mit geld- und kreditwirtschaftlichen Leistungen in ihrem Geschäftsgebiet sicherzustellen[764] respektive den örtlichen Kreditbedarf zu befriedigen[765]. Durch die auf die örtlichen Angaben bezogenen Wörter "insbesondere" und "vor allem" in nahezu allen diesen Regelungen wird signalisiert, dass es sich hierbei um deren primäre Ziele – nicht ihre alleinigen – handelt, was auf das soeben herausgearbeitete Grundsatz-Ausnahme-Verhältnis schließen lässt.

2) *Allgemeine Rechtsgrundsätze als Bestätigung*

Das innerhalb der sparkassenrechtlichen Organisationsstruktur in Form von Haupt- und Zweigstellen geltende Regionalprinzip wird in der Ausgestaltung, die im Rahmen der positiv-rechtlichen Regelungen der Sparkassengesetze festgestellt wurde, durch allgemeine Rechtsgrundsätze bestätigt.

---

[763] Siehe §§ 5 Abs. 1 Satz 3 Nr. 1 SpkG Bbg, 5 Abs. 1 Satz 3 Nr. 1 SpkG MV, 5 Abs. 2 Satz 2 Nr. 1 ÖKWG Sa, 5 Abs. 1 Satz 3 Nr. 1 SpkG SAnh, 6 Abs. 2 Satz 2 SpkG Th. §§ 2 Abs. 2 Satz 1 SpkG BW, 1 Abs. 3 Satz 2 SpkG SL, setzen nur die Zustimmung der betroffenen Sparkasse voraus.

[764] §§ 2 Abs. 1 Satz 1 SpkG Bbg, 3 Abs. 1 SpkG NW, 2 Abs. 1 SpkG SL, 2 Abs. 1 Satz 1 ÖKWG Sa, 2 Abs. 1 Satz 1 SpkG SAnh. Ähnlich auch §§ 6 Abs. 1 Satz 1 SpkG BW, 2 Abs. 1 Satz 1 SpkG MV, 4 Abs. 1 Sätze 1, 2 SpkG Nds, 2 Satz 1 SpkG SH, 2 Abs. 1 Satz 1 SpkG Th. Neben dem derart formulierten Auftrag in § 2 Abs. 1 SpkG RP werden die rheinland-pfälzischen Sparkassen zudem in § 2 Abs. 4 SpkG RP expressis verbis dazu verpflichtet, für natürliche Personen *aus ihrem Geschäftsgebiet* Girokonten zu führen.

[765] Art. 2 Abs. 1 Satz 1 SpkG BY, § 2 Abs. 2 SpkG He.

So wird aus dem Umstand, dass Errichtungskörperschaften von Sparkassen nur kommunale Gebietskörperschaften sein können[766], die sich ihrerseits in den Grenzen des Art. 28 Abs. 2 Satz 1 GG halten müssen, die Existenz eines solchen Regionalprinzips für das Sparkassenorganisationsrecht geschlossen[767].
Dem Ansatz ist insofern zuzustimmen, als der Wirkungskreis der Sparkassen als Unternehmen von Kommunen bzw. deren Vereinigungen nicht über die örtlich radizierte Verbandskompetenz ihrer Träger hinausgehen kann, da sie von ihnen ihre Existenz und Legitimation ableiten[768]. Jedoch ist eine Präzisierung dergestalt erforderlich, dass sich der Wirkungskreis von Kommunen (und davon abgleitet auch von deren Zweckverbänden) gemäß Art. 28 Abs. 2 Satz 1 GG lediglich auf die Angelegenheiten der jeweils örtlichen Gemeinschaft beschränkt. Diese Begrenzung bedeutet aber de iure keine solche strikte auf deren Gemeindegebiet, auch wenn sie de facto oftmals auf eine solche hinausläuft. Vielmehr besteht die letztlich auch örtlich wirkende Pflicht zur Orientierung auf das Wohl der Gemeindeeinwohner[769].
Die den kommunalen Wirkungskreis im Grundsatz enger fassenden gesetzlichen Bestimmungen über das sparkassenrechtliche Regionalprinzip konkretisieren jedenfalls in verfassungskonformer Weise den in Art. 28 Abs. 2 Satz 1 GG enthaltenen allgemeinen Gesetzesvorbehalt.

Außerdem wird auch das Verbot der Doppelverwaltung in Form der Anstaltskonkurrenz zur Begründung eines derartigen sparkassenrechtlichen Regionalgrundsatzes herangezogen. Es verbietet den Kommunen die gleichzeitige Betätigung zweier oder mehrer Sparkassen in einem Gebiet, um die jeweiligen Kompetenzbereiche der Sparkassen und ihrer Träger klar abzugrenzen und damit widersprüchliche hoheitliche Maßnahmen zu vereiteln. Außerdem können sich nur so die eigentlichen Dezentralisierungseffekte entfalten.[770] Das Verbot der Doppelverwaltung in Form der Anstaltskonkurrenz ist vom Verbot der so genannten

---

[766] Eine Ausnahme bildet insofern § 1 SpkG Bremen, da hiernach neben kommunalen Gebietskörperschaften und Zweckverbänden auch Stiftungen des öffentlichen Rechts Träger einer Sparkasse sein können.

[767] BFH WM 1974, 25 (27); *Stern/Nierhaus*, Kreissparkassenzweigstellen in kreisfreien Städten?, 1978, S. 57 ff., 81 ff.; *dies.*, Das Regionalprinzip im öffentlich-rechtlichen Sparkassenwesen, 1991, S. 12 f., 55 ff. m. w. N.; *P. Kirchhof* DVBl 1983, 921 ff.; *v. Mutius*, in: Püttner (Hrsg.), HKWP V, 1984, S. 453 (460 ff.); *Merten* DVBl 1983, 1140 (1141); *Ruffert* VerwArch 92 (2001), 27 (55).

[768] So auch *Merten* DVBl 1983, 1140 (1141); *Stern/Nierhaus*, Das Regionalprinzip im öffentlich-rechtlichen Sparkassenwesen, 1991, S. 32.

[769] Vgl. dazu bereits die Ausführungen unter § 4 B. I. 1) a) – Angelegenheiten der örtlichen Gemeinschaft i. S. von Art. 28 Abs. 2 Satz 1 GG.

[770] *Stern/Nierhaus*, Rechtsfragen der Neuordnung des Sparkassenwesens als Folge kommunaler Neugliederung, 1976, S. 25 ff.; *dies.*, Das Regionalprinzip im öffentlich-rechtlichen Sparkassenwesen, 1991, S. 40 ff.; *Nierhaus* VerwArch 67 (1976), 266 (274 f.). Ähnlich auch *Hoppe*, in: Püttner (Hrsg.), HKWP V, 1984, S. 496 (498). Das OVG NW OVGE 36, 60 (64), leitet das Verbot der Doppelverwaltung in Form der Anstaltskonkurrenz umgekehrt aus dem sparkassenrechtlichen Regionalprinzip ab.

Mehrfachträgerschaft, zu unterscheiden, welches untersagt, dass eine Gemeinde Trägerin mehrer Sparkassen ist[771].

Die Rückführung eines so verstandenen sparkassenrechtlichen Regionalprinzips auf die damit intendierte Begrenzung des Risikos, dem der kommunale Träger wegen der Haftung für seine Sparkasse in Form von Gewährträgerhaftung und Anstaltslast ausgesetzt sei,[772] ist seit dem 19. Juli 2005 obsolet. Die Europäische Kommission hat entschieden, dass es sich bei diesen Haftungsregeln um unzulässige Beihilfen i. S. von Art. 87 Abs. 1 EG handele. Demzufolge sahen sich die Landesgesetzgeber auf Grund einer entsprechenden Vereinbarung mit der Kommission[773] gezwungen, die Gewährträgerhaftung zum 19. Juli 2005 vollends abzuschaffen[774] und die bis zu diesem Datum gesetzlich festgelegte Anstaltslast an privatwirtschaftliche Grundsätze anzupassen[775]. Dabei blieb im Rahmen des so genannten Grandfathering nur die Haftung der Trägergemeinden für die vor dem Brüsseler Kompromiss bis zum 18. Juli 2001 eingegangenen Verbindlichkeiten sowie für die zwischen dem 19. Juli 2001 und dem 18. Juli 2005 eingegangenen Verbindlichkeiten mit einer Laufzeit nicht über den 31. Dezember 2015 bestehen[776].

3) *Zwischenergebnis*

Die rechtlichen Grundlagen des sparkassenrechtlichen Regionalprinzips binden somit die kommunalen Sparkassen institutionell-organisatorisch, d. h. in Bezug auf Niederlassungen grundsätzlich strikt an das Gebiet ihrer Trägerkommune[777].

---

[771] So in § 4 Abs. 2 Satz 1 SpkG BW ausdrücklich geregelt.

[772] *Stern/Nierhaus*, Rechtsfragen der Neuordnung des Sparkassenwesens als Folge kommunaler Neugliederung, 1976, S. 19 f.; *dies.*, Das Regionalprinzip im öffentlich-rechtlichen Sparkassenwesen, 1991, S. 26 ff., 32 ff.; *dies.*, Kreissparkassenzweigstellen in kreisfreien Städten?, 1978, S. 60 f.

[773] Vgl. zu Genese, Umsetzung sowie tatsächlichen und möglichen Auswirkungen des so genannten "Brüsseler Kompromisses" *Geske*, in: Pitschas/Ziekow (Hrsg.), Kommunalwirtschaft im Europa der Regionen, 2004, S. 49 ff.; *Grünhage*, in: Pitschas/Ziekow (Hrsg.), Kommunalwirtschaft im Europa der Regionen, 2004, S. 55 (56 ff.).

[774] Der Ausschluss der Außenhaftung der Kommunen in Form der Gewährträgerhaftung zum 19. Juli 2005 ist in allen Sparkassengesetzen explizit geregelt, vgl. § 8 Abs. 5 Satz 2 SpkG BW, Art. 4 Abs. 3 Satz 2 SpkG BY, §§ 3 Abs. 1 Satz 2 SpkG Bbg, 3 Abs. 2 Satz 2 SpkG He, 3 Abs. 1 Satz 2 SpkG MV, 5 Abs. 2 Satz 2 SpkG Nds, 6 Satz 3 SpkG NW, 3 Abs. 1 Satz 3 SpkG RP, 5 Abs. 2 Satz 2 SpkG SL, 3 Abs. 1 Satz 2 ÖKWG Sa, 3 Abs. 2 Satz 2 SpkG SAnh, 4 Abs. 3 Satz 2 SpkG SH, 3 Abs. 2 Satz 2 SpkG Th.

[775] Siehe dazu § 8 Abs. 4 SpkG BW, Art. 4 Abs. 2 SpkG BY, §§ 3 Abs. 3 SpkG Bbg, 3 Abs. 1 SpkG He, 3 Abs. 3 SpkG MV, 5 Abs. 1 SpkG Nds, 6 Satz 1 SpkG NW, 3 Abs. 2 SpkG RP, 5 Abs. 1 SpkG SL, 3 Abs. 2 ÖKWG Sa, 3 Abs. 1 SpkG SAnh, 4 Abs. 2 SpkG SH, 3 Abs. 1 SpkG Th.

[776] *Geske*, in: Pitschas/Ziekow (Hrsg.), Kommunalwirtschaft im Europa der Regionen, 2004, S. 49 (51); *Grünhage*, in: Pitschas/Ziekow (Hrsg.), Kommunalwirtschaft im Europa der Regionen, 2004, S. 55 (62).

[777] So i. E. zutreffend *Stern/Nierhaus*, Das Regionalprinzip im öffentlich-rechtlichen Sparkassenwesen, 1991, S. 70 f., 139, für den hier in Rede stehenden Teil des Sparkassenrechts.

Der lediglich auf die Gemeindeeinwohner bezogene kommunale Wirkungskreis wird über den in Art. 28 Abs. 2 Satz 1 GG verankerten allgemeinen Gesetzesvorbehalt durch die positiv-rechtlichen Regelungen über das sparkassenrechtliche Regionalprinzip in verfassungskonformer Weise verengend konkretisiert.

II. Sparkassengeschäftsrecht

Für die grenzüberschreitende Geschäftstätigkeit der Sparkassen existieren in den Sparkassengesetzen keine vergleichbar strengen Normierungen in örtlicher Hinsicht wie für die das Sparkassenorganisationsrecht, welches die Organisationsstruktur der Sparkassen in Form von Haupt- und Zweigstellen umfasst.

Die Normen der Sparkassengesetze, die auch Auswirkung auf die örtlichen Aspekte der Sparkassengeschäftstätigkeit haben (das sind primär die Regelungen bezüglich des Geschäftsbereiches und des sparkassenrechtlichen Auftrages), lassen Ausnahmen zu, ohne diese jedoch an Zustimmungserfordernisse oder andere rechtliche Voraussetzungen zu knüpfen. Insofern ist Raum für die Entfaltung des Art. 28 Abs. 2 Satz 1 GG, in welchem auch die Sparkassen ihre Wurzeln haben. Danach muss die Geschäftstätigkeit der Sparkassen auf die Gemeindeeinwohner ausgerichtet sein. Diese Ansicht bewog wohl auch *Henneke*, einen Änderungsvorschlag in Bezug auf die Formulierung des sparkassenrechtlichen Auftrages "*in* ihrem Geschäftsgebiet" hin zu "*für* ihr Geschäftsgebiet" zu unterbreiten, da dieser Ausdruck deutlich macht, dass die gemeindliche Kundenbindung die Geschäftstätigkeit bestimmt[778].
Der Gedanke, dass der Bezug zu den (geld- und kreditwirtschaftlichen) Interessen der eigenen Gemeindeeinwohner für die Sparkassengeschäftstätigkeit ausschlaggebendes Moment ist, wird durch die sparkassenrechtlichen Regelungen bezüglich der Aktivgeschäfte der Kreditvergabe an Auswärtige und der hiermit verbundenen Beleihung von Grundstücken nach der so genannten Anknüpfungstheorie bestätigt. So sehen §§ 5 Abs. 1 Satz 3 Nr. 2 SpkG Bbg, 5 Abs. 2 Satz 2 Nr. 2 ÖKWG Sa, 5 Abs. 1 Satz 3 Nr. 2 SpkG SAnh vor, dass Kredite an gebietsfremde Kreditnehmer nur gewährt werden können, wenn der Kredit im unmittelbaren Zusammenhang mit der Förderung der Wirtschaft des Geschäftsgebiets steht oder das Beleihungsobjekt im Geschäftsgebiet liegt.

Eine personelle Erweiterung der Sparkassengeschäftstätigkeit ist darüber hinaus darin zu sehen, dass die Sparkassen im Passivgeschäft berechtigt und verpflichtet sind, Spareinlagen von jedermann – also auch Gebietsfremden – anzunehmen[779]. Allerdings darf eine Sparkasse nicht außerhalb ihres Trägergebietes aktiv das Sparaufkommen fremder Gemeindeeinwohner bewerben oder im Sinne

---

[778] *Henneke* NdsVBl 2000, 129 (134).
[779] *P. Kirchhof* DVBl 1983, 921 (924); *Merten* DVBl 1983, 1140 (1141); zustimmend *Nierhaus* DÖV 1984, 662 (669). Vgl. auch *Stern/Nierhaus*, Das Regionalprinzip im öffentlich-rechtlichen Sparkassenwesen, 1991, S. 200 f.

einer passiven Grenzüberschreitung ihre interne Struktur auf auswärtige Kundschaft einstellen[780].

B. Aufgabe des Regionalprinzips wegen europarechtlicher Einflüsse?

Das sparkassenrechtliche Regionalprinzip könnte durch die Niederlassungsfreiheit gemäß Art. 43 EG[781] bzw. das Recht auf freien Dienstleistungsverkehr nach Art. 49 EG[782] im Allgemeinen und Art. 18 Abs. 1 der 2. BRKR vom 15. Dezember 1989[783] im Besonderen außer Kraft gesetzt werden, sofern die Sparkassen ins EU-Ausland zu expandieren gedenken. Art. 18 Abs. 1 der 2. BRKR stellt dabei für den Bankensektor eine Konkretisierung der beiden erstgenannten europarechtlichen Vorschriften dergestalt dar, dass kein EU-angehöriges Kreditinstitut daran gehindert werden darf, seinen geschäftlichen Tätigkeiten im EU-Ausland nachzugehen.

I. Die begrenzte Legitimation der Kommunen und ihrer Sparkassen

Die eingangs genannten europarechtlichen Normen beinhalten zumindest ein Marktzutrittsrecht in dem Sinne, dass Banken und Sparkassen aus dem EU-Ausland durch Vorschriften der Bundesrepublik Deutschland die Betätigung im Land nicht verwehrt werden darf[784]. Die Frage, ob den deutschen kommunalen Sparkassen ein Korrelat in der Form eines Marktaustrittsrechtes zusteht, ist nicht unumstritten[785].

Die wohl h. M. lehnt zum einen die unmittelbare Wirkung des Art. 18 Abs. 1 der 2. BRKR in Deutschland mangels der erforderlichen inhaltlichen Unbedingtheit ab[786].

---

[780] *Stern/Nierhaus*, Das Regionalprinzip im öffentlich-rechtlichen Sparkassenwesen, 1991, S. 187 ff., 201 f.

[781] Diese hätte Einfluss auf die Zweigstellenerrichtungs- bzw. Zweigstellenbetreibungsbefugnis von Sparkassen im EU-Ausland.

[782] Die allgemeinere Dienstleistungsfreiheit bezieht sich auf die Geschäftstätigkeit der Sparkassen im EU-Ausland, ohne dass dabei Zweigstellen errichtet oder betrieben werden.

[783] Abl. EWG 1989 Nr. L 386/1 ff.

[784] *Bader* EuZW 1990, 117 (120); *Eilmansberger* EuZW 1991, 691 (694). Vgl. zudem EuGH NJW 2002, 3614 (3614 f.) – Überseering/NCC, der speziell für die Niederlassungsfreiheit urteilte, dass die Mitgliedsstaaten verpflichtet sind, die Rechts- und Parteifähigkeit von in ihrem Hoheitsgebiet agierenden Gesellschaften anderer Mitgliedsstaaten, die nach dem nationalen Recht ihres Gründungsstaates rechts- und parteifähig sind, anzuerkennen.

[785] Ein Überblick über die Vertreter der zwei konträren Meinungen ist bei *Nierhaus*, in: Ipsen (Hrsg.), Sparkassen im Wandel, 3. Bad Iburger Gespräche, 1993, S. 65 (67, Fn. 9), zu finden.

[786] *Nierhaus/Stern*, Regionalprinzip und Sparkassenhoheit im europäischen Bankenbinnenmarkt, 1992, S. 58 ff.; *Nierhaus*, in: Ipsen (Hrsg.), Sparkassen im Wandel, 3. Bad Iburger Gespräche, 1993, S. 65 (76 f.). Siehe i. Ü. zu den Voraussetzungen für die unmittelbare Wirkung von europäischen Richtlinien, wenn jene von den Mitgliedsstaaten nicht gesetzlich umgesetzt werden: EuGH NVwZ 1990, 649 (650) – Fratelli Costanzo/Stadt Mailand; *Lenz* DVBl 1990, 903 (908 f.). Auch gegen ein aus Art. 18 Abs. 1 der 2. BRKR folgendes Marktaustrittsrecht: *Bader* EuZW 1990, 117 (120 f.); *Eilmansberger* EuZW 1991, 691 (694).

Zum anderen ist, wie auch schon bei der extraterritorialen Kommunalwirtschaft im Allgemeinen[787], der persönliche Anwendungsbereich der Niederlassungs- und Dienstleistungsfreiheit für die deutschen kommunalen Sparkassen nicht eröffnet. Die Anwendbarkeit dieser gemeinschaftsrechtlichen Freiheiten reicht gemäß Art. 48 EG (i. V. m. Art. 55 EG für den freien Dienstleistungsverkehr gemäß Art. 49 EG) nur soweit, wie die nationalen Vorschriften, auf die sich die Existenz des jeweiligen Unternehmens gründet[788].
Eine gegenläufige Entscheidung von der Europäischen Kommission ist, wie auch schon bei der extraterritorialen Kommunalwirtschaft im Allgemeinen dargelegt[789], nicht ausgeschlossen. Auf die unter dem Gliederungspunkt § 5 C. I. 2) c) geäußerte Kritik an einer solchen Entscheidung, die als solche noch nicht explizit getroffen wurde, kann hier nur verwiesen werden.
Die sowohl in Art. 28 Abs. 2 Satz 1 GG als auch in den Sparkassengesetzen zum Ausdruck kommende besondere öffentliche Verpflichtung der Sparkassen ihrer kommunalen Bevölkerung gegenüber, die diese örtlich begrenzt, ist nicht nur wesenstypisches, sondern zugleich konstitutives Merkmal dieser Kommunalunternehmen. Das sparkassenrechtliche Regionalprinzip ist folglich nicht durch diese gemeinschaftsrechtlichen Freiheiten aufhebbar, da es untrennbarer Bestandteil der Existenzgrundlage der Sparkassen ist.[790]

II. Der Vertrag von Amsterdam

Für den mangelnden Einfluss des europäischen Gemeinschaftsrechts auf das sparkassenrechtliche Regionalprinzip spricht zudem der Vertrag von Amsterdam vom 2. Oktober 1997.
Mit diesem wurde Art. 16 EG eingeführt, der den Stellenwert der Dienste von allgemeinem wirtschaftlichem Interesse hervorhebt. Diese Begrifflichkeit[791] findet sich in der Ausnahmevorschrift des Art. 86 Abs. 2 Satz 1 EG wieder. Ein besonders großer Stellenwert kommt in diesem Rahmen der Sicherstellung der flächendeckenden Versorgung der Bevölkerung mit Dienstleistungen von allgemeinem wirtschaftlichem Interesse zu.

Die besondere Aufgabe der Sparkassen besteht darin, jedermann, also auch Bevölkerungsschichten mit äußerst bescheidenen Vermögensverhältnissen, die

---

787 Siehe dazu ausführlich die Erörterungen unter § 5 C. I. – Über die nationale Rechtslage hinausgehende Rechte aus Art. 43, 49 EG.
788 EuGH, Slg. 1988, S. 5483 (Rdn. 19) – Daily Mail.
789 Vgl. Gliederungspunkt § 5 C. I. 2) b) – Gegenläufige Ansicht.
790 So *Nierhaus/Stern*, Regionalprinzip und Sparkassenhoheit im europäischen Bankenbinnenmarkt, 1992, S. 113 ff.; *Nierhaus*, in: Ipsen (Hrsg.), Sparkassen im Wandel, 3. Bad Iburger Gespräche, 1993, S. 65 (81 ff.), speziell für die Niederlassungsfreiheit.
791 Der in Art. 16 EG verwendete Terminus "Dienste" und derjenige in Art. 86 Abs. 2 Satz 1 EG verwendete "Dienstleistungen" unterscheiden sich allein in ihrer differenzierten Formulierung, meinen in der Sache aber das Gleiche, vgl. *Klotz*, in: v. d. Groeben/Schwarze, Bd. 1, 6. Aufl. 2003, Art. 16 EG Rdn. 13; *Haratsch/Koenig/Pechstein*, Europarecht, 5. Aufl. 2006, Rdn. 1016, 1099.

Möglichkeit der Versorgung mit geld- und kreditwirtschaftlichen Leistungen zu verschaffen. Diese Möglichkeit ist jedoch nur werthaltig, wenn sie flächendeckend, d. h. auch in strukturschwachen Gebieten sichergestellt wird.
Gäbe man das sparkassenrechtliche Regionalprinzip bei Sparkassentätigkeiten mit EU-Auslandsbezug wegen der im EG vorgesehenen Freiheiten auf, läge die Gefahr nahe, dass sich jedenfalls die Großsparkassen mit Rücksicht auf das wachsende Auslandsgeschäft und damit verbundenen gesteigerten Gewinnaussichten letztendlich in reine Geschäftsbanken umwandeln würden. Denn gerade der Bezug zu den geld- und kreditwirtschaftlichen Interessen der eigenen Gemeindeeinwohner sowie die daraus resultierende örtliche Durchdringung des Finanzmarktes sichern die Gemeinwohlbindung des öffentlichen Sparkassenauftrages. Es wäre eine Aufspaltung der Sparkassentätigkeit in einen nationalen öffentlichen Auftrag und eine privatwirtschaftliche EU-internationale Betätigung zu befürchten.[792] Im Ergebnis würden die Sparkassen ihre Wirtschafts- und Kapitalkraft streuen, was dazu führt, dass sie ihrer primären Aufgabe, auf die sich ihre Existenz stützt, nicht mehr bzw. nicht mehr befriedigend nachkommen. Schließlich erfordert eine Orientierung hin zu größeren Märkten ins EU-Ausland eine Effizienzsteigerung in dem Sinne, dass eine flächendeckende Präsenz im Inland zu Gunsten der internationalen Tätigkeit weichen muss.[793]

Diese Überlegungen bewogen wohl auch die Parteien des Vertrages von Amsterdam dazu, eine Zusatzerklärung abzufassen, die ausdrücklich anerkennt, dass die öffentlich-rechtlichen Kreditinstitute Deutschlands Dienstleistungen von allgemeinem wirtschaftlichem Interesse erbringen. Danach soll es der Organisation der Bundesrepublik Deutschland überlassen sein, "auf welche Weise [sie] insoweit den Gebietskörperschaften die Erfüllung ihrer Aufgabe ermöglicht, in ihren Regionen eine flächendeckende und leistungsfähige Finanzierungsstruktur zur Verfügung zu stellen."[794] Wegen ihrer relativ offenen Formulierung trägt diese Zusatzerklärung jedoch im Ergebnis nur wenig zur Bewahrung der örtlichen Sparkassenstrukturen bei.

---

[792] Zu dieser Einschätzung gelangen zutreffend *Nierhaus/Stern*, Regionalprinzip und Sparkassenhoheit im europäischen Bankenbinnenmarkt, 1992, S. 123 ff.; *Nierhaus*, in: Ipsen (Hrsg.), Sparkassen im Wandel, 3. Bad Iburger Gespräche, 1993, S. 65 (84, 88). Ähnlich auch *Meyer-Horn* LK 1980, 296 (297 f.).

[793] *Nierhaus/Stern*, Regionalprinzip und Sparkassenhoheit im europäischen Bankenbinnenmarkt, 1992, S. 162 ff.; *Nierhaus*, in: Ipsen (Hrsg.), Sparkassen im Wandel, 3. Bad Iburger Gespräche, 1993, S. 65 (87), lehnten die Einschlägigkeit des Art. 86 Abs. 2 (ehemals Art. 90 Abs. 2 EWGV) hingegen ab, weil der Nachweis, dass die Öffnung des Bankenbinnenmarktes für die Sparkassen jenen die Erfüllung des öffentlichen Auftrages unmöglich macht, nach dem damaligen Stand nicht zu erbringen war.

[794] Vertrag von Amsterdam, 37. Erklärung zur Schlussakte, Erklärung zu öffentlich-rechtlichen Kreditinstituten in Deutschland, Abl. EG 1997 Nr. C 340/138.

III. Ergebnis zu B.

Die untersuchten gemeinschaftsrechtlichen Vorschriften führen sowohl nach der Rechtsprechung des EuGH als auch nach dem Regelungsgehalt des Amsterdamer Vertrages mangels Anwendbarkeit nicht zur Aufgabe des sparkassenrechtlichen Regionalprinzipes. Es wird im Übrigen auf das zu den europarechtlichen Einflüssen auf die extraterritoriale Kommunalwirtschaft Gesagte verwiesen[795].
Die darin liegende umgekehrte Diskriminierung der deutschen Sparkassen im europäischen Bankenbinnenmarkt ist folglich zulässig.

---

[795] Vgl. § 5 C. – Über die nationale Rechtslage hinausgehende Rechte.

§ 9 Ausblick

Die Untersuchung hat gezeigt, dass die extraterritoriale Kommunalwirtschaft vor allem durch Art. 28 Abs. 2 Satz 1 GG in all seinen Ausformungen und Ausstrahlungswirkungen in andere Regelungen hinein in örtlicher Hinsicht mit einer nahezu unüberwindbaren Zulässigkeitsschranke konfrontiert wird. Um sie zu überwinden bedarf es entweder einer Verfassungsänderung oder einer verfassungsgemäßen einfachgesetzlichen Ermächtigungsgrundlage. Beide Wege lassen sich jedoch nur mit erheblichen Schwierigkeiten umsetzen.

Neben den aus Art. 79 Abs. 2 GG resultierenden formellen Schwierigkeiten, mit denen eine Verfassungsänderung verbunden ist, ergeben sich erhebliche materielle Hemmnisse. So würde die Aufhebung des Bezuges zum örtlich radizierten Wohl der Gemeindeeinwohner in Art. 28 Abs. 2 Satz 1 GG zwar die expansionswillige Kommunalwirtschaft von einer rigide wirkenden örtlichen Schranke befreien. Sie würde jedoch auch bedeuten, dass den Gemeinden nicht mehr die Funktion der bürgernahesten Form der Demokratie zukäme[796]. Der Staatsaufbau einer "Demokratie von unten nach oben", wie es der Hüter der Verfassung in seiner Rastede-Entscheidung selbst postuliert, wäre in Frage gestellt. Dies bedeutete zwar aus Sicht der Einwohner der expansionswilligen Kommune noch keinen Verstoß gegen die in Art 79 Abs. 3 GG vorgesehene Ewigkeitsgarantie bezüglich des in Art. 20 Abs. 1, 2 GG festgelegten Demokratieprinzips, da den Gemeindeeinwohnern durch die Aufhebung des örtlich radizierten Einwohnerbezuges in Art. 28 Abs. 2 Satz 1 GG nur die Möglichkeit gegeben wird, ihrer Gemeindevertretung durch Wahlen einen weiteren Wirkungskreis zu verleihen. Man gäbe den Einwohnern der expansionswilligen Gemeinde hierdurch aber die Macht, dass ihre durch Wahlen legitimierten örtlichen Interessenvertreter in die Entscheidungskompetenz der Interessenvertreter von Einwohnern fremder Gemeinden eingreifen können. Die Aufhebung des örtlich begrenzend wirkenden Einwohnerbezuges in Art. 28 Abs. 2 Satz 1 GG, wenn auch beschränkt auf den Bereich der wirtschaftlichen Betätigung, würde folglich eine mittelbare Fremdbestimmung der Einwohner anderer Kommunen ermöglichen. Das widerspricht jedoch dem in Art. 79 Abs. 3 GG absolut geschützten Demokratieprinzip, es sei denn, die der betroffenen Gemeindevertretung durch Wahlen verliehene Entscheidungsbefugnis wird entsprechend berücksichtigt.

Kann das Grundgesetz nicht in der Weise geändert werden, dass der örtlich begrenzend wirkende Einwohnerbezug in Art. 28 Abs. 2 Satz 1 GG aufgehoben wird, so muss eine einfachgesetzliche Ermächtigungsgrundlage zur grenzüberschreitenden kommunalen Wirtschaftsbetätigung die geltenden Voraussetzungen des Grundgesetzes erfüllen. Die Funktion des Art. 28 Abs. 2 Satz 1 GG als Staatsorganisationsnorm verlangt jedenfalls, dass die Durchbrechung des Prin-

---

[796] Ähnlich *Knauff* VR 2005, 145 (151 f.), zur Frage der Geeignetheit einer Abschaffung des örtlich begrenzend wirkenden Einwohnerbezuges in Art. 28 Abs. 2 Satz 1 GG.

zips der Einwohnerdienlichkeit nicht pauschal, sondern nur zur Verfolgung besonders wichtiger Gemeininteressen, deren ordnungsgemäße Erfüllung anders nicht sicherzustellen wäre, erfolgen darf. Daran müssen sich auch Expansionsklauseln halten, die den Bezug zu den Gemeindeeinwohnern "nur" für die wirtschaftliche Betätigung aufheben wollen.

Der von den Kommunen eingeschlagene Weg der Erweiterung der wirtschaftlichen Betätigung in territorialer Hinsicht ist folglich wegen der relativ rigiden Rechtslage keine zukunftsträchtige Lösung, die das eingangs geschilderte Finanzproblem zu bewältigen in der Lage ist[797].
Sollte Erleichterung aus Europa in binnenmarktgrenzüberschreitender Hinsicht eintreten, so wäre diese staatsorganisationsrechtlich höchst bedenklich. Denn die Gemeinschaft würde dadurch in den Bereich der nationalen Staatsorganisationshoheit Deutschlands eingreifen, der die Ausgestaltung der mittelbaren (Landes-) Staatsverwaltung bezüglich der wirtschaftlichen Dimension der kommunalen Daseinsvorsorge betrifft, obwohl die EU diesen grundsätzlich zu respektieren hat.

[797] Zu diesem Schluss gelangt auch *Knauff* VR 2005, 145 (152).

§ 10 Zusammenfassung der wichtigsten Ergebnisse

1. Im Rahmen der extraterritorialen wirtschaftlichen Betätigung unterliegen sowohl die Gemeinden als auch ihre selbstständigen Unternehmen umfassend der Gesetzes- und Verfassungsbindung gemäß Art. 1 Abs. 3, 20 Abs. 3 GG sowie der Bindung an die privatrechtlichen Vorschriften, deren Tatbestand sie mit ihren Handlungen erfüllen. Lediglich die Gesetzes- und Verfassungsbindung gemischt-wirtschaftlicher Unternehmen ist zu verneinen, da an diesen Organisationsformen nicht nur Kommunen als Teil der vollziehenden Gewalt beteiligt sind und demnach die Tätigkeit dieser Betriebe keine ausschließliche Ausübung von Staatsgewalt im Sinne von Art. 20 Abs. 2, 3 GG darstellt.

2. Die Verbandskompetenz des Art. 28 Abs. 2 Satz 1 GG beschränkt die Kommunalwirtschaft in örtlicher Hinsicht mittelbar, indem sie sie nur zu solchen (grenzüberschreitenden) Handlungen legitimiert, die einen Bezug zu den eigenen Gemeindeeinwohnern aufweisen.
Das Selbstverwaltungsrecht betroffener Gemeinden kann dagegen lediglich der aktiven Grenzüberschreitung fremdkommunaler Unternehmen potenzielle Schranken setzen. Fällt die im Rahmen der verfassungsrechtlichen Rechtfertigung vorzunehmende Güterabwägung zu Gunsten der von der fremdkommunalen Kommunalwirtschaft auf ihrem Gebiet betroffenen Gemeinde aus, so muss das Selbstverwaltungsrecht der aktiv grenzüberschreitenden Kommune zurückstehen, auch wenn sie dabei zum Wohl ihrer Einwohner handelt.

3. Ein Eingriff in die nach Art. 12 Abs. 1 GG garantierte Berufsfreiheit der privaten Unternehmer einer fremden Gemeinde liegt bei der aktiven und der passiven grenzüberschreitenden kommunalen Wirtschaftstätigkeit vor, sobald die extraterritorial tätigen kommunalen Unternehmen der Privatwirtschaft oberhalb einer Bagatellgrenze Konkurrenz machen.
Allein die Eingriffe, die unterhalb der Schwelle des Auszehrungs- und Verdrängungswettbewerbs liegen, können durch die kommunalen Schrankentrias der Gemeindeordnungen gerechtfertigt werden. Voraussetzung dafür ist allerdings, dass sich die Kommunalwirtschaft bei der grenzüberschreitenden Tätigkeit in dem Rechtmäßigkeitsrahmen bewegt, den die kommunalen Schrankentrias der Gemeindeordnungen vorsehen.
Die Rechtfertigung eines Eingriffes durch fremdkommunale Unternehmen in Form des Auszehrungs- und Verdrängungswettbewerbs ist hingegen grundsätzlich weder im Rahmen des Gesetzesvorbehalts noch über kollidierendes Verfassungsrecht möglich. Nur in seltenen, unvorhersehbaren Ausnahmefällen, wie etwa Naturkatastrophen, ist die Legitimation eines solchen Eingriffs denkbar, sofern es unter Berücksichtigung des Übermaßverbotes um die Verfolgung eines überragend wichtigen Zweckes des Gemeinwohls geht.

4. In örtlicher Hinsicht ergeben sich aus dem Erfordernis demokratischer Legitimation für die aktiv und die passiv grenzüberschreitende kommunalwirtschaftliche Betätigung die gleichen Zulässigkeitsgrenzen wie aus der Verbandskompetenz des Art. 28 Abs. 2 Satz 1 GG.
Im Hinblick auf die Fremdbestimmung der Einwohner der betroffenen Gemeinde unterliegt die aktiv grenzüberschreitende kommunalwirtschaftliche Tätigkeit den gleichen Zulässigkeitsschranken wie aus der kommunalen Selbstverwaltungsgarantie der Zielgemeinde.
Im Zusammenhang mit einer Fremdbestimmung der in der betroffenen Gemeinde tätigen privaten Konkurrenz verweist das Demokratieprinzip die aktiv grenzüberschreitende Kommunalwirtschaft auf den durch die kommunalwirtschaftlichen Normen der Gemeindeordnungen gezogenen landesrechtlichen Rahmen.

5. Die grenzüberschreitende Kommunalwirtschaft fiele zwar in den Anwendungsbereich eines verfassungsrechtlichen Subsidiaritätsprinzips zu Gunsten der Privatwirtschaft, die in der betroffenen Kommune tätig ist. Gleichwohl setzt es aktiv und passiv extraterritorial tätigen kommunalen Unternehmen mangels entsprechender Begründbarkeit keine verfassungsrechtlichen Zulässigkeitsschranken.

6. Die durch die Verfassung vorgegebene öffentliche Zweckbindung stellt sich wie der Garantiegehalt des Art. 28 Abs. 2 Satz 1 GG als mittelbar gebietsbezogen dar, da sie die aktiv grenzüberschreitende Kommunalwirtschaft zur Versorgung der eigenen Einwohnerschaft verpflichtet. Die aktive und passive Grenzüberschreitung zum Wohle Gemeindefremder ist mithin hiernach gar nicht zulässig. Aus der verfassungsrechtlich verankerten öffentlichen Zweckbindung folgt ein Verbot der reinen Gewinnerzielung, das auch nicht mit dem Argument umgangen werden kann, dass ein erzielter Gewinn zum Wohle der Einwohnerschaft verwendet wird.
Einzige Ausnahme von diesem Verbot bilden ressourcennutzende Nebengeschäfte, die, sofern ihnen ein auf das Gemeinwohl der eigenen Einwohner ausgerichtetes Hauptgeschäft zu Grunde liegt, auch außerhalb des Gemeindegebietes stattfinden können. In diesem Rahmen kann die Kommunalwirtschaft ausnahmsweise zu Gunsten Gemeindefremder aktiv und passiv grenzüberschreitend tätig werden.

7. Die landesverfassungsrechtlichen Selbstverwaltungsgarantien haben in Bezug auf die extraterritoriale Wirtschaftsbetätigung der Gemeinden keinen vom Regelungsgehalt des Art. 28 Abs. 2 Satz 1 GG einschränkend oder erweiternd abweichenden Inhalt.

8. Diejenigen kommunalrechtlichen Schrankentrias, die sich auf die wirtschaftliche Betätigung der Gemeinden im Allgemeinen beziehen, eröffnen eine

zeitlich vollumfängliche Überprüfungsmöglichkeit. Die Zulässigkeitsbestimmungen der Parallelvorschriften anderer Gemeindeordnungen müssen nur zu den dort genannten bestimmten Transaktions- oder Gründungszeitpunkten erfüllt sein. Gegebenfalls greift die verfassungsrechtliche Pflicht, einen öffentlichen Zweck zu verfolgen, da diese Geltungsvorrang beansprucht.
Der Kommunalwirtschaft ist wie bereits auf Verfassungsebene auch durch die einfachrechtliche öffentliche Zweckbindung in den kommunalen Wirtschaftsklauseln sowohl die aktive als auch die passive Grenzüberschreitung zu Gunsten Gemeindefremder verboten. Ausgenommen sind auch hier dem Hauptzweck untergeordnete ressourcennutzende erwerbswirtschaftliche Nebengeschäfte.
Die Angemessenheitsklausel setzt der aktiven Grenzüberschreitung der Kommunalwirtschaft insofern Grenzen, als diese mit steigendem finanziellen Risiko verbunden ist. Namentlich der passiven Grenzüberschreitung zu Gunsten Gemeindefremder steht sie entgegen, da diese den Bedarf der Einwohner der Trägergemeinde übersteigt.
Die örtlich begrenzende Wirkung der Subsidiaritätsklausel resultiert aus dem in den Gemeindeordnungen mit jeweils unterschiedlichen Anforderungen versehenem Vorrang, den andere insbesondere private Wirtschaftsteilnehmer, die in der expansionswilligen Gemeinde oder in der Zielkommune tätig sind, bei der grenzüberschreitenden Tätigkeit zu Gunsten der Gemeindeeinwohner der expansionswilligen Kommune genießen.

9. Der in den Expansionsklauseln enthaltene Verweis auf die Voraussetzungen der allgemeinen kommunalen Wirtschaftsklausel bezieht den jenen innewohnenden örtlichen Bezug zur Einwohnerschaft nicht mit ein. Diese Aufhebung des Einwohnerbezuges ist wegen Nichtbeachtung der aus Art. 28 Abs. 2 Satz 1 GG resultierenden Beschränkungen, fehlender Gesetzgebungskompetenz der Landesgesetzgeber für bundesländergrenzüberschreitende Kommunalwirtschaft, wegen Verstoßes gegen das Demokratieprinzip sowie auf Grund eines Widerspruches zu der den Kommunen verfassungsrechtlich auferlegten Pflicht, einen öffentlichen Zweck unmittelbar zu Gunsten ihrer Gemeindebevölkerung zu erfüllen, verfassungswidrig.
Die bei der Versorgung mit Strom und Gas bzw. den gesetzlich liberalisierten Tätigkeiten sowie bei der Wahrnehmung von Aufgaben im Wettbewerb bestehenden Sonderregelungen bezüglich des Vorliegens von berechtigten Interessen der betroffenen Gemeinde trifft wegen Verletzung der Verbandskompetenz der Zielgemeinde und wegen Verstoßes gegen das Demokratieprinzip das Verdikt der Verfassungswidrigkeit, weil sie keinen Raum für die erforderliche Güterabwägung lassen.
Die Expansionsklauseln kommen demnach nicht als Rechtfertigung für Eingriffe in die Berufsfreiheit der in der betroffenen Gemeinde tätigen privaten Konkurrenten sowie Beeinträchtigungen der kommunalen Selbstverwal-

tungsgarantie der von der aktiv grenzüberschreitenden Kommunalwirtschaft betroffenen Gemeinde in Betracht.
Die Expansionsklauseln, deren Regelungsgegenstand die aktive Grenzüberschreitung ins Ausland umfasst, widersprechen allein der durch Art. 28 Abs. 2 Satz 1 GG konkretisierten verfassungsrechtlichen Pflicht der Gemeinden, bei der wirtschaftlichen Betätigung einen öffentlichen Zweck zu verfolgen, der unmittelbar ihren eigenen Gemeindeeinwohnern zu Gute kommt.

10. Die einfachrechtlichen Regelungen des Privatrechts setzen der grenzüberschreitenden Kommunalwirtschaft nur im Einzelfall Zulässigkeitsschranken, sofern diese nach dem UWG unlautere Wettbewerbshandlungen vornimmt bzw. eine für sie unwahrscheinliche marktbeherrschende Stellung zum Nachteil des Wettbewerbes ausnutzt.

11. Gemeinschaftsrechtliche Regelungen, die speziell die kommunalwirtschaftliche Betätigung mit grenzüberschreitendem Bezug zusätzlich begrenzen sind nicht auszumachen.
Die gemeinschaftsrechtlichen Normen verschaffen den expansionswilligen gemeindlichen Betrieben auch keine Befreiung von den örtlich begrenzend wirkenden nationalen Vorschriften. So profitiert die aktive extraterritoriale kommunalwirtschaftliche Betätigung weder von den Grundfreiheiten der Art. 43/49 EG bzw. des Art. 29 EG, noch kann sie sich auf eine Art. 3 Abs. 2 EG i. V. m. Art. 3 Abs. 1 lit. g EG zuwiderlaufende Diskriminierung gegenüber privaten Konkurrenten berufen. Auch ein Gebietskartell entgegen Art. 86 Abs. 1 EG i. V. m. Art. 81 EG, dessen sachlicher Anwendungsbereich sowohl für die aktive als auch die passive grenzüberschreitende Tätigkeit kommunaler Unternehmen eröffnet wäre, lässt sich für diesen Kontext nicht konstruieren.

12. Die örtlich begrenzend wirkenden Vorschriften werden gegenüber der aktiven und der passiven extraterritorialen Kommunalwirtschaft zum einen durch die Kommunalaufsichtsbehörden, zum anderen über den Gerichtsweg auf Initiative privater oder anderer kommunaler Konkurrenten durchgesetzt.

13. Klagen der in der betroffenen Kommune tätigen Privatwirtschaft sind an die Verwaltungsgerichte zu richten, wenn es um einen möglichen Verstoß gegen die kommunalen Schrankentrias geht. Dabei entfalten die öffentliche Zweckbindungsklausel und die Subsidiaritätsklausel die für einen öffentlich-rechtlichen Unterlassungsanspruch notwendige drittschützende Wirkung für diese Kläger. Wird ein privatrechtlicher Unterlassungsanspruch wegen wettbewerbswidrigen Verhaltens auf Wettbewerbsrecht gestützt, so sind die Zivilgerichte zuständig.

14. Die Zielgemeinden können vor den Verwaltungsgerichten einen öffentlich-rechtlichen Unterlassungsanspruch gegen die aktiv oder passiv grenzüberschreitende Kommunalwirtschaft aus Art. 28 Abs. 2 Satz 1 GG geltend machen. Vor den Zivilgerichten stehen nur den Unternehmen der wirtschaftlich okkupierten Gemeinden wettbewerbs- und kartellrechtliche Unterlassungsansprüche gegen die fremdkommunale Betätigung zu.

15. Alle kommunalwirtschaftlichen Rechtshandlungen sind ipso iure unwirksam, wenn die jeweilige grenzüberschreitende Gemeinde dabei ihren Wirkungskreis überschreitet. Die praktische Auswirkung dieser Rechtsfolge ist de facto jedoch von den Möglichkeiten zur Durchsetzung der mittelbaren örtlichen Begrenzung abhängig.
Bei einem Verstoß gegen Grundrechte oder wettbewerbs- und kartellrechtliche Normen sind de iure aufsichtsbehördliche Maßnahmen oder Klagen Betroffener erforderlich, um die Rechtsfolgen, vor allem von Aufhebungsanordnungen und Unterlassungsansprüchen, im einzelnen eintreten zu lassen.

16. Das Sparkassenrecht kennt als besondere Ausformung des Örtlichkeitsprinzips im Rahmen des kommunalen Wirtschaftsrechts ein Regionalprinzip, das in den Sparkassengesetzen positiv-rechtliche Normierung erfahren hat. Die Errichtung bzw. der Weiterbetrieb von Zweigstellen außerhalb des Gemeindegebietes ist nur unter engen Voraussetzungen möglich, wohingegen es im Rahmen der Sparkassengeschäftstätigkeit für die Überschreitung des Gemeindegebietes genügt, wenn sich die jeweilige Sparkasse gemäß Art. 28 Abs. 2 Satz 1 GG dabei an den geld- und kreditwirtschaftlichen Bedürfnissen der Einwohner der Trägergemeinde orientiert.
Das sparkassenrechtliche Regionalprinzip wird mangels Anwendbarkeit der Niederlassungsfreiheit gemäß Art. 43 EG bzw. des Rechts auf freien Dienstleistungsverkehr nach 49 EG im Allgemeinen und des Art. 18 Abs. 1 der 2. BRKR im Besonderen nicht außer Kraft gesetzt.

Literaturverzeichnis

Achterberg, Norbert / Püttner, Günter / Würtenberger, Thomas (Hrsg.): Besonderes Verwaltungsrecht. Ein Lehr- und Handbuch, Band II: Kommunal-, Haushalts-, Abgaben-, Ordnungs-, Sozial-, Dienstrecht, 2. Auflage, Heidelberg 2000.

Antweiler, Clemens: Öffentlich-rechtliche Unterlassungsansprüche gegen kommunale Wirtschaftstätigkeit, NVwZ 2003, S. 1466.

Arnim, Hans Herbert von: Wirtschaftlichkeit als Rechtsprinzip, Berlin 1988.

Averhaus, Ralf: Gemeinden in der Telekommunikation; Zulässigkeit und Grenzen der wirtschaftlichen Betätigung von Gemeinden im Bereich der Telekommunikation – unter besonderer Berücksichtigung der wegerechtlichen Problematik, Frankfurt am Main u.a. 2001.

Bader, Udo-Olaf: Inhalt und Bedeutung der 2. Bankrechtskoordinierungsrichtlinie – ein "EG-Grundgesetz" für die Banken?, EuZW 1990, S. 117.

Badura, Peter: Wirtschaftliche Betätigung der Gemeinde zur Erledigung von Angelegenheiten der örtlichen Gemeinschaft im Rahmen der Gesetze, DÖV 1998, S. 818.

Badura, Peter: Wirtschaftsverwaltungsrecht, in: Schmidt-Aßmann (Hrsg.), Besonderes Verwaltungsrecht, 12. Auflage, Berlin 2003, 3. Kapitel.

Bartlsperger, Richard: Das Verfassungsrecht der Länder in der gesamtstaatlichen Verfassungsordnung, in: Isensee / Kirchhof (Hrsg.), HStR IV, Heidelberg 1990.

Baumbach, Adolf / Hefermehl, Wolfgang: Wettbewerbsrecht. Kommentar zum Gesetz gegen den unlauteren Wettbewerb, zur Preisangabenverordnung, 23. Auflage, München 2004.

Beater, Axel: Unrechtmäßige Wirtschaftstätigkeit der Kommunen und Wettbewerbsrecht, in: Wallerath (Hrsg.), Kommunen im Wettbewerb, Baden-Baden 2001, S. 67.

Beck, Wolfgang / Lübking, Uwe / Figge, Hans-Gottfried: Gemeindeordnung für das Land Sachsen-Anhalt; Ergänzbarer Kommentar mit weiterführenden Vorschriften; Band 2, Berlin 2003.

Becker, Florian: Grenzenlose Kommunalwirtschaft, DÖV 2000, S. 1032.

Berg, Wilfried: Die wirtschaftliche Betätigung des Staates als Verfassungsproblem, GewArch 1990, S. 225.

Berg, Wilfried: Die wirtschaftliche Betätigung von Kommunen – kommunale Selbstverwaltung und Wettbewerb, WiVerw 2000, S. 141.

Bethge, Herbert: Grundrechtsträgerschaft juristischer Personen – Zur Rechtsprechung des Bundesverfassungsgerichts –, AöR 104 (1979), S. 54, S. 265.

Bethge, Herbert: Das Selbstverwaltungsrecht im Spannungsfeld zwischen institutioneller Garantie und grundrechtlicher Freiheit, in: von Mutius (Hrsg.), Selbstverwaltung im Staat der Industriegesellschaft – Festgabe zum 70. Geburtstag von Georg Christoph von Unruh, Heidelberg 1983, S. 149.

Bickel, Heribert: Sicherung der Selbstverwaltung in der Verwaltungsgerichtsbarkeit, in: von Mutius (Hrsg.), Selbstverwaltung im Staat der Industriegesellschaft – Festgabe zum 70. Geburtstag von Georg Christoph von Unruh, Heidelberg 1983, S. 1035.

Blümel, Willi: Wesensgehalt und Schranken des kommunalen Selbstverwaltungsrechts, in: von Mutius (Hrsg.), Selbstverwaltung im Staat der Industriegesellschaft – Festgabe zum 70. Geburtstag von Georg Christoph von Unruh, Heidelberg 1983, S. 265.

Bonner Kommentar: Kommentar zum Bonner Grundgesetz, Loseblatt. Band 2, Heidelberg, Art. 20 – 37 (Zweitbearbeitung Art. 28, Stand: Dezember 1964).

Borchert, Hartmut: Legalitätsprinzip oder Opportunitätsgrundsatz für die Kommunalaufsicht?, DÖV 1978, S. 721.

Braun, Christian: Tätigwerden von Stadtwerken außerhalb ihrer Gemeindegrenzen, SächsVBl 1999, S. 25.

Brede, Helmut: In der Zange: Unternehmen der öffentlichen Hand unter dem Druck von Subsidiaritätsprinzip und Marktöffnung in Deutschland, ZögU 2003, S. 176.

Britz, Gabriele: Funktion und Funktionsweise öffentlicher Unternehmen im Wandel: Zu den jüngsten Entwicklungen im Recht der kommunalen Wirtschaftsunternehmen, NVwZ 2001, S. 380.

Brohm, Winfried: Wirtschaftstätigkeit der öffentlichen Hand und Wettbewerb, NJW 1994, S. 281.

Brosius-Gersdorf, Frauke: Wirtschaftliche Betätigung von Gemeinden außerhalb ihres Gebietes; Gemeindeordnungsrecht und Verfassungsrecht in Harmonie oder Disharmonie?, AöR 130 (2005), S. 392.

Brüning, Christoph: Mittelbare Beteiligungen der Kommunen im grenzüberschreitenden Wettbewerb, DVBl 2004, S. 1451.

Burgi, Martin: Die öffentlichen Unternehmen im Gefüge des primären Gemeinschaftsrechts, EuR 1997, S. 261.

Burgi, Martin: Perspektiven kommunaler Wirtschaftstätigkeit im europäischen Rechtsrahmen, LK 2003, S. 26.

Burmeister, Frank / Staebe, Erik: Räumliche Beschränkungen für kommunale Wirtschaftsunternehmen – ein Verstoß gegen Europäisches Recht, EuR 2004, S. 810.

Burmeister, Joachim: Der Begriff des "Fiskus" in der heutigen Verwaltungsrechtsdogmatik, DÖV 1975, S. 695.

Burmeister, Joachim: Verfassungsrechtliche Grundfragen der kommunalen Wirtschaftsbetätigung, in: von Mutius (Hrsg.), Selbstverwaltung im Staat der Industriegesellschaft – Festgabe zum 70. Geburtstag von Georg Christoph von Unruh, Heidelberg 1983, S. 623.

Burmeister, Joachim: Selbstverwaltungsgarantie und wirtschaftliche Betätigung der Kommunen, in: Püttner (Hrsg.), HKWP V, 2. Auflage, Heidelberg u. a. 1984, S. 3.

Cremer, Wolfram: Gewinnstreben als öffentliche Unternehmen legitimierender Zweck: Die Antwort des Grundgesetzes, DÖV 2003, S. 921.

Cromme, Franz: Staatshaftung der Kommunalaufsichts- und Fachaufsichtsbehörden gegenüber Gemeinden, DVBl 1996, S. 1230.

Cronauge, Ulrich: Benötigen die Kommunen ein neues Gemeindewirtschaftsrecht?, GemH 1997, S. 265.

Cronauge, Ulrich: Kommunale Wirtschaft zwischen Recht und Realität; Zur aktuellen Diskussion einer Anpassung des Gemeindewirtschaftsrechts an wettbewerbliche Rahmenbedingungen, AfK 1999, S. 24.

Dau, Horst: Energieeinkaufsgesellschaften. Beispiel einer Kooperation kommunaler Unternehmen, in: Püttner (Hrsg.), Zur Reform des Gemeindewirtschaftsrechts, Baden-Baden 2002, S. 205.

David, Hans-Joachim: Wettbewerbsrechtliche Ansprüche gegen Betätigung von Kommunen und deren Gesellschaften, NVwZ 2000, S. 738.

Detig, Stefan: Die kommunale Anstalt des öffentlichen Rechts als Wirtschaftsförderungsinstitution, Baden-Baden 2004.

Detterbeck, Steffen: Der praktische Fall – Öffentliches Recht: Die kommunale Heiratsvermittlung, JuS 2001, S. 1199.

Dickersbach, Alfred: Die wirtschaftliche Betätigung der öffentlichen Hand im Verhältnis zur Privatwirtschaft aus öffentlichrechtlicher Sicht, WiVerw 1983, S. 187.

Diefenbach, Wilhelm: § 1 UWG als Schranke wirtschaftlicher Betätigung der Kommunen, WiVerw 2003, S. 99.

Diefenbach, Wilhelm: Zur Konkurrentenklage gegen unzulässige kommunale Wirtschaftstätigkeit, WiVerw 2003, S. 115.

Dohms, Rüdiger: Öffentliche Unternehmen und europäisches Gemeinschaftsrecht, in: Ipsen (Hrsg.), Kommunalwirtschaft im Umbruch, 11. Bad Iburger Gespräche, Osnabrück 2001, S. 35.

Dreher, Meinrad: Anmerkung zu BGH, Urteil vom 25.04.2002 ("Elektroarbeiten"), ZIP 2002, S. 1648.

Ehlers, Dirk: Verwaltung in Privatrechtsform, Berlin 1984.

Ehlers, Dirk: Die Rechtsprechung zum nordrhein-westfälischen Kommunalrecht der Jahre 1984-1989, NWVBl 1990, S. 80.

Ehlers, Dirk: Das Wirtschaftsverwaltungsrecht im europäischen Binnenmarkt, NVwZ 1990, S. 810.

Ehlers, Dirk: Die wirtschaftliche Betätigung der öffentlichen Hand in der Bundesrepublik Deutschland, JZ 1990, S. 1089.

Ehlers, Dirk: Rechtsprobleme der Kommunalwirtschaft, DVBl 1998, S. 497.

Ehlers, Dirk: Die Zulässigkeit einer erwerbswirtschaftlichen Betätigung der öffentlichen Hand, Jura 1999, S. 212.

Ehlers, Dirk: Die Lehre von der Teilrechtsfähigkeit juristischer Personen des öffentlichen Rechts und die Ultra-vires-Doktrin des öffentlichen Rechts, Berlin 2000.

Ehlers, Dirk: Das neue Kommunalwirtschaftsrecht in Nordrhein-Westfalen, NWVBl 2000, S. 1.

Ehlers, Dirk: Kommunalaufsicht und europäisches Gemeinschaftsrecht, DÖV 2001, S. 412.

Ehlers, Dirk: Möglichkeiten und Grenzen kommunaler Wirtschaftsbetätigung, in: Ipsen (Hrsg.), Kommunalwirtschaft im Umbruch, 11. Bad Iburger Gespräche, Osnabrück 2001, S. 10.

Ehlers, Dirk: Empfiehlt es sich, das Recht der öffentlichen Unternehmen im Spannungsfeld von öffentlichem Auftrag und Wettbewerb national und gemeinschaftsrechtlich neu zu regeln?, Gutachten E für den 64. DJT 2002, München 2002.

Eilmansberger, Thomas: Die Liberalisierung des Hypothekarkredits in der EWG, EuZW 1991, S. 691.

Emmerich, Volker: Das Wirtschaftsrecht der öffentlichen Unternehmen, Bad Homburg u. a. 1969.

Enkler, Claus: Wirtschaftliche Betätigung der Kommunen in neuen Geschäftsfeldern, ZG 1998, S. 328.

Erdmann, Joachim: Die Anstalt des öffentlichen Rechts – eine neue Rechtsform für gemeindliche Betriebe in Niedersachsen, NdsVBl 2003, S. 261.

Erichsen, Hans-Uwe: Gemeinde und Private im wirtschaftlichen Wettbewerb, Heidelberg 1987.

Erichsen, Hans-Uwe: Kommunalrecht des Landes Nordrhein-Westfalen, Siegburg 1988.

Erichsen, Hans-Uwe / Martens, Wolfgang Hrsg.): Allgemeines Verwaltungsrecht, 4. Auflage, Berlin u. a. 1979.

Erlenkämper, Friedel: Entwicklungen im Kommunalrecht, NVwZ 1990, S. 116.

Fabry, Beatrice / Augsten, Ursula (Hrsg.): Handbuch Unternehmen der öffentlichen Hand, Baden-Baden 2002.

Feuchte, Paul (Hrsg.): Verfassung des Landes Baden-Württemberg: Kommentar, Stuttgart u. a. 1987.

Fischer, Reinfrid: Selbstverwaltung durch und in kommunalen Sparkassen, in: von Mutius (Hrsg.), Selbstverwaltung im Staat der Industriegesellschaft – Festgabe zum 70. Geburtstag von Georg Christoph von Unruh, Heidelberg 1983, S. 835.

Flume, Werner: Allgemeiner Teil des Bürgerlichen Rechts II, 3. Auflage, Berlin u. a. 1979.

Franz, Thorsten: Gewinnerzielung durch kommunale Daseinsvorsorge, Tübingen 2005.

Frenz, Walter: Verwaltungsgerichtlicher Rechtsschutz in Konkurrenzsituationen, Berlin 1999.

Frenz, Walter: Wettbewerbsrechtliche Absicherung privater Entsorgungsverantwortung – Zum Spannungsfeld von KrW-/AbfG, GO und UWG, DÖV 2000, S. 802.

Frenz, Walter: Kommunale wirtschaftliche Betätigung zwischen GO, GG und EG, GewArch 2006, S. 100.

Gassner, Ulrich M.: Kriterienlose Genehmigungsvorbehalte im Wirtschaftsverwaltungsrecht; eine verfassungsrechtliche Studie unter besonderer Berücksichtigung von § 5 Abs. 1 EnWG, Berlin 1994.

Gerke, Jürgen: Die wirtschaftliche Betätigung der Gemeinden, Jura 1985, S. 349.

Gern, Alfons: Wirtschaftliche Betätigung der Gemeinden außerhalb ihres Gemeindegebiets, NJW 2002, S. 2593.

Gern, Alfons: Deutsches Kommunalrecht, 3. Auflage, Baden-Baden 2003.

Geske, Uwe: Neue europäische Herausforderungen für die deutschen kommunalen Sparkassen, in: Pitschas / Ziekow (Hrsg.), Kommunalwirtschaft im Europa der Regionen, Berlin 2004, S. 49.

Gönnenwein, Otto: Gemeinderecht, Tübingen 1963.

Gottschalk, Martin: Die Reichweite des Dienstleistungsexports gemeindlicher Unternehmen nach der Novellierung der ThürKO, ThürVBl 2003, S. 25.

Grabitz, Eberhard / Hilf, Meinhard (Hrsg.): Das Recht der Europäischen Union. Altband I, EUV, Art. 1-136 a EGV (Maastrichter Fassung), München 1994.

Grawert, Rolf: Rechtsfragen der grenzüberschreitenden Zusammenarbeit von Gemeinden, DVBl 1971, S. 484.

Grawert, Rolf: Zuständigkeitsgrenzen der Kommunalwirtschaft, in: Grupp / Ronellenfitsch (Hrsg.), Planung – Recht – Rechtsschutz, Festschrift zum 70. Geburtstag von Blümel, Berlin 1999, S. 119.

Grawert, Rolf: Kommunale Wirtschaftsbetätigung im System eines unverfälschten Wettbewerbs, in: Reichard (Hrsg.), Kommunen am Markt: aktuelle Fragen der wirtschaftlichen Betätigung von Kommunen, Berlin 2001, S. 9.

Groeben, Hans von der / Schwarze, Jürgen (Hrsg.): Kommentar zum Vertrag über die Europäische Union und zur Gründung der Europäischen Gemeinschaft. Band 1, Art. 1-53 EUV, Art. 1-80 EGV, 6. Auflage, Baden-Baden 2003.

Groeben, Hans von der / Schwarze, Jürgen (Hrsg.): Kommentar zum Vertrag über die Europäische Union und zur Gründung der Europäischen Gemeinschaft. Band 2, Art. 81-97 EGV, 6. Auflage, Baden-Baden 2003.

Grooterhorst, Johannes / Törnig, Tobias: Wo liegt die Grenze der Zulässigkeit der wirtschaftlichen Betätigung von Kommunen?, DÖV 2004, S. 685.

Grundlach, Ulf: Die Erweiterung des kommunalen Wirtschaftsrechts in Sachsen-Anhalt, LKV 2002, S. 264.

Grünhage, Jochen: Die Sparkassen und der "Brüsseler Kompromiss" – zur Zukunft der öffentlichen Banken in Deutschland, in: Pitschas/Ziekow (Hrsg.), Kommunalwirtschaft im Europa der Regionen, Berlin 2004, S. 55.

Guckelberger, Annette: Die wirtschaftliche Betätigung kommunaler Unternehmen *außerhalb* des Gemeindegebiets, BayVBl 2006, S. 293.

Gusy, Christoph: Die wirtschaftliche Betätigung des Staates, JA 1995, S. 166, S. 253.

Haratsch, Andreas / Koenig, Christian / Pechstein, Matthias: Europarecht, 5. Auflage, Tübingen 2006.

Heberlein, Horst: Rechtsprobleme kommunaler Entwicklungshilfe, DÖV 1990, S. 374.

Heberlein, Horst: Kommunale Europapolitik, BayVBl 1992, S. 417.

Heilshorn, Torsten: Gebietsbezug der Kommunalwirtschaft, Stuttgart u. a. 2003.

Heilshorn, Torsten: Sollte die überörtliche kommunale Wirtschaftstätigkeit durch die Gemeindeordnungen zugelassen werden?, VerwArch 96 (2005), S. 88.

Heintzen, Markus: Rechtliche Grenzen und Vorgaben für eine wirtschaftliche Betätigung von Kommunen im Bereich der gewerblichen Gebäudereinigung, Berlin 1999.

Heintzen, Markus: Zur Tätigkeit kommunaler (Entsorgungs-) Unternehmen außerhalb der kommunalen Gebietsgrenzen, NVwZ 2000, S. 743.

Held, Friedrich Wilhelm: Ist das kommunale Wirtschaftsrecht noch zeitgemäß? – Zugleich ein Beitrag zur wirtschaftlichen Betätigung der Gemeinden –, WiVerw 1998, S. 264.

Held, Friedrich Wilhelm: Kommunalwirtschaftliche Betätigung – begrenzt auf das Örtlichkeitsprinzip?, in: Henneke (Hrsg.), Optimale Aufgabenerfüllung im Kreisgebiet?, Stuttgart u. a. 1999, S. 181.

Held, Friedrich Wilhelm: Die Zukunft der Kommunalwirtschaft im Wettbewerb mit der privaten Wirtschaft – Änderungen des Gemeindewirtschaftsrechts in Nordrhein-Westfalen –, NWVBl 2000, S. 201.

Hellermann, Johannes: Örtliche Daseinsvorsorge und gemeindliche Selbstverwaltung: zum kommunalen Betätigungs- und Gestaltungsspielraum unter den Bedingungen europäischer und staatlicher Privatisierungs- und Deregulierungspolitik, Tübingen 2000.

Hellermann, Johannes / Wieland, Joachim: Die wirtschaftliche Betätigung der Kommunen außerhalb ihres Gebiets, in: Püttner (Hrsg.), Zur Reform des Gemeindewirtschaftsrechts, Baden-Baden 2002, S. 117.

Henneke, Hans-Günter: Gewinnerzielung und Arbeitsplatzsicherung als Legitimation kommunalwirtschaftlicher Betätigung? – Verfassungsrechtliche Aspekte –, NdsVBl 1998, S. 273.

Henneke, Hans-Günter: Das Recht der Kommunalwirtschaft in Gegenwart und Zukunft, NdsVBl 1999, S. 1.

Henneke, Hans-Günter: Sparkasse – quo vadis?; Landesgesetzgeber sind zur Präzisierung des öffentlichen Auftrags aufgerufen, NdsVBl 2000, S. 129.

Henneke, Hans-Günter: Weiterentwicklung des kommunalen Wirtschafts- und Sparkassenrechts im Lichte des EG-Vertrages, in: Geis / Lorenz (Hrsg.), Festschrift für Maurer, München 2001, S. 1137.

Herzog, Roman: Subsidiaritätsprinzip und Staatsverfassung, Der Staat 2 (1963), S. 399.

Hesse, Konrad: Grundzüge des Verfassungsrechts der Bundesrepublik Deutschland, 20. Auflage, Heidelberg 1995.

Hill, Hermann: In welchen Grenzen ist kommunalwirtschaftliche Betätigung Daseinsvorsorge?, BB 1997, S. 425.

Hill, Hermann: Kommunen im wirtschaftlichen Wettbewerb unter veränderten rechtlichen Rahmenbedingungen, in: Bohne (Hrsg.), Kommunen im wirtschaftlichen Wettbewerb, Wiesbaden 1999, S. 127.

Himmelmann, Gerhard: Selbstverwaltung durch und in öffentlichen Unternehmen, in: von Mutius (Hrsg.), Selbstverwaltung im Staat der Industriegesellschaft – Festgabe zum 70. Geburtstag von Georg Christoph von Unruh, Heidelberg 1983, S. 763.

Hobe, Stephan / Biehl, Dirk / Schroeter, Nicolai: Der Einfluß des Rechts der Europäischen Gemeinschaften/Europäischen Union auf die Struktur der kommunalen Selbstverwaltung, DÖV 2003, S. 803.

Hoffschulte, Heinrich: Kommunale Selbstverwaltung im Entwurf des EU-Verfassungsvertrages – Die Ergebnisse des "Konvents zur Zukunft Europas" von 2002/2003 (und der EU-Regierungskonferenz vom Juni 2004), DVBl 2005, S. 202.

Hoppe, Werner: Die kommunalen Sparkassen – Regionalprinzip und Zweckverbandsbildung, in: Püttner (Hrsg.), HKWP V, Berlin u. a. 1984, S. 496.

Hösch, Ulrich: Öffentlicher Zweck und wirtschaftliche Betätigung von Kommunen, DÖV 2000, S. 393.

Hösch, Ulrich: Wirtschaftliche Betätigung von gemeindlichen Unternehmen und von Privaten – ein Vergleich, WiVerw 2000, S. 159.

Hösch, Ulrich: Daseinsvorsorge und Territorialprinzip im öffentlichen Personennahverkehr, GewArch 2001, S. 223.

Humpert, Paul-Peter: Die Zulässigkeitsanforderungen an staatliche Genehmigungsvorbehalte im Recht der kommunalen Selbstverwaltungsträger, DVBl 1990, S. 804.

Humpert, Paul-Peter: Genehmigungsvorbehalte im Kommunalverfassungsrecht, Köln u. a. 1990.

Immenga, Ulrich / Mestmäcker, Ernst-Joachim (Hrsg.): Kommentar zum GWB, 3. Auflage, München 2001.

Immenga, Ulrich / Rudo, Joachim: Die Beurteilung von Gewährträgerhaftung und Anstaltslast der Sparkassen und Landesbanken nach dem EU-Beihilferecht, Baden-Baden 1997.

Ipsen, Jörn: Schutzbereich der Selbstverwaltungsgarantie und Einwirkungsmöglichkeiten des Gesetzgebers, ZG 1994, S. 194.

Ipsen, Jörn: Staatsrecht II; Grundrechte, 7. Auflage, München / Unterschleißheim 2004.

Isensee, Josef: Privatwirtschaftliche Expansion öffentlich-rechtlicher Versicherer; Zur verfassungsrechtlichen Zulässigkeit der Gründung einer Krankenversicherungs-Aktiengesellschaft durch öffentlich-rechtliche Versicherungsunternehmen, DB 1979, S. 145.

Isensee, Josef: Gemeinwohl und Staatsaufgaben im Verfassungsstaat, in: ders. / Kirchhof (Hrsg.), HStR III, Heidelberg 1988, § 57.

Isensee, Josef: Subsidiaritätsprinzip und Verfassungsrecht. Eine Studie über das Regulativ des Verhältnisses von Staat und Gesellschaft, 2. Auflage, Berlin 2001.

Jarass, Hans D.: EG-Recht und nationales Rundfunkrecht. Zugleich ein Beitrag zur Reichweite der Dienstleistungsfreiheit, EuR 1986, S. 75.

Jarass, Hans D.: Kommunale Wirtschaftsunternehmen und Verfassungsrecht, DÖV 2002, S. 489.

Jarass, Hans D.: Die Vorgaben des Gemeinderechts für rechtlich selbstständige Unternehmen der Kommunen, NWVBl 2002, S. 335.

Jarass, Hans D.: Aktivitäten kommunaler Unternehmen außerhalb des Gemeindegebiets, insbesondere im öffentlichen Personennahverkehr, DVBl 2006, S. 1.

Kirchhof, Paul: Hoheitsgebiet und Sparkassengebiet – Funktion und begriffliche Voraussetzungen der Sparkassenneuordnung bei Gebietsänderungen der Gewährträger –, DVBl 1983, S. 921.

Klein, Hans H.: Die Teilnahme des Staates am wirtschaftlichen Wettbewerb, Stuttgart u. a. 1968.

Klüber, Hans: Das Gemeinderecht in den Ländern der Bundesrepublik Deutschland, Berlin u. a. 1972.

Kluth, Winfried: Grenzen kommunaler Wettbewerbsteilnahme, Köln u. a. 1988.

Kluth, Winfried: Eingriff durch Konkurrenz; Zur grundrechtsdogmatischen Verortung kommunaler Teilnahme am wirtschaftlichen Wettbewerb, WiVerw 2000, S. 184.

Knauff, Matthias: Globale Kommunalwirtschaft?, VR 2005, S. 145.

Knauff, Matthias / Nolte, Frank: Narrenfreiheit für kommunale Unternehmen?, VR 2003, S. 3.

Knemeyer, Franz-Ludwig: Die Staatsaufsicht über die Gemeinden und Kreise, in: Püttner (Hrsg.), HKWP I, 2. Auflage, Berlin u. a. 1981, S. 265.

Knemeyer, Franz-Ludwig: Die verfassungsrechtliche Gewährleistung des Selbstverwaltungsrechts der Gemeinden und Landkreise, in: von Mutius (Hrsg.), Selbstverwaltung im Staat der Industriegesellschaft – Festgabe zum 70. Geburtstag von Georg Christoph von Unruh, Heidelberg 1983, S. 209.

Knemeyer, Franz-Ludwig: Bayerisches Kommunalrecht, 10. Auflage, Stuttgart u. a. 2000.

Knemeyer, Franz-Ludwig / Wehr, Matthias: Die Garantie der kommunalen Selbstverwaltung nach Art. 28 Abs. 2 GG in der Rechtsprechung des Bundesverfassungsgerichts, VerwArch 2001 (92), S. 317.

Koch, Manfred: Die wirtschaftliche Betätigung der Gemeinden. Ein Beitrag zur finanzwirtschaftlichen Ordnungspolitik, Berlin 1992.

Köhler, Helmut: Das neue kommunale Unternehmensrecht in Bayern, BayVBl 2000, S. 1.

Köhler, Helmut: Wettbewerbsverstoß durch rechtswidrigen Marktzutritt?, GRUR 2001, S. 777.

Köhler, Helmut: Wettbewerbsrecht im Wandel. Die neue Rechtsprechung zum Tatbestand des Rechtsbruchs, NJW 2002, S. 2761.

Köhler, Helmut: Der Rechtsbruchtatbestand im neuen UWG, GRUR 2004, S. 381.

Koehler, Matthias: Die Reform des Gemeindewirtschaftsrechts in Nordrhein-Westfalen – zu Inhalt und Verfassungsmäßigkeit des § 107 GO NW n. F., VR 2000, S. 44.

Koenig, Christian: Zur Anwendbarkeit der Ultra-vires-Lehre im Falle des Überschreitens der gesetzlich begrenzten Aufgaben öffentlicher Kreditanstalten am Beispiel einer Landesbank, WM 1995, S. 317.

Kühling, Jürgen: Verfassungs- und kommunalrechtliche Probleme grenzüberschreitender Wirtschaftstätigkeit der Gemeinden, NJW 2001, S. 177.

Larenz, Karl: Methodenlehre der Rechtswissenschaft, 6. Auflage, Berlin u. a. 1991.

Laubinger, Hans-Werner: Der öffentlich-rechtliche Unterlassungsanspruch, VerwArch 80 (1989), S. 261.

Leisner, Walter: Werbefernsehen und Öffentliches Recht; Ein Beitrag zur Problematik der öffentlichen Aufgabe sowie zu Grundlagen und Grenzen fiskalischer Staatstätigkeit, Berlin 1967.

Lenz, Carl Otto: Entwicklung und unmittelbare Geltung des Gemeinschaftsrechts, DVBl 1990, S. 903.

Lerche, Peter: Grundrechtsschranken, in: Isensee / Kirchhof (Hrsg.), HStR V, Heidelberg 1992.

Lettl, Tobias: Das neue UWG, München 2004.

Lissack, Gernot: Das kommunale Selbstverwaltungsrecht nach bayerischem Verfassungs- und Verfassungsprozessrecht: Ein Beitrag zur Rechtsprechung des Bayerischen Verfassungsgerichtshofs unter vergleichender Berücksichtigung der Rechtsprechung des Bundesverfassungsgerichtshofs, Berlin 2000.

Löwer, Wolfgang: Energieversorgung zwischen Staat, Gemeinde und Wirtschaft, Köln u. a. 1989.

Löwer, Wolfgang: Energieversorgung zwischen Staat, Gemeinde und Wirtschaft, DVBl 1991, S. 132.

Löwer, Wolfgang: Die Stellung der Kommunen im liberalisierten Strommarkt, NWVBl 2000, S. 241.

Lux, Christina: Das neue kommunale Wirtschaftsrecht in Nordrhein-Westfalen, NWVBl 2000, S. 7.

Magen, Stefan: Die Garantie kommunaler Selbstverwaltung, JuS 2006, S. 404.

Mangoldt, Hermann von/ Klein, Friedrich / Starck, Christian (Hrsg.): Das Bonner Grundgesetz. Band 1: Präambel, Artikel 1 bis 19, 4. Auflage, München 1999.

Martini, Alexander / Müller, Wolfgang: Der Schutz der kommunalen Selbstverwaltung in der europäischen Integration durch nationales Verfassungsrecht und gemeinschaftsrechtliche allgemeine Rechtsgrundsätze, BayVBl 1993, S. 161.

Maunz, Theodor / Dürig, Günter (Hrsg.): Grundgesetz. Kommentar. Band II, Art. 6 - 16 a, München 2004.

Maurer, Hartmut / Hendler, Reinhard (Hrsg.): Baden-Württembergisches Staats- und Verwaltungsrecht, Frankfurt am Main 1990.

Maurer, Hartmut: Verfassungsrechtliche Grundlagen der kommunalen Selbstverwaltung, DVBl 1995, S. 1037.

Maurer, Hartmut: Allgemeines Verwaltungsrecht, 15. Auflage, München 2004.

Maurer, Hartmut: Staatsrecht I. Grundlagen, Verfassungsorgane, Staatsfunktionen, 4. Auflage, München 2005.

Merten, Detlef: Sparkassenrechtliches Regionalprinzip und kommunale Neugliederung, DVBl 1983, S. 1140.

Meyer, Hubert: Nichtwirtschaftliche Betätigung der Kommunen: Spiel ohne Grenzen?, LKV 2000, S. 321.

Meyer, Hubert: (Rechts-)Wege zur Überprüfung der wirtschaftlichen Betätigung der Kommunen, LK 2003, S. 29.

Meyer, Werner: Kommunalwirtschaftsrecht und kommunale Handwerkstätigkeiten, WiVerw 2003, S. 57.

Meyer-Horn, Klaus: Regionalprinzip der Sparkassen und Niederlassungsfreiheit in der EWG – ein Widerspruch?, LK 1980, S. 296.

Moraing, Markus: Kommunales Wirtschaftsrecht vor dem Hintergrund der Liberalisierung der Märkte – Handlungsbedarf und Handlungsmöglichkeiten aus Sicht der Kommunalwirtschaft –,WiVerw 1998, S. 233.

Müller, Martin: Anmerkung zu OLG Hamm, Urteil vom 23. September 1997 – "Gelsengrün", JZ 1998, S. 578.

Müller-Terpitz, Ralf: Die wirtschaftliche Betätigung von Kommunen im Bereich der Telekommunikation, NWVBl 1999, S. 292.

Münch, Ingo von / Kunig, Philip (Hrsg.): Grundgesetz-Kommentar; Band 2 (Art. 20 bis Art. 69), 5. Auflage, 2001 München.

Mutius, Albert von: Grundfälle zum Kommunalrecht, JuS 1979, S. 342.

Mutius, Albert von: Örtliche Aufgabenerfüllung; Traditionelles, funktionales oder neues Selbstverwaltungsverständnis?, in: ders. (Hrsg.), Selbstverwaltung im Staat der Industriegesellschaft – Festgabe zum 70. Geburtstag von Georg Christoph von Unruh, Heidelberg 1983, S. 227.

Mutius, Albert von: Die kommunalen Sparkassen – Status und Organisation, in: Püttner (Hrsg.), HKWP V, 2. Auflage, Berlin u. a. 1984, S. 453.

Nagel, Bernhard: Gemeindeordnung als Hürde?: Zur Reichweite der Betätigung von kommunalen Unternehmen nach § 107 der nordrhein-westfälischen Gemeindeordnung vor dem Hintergrund des europäischen Gemeinschaftsrechts und des Grundgesetzes, Baden-Baden 1999.

Neusinger, Ulrich / Lindt, Peter: Ein Unternehmen auf dem Vormarsch – 7 Jahre bayerisches Kommunalunternehmen, BayVBl 2002, S. 689.

Nierhaus, Michael: Sparkassen und kommunale Gebietsreform, VerwArch 67 (1976), S. 266.

Nierhaus, Michael: Zur kommunalen Bindung und Aufgabenstellung der Sparkassen, DÖV 1984, S. 662.

Nierhaus, Michael: Regionalprinzip und Sparkassenhoheit im europäischen Bankenbinnenmarkt, in: Ipsen (Hrsg.), Sparkassen im Wandel, 3. Bad Iburger Gespräche, Köln u. a. 1993, S. 65.

Nierhaus, Michael: Die Gemeindeordnung des Landes Brandenburg. Einführung, Übersicht und erste kritische Analyse des Ersten, Zweiten und Vierten Kapitels, LKV 1995, S. 5.

Nierhaus, Michael: Sparkassen vor nationalen und europäischen Herausforderungen, in: Reichard (Hrsg.), Kommunen am Markt: aktuelle Fragen der wirtschaftlichen Betätigung von Kommunen, Berlin 2001, S. 129.

Nierhaus, Michael: Die öffentlich-rechtlichen Sparkassen und das europäische Beihilfenregime, Referat bei der Tagung des Wissenschaftlichen Beirats der Gesellschaft für öffentliche Wirtschaft am 1. März 2001 in Berlin zu dem Thema "Sparkassen und Landesbanken im Spannungsfeld zwischen öffentlichem Auftrag und Wettbewerb", Berlin 2002, S. 69.

Nierhaus, Michael: Art. 97 LV Bbg als kommunale Aufgabenverteilungsnorm im Spiegel der Rechtsprechung des Verfassungsgerichts des Landes Brandenburg, in: Knippel (Hrsg.), Verfassungsgerichtsbarkeit im Land Brandenburg. Festgabe zum 10jährigen Bestehen des Verfassungsgerichts des Landes Brandenburg, Baden-Baden 2003, S. 75.

Nierhaus, Michael: Kommunalrecht für Brandenburg, Baden-Baden 2003.

Nierhaus, Michael: Verfassungsrechtlicher Anspruch der Kommunen auf finanzielle Mindestausstattung, LKV 2005, S. 1.

Nierhaus, Michael / Gebhardt, Ihno: Zur Ausfallhaftung des Staates für zahlungsunfähige Kommunen, Berlin 1999.

Nierhaus, Michael / Stern, Klaus: Regionalprinzip und Sparkassenhoheit im europäischen Bankenbinnenmarkt, Frankfurt am Main 1992.

Nipperdey, Hans Carl: Soziale Marktwirtschaft und Grundgesetz, 3. Auflage, Köln u. a. 1965.

Oebbecke, Janbernd: Die örtliche Begrenzung kommunaler Wirtschaftstätigkeit, ZHR 164 (2000), S. 375.

Oebbecke, Janbernd: Kommunalverfassungsrechtliche Aspekte wirtschaftlicher Betätigung der öffentlichen Hand, in: Wallerath (Hrsg.), Kommunen im Wettbewerb, Baden-Baden 2001, S. 13.

Oebbecke, Janbernd: Kommunalaufsicht – nur Rechtsaufsicht oder mehr?, DÖV 2001, S. 406.

Oldiges, Martin: Verbandskompetenz, DÖV 1989, S. 873.

Oppermann, Thomas: Subsidiarität als Bestandteil des Grundgesetzes, JuS 1996, S. 569.

Oppermann, Thomas: Europarecht. Ein Studienbuch, 2. Auflage, München 1999.

Ossenbühl, Fritz: Öffentlicher Auftrag muss einzige Leitschnur der Sparkassen sein, LK 2001, S. 14.

Otting, Olaf: Neues Steuerungsmodell und rechtliche Betätigungsspielräume der Kommunen, Münster 1997.

Otting, Olaf: Öffentlicher Zweck, Finanzhoheit und fairer Wettbewerb – Spielräume kommunaler Erwerbswirtschaft, DVBl 1997, S. 1258.

Otting, Olaf: Wirtschaftliche Betätigung im Gewande nichtwirtschaftlicher Einrichtungen – Zum Urteil des OLG Düsseldorf vom 28.10.1999; NWVBl 2000, 75 –, NWVBl 2000, S. 206.

Otto, Christian: Wettbewerbsrechtlicher Schutz gegen kommunale Wirtschaftstätigkeit?, GewArch 2001, S. 360.

Pagenkopf, Martin: Einige Betrachtungen zu den Grenzen für privatwirtschaftliche Betätigung der Gemeinden – Grenzen für die Grenzzieher?, GewArch 2000, S. 177.

Pestalozza, Christian: Die Sicherung des Selbstverwaltungsrechts in der Verfassungsgerichtsbarkeit, in: von Mutius (Hrsg.), Selbstverwaltung im Staat der Industriegesellschaft – Festgabe zum 70. Geburtstag von Georg Christoph von Unruh, Heidelberg 1983, S. 1057.

Pielow, Johann-Christian: Gemeindewirtschaft im Gegenwind? – Zu den rechtlichen Grenzen kommunaler Wettbewerbsteilnahme am Beispiel der Telekommunikation –, NWVBl 1999, S. 369.

Pieper, Stefan Ulrich: Subsidiarität, Münster 1992.

Pieroth, Bodo / Hartmann, Bernd: Grundrechtsschutz gegen wirtschaftliche Betätigung der öffentlichen Hand, DVBl 2002, S. 421.

Pieroth, Bodo / Schlink, Bernhard: Grundrechte. Staatsrecht II, 21. Auflage, Heidelberg 2005.

Popitz, Johannes: Der künftige Finanzausgleich zwischen Reich, Ländern und Gemeinden, Berlin 1932.

Pünder, Hermann: Die kommunale Betätigung auf dem Telekommunikationssektor, DVBl 1997, S. 1353.

Püttner, Günter: Die öffentlichen Unternehmen. Verfassungsfragen zur wirtschaftlichen Betätigung der öffentlichen Hand, Bad Homburg u. a. 1969.

Püttner, Günter: Die Rechtsformen kommunaler Unternehmen; Überblick über die Rechtsformen, in: ders. (Hrsg.), HKWP V, Berlin u. a. 1984, S. 119.

Püttner, Günter: Privatisierung, LKV 1994, S. 193.

Püttner, Günter: Die Wahl der Rechtsform – Vom Eigenbetrieb zur Eigengesellschaft, in: Wallerath (Hrsg.), Kommunen im Wettbewerb, Baden-Baden 2001, S. 55.

Püttner, Günter: Die Wahl der Rechtsform für kommunale Unternehmen, in: ders. (Hrsg.), Zur Reform des Gemeindewirtschaftsrechts, Baden-Baden 2002, S. 143.

Püttner, Günter: Neue Regelungen für öffentliche Unternehmen?, DÖV 2002, S. 731.

Rademacher, Sonja / Janz, Norbert: Das Verbot gemeinsamer Flächennutzungsplanung kraft Landesverfassungsrechts, LKV 2002, S. 506.

Rehn, Erich / Cronauge, Ulrich / Lennep, Hans Gerd von (Hrsg.): Gemeindeordnung für das Land Nordrhein-Westfalen. Kommentar. Band II, 2. Auflage der Loseblatt-Ausgabe, Siegburg 2004.

Rengeling, Hans-Werner: Formen interkommunaler Zusammenarbeit, in: Püttner (Hrsg.), HKWP II, Berlin u. a. 1982, S. 385.

Rengeling, Hans-Werner: Die Garantie der kommunalen Selbstverwaltung im Zeichen der europäischen Integration, DVBl 1990, S. 893.

Rennert, Klaus: Kommunalwirtschaft und Selbstverwaltungsgarantie, Die Verwaltung 35 (2002), S. 319.

Rennert, Klaus: Der Selbstverwaltungsgedanke im kommunalen Wirtschaftsrecht, JZ 2003, S. 385.

Ruffert, Matthias: Kommunalwirtschaft und Landes-Wirtschaftsverfassung, NVwZ 2000, S. 763.

Ruffert, Matthias: Grundlagen und Maßstäbe einer wirkungsvollen Aufsicht über die kommunale wirtschaftliche Betätigung, VerwArch 92 (2001), S. 27.

Rupp, Hans Heinrich: Die soziale Marktwirtschaft in ihrer Verfassungsbedeutung, in: Isensee / Kirchhof (Hrsg.), HStR IX, Heidelberg 1997.

Sachs, Michael (Hrsg.): Grundgesetz. Kommentar, 3. Auflage, München 2003.

Schachtschneider, Karl Albrecht: Staatsunternehmen und Privatrecht. Kritik der Fiskustheorie, exemplifiziert an § 1 UWG, Berlin u. a. 1986.

Scharpf, Christian: Die wirtschaftliche Betätigung von Gemeinden zwischen Grundrechtsrelevanz und kommunalem Selbstverwaltungsrecht, GewArch 2005, S. 1.

Scharpf, Christian: Rechtsprobleme der Gebietsüberschreitung – Kommunale Unternehmen extra muros?, NVwZ 2005, S. 148.

Scharpf, Christian: Von "Ressourcennutzungen" und "Annextätigkeiten", DÖV 2006, S. 23.

Schauwecker, Heinz: Kooperation und Gemeinschaftsunternehmen, in: Püttner (Hrsg.), HKWP V, 2. Auflage, Berlin u. a. 1984, S. 317.

Schink, Alexander: Organisationsmodelle für überörtliche Kooperationen, in: Henneke (Hrsg.), Optimale Aufgabenerfüllung im Kreisgebiet?, Stuttgart u. a. 1999, S. 61.

Schink, Alexander: Wirtschaftliche Betätigung kommunaler Unternehmen, NVwZ 2002, S. 129.

Schink, Alexander: Kommunale Daseinsvorsorge in Europa, DVBl 2005, S. 861.

Schliesky, Utz: Öffentliches Wirtschaftsrecht. Deutsche und europäische Grundlagen, 2. Auflage, Heidelberg 2003.

Schliesky, Utz: Reform der Gemeindeordnung in Schleswig-Holstein, SchlHA 2003, S. 105.

Schmahl, Stefanie: Europäisierung der kommunalen Selbstverwaltung, DÖV 1999, S. 852.

Schmahl, Stefanie: Umfang und Grenzen wirtschaftlicher Betätigung von Gemeinden in Brandenburg, LKV 2000, S. 47.

Schmahl, Stefanie: Organisationsformen wirtschaftlicher Betätigung brandenburgischer Kommunen – Ein Überblick, in: Reichard (Hrsg.), Kommunen am Markt: aktuelle Fragen der wirtschaftlichen Betätigung von Kommunen, Berlin 2001, S. 91.

Schmidt, Thorsten Ingo: Kommunale Kooperation; Der Zweckverband als Nukleus des öffentlich-rechtlichen Gesellschaftsrechts, Tübingen 2005.

Schmidt-Aßmann, Eberhard: Die Garantie der kommunalen Selbstverwaltung, in: Badura / Dreier (Hrsg.), Festschrift 50 Jahre BVerfG II, Tübingen 2001, S. 803.

Schmidt-Aßmann, Eberhard: Verfassungsschranken der Kommunalwirtschaft, in: Habersack / Hommelhoff / Hüffer / Schmidt (Hrsg.), Festschrift für Ulmer, Berlin 2003, S. 1015.

Schmidt-Aßmann, Eberhard (Hrsg.): Besonderes Verwaltungsrecht, 13. Auflage, Berlin 2005.

Schmidt-Bleibtreu, Bruno / Klein, Franz (Hrsg.): Kommentar zum Grundgesetz, 10. Auflage, München 2004.

Schmidt-Jortzig, Edzard: Kommunale Organisationshoheit; Staatliche Organisationsgewalt und körperschaftliche Selbstverwaltung, Göttingen 1979.

Schmidt-Jortzig, Edzard: Subsidiaritätsprinzip und Kommunalordnung, in: ders. / Schink (Hrsg.), Subsidiaritätsprinzip und Kommunalordnung, Köln u. a. 1982.

Schmidt-Jortzig, Edzard: Die Zulässigkeit kommunaler Wirtschaftsbetätigung; Die Zulässigkeit kommunaler Unternehmen im einzelnen, in: Püttner (Hrsg.), HKWP V, 2. Auflage, Berlin u. a. 1984, S. 50.

Schmidt-Jortzig, Edzard: Gemeindliche Selbstverwaltung und Entwicklungszusammenarbeit, DÖV 1989, S. 142.

Schmidt-Preuß, Matthias: Soziale Marktwirtschaft und Grundgesetz vor dem Hintergrund des Staatsvertrages zur Währungs-, Wirtschafts- und Sozialunion, DVBl 1993, S. 236.

Schmitt, Günther: Staatsaufsicht und Rechtsverfolgung, BayVBl 1973, S. 478.

Schnapp, Friedrich E.: Zum Funktionswandel der Staatsaufsicht, DVBl 1971, S. 480.

Schnaudigel, Christoph: Der Betrieb nichtwirtschaftlicher kommunaler Unternehmen in Rechtsformen des Privatrechts, Stuttgart u. a. 1995.

Schoch, Friedrich: Übungsklausur Öffentliches Recht: Fall aus dem Verwaltungsprozess- und Kommunalrecht, Jura 1979, S. 601.

Schoch, Friedrich: Staatliche Informationspolitik und Berufsfreiheit – Das Urteil des BVerwG vom 18.10.1990 (3 C 2/88) im Spiegel der Rechtsordnung –, DVBl 1991, S. 667.

Schoch, Friedrich: Der Beitrag des kommunalen Wirtschaftsrechts zur Privatisierung öffentlicher Aufgaben, DÖV 1993, S. 377.

Schoch, Friedrich: Der verfassungsrechtliche Schutz der kommunalen Selbstverwaltung, Jura 2001, S. 121.

Schönershofen, Peter / Binder-Falcke, Doris: Zur wirtschaftlichen Betätigung der Gemeinden, VR 1997, S. 109.

Scholl, Mechthild: Was bedeutet der "öffentliche Zweck" heute?, in: Püttner (Hrsg.), Zur Reform des Gemeindewirtschaftsrechts, Baden-Baden 2002, S. 85.

Scholler, Heinrich: Grundzüge des Kommunalrechts in der Bundesrepublik Deutschland, 4. Auflage, Heidelberg 1990.

Schrapper, Ludger: Kommunale Selbstverwaltungsgarantie und staatliches Genehmigungsrecht: zur zulässigen Kontrolldichte bei der staatlichen Genehmigung kommunalen Verwaltungshandelns nach Maßgabe der Genehmigungsvorbehalte der nordrhein-westfälischen Gemeindeordnung, Köln u. a. 1992.

Schulz, Norbert: Wirtschaftliche, nichtwirtschaftliche und nicht nichtwirtschaftliche Unternehmen, BayVBl 1997, S. 518.

Schulz, Norbert: Anmerkungen zur Tätigkeit gemeindlicher Unternehmen außerhalb des Gemeindegebiets, BayVBl 1998, S. 449.

Schünemann, Wolfgang B.: Die wirtschaftliche Tätigkeit der öffentlichen Hand zwischen öffentlichem und privatem Wettbewerbsrecht, WRP 2000, S. 1001.

Schwintowski, Hans-Peter: Corporate Governance im öffentlichen Unternehmen, NVwZ 2001, S. 607.

Schwintowski, Hans-Peter: Gemeinwohl, öffentliche Daseinsvorsorge und Funktionen öffentlicher Unternehmen im europäischen Binnenmarkt, ZögU 2003, S. 283.

Seeberger, Werner: Genehmigungsvorbehalte im Kommunalrecht, StT 1961, S. 535.

Selmer, Peter: Wirtschaftliche Betätigung der öffentlichen Hand und Unternehmergrundrechte, in: Stober / Vogel (Hrsg.), Wirtschaftliche Betätigung der öffentlichen Hand, Köln u. a. 2000, S. 75.

Siekmann, Helmut: Haftung der Kommunen für ihre privatrechtlich organisierten Unternehmen, in: Püttner (Hrsg.), Zur Reform des Gemeindewirtschaftsrechts, Baden-Baden 2002, S. 159.

Städte- und Gemeindebund Brandenburg (Hrsg.): Potsdamer Kommentar zur Kommunalverfassung des Landes Brandenburg, Vieselbach / Potsdam 1995.

Stern, Klaus: Der rechtliche Standort der Gemeindewirtschaft, AfK 1964, S. 81.

Stern, Klaus (Hrsg.): Das Staatsrecht der Bundesrepublik Deutschland, Band I – Grundbegriffe und Grundlagen des Staatsrechts, Strukturprinzipien der Verfassung, 2. Auflage, München 1984.

Stern, Klaus (Hrsg.): Das Staatsrecht der Bundesrepublik Deutschland, Band III/1 – Allgemeine Lehren der Grundrechte, München 1988.

Stern, Klaus (Hrsg.): Das Staatsrecht der Bundesrepublik Deutschland, Band III/2 – Allgemeine Lehren der Grundrechte, München 1994.

Stern, Klaus: Europäische Union und kommunale Selbstverwaltung, in: Nierhaus (Hrsg.), Kommunale Selbstverwaltung: europäische und nationale Aspekte, Berlin 1996, S. 21.

Stern, Klaus / Nierhaus, Michael: Rechtsfragen der Neuordnung des Sparkassenwesens als Folge kommunaler Neugliederung: dargestellt am Raum Köln, München 1976.

Stern, Klaus / Nierhaus, Michael: Kreissparkassenzweigstellen in kreisfreien Städten? Regionale Sparkassentätigkeit und kommunale Gebietsreform in Bayern, Augsburg 1978.

Stern, Klaus / Nierhaus, Michael: Das Regionalprinzip im öffentlich-rechtlichen Sparkassenwesen, Heidelberg 1991.

Stern, Klaus / Püttner, Günter: Die Gemeindewirtschaft, Recht und Realität, Die Gemeindewirtschaft, Stuttgart u. a. 1965.

Stober, Rolf: Rein gewerbliche Betätigung der öffentlichen Hand und Verfassung, ZHR 145 (1981), S. 565.

Stober, Rolf: Kommunalrecht in der Bundesrepublik Deutschland, 3. Auflage, Stuttgart u. a. 1996.

Storr, Stefan: Der Staat als Unternehmer: Öffentliche Unternehmen in der Freiheits- und Gleichheitsdogmatik des nationalen Rechts und des Gemeinschaftsrechts, Tübingen 2001.

Sundermann, Welf / Miltkau, Thomas: Kommunalrecht Brandenburg, Hamburg 1995.

Surén, Friedrich-Karl / Loschelder, Wilhelm (Hrsg.): Die Deutsche Gemeindeordnung vom 30. Januar 1935, Band II: Die §§ 60 – 123 der Deutschen Gemeindeordnung, Berlin 1940.

Tettinger, Peter J.: Rechtsschutz gegen kommunale Wettbewerbsteilnahme, NJW 1998, S. 3473.

Tettinger, Peter J.: Verfassungsrecht und Wirtschaftsordnung – Gedanken zur Freiheitsentfaltung am Wirtschaftsstandort Deutschland –, DVBl 1999, S. 679.

Uckel, Herbert / Hauth, Rudolf / Hoffmann, Hans-Gerd (Hrsg.): Kommunalrecht in Thüringen; Rechtssammlung mit Erläuterungen für die kommunale Praxis, Unterschleißheim/München 2005.

Uhlenhut, Bernd: Wirtschaftliche Betätigung der Gemeinden außerhalb ihres Gebietes, Stuttgart u. a. 2004.

Vitzthum, Wolfgang Graf: Die Bedeutung gliedstaatlichen Verfassungsrechts in der Gegenwart, VVDStRL 46 (1988), S. 7.

Vogelgesang, Klaus / Lübking, Uwe / Ulbrich, Ina-Maria (Hrsg.): Kommunale Selbstverwaltung: Rechtsgrundlagen – Organisation – Aufgaben – Neue Steuerungsmodelle, 3. Auflage, Berlin 2005.

Volkmann, Uwe: Der Anspruch der Kommunen auf finanzielle Mindestausstattung, DÖV 2001, S. 497.

Waechter, Kay: Kommunalrecht. Ein Lehrbuch, 3. Auflage, Köln u. a. 1997.

Wallerath, Maximilian: Allgemeines Verwaltungsrecht, Eine Einführung für Studium und Praxis, 4. Auflage, Siegburg 1992.

Warnecke, Nikolai: Die wirtschaftliche Betätigung von Gemeinden und das Wettbewerbsrecht – BGHZ 150, 343, JuS 2003, S. 958.

Wehr, Matthias: Das Ermessen der Rechtsaufsicht über Kommunen, BayVBl 2001, S. 705.

Weides, Peter: Zur Eigenständigkeit des Sparkassenrechts gegenüber dem Kommunalrecht, DÖV 1984, S. 41.

Weiß, Wolfgang: Kommunale Energieversorger und EG-Recht: Fordert das EG-Recht die Beseitigung der Beschränkungen für die kommunale Wirtschaft? – Ein Beitrag zum Grundfreiheitsstatus öffentlicher Unternehmen –, DVBl 2003, S. 564.

Wieland, Joachim: Kommunalwirtschaftliche Betätigung außerhalb des Gemeindegebiets, Stadt und Gemeinde, 7-8/1998, S. 4.

Wieland, Joachim: Kommunalwirtschaftliche Betätigung unter veränderten Wettbewerbsbedingungen, in: Henneke (Hrsg.), Optimale Aufgabenerfüllung im Kreisgebiet?, Stuttgart u. a. 1999, S. 193.

Wieland, Joachim: Konkurrentenschutz gegen kommunale Wirtschaftsbetätigung; Analyse der neueren Rechtsprechung, Die Verwaltung 36 (2003), S. 225.

Wilmowsky, Peter von: Mit besonderen Aufgaben betraute Unternehmen unter dem EWG-Vertrag; Ein Beitrag zu Art. 90 Abs. 2 EWGV, ZHR 155 (1991), S. 545.

Wolff, Hans J. / Bachof, Otto / Stober, Rolf: Verwaltungsrecht, Band 1, 11. Auflage, München 1999.

Wolff, Hans J. / Bachof, Otto / Stober, Rolf (Hrsg.): Verwaltungsrecht, Band 3, 5. Auflage, München 2004.

Zacharias, Diana: Wirtschaftliche Betätigung der Kommunen, VR 2000, S. 271.

Zimmermann, Norbert: Zur Grundrechtsfähigkeit kommunaler Energieversorgungsunternehmen – BVerfG, NJW 1990, 1783, JuS 1991, S. 294.

Zimmermann, Norbert: Der grundrechtliche Schutzanspruch juristischer Personen des öffentlichen Rechts: ein Beitrag zur Auslegung des Art. 19 Abs. 3 GG; unter besonderer Berücksichtigung des Grundrechtsschutzes berufsständischer Einrichtungen, öffentlich-rechtlicher Stiftungen und gemischt-wirtschaftlicher Unternehmen, München 1993.

Zuleeg, Manfred: Selbstverwaltung und Europäisches Gemeinschaftsrecht, in: von Mutius (Hrsg.), Selbstverwaltung im Staat der Industriegesellschaft – Festgabe zum 70. Geburtstag von Georg Christoph von Unruh, Heidelberg 1983, S. 91.

FSC
www.fsc.org
MIX
Papier | Fördert gute Waldnutzung
FSC® C083411

Kolibri 360 GmbH
Ferdinand-Jühlke-Straße 7
99095 Erfurt, Deutschland
produktsicherheit@kolibri360.de

Druck:
CPI Druckdienstleistungen GmbH
im Auftrag der
Kolibri 360 GmbH
Ferdinand-Jühlke-Str. 7
99095 Erfurt